21世纪卓越人力资源管理与服务丛书

员工招聘与配置

陈国海　伍江平 ◎ 编著

清华大学出版社
北京

内 容 简 介

员工招聘与配置是人力资源管理专业的一门核心课程。本书从博弈的视角研究并回答了以下问题：用人单位和求职者之间如何互动，招聘为何是刚性需求，如何基于职务说明书和胜任素质模型进行招聘，如何制订招聘计划，如何进行招聘风险管理，如何对求职者进行甄选，如何做好员工录用与入职管理，如何做好招聘配置和外包，如何用好猎头服务，如何进行招聘与配置评估等。本书详细论述并分析了用人单位和求职者招聘过程中的各种现象，其内容包括员工招聘与配置导论，招聘与配置的基础：需求，基于胜任素质模型的招聘，招聘计划与策略，招聘风险管理，甄选方法与技术，员工录用与入职管理，员工配置，招聘外包，猎头服务，招聘与配置评估等共11章。

本书语言流畅、条理清晰、结构严谨、例证风趣、体例活泼，既方便教师教学，有助于增加课堂教学气氛，提高教学效果，也方便学生自学，十分适合作为经管类专业的本科教材或者企业招聘专员的自学读物，还适合作为MBA、EMBA和经管类研究生课程的教材或辅助教材。

本书封面贴有清华大学出版社防伪标签，无标签者不得销售。
版权所有，侵权必究。举报：010-62782989，beiqinquan@tup.tsinghua.edu.cn。

图书在版编目（CIP）数据

员工招聘与配置 / 陈国海，伍江平编著. —北京：清华大学出版社，2018（2024.1重印）
（21世纪卓越人力资源管理与服务丛书）
ISBN 978-7-302-51740-5

I. ①员… II. ①陈… ②伍… III. ①企业管理—人力资源管理 IV. ① F272.92

中国版本图书馆 CIP 数据核字（2018）第259016号

责任编辑：邓 婷
封面设计：刘 超
版式设计：王凤杰
责任校对：马军令
责任印制：沈 露

出版发行：清华大学出版社
网　　址：https://www.tup.com.cn，https://www.wqxuetang.com
地　　址：北京清华大学学研大厦A座　　邮　编：100084
社 总 机：010-83470000　　邮　购：010-62786544
投稿与读者服务：010-62776969，c-service@tup.tsinghua.edu.cn
质 量 反 馈：010-62772015，zhiliang@tup.tsinghua.edu.cn

印 装 者：三河市铭诚印务有限公司
经　　销：全国新华书店
开　　本：185mm×230mm　　印　张：25　　字　数：483千字
版　　次：2018年11月第1版　　印　次：2024年1月第8次印刷
定　　价：68.00元

产品编号：069301-01

前　言

随着人工智能和物联网等技术的不断成熟，企业竞争的商业环境越来越趋于不确定，跨界打劫和跨行业整合将会成为企业组织行为的新常态。再加上中国"一带一路"倡议的推进，跨国企业和跨境商务逐渐增多，跨行业和跨界平台的组织模式越来越超出传统的组织管理实践，组织内发展和无边界组织将会给组织行为和组织发展带来人才能力的不确定性。企业竞争的范围迅速扩大，企业对人才的争夺日益激烈。人力资源是企业的第一资源，企业持续健康的发展离不开人力资源的有效管理，而员工的招聘与配置是人力资源管理的第一步，也是人力资源管理的前提和基础。人力资源管理者所追求的目标，就是让合适的人在合适的岗位干合适的事，人岗相配，人事相配。只有这样，才能做到人尽其能，能尽其用，用尽其事，事尽其效，才能让人力资源在组织中产生最大的效能。

招聘其实是招聘方与应聘方在信息不对称情况下相互博弈的过程。在这场博弈中，应聘方倾向于在筛选阶段尽可能地表现自己的"硬件"和"软件"，这其中不乏一些印象管理、欺骗、造假行为。而招聘方在多次经历"欺骗"后，往往倾向于选择"不相信"应聘者，最终招聘市场就达成"应聘者欺骗和招聘方不相信"的动态均衡点。本书讲述了一些具有实操性的筛选人才、识破"欺骗"的招聘手段，以供招聘者学习和参考。同时，本书也为应聘者提供了一些实质性的方法和建议，以帮助应聘者更好地在筛选阶段展示自己，增加被录用概率。

员工的招聘与配置最早萌芽于18世纪下半叶的工业革命，当时对工人的招聘是依据工厂主的管理经验，"需要工人就雇，不需要就辞"是最突出的特点。到了20世纪，员工招聘与配置进入了泰勒的科学管理阶段，招聘是为了满足工厂生产的需要，选拔工人的标准是能否达到工作岗位标准。二战以后，大型企业蓬勃发展，企业协作化现象普遍，此时的人事管理工作开始出现分工，主要包括吸收、录用、维持、发展、评价和调整。到了20世纪末，员工招聘与配置进入现代化阶段。现如今，人力资源管理进入信息化阶段，实行"全面的人力资源管理"和以人为本的理念，招聘方式更加多样，员工招聘与配置的形式日新月异。

腾讯的"活水计划",建立了内部人才流动的市场机制,让活水文化成为企业文化的一部分。宜家的"招聘开放日",给希望加入宜家的人一次提前感受宜家工作环境和氛围的机会。百度的"零度突破",旨在快速让新员工适应企业氛围、建立深厚友谊,以便于日后工作上的协同合作。

本书不仅吸收了国内外员工招聘与配置理论研究领域的最新成果,而且融入了编著者在教学科研中的理论思考和最新体会,在理论上具有创新性、前瞻性,在实践上具有适用性和可操作性。本书内容既考虑到了教学内容的国际通用性,又考虑到了中国国情的特殊性。本书语言通畅、条理清晰、例证真切、内容丰富、资料充实、可读性强。本书具有如下四个主要特点。

一、理论扎实,内容新颖

本书反映了招聘和配置领域的最新理论和实践发展动态,它介绍的基于胜任素质模型的招聘、甄选方法与技术、招聘外包、背景调查、招聘创新发展趋势等内容在市面上的相关教材中鲜有见到。每章节的理论阐述也尽量做到了"少而精",书中的案例和例证选取的都是相关领域较新的真实材料,希望能给予读者朋友们一点启示和建议。

二、理论联系实际

本书不仅系统性地阐述了招聘与配置的理论基础,还应用大量篇幅分别从招聘者与求职者两个角度讲述了具体实践步骤。本书不仅是一本"教材",同时还是一份"操作指南"。另外,本书每章结尾处都提供了该章节相关的网站和App,以供读者扩大知识面,了解最新行业动态。

三、博弈视角,知己知彼

市面上已有的教科书多是从用人单位和招聘者的角度撰写的,旨在让学生了解招聘与配置的理论渊源,而从求职者视角撰写的资料寥寥无几或只是只言片语,不成体系。本书准确戳中市场痛点,在将招聘与配置理论讲述得直白易懂的同时,还从求职者角度出发,系统地讲解了求职技巧,让招聘者和求职者在明确自己"怎么做"的同时,还能了解对方"怎么想"及在具体的情景下如何应对。

四、体例活泼,方便教学

本书选取了国内外一百多个典型案例(例证),这些案例涵盖国有大中型企业、外资企业、跨国公司以及本土中小型企业。这些例证都是来自相关领域的较新、真实案例,对于缺乏企业实践和工作经验的高校学生会有很大的启发,对于具有一定工作经验的企业员工也有借鉴作用。

  同时，本书每章节末尾均提供了章节小结、思考练习题和小游戏，方便教学者组织学员回顾、复习、运用知识。

  本书广泛征求了业界专家、学者、企业高管等专业人士的意见和建议，是集体智慧的结晶。本书的例证写作得到了腾讯科技公司人力资源平台部总经理马海刚先生、唯尚家具副总经理叶玖荣先生、广东海印股份有限公司人力资源总监郑桂梅女士、真功夫餐饮连锁集团公司首席人力资源官何文胜先生、TTi 创科集团行政与人力资源副总裁程晓江女士、广州八方锦程合伙人林卫丰先生、HR 招聘研究网创始人曾祥兵先生等人的支持。本书由广东外语外贸大学商学院陈国海教授、午马猎头首席产品官伍江平先生负责拟定全书的框架并总纂统稿。陈国海教授的研究生和助手参加了本书的编写，具体分工如下：杨玉华（第一至第七章），王长栋（第八章），徐芳（第九章），覃海锋（第十章），王宽和、万家如、黎荷妹（第十一章），万家如协助统稿，我们对他们的热心帮助和工作表示衷心的感谢。本书得到了 21 世纪海上丝绸之路协同创新中心、广东外语外贸大学商学院、清华大学出版社的大力支持和帮助。在此，我们对所有支持本书编写工作的单位和同仁表示诚挚的感谢。

  由于我们的水平有限，加之时间仓促，本书难免有疏漏或错误之处，敬请读者不吝赐教，是为至盼。

广东外语外贸大学商学院教授

广东省人力资源研究会秘书长

香港大学心理学博士

陈国海

午马猎头首席产品官

伍江平

2018 年 8 月 18 日

目　　录

第一章　招聘与配置导论……………………………………………………… 1
　　第一节　员工招聘概述……………………………………………………… 2
　　第二节　员工配置概述……………………………………………………… 8
　　第三节　招聘与配置的内外部环境………………………………………… 16
　　第四节　人力资源招聘管理的历史沿革…………………………………… 21

第二章　招聘与配置的基础：需求…………………………………………… 34
　　第一节　人力资源规划……………………………………………………… 35
　　第二节　人力资源预测与平衡……………………………………………… 42
　　第三节　工作分析…………………………………………………………… 54
　　第四节　行业与职业选择…………………………………………………… 64

第三章　基于胜任素质模型的招聘…………………………………………… 74
　　第一节　胜任素质模型概述………………………………………………… 75
　　第二节　基于胜任素质模型的招聘………………………………………… 88
　　第三节　基于胜任素质模型的求职技巧…………………………………… 96

第四章　招聘计划与策略……………………………………………………… 107
　　第一节　人力资源招聘计划………………………………………………… 108
　　第二节　招聘策略…………………………………………………………… 114
　　第三节　招聘渠道策略……………………………………………………… 121

第四节　求职者应聘计划与策略……………………………………………………134

第五章　招聘风险管理……………………………………………………………………146
　　第一节　招聘风险概述………………………………………………………………147
　　第二节　招聘风险分析………………………………………………………………150
　　第三节　招聘风险管理………………………………………………………………157
　　第四节　应聘风险管理………………………………………………………………166

第六章　甄选方法与技术…………………………………………………………………174
　　第一节　初步筛选……………………………………………………………………175
　　第二节　笔试…………………………………………………………………………182
　　第三节　面试…………………………………………………………………………193
　　第四节　背景调查与体检……………………………………………………………209

第七章　员工录用与入职管理……………………………………………………………222
　　第一节　员工录用管理………………………………………………………………224
　　第二节　新员工入职管理……………………………………………………………232
　　第三节　应聘者实习、试用与入职…………………………………………………247

第八章　员工配置…………………………………………………………………………260
　　第一节　员工配置概述………………………………………………………………262
　　第二节　员工的时间配置……………………………………………………………268
　　第三节　员工空间配置………………………………………………………………278

第九章　招聘外包…………………………………………………………………………294
　　第一节　招聘外包概述………………………………………………………………295
　　第二节　招聘外包的流程……………………………………………………………303
　　第三节　招聘外包管理………………………………………………………………310

第十章　猎头服务…………………………………………………………………………321
　　第一节　猎头服务概述………………………………………………………………322
　　第二节　猎头服务流程………………………………………………………………335
　　第三节　猎头服务管理………………………………………………………………342

第十一章 招聘与配置评估……………………………………………… 358
第一节 招聘成本评估……………………………………………… 359
第二节 录用人员评估……………………………………………… 366
第三节 招聘过程评估……………………………………………… 372
第四节 应聘评估…………………………………………………… 377

第一章

招聘与配置导论

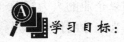学习目标：

学完本章后，你应该能够：
1. 掌握招聘与配置的概念
2. 了解招聘与配置的原则
3. 掌握员工配置的形式
4. 了解招聘与配置的作用
5. 了解招聘与配置的内外部环境
6. 了解招聘管理的发展脉络和趋势

引例

华为人力资源的招聘与配置

华为是世界第一大电信网络解决方案提供商，也是世界第一大通信商以及第三大智能手机厂商，华为最值得借鉴的成功经验之一就是人力资源招聘与配置。华为根据公司以及岗位的具体要求进行人才选择，再优秀的人才，也要看公司的实际需要，只有适合的才是最好的——华为坚持招聘标准明确；在甄选过程中，秉持尊重人才、坦诚交流、双向选择的原则来选择合适的人才——坚持树立现代人才流动观念；为了企业战略性的发展策略，有针对性地招录可塑性强的高校应届生，让他们成为企业发展的新力量——坚持具有战略性的招聘策略；同时，华为坚持用人部门与人力资源部门合作进行招聘，坚持完善人才信息的储备工作，以备不时之需。在人才配置上，华为坚持能力对应原则进行岗位配置；坚持动态适应原则，根据岗位要求的变化，不断调整人员的安排；坚持优势定位的原则，根据员工的特长及优势进行配置；坚持内部为主的原则，通过制定绩效目标、绩效导向的考核制度、末位淘汰制的激励机制来开发企业内部的人才。华为在发展的各个阶段不断更新人力资源招聘与配置的原则策略，使得各阶段的人才招聘与配置都符合企业的战略发展要求，同时，在市场竞争中占据着人才的优势。（常犇，2014）

华为在招聘与配置方面的成功经验值得我国很多企业学习借鉴。随着我国社会经济的日益发展以及科学技术的不断应用与创新，企业在发展过程中不断遇到新的挑战，但其核心还在于人的变化：人的需求多元化、个性化；人的流动频率加快；人对组织的黏度降低；人的价值创造能力能够放大，小人物也能够创造大价值。如果企业的人力资源招聘与配置不能符合新的发展机遇，企业将会在激烈的市场竞争中因为人才的优势不足而被社会淘汰。

招聘与配置是企业现代管理活动中必不可少、经常性的活动，旨在解决组织人员流入以及人岗配置的问题。企业的发展离不开人才，实现人才最优配置是人力资源招聘的根本目的，是企业依靠人才提升核心竞争力的基础。自西奥多·舒尔茨提出人力资本理论之后，人力资源在企业生产和管理中的作用日益凸显，并且被经济学家和管理学家们称为企业发展的"第一资源"。因此，人力资源的获取与配置是企业管理工作的必要环节，是人力资源管理的刚性需求。那么究竟什么是招聘与配置？招聘与配置的原则是什么？这正是本章需要重点探讨的问题。

第一节 员工招聘概述

招聘是组织补充员工的重要渠道，是组织增加新鲜血液、兴旺发达的标志之一。招聘工作是企业的一项经常性工作，首先企业不可能永远留住所有的人才，必然会出现员工阶段性流失的现象；而企业的一些措施，如企业战略性调整、新的商业模式的改变、跨界经营、市场扩大销售区域、增加生产线和开发新产品上市扩张等，必然需要扩充新的工作岗位增加员工数量。因此，企业需要时刻准备补充人员供给。招聘工作必须成为现代企业管理者需要完成的一项战略性、持续性、经常性并具有刚性需求的重要工作。

一、招聘的概念

招聘是指组织为了实现经营管理目标以及完成工作任务，根据人力资源规划和工作分析的要求，通过一定的方法，使用一定的工具进行考察和筛选，吸收那些有能力又有兴趣到本组织任职的应聘者到岗位上的过程。招聘是人力资源管理部门最重要、最基础的日常工作，在特定情况下和一定意义上，招聘甚至会成为组织生死攸关的最关键、最重大的问题之一。

完整的现代招聘将招聘工作划分为几个部分，包括招聘前的人员需求调查、实施人员招聘工作、招聘中的筛选以及劳动合同签订等几个接续内容模块。总之，招聘是一个内容丰富的领域，它关系到一个组织诸多部门的重要人力资源开发与管理合作的成效（姚裕群，2016）。

二、招聘在人力资源管理中的地位与作用

在人力资源管理这个大系统中，招聘管理是其中的一个子系统，而且是最基础的始发系统，它决定了组织中今后各项人力资源管理业务能否顺利开展。

（一）招聘在企业中的地位

人是一切管理工作的基础。人员招聘管理工作之所以处于组织中人力资源管理工作的基础地位，是由人员招聘工作的内容和在人力资源管理中的地位决定的。

对于新成立的企业来说，人员配置无疑是企业运转的前提条件。如果不能招聘到一定数量和质量的员工，完不成企业的人员配备任务，企业就无法运营。对于已运转的企业来说，企业环境的变化和战略目标及企业结构的调整，都要求企业的人力资源系统呈开放状态，不断为企业输入和输出人力资源，使企业的各个岗位都能够及时配以合适的人才，以保证企业形成健康的生产力，支撑企业战略目标的实现，形成可持续发展的能力（吕静，2009）。

（二）招聘管理在人力资源管理中的作用

企业的稳定、可持续发展离不开人才的招聘，招聘是企业发展的硬性需求。因为招

聘决定了企业人力资源的数量，有助于改善员工结构（学历、年龄、性别、职称水平等）。同时，招聘质量直接影响培训开发的费用和时间，也决定了员工未来可发展的极限。具体来说，企业的招聘工作在人力资源管理中具有以下六个作用。

1. 有效的招聘管理可以提高组织的核心竞争力

招聘的结果表现为企业是否获得了所需要的优秀人才，而人才是企业发展的第一要素。现代社会竞争的制高点是人才的竞争，只有拥有高素质的人才，企业才能繁荣昌盛，才能在竞争中立于不败之地。只有拥有高素质的一线员工，才能保证高质量的产品和服务；只有拥有高质量的技术人员，才能为企业研制开发计划的高效有序进行提供保障。招聘为组织注入新活力的同时，也提高了组织的核心竞争力。

2. 有效的招聘管理可以提高员工的满意度，降低员工的流失率

有效的招聘意味着"人岗匹配"，即企业获得能够胜任工作并对所从事工作感到满意的人才，意味着企业和所从事的工作能够带给员工较高的工作满意度和组织责任感，进而减少员工旷工、士气低落和流动现象。所以，有效的招聘管理可使员工愉快地胜任所从事的工作，减少员工离职以及因员工离职而带来的损失。

3. 有效的招聘管理可以减轻员工培训的负担

新员工基本素质的高低、技能和知识的掌握程度、专业对口程度等，对员工的培训及使用都有很大影响。如果企业的人员招聘工作做得不好，引进了素质较差或专业不对口的员工，企业不但需要花费更多成本对其进行培训，而且之后也会因为员工本身与岗位要求的差距给企业带来沉重的负担。相反，素质优良、知识技能较高、专业对口的员工接受培训的效果会比较好，培训后成为合格员工、创造高绩效的可能性也比较大。优秀的员工是不需要工作环境适应期的，他们的共同特点就是能够很快转变角色，进入状态，能够在很短的时间内出成绩，而不需要接受大量的培训。

4. 有效的招聘管理可以增强组织内部的凝聚力

企业中大多数工作不是由员工单独完成的，而是由多个员工共同组成的团队完成的。这就要求企业在配备团队成员时，应该了解和掌握员工在认知和个性上的差异状况，按照工作要求进行合理搭配，实现员工优势互补，并使其能够和谐相处，创造最大化的团队工作绩效。所以，有效的招聘管理会增加团队的工作士气，使团队内部员工能够彼此配合默契，愉快和高效地工作，增强组织内部的凝聚力。

5. 有效的招聘管理可以减少劳动纠纷的发生率

员工在工作中不可避免地要和上司、同事、下级以及客户产生工作上的联系。在工

作关系的处理上，员工自身由于工作技能、受教育程度、专业知识上的差异，处理语言、数字和其他信息能力上的差异，特别是气质、性格上的差异，为了利益发生劳动纠纷是不可避免的。如果企业严把招聘关，尽量按照企业文化的要求去招聘员工，使新员工不仅在工作上符合岗位的任职资格，而且在个性特征和认知水平上，特别是自身利益追求上也符合组织的需求，就会降低劳动纠纷的发生率。

6. 有效的招聘管理可以为组织树立良好的形象

招聘工作涉及面广，企业可以采取各种各样的招聘方式，利用电视、报纸、广播、网站、自媒体等媒体来开展招聘活动。这样不仅可以使企业找到所需的人才，也可以在一定程度上起到推广企业的作用，为企业树立良好的形象，提升雇主品牌形象。

三星招聘：形象宣言

三星公司能够取得今天成就的主要原因是拥有一批有才华、有创造力，为公司无私奉献的员工，这是成功的基础。为了加强在国际市场的竞争力，三星致力于引进与企业文化相契合的优秀人才，三星奉行的理念是基于坚持发展的决心、不断地改进和创新，成为更优秀的合作团队。事实已经证明了三星的成功：三星是发展最快的企业之一，并且是数码革命中公认的领导者。作为世界最大的企业之一，三星拥有无限可能。在追求完美的过程中，三星仍然在不断寻找优秀的人才。（姚裕群，2016）

三、员工招聘的原则

任何行业，无论拟招聘的人员数量多还是少，也无论招聘工作是由组织内部的人力资源部门完成，还是外包给专业服务机构完成，其核心工作都是通过选拔实现"人事匹配"的目标。只有奉行一定的原则，才能确保整个招聘工作有效。

（一）公平公正公开的原则

企业在招聘过程中，应该做到信息公开、竞争公平、选拔公正。招聘企业应遵守国家的法令、法规和政策，面向社会公开招聘条件，对于所有应聘者应当一视同仁，不得人为地制造各种不平等的限制和条件（如性别歧视、学校歧视、家庭歧视）；对应聘者进行全面考核，严格考核程序和手段，不拘一格地选拔录用综合素质高的优秀人才，并公开考核结果。

（二）双向选择的原则

招聘过程中，用人单位有权根据自身发展和岗位的要求自主择人，劳动者有权根据自身能力和意愿，结合劳动供求状况自主择业。一方面，双向选择的原则能够使企业不断提高效益，改善自身形象，增强自身吸引力；另一方面，该原则还能使劳动者为了获得理想的职业，努力提高自身的知识水平和专业素质，在激烈的招聘竞争中脱颖而出。

例证 1-2

迪卡侬公司（中国）的开放日

迪卡侬公司（一家来自法国的体育用品零售商）自2003年入驻中国以来，截至2017年已在全国开立实体店铺215家。作为一家"以人为本"的公司，迪卡侬的校园招聘充分体现了这一宗旨。在其校园招聘的最终环节，所有的面试者都可以参加迪卡侬的开放日。通过零距离感受迪卡侬的工作环境和氛围，面试者可以进一步深入了解迪卡侬，然后由面试者自己做出最终决定。

资料来源：http://recruitment.decathlon.com.cn/workspace/openday

（三）效率优先的原则

效率优先在招聘中的体现是根据不同的招聘要求，企业灵活选用适当的招聘形式和方法，在保证质量的基础上降低招聘成本。招聘成本包括三个方面：一是直接成本，如广告费、招聘工作差旅费、考核费、办公费用等；二是重置成本，即因招聘不慎，重新招聘时所花费的费用；三是机会成本，即因人员离职及新员工尚未完全适应工作造成的费用。招聘的职位越高，招聘成本越大。有效的招聘工作能够使企业的招聘活动开支既经济又有效，这是由于招聘到的员工能够胜任工作，从而减少了培训与能力开发的支出。

（四）择优录取的原则

择优是招聘的根本目的和要求。只有坚持这个原则，用人单位才能选贤任能，为单位各个岗位引进最适合的人。当然，录用的人不一定是最优秀的，人的能力有大有小，工作也有难易，用人单位应按需择人，选择最合适的。只有做到人尽其才，用其所长，取得其人，才能保证员工长久高效地发挥其作用。

（五）全面原则

全面原则是指招聘过程应尽可能地采取全方位、多角度的评价方法，通过对申请者的上级、下级、同事以及直接或间接服务的客户进行品德、能力、态度、性格等方面的360度调查，客观地衡量候选者的竞争优势和劣势以及其与职位、组织间的适应性。

国网甘肃电力的全面招聘体系

国网甘肃省电力公司隶属于国家电网公司，是国网公司的一个全资子公司。其全面招聘体系大体分为五个阶段。

第一阶段是简历筛选，审核应聘者是否具备公司岗位的任职资格要求，包括专业、英语能力、计算机能力等；

第二阶段是笔试，主要考察岗位所需的专业知识、技能以及应聘者的基础知识和综合能力；

第三阶段是对通过笔试的人员进行非结构性面试，其目的是初步了解应聘者的背景、语言表达能力等，并进行霍兰德职业兴趣测试，借此进行人—职合理匹配；

第四阶段是结构化面试，在该阶段中考官要根据职位要求，对应聘者各项能力进行综合评估以考察应聘者是否能够胜任本岗位工作要求；

第五阶段是做出录取决定，对应聘者进行资格审核、体检以及六个月的试用考察。（韩丽娟，2016）

四、员工招聘的流程

招聘是一项复杂的工作，招聘管理人员在具体实施过程中会制订招聘方案，包括招聘需求分析、制订招聘计划、撰写招聘广告、选择招聘渠道、分析简历、筛选简历、邀约面试、安排面试、面试题目设计、人员选优录用、试用期考核、招聘效果评估。按照工作进展，招聘工作可分为准备阶段、招募阶段、选拔阶段以及录用评估阶段，整个招聘过程的流程如图1-1所示。本章之后将对各个流程的细节工作进行详细说明。

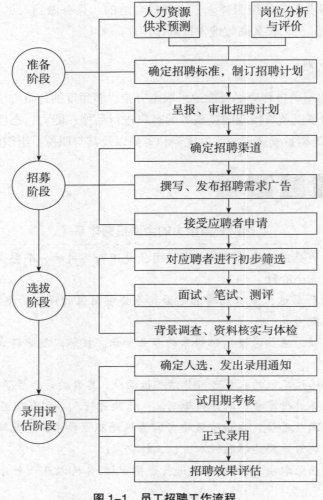

图 1-1 员工招聘工作流程

第二节 员工配置概述

人力资源配置是人力资源管理与开发的关键与核心问题。人力资源管理的所有工作都需要首先完成对人力资源的配置方能开展。同时,人力资源管理的各个模块包括人员招聘、培训与开发、薪酬管理、绩效管理等,又都是以人力资源的合理配置为目的来进行的。人力资源作用的发挥仅靠人员的简单组合绝对不行,而是需要对人力资源进行分析，并根据需要进行合理、有效的配备。只有这样，才能更好地发挥人力资源个体和团队的作用，从而给企业或组织带来更好的效能和回报。

一、员工配置的概念

赫伯特·G. 赫尼曼（Herbert G. Heneman Ⅲ，2005）将人力资源配置定义为：为了创造组织效能的有利条件而从事的获取、运用和留任足够数量和质量劳动队伍的过程。国内学者姚裕群认为，人力资源配置是组织为达成其战略目标和日常工作需要，在人力资源管理战略的指导下，根据其特点和岗位职务的要求，有效地分配和使用劳动要素即人力资源的过程（姚裕群，2016）。综合来看，人力资源配置的目的就是通过获取、选拔、录用和留任等一系列措施，把符合企业发展需要的各类人才及时、合理地安排在所需要的岗位上，从而充分发挥和调动人力资源的工作积极性和主观能动性，提高劳动生产率，为企业创造更多的经济价值与社会价值。

在实践过程中，人力资源配置会具体落实到各个组织的员工胜任素质模型，工作岗位安排、调动，工作任务分配与调整方面。它由两大部分组成：人力资源的空间配置和人力资源的时间配置。空间配置包括人员配置的原理、企业劳动分工、企业劳动协作、生产劳动工作组织的基本内容、劳动分工的改进、员工配置的基本方法、员工任务的指派方法、加强现场管理等；时间配置包括工作时间组织的内容、工作轮班的组织形式等（叶国祯，2012）。

例证 1-4

安永会计师事务所的弹性工作制

由于相关会计准则的关系，会计师事务所存在审计的忙季和淡季之分。很多会计师事务所往往会出现忙季人手不足、淡季人员过剩的问题。为了解决这一问题，作为四大会计师事务所之一的安永在 2007 年便开始引入弹性工作计划。在忙季的时候，安永不仅要增聘人手，同时也要求所有员工都要加班。而在淡季的时候，员工可以去参加培训、准备 CPA（注册会计师）考试以及休假。此外，员工在忙季的一些加班也可以折算成假期，可以在淡季的时候放假轻松一下。（裴倩敏，2012）

二、员工招聘与配置的关系

1. 招聘与配置互为前提和保证

招聘和配置各有侧重，招聘工作是经过需求分析—预算制定—招聘方案的制订—招聘实施—后续评估等一系列步骤完成的，其中需求分析是最关键的环节，通过分析可以明确企业到底需要什么人，需要多少人，这些人应该具备什么素质以及通过什么渠道获得公司所需要的人才。招聘的各项工作都是为了实现配置的目的。事实上，员工配置工作在招聘需求分析之时就有考虑，通过"量身定做"的标准招聘企业所需人才，配置工作就简化为一个程序性的环节，为招聘准备了基础性的工作，也能保证招聘工作的有效性。

2. 招聘与配置相互影响，相互依赖

招聘与配置不能被视为各自独立的过程，而是相互影响、相互依赖的两个环节，只有招聘合适的人员并进行有效的配置才能保证招聘意义的实现。只有配置，没有招聘，配置成了无米之炊；只有招聘，缺了配置，就实现不了招聘的目的。所以，招聘与配置两者相辅相成，相互统一，相得益彰。

三、人力资源配置系统

人力资源配置系统的主要内容有：组织战略来源于组织的使命和目标，两者向下传导，决定了人力资源在数量、质量和结构上的假设，即人力资源配置战略，进而直接指导着招聘、甄选、录用决策、留任管理与再配置等人力资源配置活动，而工作分析、胜任力体系等，则是实施人力资源配置活动的基础，为人力资源配置活动提供所需的支持。人力资源配置系统如图1-2所示。

人力资源的获取来源包括内部人员和外部人员，组织通过搜寻和获得足够数量的合格的职位候选人，再从中挑选出最合适的人员来填补职位空缺。这一过程的主要目的是创造出一个潜在的雇员群体。组织对这个雇员群体依据原先制订的考核方案进行甄选，从而做出由谁来填补这个职位空缺的决定。最后，根据组织特征和岗位要求以及员工个人的知识、技能、能力和其他特征（Knowledge，Skill，Ability and Other characteristics，KASO），组织将新录用员工安置到合适的工作岗位上进行分配管理。分配活动还包含了指导现有员工的流动、晋升、轮岗和降职等内部人员再配置。

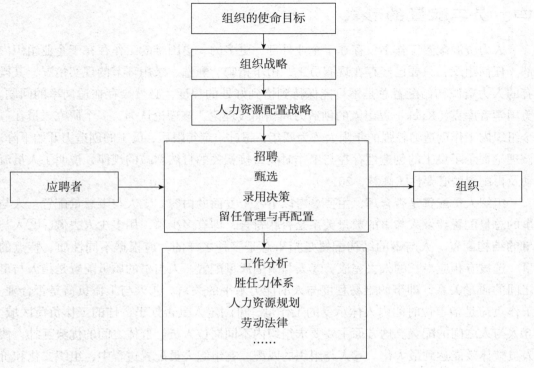

图 1-2 人力资源配置系统（彭剑锋，2014）

例证 1-5

宝洁人才从内部培养

宝洁公司是当今为数不多的采用内部提升制的企业之一，其用人策略是内部培养。宝洁的历任 CEO 都是从初进公司时的一级经理开始做起的，他们不仅熟悉宝洁的产品及经营机制，更重要的是，对宝洁的文化有百分之百的忠诚度。宝洁赋予雇员足够的空间来描绘自己未来的职业发展蓝图。例如：如果你想成为一个人力资源经理，那么你的职业成长路线图将是：人力资源管理培训生→人力资源助理经理→人力资源部某专业领域经理→人力资源部经理。

在宝洁，除了律师、医生等职务，几乎所有的高级经理都从新人做起。宝洁管理层 95% 以上的员工都是从大学应届毕业生培养起来的。这种内部选拔机制已经成为宝洁企业文化的一个显著的表现形式，是宝洁用人制度的核心，也是宝洁取得竞争优势的重要源泉。（裴训，2016）

四、员工配置的形式

人力资源配置工作不仅存在于企业外部，更多的、更困难的工作存在于企业组织内部。任何组织，只要已经存在现有员工，由于招聘、甄选、录用环节的现实情况，其既有的人力资源初始配置总是不可能保持到恰到好处的程度，必然会存在适岗率的问题。美国学者库克（Kuck）提出人的创造力周期曲线理论。该理论认为，一个研究人员在一个组织内工作创造力较强的年限大约为四年，超过一定年限后，员工的创造力开始下降。该理论揭示了员工的创造性存在与工作时间直接相关的自然增减的规律，说明了人员流动及再配置的必要性（高慧，2015）。

组织人员配置是否合理，主要参考以下六个方面的内容：①人与事总量配置。人与事的总量配置涉及人与事的数量关系是否相符合，即有多少事，用多少人去做。②人与事的结构配置。人与事的结构配置是指事总是多种多样的，应根据不同性质、特点的事，选拔有相应专长的人去完成。③人与事的质量配置。人与事的质量配置是指人与事之间的质量关系，即事的难易程度与人的能力水平的关系。④人与工作负荷是否合理。工作负荷是指单位时间内人体承受的工作量，可测定人是否处于最佳的工作负荷区域。⑤人与人之间的配置。这方面主要要求组织内不同岗位人员、群体之间的优势互补，使人员整体效能达到最大化。⑥人与组织的匹配。在组织人员配置过程中，组织文化和价值观与员工之间达到匹配与统一，能够更好地实现员工与企业的共同发展。

从实际表现来看，组织内部的人力资源配置主要有以下三种形式。

1. 人岗关系型

通过人力资源管理过程中的各个环节保证企业内各部门、各岗位的人力资源质量。它是根据员工与岗位的对应关系进行配置的一种形式。就企业内部来说，目前这种类型的员工配置方式大体有以下几种：招聘、轮换、试用、竞争上岗、末位淘汰和双向选择。

2. 移动配置型

移动配置型是一种对员工相对岗位的移动进行配置的类型。它通过人员相对上下左右岗位的移动来保证企业内的每个岗位人力资源的质量，具体表现为晋升、降职和调动。

3. 流动配置型

流动配置型是一种对员工相对企业的流动进行配置的类型，通过人员相对企业的内外流动来保证企业内每个部门与岗位人力资源的质量，具体表现为安置、调整和辞退。

例证 1-6

上海石化的员工配置

上海石化的招聘与配置模块的管理在不断进行改革和实践。20世纪90年代,上海石化首先对公司的行政、专业管理者从任命制改为聘任制;对领导干部,从单一的组织配置到与公司内部、二级单位公开招聘相结合。1998年到1999年,上海石化在全公司范围先后公开招聘了投发公司下属金浦公司经理、化工部企管处处长、环保中心党委宣传科科长、企发公司下属的印刷厂厂长和投发公司总经理等。有了公司的示范,各二级单位抓住1999年换届的机会,纷纷开展公开招聘工作。同样,公司在减员分流或专业化重组、体制机制变革完善、岗位调整优化过程中,通过"全体起立,重新上岗",使人力资源得到重新配置,资源得到优化,员工配置更趋合理。2012年,公开招聘、资源优化配置成为上海石化的常规工作。2012年,公司对培训中心5个基层管理岗位进行公开招聘,更加重视人力资源的优化和配置。同时,在对外招聘中,上海石化变二级单位招聘为公司统一配置,使公司对外招聘流程更加标准规范、更加公开公平,节约了招聘成本。(叶国祯,2012)

五、员工配置的地位与作用

人力资源配置是人力资源管理与开发的关键与核心问题,对于同样的人员、同样的岗位,不同的配置会产生截然不同的效果。人力资源配置的目的就是将符合企业经营发展需求的各种人才安排到合适的岗位,使之与企业其他资源相结合,并共同作用,以保证企业的正常经营与健康发展,不断为企业创造可观的经济效益和社会效益(宋美娜,李冰,2016)。

(一)员工配置是一个组织人力资源形成的关键

员工配置是其他人力资源工作开展的基础和前提,直接决定了新进员工的知识背景、技能高低、基本素质、文化适应等是否符合组织发展的要求,对人力资源的使用、留用、培养等工作都有着决定性的影响。

(二)合理的员工配置对组织和员工具有双向激励的作用

人力资源配置是一个动态的、复杂的过程,人力资源配置过程中牵涉因素众多,如岗位变动、工作性质、薪酬变化乃至行业性质的改变等，均是人力资源配置中需要考虑的问题。这些变化因素具有双向激励的作用。合理的人员配置能够充分激发组织成员的工作积极性和学习热情，使组织内部形成相互学习、相互促进、公平竞争的良好氛围，同时有助于形成优胜劣汰的竞争机制，进而促进组织成员整体素质的不断提升。此外，任何企业内部的人力资源都处在不断变化的过程中，新老交替、优胜劣汰的情形时刻存在。这就要求组织必须对人力资源不断地进行调整和优化配置，以使当下拥有的人力资源在合适的岗位上为企业创造更多价值，进而促进员工积极学习，不断提升，并通过在企业内部与其他员工的相互观察和比较，形成组织内部的良性竞争。良性竞争氛围推进了组织成员整体素质和能力的提升，增强了企业整体的竞争力，从而能够更好地应对外界的挑战和同行之间的竞争。

（三）合理的员工配置有利于促进组织绩效的提升

组织的竞争是人力资源的竞争。组织的发展根系于人的发展，人才质量成为衡量组织整体竞争力的标志。员工配置的质量直接影响着一个组织人才资源的质量。合理的人员配置，不但实现了劳动者与生产资料在时间与空间上的有效结合，也实现了劳动者与企业组织在择业、择岗、择人上的公开、公平、公正、自主与效率，有利于企业内部资源的优化重组与利用，有利于人力、物力资源的充分挖潜与发挥，能够极大地促进企业工作效率与经济效益的提升。

六、员工配置的原理

人员任用讲求的是人岗匹配，适岗适人。找到合适的人却放到了不合适的岗位，与没有找到合适的人一样，会使招聘工作失去意义。招聘合适的人才，并把人才配置到合适的岗位，才算完成了一次有效的招聘，才算达到了人尽其才、才尽其用、人事相宜的效果。

1. 要素有用原理

配置的根本目的是为所有人员找到和创造其发挥作用的条件，所以，人员配置需要遵循一个宗旨，即任何要素都是有用的。因此，正确地识别员工是合理配置人员的前提。此外，企业要为员工发展创造有利的条件，只有条件和环境适当，员工的能力才能得到充分发挥。该原理说明，企业推行双向选择、公开招聘、竞争上岗等新的用人机制，就是为许多人才提供了适合其发展的工作环境和条件，这叫作要素的有用原理。

2. 能级对应原理

合理的人力资源配置应使人力资源的整体功能强化，使人的能力与岗位要求相适应。企业岗位有层次和种类之分，一般分为四个层级，即决策层、管理层、执行层和操作层。它们占据着不同的位置，处在不同的能级水平。决策层把握全局性的工作，能级最高；管理层将决策层的决策付诸实施，其能级仅次于决策层；执行层将管理层的工作方针、方案等变成具体的工作方法与检查手段并进行落实，其能级低于管理层；操作层通过实际操作来完成执行层制定的工作任务，是组织中最低的层次。每个人也都具有不同水平的能力、不同的能力特点，在纵向上处于不同的能级位置。岗位人员的配置，应做到能级对应，就是说每一个人所具有的能级水平与所处的层次和岗位的能级要求要相对应。

3. 互补增值原理

人各有所长，也各有所短。合理的人力资源配置应能以己之长补他人之短，从而使每个人的长处得以充分发挥，避免短处影响工作，通过个体之间取长补短形成整体优势，实现组织目标的最优化。

当个体与个体之间、个体与群体之间具有相辅相成作用的时候，那么互补产生的合力要比单个人的能力简单相加而形成的合力大得多，群体的整体功能就会正向放大；反之，整体功能就会反向缩小。因此，一个组织内部各个成员之间应该优势互补，志同道合，密切配合，才能实现"增值"。

例证 1-7

倡导"挑刺"的微软

微软是以创造团队文化闻名的公司。以项目小组的形式来开发电脑软件是由微软首创的。比尔·盖茨要求向他汇报工作的人以及所有项目小组都遵循"敢提不同意见"的原则。项目小组有名的"三足鼎立"结构也就这样建立起来：软件设计员、编程员、测试员，三种人员互相给彼此挑刺，刺挑得越多，产品就可能越完善。微软在招聘时会利用智力和创意测试题来选拔人员。小组成员之间互相平等，组长没有特别的权利，其主要充当沟通协调的角色，解决任务冲突、人员冲突、时间冲突等问题，使大家愉快配合，按时将产品完成。（杨永康，2008）

4. 动态适应原理

人与事的不适应是绝对的，适应是相对的，随着事物的发展，适应又会变为不适应。

只有不断调整人与事的关系才能达到重新适应，这是动态适应原理的体现。无论是由于岗位对人的能力要求提高了，还是人的能力提高了要求变动岗位，都要求组织及时地了解人与岗位的适应程度，从而进行调整，以达到人适其位，位得其人。

5. 弹性冗余原理

在人与事的配置过程中，既要达到工作的满负荷，又要符合劳动者的身体和心理承受力，不能超越身心极限，保证对人、对事的安排留有一定的余地，既要带给员工一定的压力和紧迫感，又要保障员工的身心健康，因此要注意运用弹性冗余的原理。

6. 内部为主原则

一个组织在用人时总会觉得人才不够，尤其是高级人才，因此抱怨组织人才不足。实际上，大多数单位拥有足够多的人才，只是未被识别，也就是所谓的"千里马常有，而伯乐不常有"。因此，组织内部应建立一套人才资源的开发和激励机制。从内部培养人才，给有能力、有潜力的人才提供机会和平台，制造紧张与激励的气氛，激励人才进步提升，从而解决公司的用人需求，促进公司的发展。必要的时候，企业可结合外部招聘寻找必要的人才。

第三节　招聘与配置的内外部环境

作为一个开放的组织系统，企业的管理活动必然会受到外部环境的影响，招聘工作也不例外。外部的政治、经济、文化、技术、市场、法律等宏观环境，企业本身的行业性质、发展战略、企业文化、管理风格等内部因素都会影响到企业招聘与配置制度的制定、招聘渠道、招聘数量与质量以及配置的效果。

一、外部环境

外部环境包括政策法规、经济形势、劳动力市场、技术进步、竞争对手等方面。

（一）政策法规

国家的有关法律、法规是约束企业招聘和录用行为的重要因素。我国在1995年1月1日起开始实施《中华人民共和国劳动法》（以下简称《劳动法》），2008年1月1日起施行全新的《中华人民共和国劳动合同法》（以下简称《劳动合同法》），2013年7月

1日起施行修订后的《劳动合同法》，2018年1月1日施行《事业单位公开招聘违纪违规行为处理规定》。此外，我国还陆续颁布了一系列与招聘有关的法律法规，如《禁止使用童工规定》《人才市场管理规定》《未成年工特殊保护规定》等。这些法规规定，企业在招聘员工时必须遵循平等就业、相互选择、公开竞争、照顾特殊群体、禁止未成年就业、先培训后就业等原则。同时，为规范劳务派遣制度，2014年国家颁布并实施了最新的劳务派遣条例，明确劳务派遣用工比例、辅助性岗位的确定程序、跨地区劳务派遣的社会保险、禁止"假外包，真派遣"等重要内容。这些法律法规都是企业必须严格遵守的，是对劳动者合法权益的有效保障。政府从多方面入手规范企业的用人制度，有利于维护劳动者的合法权益，促进劳动关系的和谐稳定。

（二）经济环境

国际经济形势瞬息万变，会对企业的经营生产活动产生影响。当前全球经济虽然在缓慢复苏，但下行压力较大，长期使用的依靠投资、出口拉动经济的增长方式已经失灵。经济形势处于萧条时期，市场萎靡，企业的发展机会必然减少，甚至需要缩减规模，用工量减少，失业率较高，劳动力市场供给量相对大增。相反，当宏观经济形势处于高速增长的繁荣时期，企业用工需求量增多，此时失业率较低，劳动力市场的供给量相对减少。

同时，企业外部就业市场的发展与成熟，使越来越多的人有了更多的选择，可以到新兴企业工作或者自己创业；业务的全球化增加了企业对优秀人员的需求，加剧了对优秀人才的争夺。随着新的组织形式的出现（合资企业和战略联盟、团队方式的流行、自由代理人以及网络化协作），"人岗匹配"变得越来越复杂。

（三）劳动力市场供求关系

企业进行招聘之前，需要做几项重要的基础工作。首先，调查人才市场人力资源的情况和动向：从当地经济信息中了解该地产业结构和人才结构的调整和变化；从政府的人才政策中研究人才流动环境；从应聘者提供的信息中了解当地的普遍职业心态和企业管理水平以及人才来源的突破口。

其次，了解劳动力供求情况。劳动力的供给总量影响企业招聘效果。供不应求的劳动力市场使招聘活动变得既困难又昂贵，企业不容易招募到适当数量的求职者，要完成招聘任务，企业必须降低招聘条件。相反地，供过于求的劳动力市场将使招聘活动变得容易，可以简单招募到足够数量的求职者。劳动力供求情况也直接影响人员的配置效果，企业招募到足够数量及质量的求职者时，可以发挥人力资源配置最大的效果；相反，即使配置方式合理，但因录用人员的质量差强人意，企业可能也无法实现合理配置人力资源。

（四）技术进步

企业生产技术的现代化及智能化程度直接影响着企业所需人力资源的素质与结构，因此，技术进步和管理提升必然会深刻地影响企业的招聘活动。首先，技术进步对企业员工素质和能力提出了更高的要求。新技术的不断运用，颠覆性地改变着传统的生产模式，日益复合型的工作岗位要求人们必须付出越来越繁重的脑力劳动，对员工工作技能、工作沟通与协调的要求越来越高。所以，现代企业对复合型人才的需求量越来越大。其次，技术进步影响企业人力资源需求和招聘的数量。自动化设备、工业机器人、工业4.0、3D打印技术等智能化生产代替了传统的劳动力，一方面提高了生产率，减少了对人员数量的需求；另一方面也增加了对新工种的需求。

例证 1—8

人工智能的"风潮"

最新发布的《2017人工智能就业市场供需与发展研究报告》显示，在过去的一年中，人工智能人才需求增长了近两倍，其中算法工程师的需求增速尤其迅猛。由于人才紧缺，高校还未来得及形成人才输出，不少人工智能人才还得靠兄弟行业"跨界"补位。有咨询公司指出，在2019年前，人工智能造成的失业数量将多于其创造的工作机会，但从2020年开始，人工智能创造的就业数量将会超过造成的失业数量，人工智能会在"杀死"180万个工作机会的同时，制造230万个新工作机会。人工智能正在逐渐取代人类的工作岗位，尤其是那些程式化、重复性、依靠反复操作实现的熟练工种。（唐闻佳，2017）

（五）社会文化及教育状况

长期受社会文化的影响，人们会形成一定的择业观念。这些观念直接影响人们的职业选择，甚至对教育的选择。因此，每年都会出现热门专业和冷门专业排名这种社会现象。反映在企业招聘活动中，主要表现为高级技工难招，大量空缺的服务性岗位难以补充人员等现象。国家整体的教育水平，尤其是企业所在地的教育水平直接影响当地劳动力的素质，必然也会影响到企业招聘高素质人才的难易程度（王慧敏，2015）。

二、内部环境

与外部环境相对应，员工招聘与配置的内部环境就是指企业系统之内能够对员工配置活动产生影响的各种因素。企业内部环境包括企业战略、企业文化、行业性质及发展状况、管理风格等方面。

（一）企业战略

企业战略是影响人力资源需求的决定性因素。企业的战略目标和规划确定了企业发展的方向，决定了企业的发展速度，也决定了企业发展需要多少人力资源来完成。战略实施一般都需要一段较长的时间，在制定战略的时候要考虑现有人员的情况，也要考虑未来人才的储备，要么内部培养，要么外部招聘。因此，企业战略目标和规划决定和制约着企业的人力资源规划，进而影响企业的招聘活动。

（1）防御型战略：企业的主要目标是维持市场份额和产品结构。在防御型企业中，员工招聘和配置更倾向于内部调配。对于低层次的职位，往往采用招聘新员工的方法，对于高层次的职位，则采用内部提拔的方法。

（2）探索型战略：企业的主要目标是开拓市场空间，技术产品创新。探索型企业倾向于在所有层次的职位上都雇用有经验的员工。

（3）分析型战略：企业的主要目标是保持稳定，调整结构。在分析型企业中，员工招聘和配置既采用内部提拔，也注意外聘有经验的员工，对高层次的职位更多采用外聘方法。

（二）企业文化

招聘作为企业获得人才的主要渠道，与企业文化有着相互联系与相互制约的关系。因为企业文化是企业的灵魂，是竞争对手无法模仿的，是企业核心能力的基本要素之一，所以，一般来说，优秀的企业或者那些有着长远发展战略目标的企业都会极其重视企业文化的建设。企业文化包含企业的经营理念、企业制度及企业员工的精神面貌（办事效率、团队精神等）。一般而言，强调创新和学习的企业文化要求以外部招聘为主，因为这样的企业面临着快速变化的环境，外部招聘可以为企业带来新的思想观念，有助于增强企业活力；强调稳定的企业文化要求以内部招聘为主，这样可以使企业内部安定，并且能起到激励员工的作用。优秀的企业文化可以引导人、凝聚人、激励人和留住人；而在招聘与选拔过程中，企业文化与员工是否能够高度融合，也成为人力资源招聘与配置的标准之一（王艳红，2014）。

（三）行业性质及发展状况

企业所处行业的发展前景以及企业所处的发展阶段，都会直接影响企业的经营现状和未来发展。处于快速增长和发展阶段的企业，因业务拓展，人力资源需求更多；处于成熟或衰退阶段的企业注重降低人力资源成本，减员增效。企业的自身条件和品牌影响着应聘者的决策。在对企业信息不了解的情况下，应聘者主要通过公司品牌来做决定。知名企业会吸引较多的求职者，知名度不高的企业则往往需要以企业的发展前景及给予求职者较高的职位来吸引应聘者。所以，企业所在的行业前景，企业的产品、服务的市场规模、预期都会直接影响求职者的选择。

企业不同的生命周期，即初创阶段、聚合阶段、规范化阶段和协作阶段与人员的招聘、配置紧密相关。初创期的企业人员需求量较少，但是质量要求很高，最好是吸收具有相关工作经验的求职者；企业进入聚合阶段后，企业规模扩大，人员增多，因此企业需要设置不同的部门，这就要求进行细致的工作分析，界定各个部门与部门成员之间的工作职责和职权，而员工配置活动需要根据这种变化不断调整企业内部的人员，进行员工再配置；在规范化阶段，企业在员工配置上多表现为"高高配置"，即将高能力的人配置到较高的职位上，同时建立人力资源储备库，采取比竞争对手更为优越的人才垄断战略；在企业进入协作阶段后，企业如果想继续发展，就必须进行新的变革，这时企业需要从外部招聘新的管理人员，给企业注入新的血液，带来新的活力（王丽娟，2015）。

例证 1-9

维尚集团人才引进选才体系

维尚集团（简称维尚）成立于2006年，是一家依托科技信息创新迅速发展起来的家居企业。在短短九年时间，销售额突破50亿元，员工从100人扩大到6 000多人。维尚集团（尚品宅配，股票代码：300616）随着2017年的上市与快速发展，其人才需求逐渐增大。维尚的人才引进体系包括核心人才和产业工人两个方面。对于核心人才的引进，维尚采用企业发展结合年度人才计划制定了271人才结构化战略，即通过20%的校园招聘人才蓄水管理、70%的内部人才提拔与成长以及10%的外部人才和专家引进，实现核心人才的可持续供应。在产业工人方面，维尚根据生产订单数量和外部人力市场环境制定了动态用工的结构化战略，通过劳务派遣合作商、企业点对点合作商、政企合作商、网络合作商等形式，匹配集团每年的高速发展与增长。（维尚集团人力资源部供稿）

（四）管理风格

企业通常存在如下四种管理风格（Robert J. House，1971）：

（1）指令式。在指令式管理风格的企业中，管理者指定下属或团队的具体工作，包括做什么事，如何做，在何处做，做到什么程度，事无巨细，无微不至，称为"高职责行为"。其管理行为模式是："我来决定，你来做"，其使用的管理工具是告知、指示、指导和建立。

（2）教练式。在教练式管理风格的企业中，管理者在具有指令式特征的同时，与下属之间采取双向或多向的沟通、倾听、鼓励、辅导、澄清和激励（称为"高支持行为"）。其管理行为模式是："我们探讨，我来决定"，其使用的管理工具是推销、解释、澄清和说服。

（3）团队式。在团队式管理风格的企业中，管理者给下属以大致说明，并与下属一同展开工作，注意倾听下属的意见与感受，激励下属积极地参与。其管理行为模式是："我们探讨，我们决定"，其使用的管理工具是参与、鼓励、合作和承诺。

（4）授权式。在授权式管理风格的企业中，管理者在充分相信下属的前提下，给予下属充分的授权，在管理过程中更多地使用高支持（关系）行为，其管理行为模式是："你来决定，你来做"。

求职者的个性及能力都存在差异，他们对不同的管理风格也存在好恶。因此，组织的管理风格也将成为求职者考虑的因素之一。

第四节　人力资源招聘管理的历史沿革

人力资源管理是整个现代管理系统中的一个重要子系统，而员工招聘作为人力资源管理的子系统，其演进历程是与管理思想的演进密不可分的。管理思想是以当时的管理实践为基础的，一旦形成，也会反过来影响管理实践。

一、人力资源招聘管理的发展脉络

人力资源招聘管理是一项动态、复杂的系统工程，随着人力资源管理的发展，人力资源招聘管理发展至今可以划分为如下五个阶段（李丽，2005）。

第一阶段：经验式管理阶段（18世纪下半叶—19世纪末）

18世纪下半叶，科学技术的发展带来了工业革命，工业革命促进了生产力的大力发展,生产的组织方式也不断发生变化,随后便出现了大量的公司,并且这些公司逐渐发展壮大。与此同时,公司的产生与发展带来了劳动力来源的问题。英国早期工厂的员工由各种各样的人组成,如农民、退伍军人和无业游民,熟练工人极度缺乏,通过"广告招聘"熟练工人的形式便开始出现。同时,当时的工厂也缺乏管理人才,由于英国在短期内迅速从农业国走向工业国,多数管理人员是从工人队伍中凭借其技术高或者体能强壮等原因而被提拔,这样的管理人员缺乏正规的素质教育,管理过程中完全按照自己的想法做事,碰到什么问题就解决什么问题,并且任人唯亲,仅有少数管理者能够通过学习别人的经验来解决工厂及工人的问题。

美国的"罗德岛制"实行独家或合伙经营的所有制形式,将整个家族成员雇佣为劳动力,依靠亲属关系实施个人监督管理。随着工厂逐渐壮大,厂主们不得不逐渐放弃亲自监督的权利,转向雇用专门的管理人员。"罗德岛制"效法了英国的做法,尽可能雇用整个家庭的人做工,因此也雇用了较多的童工。此外,美国还有"沃尔瑟姆制",通过建立公司的宿舍,以吸引女工。招工代理在招工时甚至会重点宣传工厂生活在道德和教育方面的优越性。可见,美国工厂的管理比起英国工厂有所进步,雇用的现象也较为普遍。

工业化社会早期的企业管理实际上是一种经验式管理。在这一时期,工业企业开始发展,但规模小,生产力水平不高,企业管理主要靠个人经验,没有操作规范和严格的规章制度。企业的所有者就是企业的经营者,工人凭借经验劳动,管理者凭借传统的管理经验管理。企业的招聘工作主要是满足工厂的生产和经营的需要,对员工的要求主要是技术熟练、体能好。

第二阶段:科学管理阶段(1900—1954年)

20世纪20年代,美国在一些科技领域实现了重大突破,促进了工农业的快速发展。随着国际化市场、半垄断、泰勒的科学管理、非熟练的生产线、技术的进步、长途运输和通信时间的缩短等因素,企业对管理者的需求呈几何式增长。但是,1929—1931年世界经济危机导致严重的失业,也敲醒了社会大众,单靠私有工业和市场原则不能解决经济危机,需要政府参与建立一种更加人性化、更加有社会建设意义的工厂管理方式。

现代管理的创始人泰勒提倡科学管理。他认为最佳的管理方法是任务管理法。在这种管理体制下,工人们发挥最大程度的积极性;作为回报,他们从雇主那里取得某些特殊的刺激。泰勒主张管理者要将每个工人完成工作的每个肢体动作精确到位,并由管理者对这些工人进行培训,训练他们准确无误地按照命令行事。科学管理的根本目的是谋求最高生产率。由于工会运动不断壮大,人事部门的管理功能也逐渐扩大到成为处理劳资关系的工具。

在这个时期，西方社会开始利用心理测验来测评人员、选拔人才。"二战"后，标准化的心理测评迅速推广到职场，在一些关键且敏感的岗位招聘中，如警察、消防员、空中交通管理员等，心理测评一直是很重要的招聘环节。心理测评技术的应用逐渐扩散，1927年第一个职业兴趣测验（斯特朗职业兴趣量表）被广泛应用于职业选择、人才选拔等领域。

第三阶段：企业管理现代化的萌芽（1955—1979年）

二战后，资本主义世界的企业结构发生了翻天覆地的变化，生产规模急剧扩大，生产的社会化日益提高，大型企业蓬勃发展，企业重组合并、大中小企业协作化发展等现象普遍。西方的科学管理、政府干预、行为科学的发展等促进了原有"人事管理"的职能的转变。20世纪60年代，人事管理的特点是"档案管理"，但当时的人事也有了特殊的使命，比如，新员工录用、岗前培训、组织公司郊游等任务，但因为缺乏对工作性质、目标的明确认识，工作缺乏条理。20世纪70年代，企业的人力资源管理进入"政府职责"阶段，因政府对企业的人力资源管理活动在行政、法律等方面加强了管制，此时的人力资源管理仅是为了应付政府不得已而为之。因此，此时的人事管理工作主要包括吸收、录用、维持、发展、评价和调整的内容。

与此同时，科学技术的发展和经济腾飞对人力资源的开发提出了新的挑战，人才测评受到普遍关注，人才测评事业渐趋成熟，并开始商业化，成为企业招聘中的一种专门技术和一道重要程序，并应运而生了一批专门从事人事测评工作的机构以及上百种测评技术。

第四阶段：招聘管理现代化（1980—1995年）

国际网络技术的普及和全球信息化高速公路的开通，以及电子商务的迅速发展，推动了企业与企业之间、企业与顾客之间的互联互通，也使跨国交流日益频繁。当代的管理者更强调对人的管理，要求理解人、尊重人，充分发挥人的主动性。自1980年开始，企业的人力资源管理进入了"组织的职责"阶段，企业把人事管理工作视为自身的责任。许多工商企业纷纷将人事部门改为"人力资源部"或"人力资源管理部"。因为各公司具有独特的企业文化和经营策略，所以在招聘策略和程序上也各有不同。比较普遍的招聘策略和程序是：制定人才需求规划—公司的正确自我定位—根据岗位的要求选择不同的招聘方式—招聘简历的筛选程序—签订聘用合同。

在招聘渠道上，除传统的人才市场招聘会、媒体上刊登广告、员工推荐等方式，还出现了诸如猎头招聘、校园招聘，尤其是出现了利用互联网技术的网络招聘新形式。互联网招聘正悄然改变着职业中介的方式，成为招聘者和求职者之间全新的沟通渠道。招聘技术也出现了许多新变化，例如，职位分析与组织分析的结合，对人的整体测评，对雇员多样性敏感的筛选技术等。现代人才测评方法特别注重考查人的理解力，应用性题目多，逻辑推理题目多，注重考察运用知识、理论分析问题与解决问题的能力，重点考察其创新意识和创新能力，并通过结构化面试、演讲、答辩、创造力测验、情景模拟、无领导小组等讨论方法，对其综合管理能力素质进行测评。

第五阶段：招聘管理信息化（1995年至今）

人力资源管理信息化（Electronic Human Resource，E-HR），是新经济时代下人力资源管理发展到一定阶段的必然产物。人力资源管理信息化基于"全面人力资源管理"、以人为本的思想，通过利用互联网、数据库等网络信息技术，以 ERP（Enterprise Resource Planning，企业资源计划）、ASP（Application Service Provider，应用程序服务提供商）等概念的出现和具体实施为存在和发展的环境，将企业的人力资源管理理念和管理流程通过系统固化下来，实现规范、标准和流程化及自动化的工作平台。它能够搜集、处理、储存和发布人资源管理信息，能够为一个组织的人力资源管理活动的开展提供决策、协调、控制、分析以及可视化等方面的支持。E-HR 的管理理念可以用图 1-3 来说明。

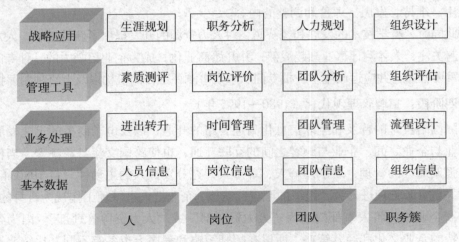

图 1-3　E-HR 管理设计的主要内容（谢伟，2011）

招聘与配置作为人力资源管理信息化系统中的一个模块，表现为通过素质测评工具对员工的潜能与职业倾向进行测评，并将结果应用于员工的职业生涯规划上；通过岗位评估对岗位进行分类，进而有利于职务分析；通过人员信息可以处理员工的进出转升、素质测评；通过岗位信息来对岗位与职务进行分析，有利于人员的配置。

对于招聘管理实践活动经历的以上五个发展阶段，从招聘理念、招聘依据、招聘过程、招聘人员以及招聘方法和技术五个方面进行总结归纳，如表1-1所示。

表1-1 招聘管理的历史演变

	招聘理念	招聘依据	招聘过程	招聘人员	招聘方法和技术
经验式管理	要用人就雇，不用就辞	技术熟练程度及年龄、体力是否胜任	招募、选拔和录用	工厂主；临时招工代理	招募方式：张贴海报；选拔方法：经验测评
科学管理	满足企业当前生产经营需要	是否能达到企业制定的工作岗位标准	招募、选拔和录用	人事部门	招聘方法：职业中介、报纸、广播等媒体；甄选方法：智力测验、职业兴趣测验等心理测试；录用方法：签订合同
企业管理现代化的萌芽	以最低成本招聘到组织现在和未来需要的人才，建立人才库	政府颁布的各种劳动法规；企业发展战略	招募、选拔、录用、评价	人事部门+用人单位；HR专家	招募方式：人才市场、电视、广播等媒体，职业中介，猎头公司；甄选方法：性向和能力测定、个性与心理测验等，工作样本测验，体检；录用方法：签订劳动合同；评估方法：对招聘成本的简单核算
招聘管理现代化	真实工作预览；企业文化；劳资互利的思想；合作伙伴的理念	相关的劳动法规；人力资源规划；工作分析；招聘计划；文化认同与忠诚度	招聘过程的扩大化、持续化和系统化	人事部门+用人部门；HR专家；招聘外包	招募方式：人才交流会、校园招聘、猎头招聘、网上招聘；甄选方法：评价中心、背景调查、计算机辅助测评、心理测试；录用方式：签订劳动合同，岗前引导与配置；评估方法：招聘成本、录用人员的质量以及招聘渠道的效果评估等评价指标
招聘管理信息化	以人为本；全面人力资源管理；人才信息库	相关的劳动法规；人力资源规划；工作分析；招聘计划；文化认同与忠诚度	扩大化、持续化、系统化和信息化	人事部门+用人部门；HR专家；招聘外包	招募方式：人才交流会、校园招聘、猎头招聘、网络社区招聘、测聘，校企合作；甄选方式：新一代信息技术测评；录用方式：签订劳动合同，岗前引导与配置；评估方法：招聘成本、录用人员的质量以及招聘渠道的效果评估等评价指标

随着互联网技术的飞速发展和广泛普及，通过网络环境寻找企业所需的优秀人才也变得更为容易，网络招聘成为人所共知的方式，也是适合企业发展需要的招聘方式。网络招聘的演进由综合性人才招聘网站到社交网站、垂直招聘网站，再到当前流行的移动互联网、App，正悄然改变着企业招聘的方式。企业招聘进入了新时代。

二、人力资源招聘管理的发展趋势

新一代信息技术的发展以及新市场的出现，大大影响了人力资源管理的各项实践活动。人力资源管理者在招聘工作中面临着数据化和外包的趋势。

（一）人力资源招聘管理数据化

在数据化时代，企业管理面临着更大的不确定性与更高的复杂性，处于快速变换的商业生态系统中，企业的竞争关键性资源正逐步从资本向数据、信息、知识和智力方向转变。在数据化人力资源管理的趋势下，基于算法的精确匹配已经全面波及招聘、培训、绩效、福利等各个领域，而且对人力资源外包和模式创新带来了深远的影响。

1. "互联网+"时代的招聘模式

随着"互联网+"时代的来临，现场招聘会的作用正在减弱，互联网招聘、社群化招聘逐渐成为招聘的新趋势。求职者不出户便可了解企业、投递简历，通过专业测评、直播网站完成笔试、面试。企业也可以利用简约、智能、社交化和移动化的招聘方式，随时随地快速筛选人才简历信息，实现与应聘者和潜在人才的实时便捷的初步意向沟通，缩短招聘时间，快速定位目标人才。

例证 1-10

精准招聘模式

Talent Bin 公司提供针对社交网络的职业搜索引擎服务，通过收集应聘者在社交网络上的信息，整理编辑出一个以人为中心的数据库，企业想招聘某种人便可以去 Talent Bin 搜索。Identified 公司提供基于 Facebook 的职业搜索引擎，可以通过对求职者进行打分，对企业提供服务。它的核心功能是通过工作经历、教育背景和社交网络三项指标信息给人们打分，这些信息都来自 Facebook，用户还可以添加更多信息。（孙连才，2015）

2. 数据化时代的人才测评

人才测评作为人力资源招聘与配置的一项专门技术,越来越受到人们的重视,而利用大数据技术可以高效精准地完成人岗匹配的过程。例如,利用大数据技术高效精准地完成人岗匹配的测评过程:先从用户上传的简历和社交网站上提取候选人的总量数据,然后用大数据技术进行分析,通过考察数千个数据点,给求职者和空缺职位的匹配度评分,分值越高则匹配度越高。一些大型的人力资源数据库中隐藏的信息可以帮助决策人员找到数据间潜在的联系,从而有效地进行人才测评。比如,北森利用行业专家经验,积累了200万测试者的数据,在此基础上构建模型并进行测评;国际上的Hay Group(合益集团)在人才测评方面更是资深行家,其核心产品"海氏系统法"从实质上讲就是一种测评方法,这种方法是国际上使用最广泛的岗位评估方法(孙连才,2015)。

3. 大数据时代的人力资源决策

互联网使得人力资源管理基于数据,并使用数据说话和决策成为可能,使人力资源价值计量管理成为提升人力资源效能管理的有效途径。人与组织之间、人与人之间的互联互通累积、集聚的巨量大数据为人力资源的程序化决策与非程序化决策提供了无穷的科学依据,人力资源管理真正开始基于数据并用数据说话。企业随时随地收集关于工作现场、员工个人和员工互动互联的数据,将员工行为与情感数据化,将之用于员工招聘和配置中。比如,从大数据分析中进行选人决策;从大数据中分析员工价值诉求与期望从而制定薪酬策略;从大数据分析中寻求职位系统与能力系统的最佳效能匹配关系,剔除人力浪费,从而提升人才匹配决策的科学性;从大数据中分析劳资关系与冲突的临界点,减少企业内部的矛盾与冲突,降低管控与交易成本,减少内耗。通过互联网和大数据系统,可以对组织的价值创造过程及经营绩效进行客观公正的定量化评价,使人力资源的价值计量化管理成为可能。因此,未来的企业人力资源部要有计量专家和数据挖掘分析专家,以强化人力资源价值量化管理(彭剑锋,2014)。

(二)人力资源招聘技术智能化

近几年,VR(Virtual Realty,虚拟现实)、AI(Artificial Intelligence,人工智能)等新技术发展迅速且逐渐趋于成熟。一旦这些新技术完全成熟,必然会在各行各业中得到广泛应用。新技术的应用必然会为人力资源招聘工作带来新思路、新工具和新方法。在移动互联网和全球化时代,未来的人才比以往任何时代都更具流动性,更加虚拟、多样化,同时也更关注体验。因此,未来人力资源招聘也必将会呈现关注人才体验、高效、精准匹配、虚拟化等特点和趋势。《2017年中国人才招聘趋势报告》显示，由于受到人手和预算的限制，招聘人员更倾向于采用自动化方式来甄选候选人和消除偏见。在当前人力资源招聘实践中，国外已有少部分公司开始使用AI和VR技术。比如，美国Harver公司已经开始推广其自主开发的人工智能简历初步筛选平台；英国的劳埃德银行计划将VR技术用于招聘等（谭璇，2015）。

例证 1—11

VR面试来临

2016年10月11日，英国劳埃德银行发起了一项VR面试计划，在虚拟环境内对应聘者进行情景测试。如果应聘者在简历上填写了具有解决某种问题的能力，他们会被要求在VR完成某种设定的任务，现场演示如何解决。通过应聘者在沉浸式环境中尝试如何移动虚拟对象，去完成一些任务，面试官就可以观察应聘者的反应能力，并进行现场评估，而不是仅仅通过面试问答来考核。劳埃德银行机关人员表示这种方式能够使企业有机会通过各种方法评估求职者，这是在传统的甄选流程中无法做到的。据了解，这项技术首次运用于劳埃德2017年秋季毕业生招聘活动中。

资料来源：颜玉婷. 劳埃德银行集团计划用VR来面试［EB/OL］.（2016-10-10）. http://smart.huanqiu.com/roll/2016-10/9529172.html.

（三）人力资源招聘流程外包

现阶段，我国社会分工越来越细化，移动互联网技术推动社会经济迅速发展。社会经济发展对企业人力资源工作提出更短时间、更高效率、更加精准的要求，以效果为导向的招聘流程外包（Recruitment Process Outsourcing, RPO）服务应运而生。这种直通车式的服务可以使企业集中精力开展核心业务，有效控制和降低运营成本，是企业招聘的未来趋势。迅猛发展的人力资源外包，是人力资源管理的未来之路，是信息产业发展的结果，也是社会高速发展、专业分工细化的体现及社会文明进步的标志之一。

招聘流程外包是指企业将员工招聘工作全部或部分地委托给专业的人力资源服务机构，后者利用自身在人力资源、评价工具和流程管理方面的优势来完成招聘工作的一种方式，猎头招聘、人才租赁、劳务派遣等都属于招聘外包的范围。实际上，世界500强中的绝大多数企业都在使用"招聘外包"。在我国，51job、中华英才网、智联招聘三家大型招聘网站占据了招聘外包业务的主要部分。有效实施招聘流程外包有助于人力资源部门同时具备战略性、灵活性以及高效率性，从而提高核心竞争力，使企业在激烈的竞争中立于不败之地。

例证 1-12

玫琳凯——RPO 先行

玫琳凯早在 2003 年左右就提出了集中化、专业化、外包化的大方向。公司从那时候开始逐步将一些职能进行集中化管理并外包给专业第三方，例如客服、物流、网上订单系统等。在公司业绩持续增长阶段，这一策略的优势也更为明显。同时，这个策略也在招聘环节得以体现，公司于 2008 年底开始全面实施 RPO。

可以说，玫琳凯实施的 RPO 是非常彻底的。公司 80% 以上的职位都通过 RPO 进行招聘，主要集中于经理或以下级别的职位。对于经理级别以上的职位，会由各业务单元的 HRBP（人力资源业务合作伙伴）与猎头合作进行招聘。RPO 的合作模式是全流程外包，即由供应商完全担当招聘人员的角色，负责从岗位需求沟通、职位信息发布、人才寻访，到最后的录用通知发放等整个流程中的全部工作。供应商也同时承担各种招聘渠道的管理工作。对于 RPO 供应商不能招聘到的职位，供应商会通过猎头公司来完成。公司目前与两家 RPO 供应商合作，它们按照职能部门来分工，不存在职位上的交叉。

资料来源：招聘流程外包典型案例［EB/OL］．（2016-01-06）．http://www.chinajxhr.com/cases/zhaopin/814.html.

本章小结

1. 员工招聘是指组织为了实现组织的经营管理目标，完成工作任务，根据人力资源规划和工作分析的要求，通过一定的方法和工具进行考察和筛选，将那些有能力又有兴趣到本组织任职的应聘者吸收到岗位上的过程。

2. 在人力资源管理这个大系统中，招聘管理是其中的一个子系统，而且是最基础的始发系统，它决定着组织中今后各项人力资源管理业务能否顺利开展。有效的招聘能够提高组织的核心竞争力，提高员工的满意度，并且降低员工的流失率，减轻员工培训的负担，增强组织内部的凝聚力，减少劳动纠纷的发生率，为组织树立良好的形象。

3. 员工招聘应遵循五大原则，即公平公正公开、双向选择、效率优先、择优录取及全面原则。

4. 人力资源配置是组织为达成其战略目标和日常工作需要，在人力资源管理战略的指导下，根据其特点和岗位职务的要求，有效地分配和使用劳动要素即人力资源的过程。人力资源配置具有三种形式：人岗关系型、移动配置型和流动配置型。

5. 人员配置遵循要素有用、能级对应、互补增值、动态适应、弹性冗余及内部为主的原则。

6. 员工招聘与配置互为前提和保证，相互影响，相互依赖。

7. 人力资源招聘管理分为五个发展阶段：经验式管理、科学化管理、企业管理现代化的萌芽、招聘管理现代化、招聘管理信息化。在移动互联网时代，人力资源招聘管理呈现数据化趋势，表现为人力资源招聘管理与互联网思维的结合、人才测评的数据化、人力资源决策的数据化。人力资源招聘流程外包将受到广泛关注，并将被广泛使用，是企业未来招聘的新形式。

推荐网站

1. 实习僧：https://www.shixiseng.com/
2. 智联招聘：https://www.zhaopin.com/
3. 拉勾网：https://www.lagou.com/

复习思考题

1. 简述招聘与配置的重要性。
2. 分析我国政府、国企和中小企业人力资源配置中存在的问题。
3. 如果你是一家集团公司总部的人力资源总监，你如何看待和管理人力资源招聘与配置工作之间的关系？

管理游戏

选 人

游戏目的：根据组织目标，尝试组建团队

游戏规则：这一天，上帝对你说："地球马上就要毁灭了，你主持制造的火箭是人类新诺亚方舟，共7个座位，一个给你自己，火箭就要发射了，请在5分钟内从以下10位候选人中选出6个人作为未来人类的种子。"

1. 小学老师	2. 小学老师怀孕的妻子	3. 职业足球运动员	4. 12岁的女孩
5. 外国游客	6. 优秀的警官	7. 年长的僧侣	8. 男流行歌手
9. 著名小说家	10. 慢性病住院患者		

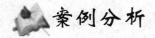
案例分析

微软——寻找最聪明的人

长久以来，人们认为企业成功与否不在于雇用人员的多少，而在于如何引导普通人员做出最出色的贡献。盖茨却为这个看法加上了一个看起来十分苛刻的条件：必须始终寻找并聘请计算机方面最出色的人才，也就是寻找最聪明的员工。

比尔·盖茨对最聪明的员工是这样定义的：能迅速地、有创见地理解并深入研究复杂的问题；善于接受新事物，反应敏捷；能迅速进入新领域，并做出合理的解释；提出的问题要一针见血，切中要害；能及时掌握所学知识，并且博闻强识。比尔·盖茨常对软件开发人员说："四到五年后，现在的每句程序指令都得被淘汰。"这么快的更新速度，要求每位程序员必须具有良好的学习和创新能力。

微软公司有220多名招聘人员，他们每年要访问130多所大学，举行7 400多次面谈，仅仅为了招聘2 000名新雇员。微软公司编有一个专用的程序，它负责统计出用户所使用的关键词，从统计的结果可分析出此人是否具有较高的计算机技能，并将其列为招聘对象。微软招募英才最多的沃土自然是世界名列前茅的大学（如哈佛大学、耶鲁大学、麻省理工学院等）。同时，为了保持不同凡响的增长率，微软还通过员工推荐、报纸及行业广告、贸易展和会议、校园招聘会、猎头公司等方式聘用高素质员工。

在招聘人才时，微软比较注重人才的综合素质，除了考虑人才的专业背景外，还要考察心理和情感因素，包括应变能力、适应能力、再学习能力、竞争能力、抗压能力等。在微软的某次全球招聘面试中曾出现了这样两道场景题：

（1）一名主播，跳槽去了另一家电视台，在原台一档主持了两年之久的节目的最后，可以用30秒与其观众告别。如果你是他，你会怎么说？

（2）一名记者，原定下午1:30开始采访，下午2:00他必须执行另一项任务。可是前一名从下午1:00起采访的记者已经拖延了时间，下午1:35的时候这名记者决定要求前一名记者暂停下来，让自己先进行采访。如果你是他，你会怎么达到目的？

微软要求应聘者给出有创意，同时又合情合理的可行方案。微软的考题绝不是为了为难考生，而是用来测试其能力。

微软建立的这套网罗顶尖人才、珍惜顶尖人才的机制，形成了一种"宁缺毋滥，人尽其才"的选人用人模式。当新人如愿加入微软之后，就会发现公司内部到处都是成功人士。他们虽然着装普通，却谦逊得令人难以置信。同时，他们都有强烈的信心，坚信这个集体将来一定会取得成功。（于成龙，2012）

问题讨论：

1. 结合微软的招聘，谈谈人力资源招聘涉及哪几个方面的工作。
2. 微软的招聘考试是否存在缺陷？应当如何评价没有被录取的应聘者？

参考文献

［1］常犇．华为人力资源招聘与配置的操作与启发［J］．商场现代化，2014（32）：123-125．

［2］高慧．J医药销售公司人力资源配置及优化研究［D］．昆明：云南大学，2015．

［3］裴训．宝洁人才从内部选拔［J］．企业文化，2016（5）：20．

［4］赫伯特·G.赫尼曼，蒂莫西·A.贾奇．组织人员配置［M］．王重鸣，陈学军，译．北京：机械工业出版社，2005．

［5］李丽．员工招聘管理现代化的研究［D］．北京：首都经济贸易大学，2005．

［6］吕静．浅谈招聘管理在组织人力资源管理中的地位与作用［J］．现代企业文化，2009（8）：125-126．

［7］韩丽娟．国网甘肃省电力公司人员招聘策略及招聘流程优化研究［D］．兰州：兰州大学，2016．

［8］彭剑锋．互联网时代的人力资源管理新思维［J］．中国人力资源开发，2014（12）：41-48．

［9］彭剑锋．战略人力资源管理理论、实践与前沿［M］．北京：中国人民大学出版社，2014：28．

［10］人力资源智享会．玫琳凯：中国招聘流程外包案例分享［EB/OL］．（2015-06-28）．http://www.360doc.cn/article/16921388_481243630.html

［11］孙连才．数据化管理趋势下人力资源外包模式创新［J］．中国人力资源开发，2015（7）：6-10．

［12］谭璇．人才招聘：技术战来了！［J］．中外管理，2015（10）：88．

［13］王慧敏．员工招聘［M］．北京：清华大学出版社，2015．

［14］王丽娟．员工招聘与配置［M］．上海：复旦大学出版社，2015．

［15］宋美娜，李冰．试论人力资源配置及其作用与模式［J］．商场现代化，2016（4）：136-137．

［16］谢伟．我国企业人力资源管理信息化相关问题研究［D］．北京：首都经济贸易大学，2011．

［17］姚裕群．员工招聘与配置［M］．北京：清华大学出版社，2016．

［18］叶国祯．招聘与配置［J］．金山企业管理，2012（4）：31-35．

［19］于成龙．比尔·盖茨：从世界首富到世界首捐［M］．北京：清华大学出版社，2012：86-89．

［20］杨永康．高科技企业基层管理团队建设研究：以微软公司为例［D］．上海：复旦大学，2008．

［21］领导权变理论提出者：罗伯特·豪斯［J］．现代班组，2011（12）：25．

［22］裴倩敏．踏入职场 发挥潜能：安永的招聘之道［J］．中国大学生就业，2012（5）：54-56．

［23］唐闻佳．这一年，人工智能人才需求增长近两倍［N］．文汇报，2017-12-13．

［24］王艳红．企业招聘与企业文化的匹配探析［J］．现代商业，2014（26）：82-83．

第二章

招聘与配置的基础：需求

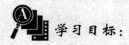 学习目标：

学完本章后，你应该能够：
1. 掌握人力资源规划的概念
2. 了解人力资源规划的发展历程
3. 熟悉人力资源规划的原则与方法
4. 熟悉人力资源供求预测的流程与方法
5. 掌握人力资源供求平衡的方法
6. 掌握工作分析的概念
7. 熟悉工作分析的程序与方法

 引例

京东的干部制度——神秘的管培生

任何一家快速成长的移动互联网时代的巨型公司都会面临三个挑战：让员工保持高效率，满足公司规模扩张带来的人才需求猛增要求，保证公司文化不被稀释。京东自成立以来，每年都在高速增长，2016年员工数量超过11万人，需要更多的管理者。对于京东来说，管理人才的储备尤为重要。京东的解决办法之一就是管理培训生计划。

管理培训生项目——"京鹰计划"（Trainee Eagle Team，TET），目标是为京东提前三年引进和培养流有京东"血液"的优秀管理者。至2015年，九届管培生计划共招收440名优秀成员，其中有226名已经成为京东的优秀管理者。京东计划在3~5年逐步把管培生培养成中基层管理者，并通过一整套体系化培训，使他们成为高层管理者。2007年、2009年和2010年，当真正的互联网电商风口来临时，2004年引进的管培生在京东的发展中已经可以承担非常重要的任务，成为赶上这个大潮的中流砥柱。

在管培生项目的基础上，2013年10月，京东启动了国际管培生计划（IMT）。京东国际化是很重要的部分，需要吸引海外的人才。京东国际管培生计划采取自主招聘形式，在常春藤学校举办宣讲会。2013年，京东用了一个多月的时间走访了沃顿商学院、斯隆商学院、伦敦商学院等6所常春藤大学，花费了70万元，最终招聘了6名国际管培生。为了让这群国际管培生快速适应互联网行业及京东的做事节奏，公司设置了三个阶段的训练：集中培训、集中轮岗和自由轮岗。按照最初的培养计划，京东对这批国际管培生能真正带领团队的预计时间设定为3年，但结果是，这群国际管培生往往在轮岗中就已经成为项目的主导者了。这些拥有国际名校背景的年轻人经过培训，以最快的速度成为京东的下一代骨干力量。

京东某高层曾说，京东地位最高的不是高管，而是管培生们；刘强东也曾表示自己最满意的不是物流，而是管培生计划。（王雨佳，2016）

从京东的管培生计划可以看出，员工的招聘与配置是一个有目的、有计划的活动。组织的员工配置是建立在两项工作的基础上来完成的：一是组织的人力资源规划；二是岗位分析。人力资源规划是为员工配置工作指明方向，其成果是组织进行员工配置工作的指导性文件。有了人力资源规划，组织才可能进入科学的员工配置的操作阶段。

第一节 人力资源规划

任何资源，尤其是稀缺资源，都需要进行系统的规划，使得人力资源的数量和质量符合组织要求，并及时满足组织需求，确保组织业务运转和战略目标的实现。人力资源作为组织的一种关键资源，更加需要得到系统的规划，确保组织的人员在数量、质量、结构、流动方面都符合该组织的需求，以促进该组织的发展。

一、人力资源规划的发展历程

人力资源规划的发展主要经历了以人事规划为主、人力资源规划上升到战略性地位、战略性人力资源规划三个阶段，随着时代的发展，人力资源规划在组织中的作用越来越凸显，已经上升到战略性地位。

（一）以人事规划为主

19世纪末，资本主义发展早期，现代工业社会刚产生，市场上主要的生产要素是劳动力与资本、土地。由于当时资本比较匮乏，劳动力相对过剩，社会一直处于"卖方"市场。工厂没有建立人事管理制度，也没有所谓的人事规划。直至20世纪60年代，工程企业规模进一步扩大，标准化生产流水线建立，开始需要大批量的人员，还要求必须有专门的人员来负责管理流水线，人力资源规划逐渐引起重视，企业中开始出现了人事规划，但还未形成系统。人事规划是为保证组织的生产和发展而提供相应劳动力的长期或短期的安排，内容一般比较简单，主要通过规划具体部门的用工需求，负责获得熟练工人，采取人力资源措施等人事工作来提高工人劳动效率，没有重点考虑劳动力的保留与提高。

（二）人力资源规划上升到战略性地位

20世纪60年代，世界科技发展迅速，企业规模迅速扩张，生产要素开始转移，不再仅仅需要资本和土地要素，更需要的是人才，尤其是知识型的高级人才。因为第二次世界大战过后，男性劳动力短缺，而懂得高新科技的人才更加少之又少，为了缓解人才尤其是管理人员、专业和技术人才的供需平衡矛盾，人力资源规划在企业发展中的地位越来越得到了认可。

20世纪70—90年代，各个国家分别实施了《反优先雇佣法案》，制定了集体谈判制度、弱势群体保护行动、禁止就业歧视等措施来保障员工福利，限制了企业雇用行为。这使得企业人力资源管理成本大幅度增加。此时大部分企业开始缩减规模，运用分权管理方式来尽可能地降低成本，基本上进行了几次裁员，同时制定了提前退休政策。除此之外，企业不再青睐于长期工作者，更喜欢兼职人员以及短期工作者。这就使得企业与员工之间的关系发生了非常明显的变化，员工求职时，更在意职业规划、弹性工作安排和绩效工资。由此，企业的人力资源规划不再仅仅是简单的人事规划，而是培养核心员工，让这些员工能够使企业在短时间内就能够获得高效益,人力资源管理进入战略人力资源管理时代。随着经营环境的变化,人力资源战略开始引入人力资源规划（唐亮,2015）。

（三）战略性人力资源规划

20世纪90年代至今,企业人力资源规划与人力资源战略逐渐融合。战略性人力资源规划是将人力资源战略作为企业战略的一部分,融合人力资源战略和规划,根据企业经营环境的变化制定人力资源战略,从而在统一的人力资源战略下制定一致的人力资源管理职能,实现人力资源战略的内部一致性和外部一致性。战略规划是从组织全局和长远的角度对组织发展的方向及其实现途径进行设计,从而提高组织适应环境的能力（Tichy,1982）。

戴维斯·W.沃克（2001）认为,20世纪90年代的人力资源规划开始与人力资源战略联系起来,其趋势在于:①组织正在使其人力资源规划更适合于精简而较短期的人力资源战略;②更注意关键环节,以确保人力资源战略与规划的实用性和相关性;③更注意特殊环节上的数据分析,更明确地限定人力资源战略与规划的范围;④更重视将长期的人力资源战略与规划中的关键环节转化为行动方案,以便对其效果进行测量。现如今,战略性人力资源规划已成为现代人力资源管理的研究热点。

大数据时代的到来对人力资源规划同样产生了不容小觑的影响,人力资源规划需要依据大数据所蕴含的价值及时地对企业人力资源现状进行调查,对供求变化做出及时的调整。树立员工数据化意识,建立数据化平台是现代企业人力资源规划适应大数据时代到来应该及时实行的有效措施,能够为企业带来更强的竞争力（倪赢哲,2016）。

二、人力资源规划概述

根据前文的论述,人力资源规划的雏形起源于19世纪末期至20世纪60年代的人事规划。直至20世纪60年代,人力资源规划的概念才真正形成,它是管理人员将企业理想的人力资源状况和目前的实际状况进行比较,通过各种人力资源管理措施,让适当数量和种类的人才在适当的时间和地点,从事使企业与个人双方获得最大长期利润的一项工作。

（一）人力资源规划的概念

人力资源规划（Human Resource Planning）,也叫人力资源计划,是指组织在发展战略和经营规划的指导下,对组织在某个时期的人员需求和供给进行预测,并根据预测的结果采取相应的措施来平衡人力资源的供需,以满足组织对人员的需求,为组织的发展提供人力资源保证,为达成组织的战略目标和长期利益提供人力资源支持。总的来说,人力资源规划内涵丰富,它是对企业人力资源的数量、结构以及素质进行规划。

1. 人力资源数量规划

人力资源数量规划是根据企业战略对未来业务规模、地域分布、商业模式、业务流程和组织结构等所做的规划,确定未来企业各级组织人力资源数量以及各职类职种人员配比关系或比例,并在此基础上制定企业未来人力资源需求计划和供给计划。

2. 人力资源结构规划

人力资源结构规划是依据行业特点、企业规模、未来战略重点发展的业务及业务模式,对企业人力资源进行分层分类,同时设计和定义企业的职类职种职层功能、职责和权限等,从而理顺各职类、职种、职层人员在企业发展中的地位、作用和相互关系。

3. 人力资源素质规划

人力资源素质规划是依据企业战略、业务模式、业务流程和组织对员工行为的要求,设计各职类、职种、职层人员的任职资格要求,包括素质模型、行为能力和行为准则等。人力资源素质规划是企业开展选人、用人、育人和留人活动的基础与前提条件。

例证 2-1

微软公司人力资源规划

微软公司的总部位于美国,它是一家以研发、制造、授权和提供广泛的电脑软件服务业务为主的跨国科技公司。由于其所处竞争领域中产品更新换代速度极快,促使其不得不制定出高效的人力资源规划,为其提供源源不断的高层次人才。基于组织的经营业务战略导向,微软公司制定出了与组织文化相适应、与组织目标和谐统一的人力资源规划,不仅保证适时、适量、适质地为公司发展提供所需的各类人力资源,还通过具体的人力资本分析、人才培养开发计划、创新激励措施,有效地推动了组织的知识管理,使组织知识资本不断增加。当前高智商、强能力的员工以及高效率的知识管理都已成为微软公司的核心竞争优势,为微软公司成为世界个人计算机软件开发的先导奠定了坚实的基础。(王德闯,陈娟娟,2017)

（二）人力资源规划的分类

人力资源规划是为了解决以下三个问题：①组织在某一特定时期内对人力资源的需求是什么，即组织需要多少人员，这些人员的构成要素和要求是什么；②组织在相应的时期能够得到多少人力资源的供给，这些供给必须与需求的层次和类别相对应；③在这段时期内，组织人力资源供给和需求比较的结果是什么，组织应当通过什么方式来达到人力资源供需的平衡。人力资源规划按照时间可划分为三种类型：长期人力资源规划、中期人力资源规划和短期人力资源规划。

1. 长期人力资源规划

长期人力资源规划，又称战略人力资源规划。它强调根据企业未来5~10年的发展情况进行规划，其规划目的是为了实现企业的长期目标。在规划时，企业要综合国家经济制度政策、劳动力市场的供求变化、科学技术、政策法规等宏观影响和制约因素。一般情况下，长期人力资源规划是由若干个中期与短期人力资源规划组成的。

2. 中期人力资源规划

对一个规模较小的组织来说，特别是有着较长历史的组织而言，必须与长期人力资源规划相衔接而制定2~5年的中期规划，它服从于组织的中期目标。

3. 短期人力资源规划

短期人力资源规划，又称为战术人力资源规划。组织为了当前的发展和实现既定的目标，通常会制定一个2年内的人力资源规划，制定过程中会较多地考虑企业文化、企业的管理水平和管理政策等微观因素的影响与制约。

（三）人力资源规划的特点

人力资源规划虽然属于人力资源管理的一个重要组成部分，但是它也具有自身的独特性，具体体现在战略性、与企业文化适应性、与员工个人发展相契合。

1. 战略性

从全局看，人力资源规划本身就是企业战略部署与管理发展的一个重要部分，因而也具有战略性的特点。一方面，这种战略性规划要求通过对人力资源规划的整体研究，来合理推动或促进企业各方面的发展，重点在于激活企业人才的活力和知识使用水平；另一方面，这种战略性规划要求与企业长远发展战略相一致，而且要求企业在外部社会、法律环境的约束下进行进一步的跨年度计划等。另外，企业自身的人力资源调整需要与国家、地方相关的人力资源政策调整保持步调上的一致。比如，对于社会主义和谐社会建设方面需要提供支持的安定、成长及持续原则。

2. 与企业文化适应性

现代企业注重企业文化的核心凝聚力。企业文化的核心在于企业价值观，通常而言指向于积极向上、创新求实，符合企业发展实际的长远利益。所以，在企业人力资源规划的特点表现方面，要求与企业文化相适应。就是要求企业在人力资源规划中要注重对企业文化的应用、理解、融合、渗透，以此使企业经营显出自身独有的特色。最重要的是通过企业文化软实力、真正的内在价值形成一种组织力和约束力，让人才心向往之，共同推进企业向着更高的目标发展。

3. 与员工个人发展相契合

现代企业关注人才，理解人才对于企业未来发展的重要价值与意义；与此同时，它也认识到个人在社会活动中实现自我价值或抱负的心理；加之社会活动范围的扩大、市场竞争激烈程度的增强，使得企业在主动、被动双重压力促进之下，重新认识到个人、企业的共同发展对于企业未来发展的关键性作用。因而企业人力资源规划都会在考虑企业总体计划完成的同时，将员工方面的发展计划与之联合起来，构建起个人与企业间的互相依托和促进关系。

（四）人力资源规划的原则

企业在进行人力资源规划时需要遵循整体性、统一性、超前性和可控性的原则。

1. 整体性原则

企业进行人力资源规划时，应该从整体性角度出发。首先，人力资源规划方案要与企业各个部门产生联系，保证各个部门人员供给正常；其次，规划应该考虑到企业与人力资源相关的所有的方面。比如，人员使用、人员培训、人员退休等。只有考虑了上述两点，人力资源规划才能够促进企业的整体发展，企业也不会在人员配置上出现漏洞。

2. 统一性原则

这里所说的统一性，既指内部统一性，也指外部统一性。换言之，企业在制订人员招聘、培训、人员晋升等计划时，必须与企业发展相一致，才不会出现人员配置混乱的问题。此外，企业发展规划应该包含人力资源规划，且与企业制定的整体规划一致。

3. 超前性原则

企业发展过程中，有很多变数，面对这些变数，人力资源规划应该提前预知到，以便能够及时应对。从这一角度来讲，人力资源规划必须做好预测分析工作，有关管理人员应该能够按照企业发展需求，预测到企业未来的人才需求，以便提前做好准备。如果企业有需求时，人力资源管理部门才进行规划，不仅会影响最终结果，可能也会提高人才成本。

4. 可控性原则

现今企业的发展已经离不开人力资源管理规划，人力资源规划并不是短时间内就可以完成的工作，而是一个持续性的动态过程。因为企业在发展期间会遇到各类风险因素，发展目标也会随之发展变化，人力资源规划也必然会发生变更，所以企业人力资源规划方案的制订必须可控，能够随时适应企业发展变化需求（唐亮，2015）。

（五）人力资源规划的作用

人力资源规划是一个对企业人员流动进行动态预测和决策的过程，涉及对未来人力资源需求和工作要求的决策。人力资源规划的实施，对于组织的良性发展以及人力资源管理系统的良性有效运作具有非常重要的作用（王丽娟，2015）。

1. 人力资源规划有利于组织战略目标和愿景的实现

人力资源规划可以帮助组织识别战略目标。组织在不断变化的社会环境中生存，战略目标不可能一成不变。人才的稀缺性使组织认识到，战略是现实的，不是理想化的，那个需要什么人才就可以找到什么人才的时代已经走远了。在当今社会，必须将"需要什么人才与能够获得什么人才"结合起来，才能形成理性的战略。人力资源规划通过需求和供给预测，可以使组织辨识战略、目标和愿景的现实性和科学性。只有企业的人力资源规划和企业发展战略匹配和协调时，才能充分发挥人力资源管理活动在企业生产经营中的重要作用，才能不断提高员工的生产技术和工作绩效，才能有助于企业发展战略的实施和发展目标的实现（Bennett，2007）。

人力资源规划有助于创造组织实现战略目标的内部环境。组织的内部环境是一个多种资源综合作用的复杂体系，人力资源是其中一个关键要素。通过人力资源规划，进行合理的员工配置、安排与流动，可以实现多种资源的优化配置，促进资源使用效率的提高，为组织战略目标的实现提供一个良好的内部环境。

人力资源规划能够为战略目标提供人力资源保障，这是非常显而易见的。只有人力资源数量、质量和结构都支持组织的战略目标，且个体目标与组织目标一致的时候，才能确保组织战略的有效达成。人力资源规划工作正好能够保证组织的人力资源与战略的匹配。

2. 人力资源规划有利于人力资源管理工作的开展和提升

人力资源规划能够确保企业生产发展过程中对人力资源的需求。不同的企业组织和不同的生产技术对人力资源的数量、质量结构等要素要求是不一样的。在激烈的市场竞争中，组织需要不断地开发新产品、引进新技术，才能在竞争中立于不败之地。新产品的开发和新技术的引进会导致组织机器设备和员工配置比例发生变化，这就要求组织对其拥有的人力资源不断进行调整，以保证新产品和新技术条件下工作对人的需要以及人对工作的适应性。在组织发展过程中，如果不能事先为组织发展提供各个阶段所需要的人才，则组织不可避免地会出现人力资源短缺的现象，从而影响正常的生产活动。

3. 人力资源规划有利于员工制订个人发展计划

人力资源规划在组织层面展开，也会对个体产生重大的影响。人力资源规划可以使个体看到未来组织在各个层面对人力资源的需求，也就是对个体的发展要求。这就为个体设定了一个目标，可以指导个体设计自己的职业生涯发展规划，这对提高个体综合素质、实现个体目标、提高个体工作质量和生活质量都是非常有益的。

第二节　人力资源预测与平衡

要做好人力资源规划，首先必须对现有人力资源进行全面清查，即进行人员需求预测和供给预测。通过供给预测，了解现有人力资源数量、质量、结构、预期可能出现的职位空缺、劳动市场状况、社会有关政策以及本单位在公众中的吸引力等。通过需求预测，了解产品市场需求、预期生产经营变化、工作时间变化、技术与组织结构、劳动力的稳定性等。只有做好这两种预测，才能全面了解企业未来对人力资源的需求。

一、人力资源规划的内容

人力资源规划包括总体规划与业务规划两部分内容。总体规划是在对企业战略与竞争战略进行分析的基础上，提出人力资源管理工作的方向，保证人力资源工作重点与战略导向一致。业务规划是在总体规划的基础上对企业各项人力资源管理与开发工作进行具体的计划，包括岗位编制规划、招聘规划、培训与开发规划、绩效管理规划、薪酬福利规划、人力资源预算规划等。总体规划提出工作方向与工作重点，业务规划则提出具体的实施细则。

（一）人力资源总体规划

人力资源总体规划主要是阐明在计划期内人力资源规划的总原则、总方针、总实施步骤和总预算。制定总规划需要明确企业的发展战略规划、现有的人力资源总体状况、规划期可能出现的组织结构调整与技术条件改变等问题。在这个基础上明确计划期人力资源需求增减的大致数量，在供求平衡的基础上提出计划期人力资源工作的指导思想和目标。

（二）人力资源业务规划

人力资源业务规划涵盖人力资源管理的各个模块，每一项业务规划都由目标、政策、步骤及预算等构成，如表2-1所示。这些业务规划的结果应该能够保证人力资源总体规划目标的实现。

表2-1 人力资源业务规划一览

计划类别	目　标	政　策	步　骤	预　算
总规划	绩效、收缩、保持稳定	扩大、收缩、保持稳定	按年安排，如完善人力信息系统	人力资源业务预算总额
招聘规划	对人力素质结构及绩效的改善等	人员素质标准、人员来源范围、起点待遇拟定补充标准	广告吸引、考试、面试、笔试、录用、教育上岗	招聘甄选费用
人员配置规划	人力结构优化及绩效改善，人力资源能位匹配，职务轮换幅度	任职条件、职位轮换范围及时间	略	按使用规模、差别及人员状况决定的工资、福利预算
人员开发规划	后备人员数量保持，提高人才结构及绩效目标	全面竞争，择优晋升，选拔标准，提升比例，未提升人员的安置	略	职务变动引起的工资变动
人员培训规划	素质及绩效改善、培训数量类型，提供新人力，转变态度及作风	培训时间的保证，培训效果的保证（如待遇、考核、使用）	略	教育培训总投入产出，脱产培训损失
薪酬福利规划	人才流失减少，士气水平提高，绩效改进	工资政策，激励政策，激励重点	略	增加工资奖金额预算
劳动关系规划	降低非期望离职率，干群关系改进，减少投诉和不满	参与管理，加强沟通	略	法律诉讼费
退休解聘规划	编制、劳务成本降低及生产率提高	退休政策及解聘程序	略	安置费、人员重置费用

二、人力资源规划流程

人力资源规划是企业人力资源管理的一项基础性活动。它的流程一般可以分为以下六个步骤：①信息的收集与整理；②人力资源供求预测工作准备；③人力资源供求预测；④人力资源规划的制定；⑤实施人力资源规划；⑥人力资源规划的评估与修正。详见图2-1。

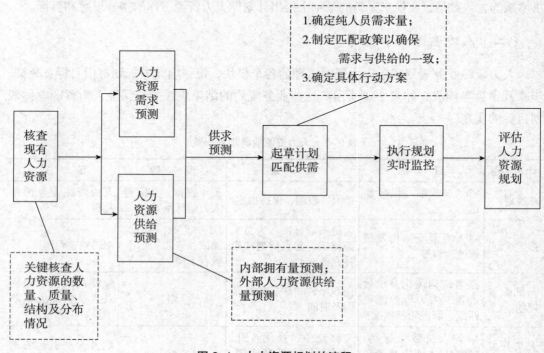

图2-1 人力资源规划的流程

（一）信息的收集与整理

企业在进行人力资源规划时，必须有大量的信息资料做参考，否则规划方案的制订就没有任何依据。人力资源规划方案的制订需要的信息资料包含企业整体的发展目标、企业对各个部门的要求、员工考核制度、现有员工的流失情况、产品结构、消费者结构、企业产品的市场占有率、生产和销售状况、技术装备的先进程度等企业自身的因素。此外，还需要对国家整体经济形势进行分析，熟悉企业劳动力需求情况、劳动法律法规等信息。可见，收集信息资料十分关键，但是必须保证信息资料的准确性，否则会误导人力资源管理者，以致制定出不符合企业需求的人力资源规划。

人才盘点是组织收集信息资料的有效工具，它是对组织结构和人才进行系统管理的一个流程，在此过程中，对组织架构、人员配比、人才绩效、关键岗位的继任计划、关键人才发展、关键岗位的招聘，以及对关键人才的晋升和激励进行深入探讨，并制订详细的组织行动计划，能够确保组织有正确的结构和出色的人才，以落实业务战略，保证企业实现可持续成长（李常仓，2012）。人才数据日新月异，全球人才流动日益加剧，对未来人才需求进行预测，对内外部人才供应及时评估，对可能影响到人力资源供需的各种因素进行预测，能够帮助企业更好地应对未来人才供应挑战。

例证 2-2

联想集团的组织与人力资源计划

联想集团在人才培养上实施了一系列重要举措。其中，人才盘点工作很有特色，其将人才管理与组织战略充分结合起来。在联想看来，人才盘点是一个系统工程，需要一套完备的流程、工具和实施团队支撑，联想把这个工具称为组织与人力资源计划（Organization and Human Resource Planning，OHRP）。人才盘点的核心工具是人才盘点表格，这套表格包含五个主要部分：每个组织的架构和人员信息、直接下属管理者的能力评价、直接下属管理者的继任者情况、高潜力人员库和组织发展改进计划。表格以PPT的形式呈现，要求每位副总裁以上级别的管理者都填写，并在人才盘点会议上予以呈现。表格的内容并不复杂，但其中关注的问题非常直接。比如，作为某一业务单元的负责人，是否培养了人才梯队，管理队伍和员工人数的配比是否合理，组织机构如何与业务匹配，关键人才下一步如何培养，等等。（李常仓，2010）

（二）供求预测前期准备

执行供求预测工作前，企业应做足充分的准备，根据企业或部门实际确定人力资源规划的期限、范围和性质，包括分解供求预测工作流程、完成期限、各项工作责任分工等，并且根据前期收集的信息建立企业人力资源信息管理系统，为预测工作准备精确而翔实的资料。

（三）人力资源供求预测

人力资源预测是指在对组织的内外部环境进行调查分析的基础上，根据组织的战略目标和经营计划对未来一定时期内人力资源供需状况所做的预测。

人力资源需求预测是指以企业的战略目标、发展规划和工作任务为出发点，综合考虑内外因素的影响，利用合适的、科学的方法对企业未来需要的人力资源数量、质量、结构等进行预估的活动。它是编制企业人力资源规划的起点，其准确性对规划的成效有着决定性的作用。在具体操作中，国内外对人力资源需求进行预测的方法和技术主要有德尔菲法、趋势分析法等。企业可根据实际情况选择采用不同的方法。

人力资源供给预测包括两个方面：一是内部人员拥有量预测，即根据现有人力资源及其未来变动情况，预测出计划期内各时间点上的人员拥有量；另一方面是外部供给量预测，即确定在计划期内各时间点上可以从企业外部获得的各类人员的数量。一般情况下，内部人员拥有量是比较透明的，预测的准确度较高；而外部人力资源的供给则具有较高的不确定性。企业在进行人力资源供求预测时应把重点放在内部人员拥有量的预测上，外部供给量的预测则应侧重于关键人员，如高层管理人员、技术人员等。

（四）制订人力资源供求平衡的总计划和各项业务计划

人最终服务于组织的经营、生产及业务中，因此对于组织未来的人才需求，应根据企业目前以及未来将要开拓的业务进行规划。通过具体的业务规划使未来组织对人力资源的需求得到满足。具体来说，组织通过汇总执行各项业务时所需要的人力资源，从而拟定人力资源供求的总计划。

（五）实施人力资源规划

人力资源规划的实施是人力资源规划的实际操作过程，在实施过程中企业要注意协调好各部门、各环节之间的关系，还应派有专人负责既定方案的实施，要赋予负责人拥有保证人力资源规划方案实现的权利和资源。同时要提供关于实施进展状况的定期报告，以确保规划能够与环境、组织的目标保持一致并按时完成。

（六）人力资源规划的评估与修正

由于预测不可能做到完全准确，因此人力资源规划不是一成不变的，而是一个开放的动态系统，要进行定期与不定期的评估。人力资源规划的评估包括两层含义：一是在实施过程中，要随时根据内外部环境的变化来修正供给和需求的预测结果，并对平衡供需的措施做出调整；二是将实施的结果与人力资源规划进行比较，通过发现规划与现实之间的差距来指导以后的人力资源规划活动。评估结果出来后，企业应及时进行反馈，进而对原规划的内容进行适时的修正，使其更符合客观情况，以更好地促进组织目标的实现。

例证 2-3

中南创发集团人力资源规划方法

中南创发集团是一家创新型的国际化公司，在深圳拥有4个工业园区，有15 000多名员工，人力资源及行政团队有近600人。每年年初，中南创发集团都要制定人力资源规划。中南创发集团制定了一个以架构图的形式呈现的管理政策，包括两个层面：一个是组织架构图，强调单位与单位、组织与组织之间的管理关系，主要考虑组织之间的协调关系；另一个是管理架构图，强调职位与职位之间的管理关系，侧重点在于工作流程的通畅运作。集团员工的职级分为9个等级，7~9级由营运经理确定；4~6级由营运经理报批，由营运总监确定；3级以上的就由董事总经理确定。这些都确定之后就会形成一个人力资源规划图，然后就按照规划图的要求去做好相关工作。（史为建，2016）

三、人力资源供求预测与平衡

人力资源预测是人力资源规划中的一个重要环节，主要内容包括：①组织人力资源环境的了解；②预测组织未来人力资源需求；③预测组织未来人力资源供给；④组织人力资源供需平衡分析。它是一项技术性较强的工作，其准确程度直接决定了规划的效果和成败，是整个人力资源规划中最困难，同时也是最关键的工作。

（一）人力资源需求预测

从内容上来看，人力资源需求预测分为现实人力资源需求预测、未来人力资源需求预测和未来流失人力资源需求预测三个部分。人力资源需求预测的基本流程包括如下九个步骤：①根据职位分析的结果确定职位编制和员工配置；②进行人力资源盘点，统计人力资源缺编、超编情况以及是否符合职位资格的要求；③与部门管理者探讨、修正之前的统计结果，确定现实人力资源需求；④统计预测期内退休人员数量；⑤根据历史数据，对未来可能发生的离职情况进行预测；⑥确定未来人力资源流失数量；⑦根据组织的发展规划，如引进新技术、新业务，确定各部门的工作量；⑧汇总并确定各部门未来所需增加的职位及人员数量；⑨将现有人力资源需求、未来流失和增加的人力资源需求汇总，得出组织整体的人力资源需求预测。图 2-2 全面展示了组织人力资源需求预测流程。

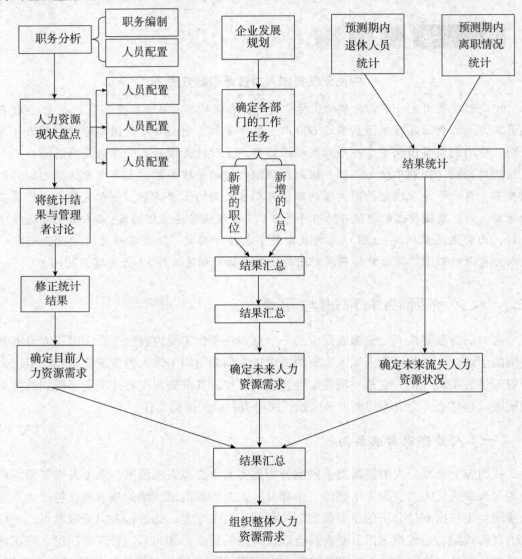

图 2-2　人力资源需求预测流程图（孙宛虎，2009）

从方法上来看，人力资源需求预测包括定性预测和定量预测，定性预测方法有现状规划法、经验预测法、德尔菲法；定量预测法有趋势预测法、多元回归预测法、劳动定额法、趋势外推法、计算机模拟法等。随着计算机技术的飞速发展，统计学方法正在受到管理层特别是专家学者的关注。但是，现代劳动力市场已经变得越来越纷繁复杂和难以预料，单纯使用以历史趋势为依据的统计学方法很可能会带来偏差。因此，管理者对形势的判断在人力资源预测方面的重要作用也是不容忽视的。在实际的人力资源预测中，人们通常会配合使用定性与定量的预测方法。下面简要介绍几个常用的方法。

1. 现状规划法

人力资源现状规划法假定企业保持原有的生产规模和生产技术不变，企业的人力资源也处于相对稳定状态，也就是企业目前各类人员的配备比例和人员的总数完全适应预测规划期内人力资源的需要。人力资源工作者只需测算出在规划期内有哪些岗位上的人员将得到晋升、降职、退休或调出本组织，再相应准备调动人员去弥补即可。一般来说，组织内管理人员的连续性替补采用此种方法。但是，使用这种方法的前提条件较难长期成立，因此这种方法适用短期内人力资源需求的预测。

例证 2-4

沃尔玛中国公司人力资源需求预测

截至2010年财年年底，沃尔玛中国公司的员工总数为94 955人，平均每年流失率为38%。沃尔玛2011年有340多家门店。同时，沃尔玛已经完成了天津、浙江嘉兴、成都、深圳物流配送中心的建立，为未来运营进行布点提前做好了准备。单就每家分店的人员需求而言，每家分店维持基本运营的人员架构为200人到300人，取其中间值250人。其中，需要1名总经理、1名常务副总经理、4名副总经理、20~30名主管。虽然具体人员需求数量主要根据门店销售情况确定，但就每家分店的最基本运营所需要人员数量来说，未来3年沃尔玛平均每年以80家分店的速度扩张，每年对基本人员的需求就是2万人。未来3年新店需求人数大约为6万人，2011年，沃尔玛中国人数大约为10万人，按照平均每年流失率38%计算，未来人员需求计算公式为：（2011年流失补充10万×38%+新店人数2万）+（2012年流失补充12万×38%+新店人数2万）+（2013年流失补充14万×38%+新店人数2万）=19.68万。（李加兴，2011）

2. 德尔菲法

德尔菲法是20世纪40年代在兰德公司的"思想库"基础上发展起来的，是综合专家对影响组织发展的某一问题的一致意见的程序化方法，适合于人力资源需求的长期预测。专家指的是基层的管理人员,也可以是高层管理人员;来自组织内部,也可以是组织外部,人数一般在10~15人。

德尔菲法分为"背对背"和"面对面"两种方式,背对背是每位专家独立发表意见,不受其他专家的影响;面对面是各位专家通过交流,相互启发。所以,德尔菲法的操作方法是:首先在企业中广泛地选择各方面的专家;其次,这些专家独立设计一系列问卷,并提供可能的解决方案;接着,专家们匿名、独立完成问卷;最后,汇编结果,专家讨论直到意见达成统一。

例证 2-5

MS 公司的德尔菲法预测

采用德尔菲法对 MS 公司管理人员人力资源需求预测的具体方法如下。

(1)成立专家组,人数一般为20~30人,成员来自综合管理部、人力资源中心、营业管理部等部门,既有中高层经理也有一线员工。专家组成员要求有一定的管理经验、较为了解公司的现状及发展战略,责任心强。

(2)成立组织组,人数一般为5~10人,成员来自人力资源部,作为中间人,负责收集与反馈专家们的意见。

(3)专家组成员独自预测,每个人都不知道有哪些人参加了预测。

(4)预测的问题是针对项目组提出的关键岗位,在今后几年内人员应该增加的百分比。

(5)不要求特别精确,允许专家粗估数字,并要求他们说明预计数字的依据。

(6)过程尽可能简化,不问那些与预测无关、没有必要联系的问题。

(7)保证所有专家能从统一角度理解岗位分类和其他定义,即对在整个过程中用到的职务名称、部门名称等概念有统一的定义和理解。

(8)考虑到专家的工作都很忙,所以时间选择比较自由,可以在上班时间,也可以在休息时间,而且留出的时间很充裕,以便大家能认真负责地做出预测。

(9)预测过程重复两次。(荣晓冈,2009)

3. 趋势预测法

趋势预测法是一种基于统计资料的定量预测方法,一般是利用过去5年左右时间里的员工雇用数据。它假设人力资源需求与企业产出水平(用产量或劳动价值表示)构成一定比例关系,即未来时间的产出水平与未来时间的人员实际需求水平之比,等于目前的产出水平与目前的人员实际需求量之比。

4. 计算机模拟法

计算机模拟法是在计算机中运用各种复杂的数字模型对在各种情况下组织人员的数量和配置运转情况进行模拟测试,从模拟中得出各类人力资源需求的方案供组织选择。计算机模拟法是较为复杂也相对准确的方法,它需要组织建立完善的人力资源信息系统,开发系统软件。

(二) 人力资源供给预测

人力资源供给预测的基本问题就是根据人力资源现状和企业内外部环境的变化,分析当企业某个岗位出现空缺、增加岗位、增加编制等情况下,企业能够从内部获得多少候选人,能够从外部获得多少候选人。因此在人力资源供给分析时要全面考虑内外部因素(Macaleer, 2003)。外部因素主要包括组织所在地的人力资源现状、组织所在地对人才的吸引程度、组织自身的吸引力度、预期经济增长和全国范围的职业市场状况。内部供给的分析主要是对现有人力资源的存量、质量、流动性的一个判断。人力资源供给预测是一个比较复杂的过程,它的供给预测流程如图 2-3 所示。

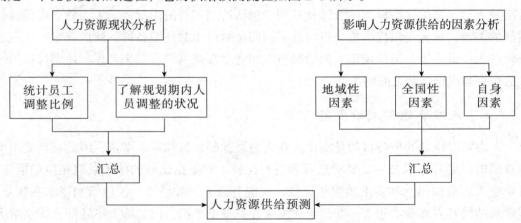

图 2-3 人力资源供给预测流程图(孙完虎,2009)

如图 2-3 所示,人力资源供给预测包括如下六个步骤:第一,对现有人力资源进行盘点,了解员工状况;第二,分析组织的职位调整政策和历史员工调整数据,统计出员工调整的比例;第三,向各部门的人事决策者了解可能出现的人事调整情况;第四,汇总第二、三步骤的情况,得出内部人力资源供给预测;第五,分析影响外部人力资源供给的地域性、全国性和自身因素；第六，得出组织外部人力资源供给预测；最后，汇总内外部人力资源供给预测。

人力资源供给预测的方法多种多样，多是针对内部供给预测的方法。这里简单介绍三种方法。

1. 技能清单

技能清单是用来记录、反映员工工作技能及特长的一张清单，其内容包括教育背景、工作经历、培训背景、持有的证书、主管部门的评价等。技能清单是对员工综合素质的一个反映，有助于决策者和人力资源计划人员对组织现有员工进行总体把握，预估现有员工调岗晋升的可能性，使组织的人力资源得到更合理、有效的配置。

2. 人员核查法

人员核查法是对组织现有人力资源数量、质量、结构和分布状况进行核查，以掌握企业拥有的人力资源具体情况及其利用潜力，并在此基础上，评价当前不同种类员工的供应状况，确定晋升和岗位轮换的人选，确定员工的培训需求，帮助员工确定职业发展规划。

3. 岗位接替模型

为了能够对一些出现空缺的岗位及时进行补充，或者能够有意识地为不同的岗位准备接替人员，岗位接替模型的设计就是用于确认特定职位的内部候选人。建立岗位接替模型的关键，首先是根据岗位分析明确不同岗位对员工的任职条件；然后确定一位或多位候选人；最后把各岗位候选人的情况与其职业生涯规划综合起来考虑，协调好员工个人的规划与岗位接替之间的关系。

（三）人力资源供求的平衡

人力资源规划的最终目的是实现企业人力资源的供给和需求平衡，因此在预测出人力资源的供给和需求之后，要对这两者进行比较，并根据比较的结果采取相应的措施。将企业人力资源供给和需求预测相比较，一般有以下三种结果：①供给和需求在数量、质量及结构等方面基本相等；②供给和需求在总量上平衡，但结构上不匹配；③供给大于需求；④供给小于需求。

如果出现第一种情况，说明企业在未来的人力资源供给和需求基本上是平衡的，这当然是一种比较理想的结果，现实中这种情况几乎是不可能发生的。对于企业来说，更多地会出现后三种情况，这就要求企业针对具体情况采取相应的措施，以实现供需平衡。当然，即便是第一种情况，也并不是说企业就不用采取任何措施了，因为对供给和需求的预测是在一定的假设条件下进行的，所以企业要保证这些假设条件能够实现，如果条件发生变化，供给和需求就可能会出现不平衡（王慧敏，2015）。

1. 供给和需求总量平衡，结构不匹配

企业人力资源供给和需求完全平衡的情况一般很难出现，即使在供需总量上达到平衡，也会在层次和结构上出现不平衡。对于结构性的人力资源供需不平衡，一般采取下列措施实现平衡。

（1）进行人员内部的重新配置，包括晋升、调动、降职等，弥补那些空缺职位，满足这部分人力资源需求。

（2）对人员进行有针对性的专门培训，使他们能够从事空缺职位的工作。

（3）进行人员置换，释放那些企业不需要的人员，补充企业需要的人员，以调整人员结构。

2. 供给大于需求

当预测的结果为供给大于需求时，可以采取以下措施从供给和需求两个方面来平衡供需。

（1）扩大经营规模，开拓新的增长点，增加对人力资源的需求。例如，企业实施多元化经营，吸纳过剩的人力资源供给。

（2）对富余员工进行培训，储备人员，为未来的发展做好人力的准备。

（3）鼓励员工提前退休。就是给那些接近退休年龄的员工以优惠的政策，让他们提前离开企业。

（4）冻结招聘，停止从外部招聘人员，通过自然减员减少供给。

（5）缩短员工的工作时间，实行工作分享或是降低员工工资。

（6）永久性地裁员或者辞退员工。这种方法虽然比较直接，但是由于会给社会带来不安定因素，往往不被采纳。

3. 供给小于需求

当预测的结果为供给小于需求时，同样可以从供给和需求两个角度来平衡供需。

（1）从外部雇用人员，包括返聘退休人员。

（2）提高现有员工的工作效率，这也是增加供给的一种有效方法。提高工作效率的方法很多，如改进生产技术、增加工资、进行技能培训、调整工作方式等。

（3）延长工作时间，让员工加班加点。需要注意的是，加班是建立在用人单位与劳动者协商基础上的，用人单位不得强迫员工加班，员工也无权单方面决定加班。为了保护员工的休息权，国家对加班加点进行了严格的限制。《劳动法》第四十一条规定，员工加班一般每日不得超过 1 小时；特殊原因情况下每日不得超过 3 小时，且每月不得超过 36 小时。

（4）降低员工离职率，减少员工流失，同时进行内部调配，通过提高内部的流动来增加某些职位的供给。

（5）将企业的一些业务外包，减少对人力资源的需求。

企业人力资源供给和需求的不平衡，不可能是单一的供给大于需求或者供给小于需求，往往会交织在一起，出现某些部门或某些职位的供给大于需求，而其他部门或者其他职位的供给小于需求的情况。例如，关键职位的供给小于需求，而普通职位的供给大于需求。因此，企业在制订平衡供需的措施时，应当从实际出发，综合运用各种方法，使人力资源对供给和需求在数量、质量以及结构上都达到平衡并匹配。

第三节　工作分析

工作分析是人力资源管理中的一项重要活动，是员工配置的一项重要的准备工作。通过工作分析，我们能够掌握工作任务的静态和动态的特点，提出对有关人员的心理、生理、技能、文化和思想等方面的要求，选择用人的具体程序和方法，选用符合工作需要和职务要求的合格人员。

一、工作分析概述

（一）工作分析的概念

工作分析也称职务分析、职位分析或岗位分析，它是全面了解组织中一项工作特征的管理活动，即对该项工作的有关信息进行收集、整理、分析和综合的一个系统过程。工作分析的实质就是区别组织中一项工作与其他工作的差异，其目的是为组织内每项工作制定一份全面、正确并符合组织需要的职位说明书，同时为组织提供职位分析报告。

工作分析在企业管理和人力资源管理中占据着重要的地位，被称为"人力资源管理体系的基石"，为人力资源管理的各项活动提供了基础支持。伴随着知识经济的到来和经济全球化的发展，组织内外部环境的变化在工作性质、职责内容、工作方式、任职能力要求等方面带来了一系列的变化，复合型工作纷纷涌现，操作性、知识技能单一性的工作逐渐减少，工作内涵不断变化，职责的不确定性大大增加，而这一切必然带来对工作分析的冲击；此外，组织在发展过程中，面临着因业务扩张、紧急生产或大批量生产等原因产生对临时性员工的需求，临时性员工的岗位职责、任职资格、评估体系等都因为用人的临时性、紧急性，导致工作分析面临着巨大的挑战。

（二）工作分析的主要内容

工作分析的内容取决于工作分析的目的与用途，不同的组织需要进行工作分析的内容和侧重点是不同的。另外，由于组织内各项工作的不同，各工作的工作要求与组织提供的工作条件也是不同的。一般来说，工作分析包括两个方面的内容：确定工作的具体特征；找出工作对任职人员的各种要求。前者被称为工作描述，后者被称为任职资格。

1. 工作描述

工作描述是用来具体说明某项工作、某个岗位的特点和环境特点，主要解决工作内容与特征、工作责任与权利、工作目的与结果、工作标准与要求、工作时间与地点、工作岗位与条件、工作流程与规范等问题，通常包括如下六个方面。

（1）岗位名称；
（2）工作活动和程序；
（3）岗位关系的分析；
（4）工作环境；
（5）聘用条件；
（6）社会环境。

2. 任职资格

任职资格用来说明从事某项工作的人员必须具备的一般要求、生理要求和心理要求。一般要求包括年龄、性别、学历、工作经验；生理要求包括健康状况、力量与体力、运动的灵活性、感觉器官的灵敏度等；心理要求包括观察能力、记忆能力、理解能力、学习能力、解决问题的能力、创造性、语言表达能力、数学能力、决策能力、气质、性格和兴趣爱好等。

（三）工作分析的主要程序

工作分析是一项复杂又细致的工作，其工作程序主要包括准备阶段、调查阶段、分析总结阶段。

1. 准备阶段

这一阶段的具体任务是了解情况，建立联系，设计岗位调查的方案，规定调查的范围、对象和方法。

（1）根据工作分析的总目标、总任务，对企业各类岗位的现状进行初步了解，掌握各种基础数据和资料。

（2）设计岗位调查方案，方案应该包括五项内容：明确岗位调查的目的；规定调查的对象和单位；确定调查项目；确定调查表格和填写说明；确定调查的时间、地点和方法。

（3）做好员工的思想工作，强调该项工作的意义和目的，建立友好的合作关系，使企业全体员工对工作分析有良好的心理准备。

（4）根据工作分析的任务、程序，分解成若干工作单元和环节，以便逐项完成。

（5）组织有关人员，先行一步，学习并掌握岗位调查的内容，熟悉具体的实施步骤和方法。

2. 调查阶段

这一阶段主要是根据调查方案，对岗位进行认真细致的调查研究。在调查中应灵活运用访谈、问卷、观察、小组集体讨论等方法，广泛深入地搜集有关岗位工作的各种数据资料。

3. 分析总结阶段

本阶段是岗位分析最后的关键环节，要对岗位调查的结果进行深入的分析和全面总结。

工作分析并非简单机械地收集和整理某些信息，而是要对岗位的特征和要求做出全面考察，并在深入分析和认真总结的基础上，提出工作描述、任职资格的人事说明。正确规范地编写"工作描述"和"任职资格"极为重要，是人力资源管理活动（如招聘、激励、培训等）的基本依据。

（四）工作分析的结果

工作分析的直接目的是编写岗位说明书。岗位说明书由岗位描述和岗位规范两个部分构成，是对岗位工作的性质、任务、责任、环境、任职资格等做总体描述和确定。岗位说明书使员工明确了工作的职责，并向管理人员提供了岗位的书面信息，便于管理者对工作进度、工作目标的情况有一个对比参照。同时，便于员工理解职位所要求的能力、工作职责、衡量的标准，让员工有一个可遵循的原则。岗位说明书的格式没有明确的规定，企业可以根据自身情况设定，但是岗位说明书的内容必须建立在岗位调查的基础上，不经过调查就不可能得到岗位工作的全面信息。

例证 2-6

海尔集团人事专员职位说明书

表2-2　海尔集团人事专员职位说明书

职务名称	人事专员	所属部门	人事行政部	可轮调岗位	本岗位
直接上级	人事行政总监	职务编号		职系	管理中心
职位等级	员工级	分析日期	2014年8月		
主要职责描述					
1. 人员招聘；　2. 员工入离职手续办理；　3. 人员转正办理；　4. 人事档案管理； 5. 劳动合同管理；　6. 考勤统计汇总；　　7. 员工培训工作；　8. 伙食补贴核算； 9. 奖惩记录；　　10. 员工保险管理					
工作权限					
1. 有对招聘渠道的选择建议权； 2. 对人力资源规划的建议权； 3. 对人力资源需求申请的审核权； 4. 对应聘人员资格的审查建议权； 5. 人事档案管理查阅权； 6. 对职务分析工作的调查权； 7. 制订、实施、调整培训计划的建议权； 8. 投诉权、申诉权					
考核项目					
1. 招聘计划的可行性和准确性； 2. 招聘人员的及时性和成功率； 3. 职务分析的准确性和有效性； 4. 招聘和培训费用的有效控制； 5. 年度培训计划的可行性和实施的有效性； 6. 培训效果评估的准确性； 7. 人事档案齐全无遗失； 8. 各种汇总准时完成					

续表

任职资格
学历背景：本科及以上学历；   专业：企业管理、中文、人力资源或相关专业；   培训经历：受过公共关系、公文写作、档案管理、财务会计基本知识等方面的培训；   经验：具有一年以上人力资源开发相关工作经验；   技能技巧：熟练使用办公软件、熟练操作办公自动化设备；   能力：较好的写作能力、沟通能力、协调能力，严谨细心，责任心强
工作条件
时间特征：正常工作时间；   工作环境：办公场所；   使用工具/设备：计算机、一般办公设备（电话、传真、打印机、复印机、局域网等）；   所依据的文档：员工入职登记表、离职申请表（包括离职交接清单、工作交接内容清单）、员工手册
职业发展
可直接晋升的职位：人事经理；   可升迁至此的职位：无

资料来源：海尔集团内部资料

二、工作分析在人力资源管理中的作用

工作分析作为人力资源管理中的一项基础性的工作，是进行人力资源管理活动的前提和保障，一切人力资源管理的活动都离不开工作分析，通过工作分析形成的文件对人力资源管理的各个模块都具有十分重要的作用。

（一）为企业人才规划提供依据

通过岗位分析，能够帮助人力资源管理人员详细了解企业中的各个岗位职责、所需人员的数量和质量等，从而帮助企业进行短期和长期规划，为人才队伍建设提供依据，从而促进招聘、薪酬等工作的顺利实施。

（二）为组织结构建设奠定基础

从岗位分析中，人力资源管理人员能够明确地看出各个岗位的工作内容和特点，将一些功能重复的岗位进行合并，将职能不清的岗位进行详细划分，最大限度地避免工作重复，使各个部门的效率提升，并且将组织结构进行优化，从而提高组织建设的效率。

(三) 为员工未来发展规划提供依据

根据岗位分析结果，设计和制订员工培训开发计划，使每名员工都能着眼于业绩标准、职业发展的要求，努力达到"岗位说明书"规定的知识、技能要求，充分调动员工的积极性，使人力资本不断增值。

(四) 有效激励员工

每一层次所有岗位都通过岗位分析明确职责，配置相应的人员，赋予相应的权利，并制定相应的薪酬分配制度及晋升制度等，可以为每一位员工明确发展的方向，并激励他们为实现自己的目标而努力工作。

(五) 有效优化环境

只有对岗位进行详细、系统的分析，才能够对岗位工作中潜藏的危机与企业发展的风险进行把握，也能够针对员工日常工作内容，制定出有效的安全事故预案，规避工作中和企业发展中可能发生的风险，保障企业各项工作的顺利开展。

三、工作分析的主要方法

工作分析的内容取决于工作分析的目的与用途，不同组织所进行的调查分析的侧重点也会有所不同。因此，在工作分析内容确定后，选择恰当的分析方法就十分重要了。依据基本方式划分，工作分析主要有访谈法、观察法、问卷调查法、工作日志法和关键事件法。

(一) 访谈法

访谈法又称面谈法，是一种应用最为广泛的工作分析的方法，是指工作分析者就某一职位面对面地询问任职者、主管、专家等人对工作的意见和看法。此种方法可以对任职者的工作态度与工作动机等深层次的内容进行了解。一般情况下，访谈法以标准化的访谈格式记录，以便于控制访谈内容或对同一职位不同任职者的回答做比较。

工作分析者首先要向受访者说明采访的目的，获得他们的支持和正确的信息；其次，为访谈内容设定结构，结构最终都要聚焦到工作内容、工作背景和员工的任职资格上；第三，要求受访者用自己的话描述该工作，并详细地描述每项工作；第四，访谈过程中做好速记，结束访谈后立即重新整理一遍。表2-3和表2-4分别列出了工作访谈提纲和访谈记录表。

表2-3　工作分析访谈提纲

1. 请您用一句话概括您的职位在本公司中存在的价值，它要完成的主要工作内容及要达到的目的。 　　2. 请问与您进行工作联系的主要人员有哪些？主要的联系方式是什么？ 　　…… 　　3. 您认为要出色地完成以上各项职责需要具备哪些专业知识和技能？需要什么样的个性？

表2-4　工作分析访谈记录表

工作分析者：		
时间：		
访谈对象：		
职位名称：		
工作经验：		
联系电话：		
工作条件：	工作职责：	工作结果：
1.	1.	1.
2.	2.	2.
3.	3.	3.
…	…	…

（高艳，2006）

（二）观察法

　　观察法是指工作分析人员通过感官或利用其他工具对员工正常的工作状态进行观察记录，获得有关工作内容、工作环境以及人与工作的关系等信息，并通过对信息进行分析、汇总等方式获得工作分析成果的一种方法。通常，观察法有助于了解岗位职责的外在行为表现、体力要求、工作条件、危险性或所需设备、技能等信息。

　　利用观察法来进行工作分析，一般有如下五个步骤。

　　（1）明确工作分析观察的目的。通过观察描述工作活动、行为和环境，为编制调查问卷、访谈提纲和工作说明书提供信息的支撑。同时，可以验证其他途径获得的工作分析的信息的真伪。

（2）观察的设计。包括选定观察对象、合适的观察方法、确定观察内容、时间、地点和所需设备。

（3）观察分析人员的选拔和培训。观察员的质量直接影响工作分析的成败，对观察员的培训不但能够增加整个观察分析活动的规范性，而且通过集体协商讨论，还可以弥补观察方案中的不足，增加方案的可行性。

（4）观察的实施。实施观察包括进入观察现场并现场记录两个环节。进入观察现场指的是与任职者建立良好的相互信任的关系，便于现场观察。

（5）数据整理、分析及运作。观察结束后应对观察到的信息数据进行整理归类，形成观察记录报告。

（三）问卷调查法

问卷调查法是采用调查问卷的方式通过任职者和其他相关工作人员单方面的信息传递获取工作信息，从而实现工作分析目的的方法。问卷法与访谈法具有很高的互补性，目前的工作分析者通常会将两者结合起来使用。

问卷调查通常包括如下五个步骤。

（1）根据工作分析的目的和用途，设计个性化的调查问卷，问卷包含项目工作者基本信息、工作目的、工作职责、工作联系、组织架构、任职资格、所需培训等项目。

（2）选取局部工作进行测试，针对测试结果加以修订完善。

（3）选择样本。选取适量的调查样本，3~5人较为合理。

（4）发放和回收问卷，发放对象是任职者及其他相关工作人员。

（5）问卷的处理及运用。排除不合格问卷，对相同工作的问卷进行分析，提炼正确信息，编制工作说明书。

华为工作分析的调查问卷

姓名：_____ 职位名称：_____ 部门：_____ 上级职位：_____

本问卷调查是为了帮助您清楚地描述您的工作，您所提供的信息将有助于更新您的工作描述。在您所从事的工作中，您能最适当地描述出您的工作是什么，如何做，以及需要何种知识与能力去完成。请如实填写下表，谢谢您的支持和合作！

（1）工作概要。请用简洁的语言描述您的工作。

（2）任务综述。请用概括的语言简要叙述您的工作职责（职责项目3~10个），请根据各项任务的重要性，以及每个月每项任务所花费的时间百分比从高到低排列。重要性可以用"非常重要""重要""一般"三个等级来表明这些工作或任务在您的工作中的相对重要性，请从最重要的工作开始写起，需要写出每项工作每年耗费的时间比率和相对重要性。如果您还负责写报告或做记录，请同时完成第8部分的内容。

主要任务和职责　　　　　占时间百分比　　　　　相对重要性

①

②

…

（3）特定资格要求。请列举为完成您的职位所承担的那些任务需要的资格证书。

（4）设备。请列举为了完成该职位的工作，您通常使用的设备、机器和工具。

（5）工作关系。您所从事的工作要求您同其他部门或其他人员、其他公司或机构有所接触吗？如果是，请列出要求与其他人接触的工作任务并说明频繁程度。

（6）监督。您的职位有监督职责吗？如果有，需要监督哪些职位？如果您的职位对其他人的工作还负有责任但不是监督责任的话，请加以解释。

（7）决策。请解释您在完成常规工作的过程中需要做出的决策。

（8）文件记录责任。请列出需要您准备的报告或保存的文件资料，并指出每份报告需要递交给谁。

（9）监督的频率。为进行决策或决定采取其他正确的行动程序，您必须以一种怎样的频率同您的主管或其他人进行协商？

（10）工作条件。请描述您是在什么条件下进行工作的，包括内部条件、外部条件等，请一定将所有令人不满意或非常规的工作条件记录下来。

（11）资历要求。请指出为令人满意地完成本职位的工作，工作承担者需要达到的最低要求。

（12）其他信息。请提供前面所给项目中未能包括的，但您认为对您的职位来说非常重要的其他信息。

调查者签字：　　　　　　日期：

（资料来源：华为公司内部资料）

（四）工作日志法

工作日志法是指任职者按照时间顺序详细记录自己的工作内容和工作过程，经过工作分析人员的归纳、提炼，获取所需工作信息的一种工作方法。工作日志法主要用于收集有关工作职责、工作内容、工作关系和劳动强度等原始的工作信息，适用于工作循环周期短的工作。

工作日志法操作过程中应注意以下事项：一是辅导填写者；二是选择填写的时间区间；三是过程监控。表2-5是工作日志示例。

表2-5　工作日志示例

封面内容

工作日志
姓名：　　年龄：　　岗位名称：　　所属部门：
主管部门：　　工龄：
填写日期：自　　年　月　日至　　年　月　日

封二

填写说明：
1. 请在每天工作开始前将工作日志放在手边，按工作活动发生的顺序及时填写，切忌在一天工作结束后一并填写；
2. 要严格按照表格要求进行填写，切勿遗漏工作细节，要保证信息的完整性；
3. 请提供真实的信息，以免损害您的利益；
4. 请注意保管，以防遗失。
感谢您的合作！

正文

月　　日
工作开始时间：
工作结束时间：

序号	工作活动名称	活动内容	活动结果	时间消耗	备注
1	复印	合同内容	4份	6分钟	存档
...					

（王丽娟，2015）

（五）关键事件法

关键事件法又称关键事件技术，指的是工作分析人员、目标工作的任职者或与目标工作有关的人员，将工作过程中的"关键事件"加以记录，在收集大量的工作信息之后，对工作的特征和要求进行分析的一种方法。关键事件是指在工作过程中给工作带来显著影响的、对工作的结果起决定作用的事件。

使用关键事件法首先要获得关键事件的信息，一般可通过领导、部门主管、相关同事获取关键事件。描述关键事件应包括事件发生的背景，判断员工的行为中哪些有效、哪些无效，关键行为带来的结果是什么等。

第四节　行业与职业选择

行业与职业选择是求职者就业过程中的重要环节，决定了求职者未来事业发展的方向和社会地位。错误的行业与职业选择不仅会对求职者的职业生涯造成不利影响，甚至还会妨碍求职者事业成功。因此，求职者在做出行业与职业选择时，不仅需要考虑行业与自身职业生涯的匹配程度，同时也要对行业的发展前景、人才需求进行预测，做好专业与职业的匹配程度的评估。

一、行业前景与人才需求预测

行业发展存在生命周期，一般要经历引入期、成长期、成熟期和衰退期四个阶段（赵正宝，韦平伟，2012）。求职者在择业和规划职业生涯时，实际上也是在为自己投资，选择未来前景看好的"朝阳"行业，才能伴随行业的高速发展在更大程度上实现自我价值。根据热门程度，下面罗列了当前四大热门行业的行业前景与人才需求预测。

（一）互联网服务业

互联网服务业是基于互联网和互联网技术平台，面向用户提供服务的产业，是现代服务业与互联网产业的交叉产业，重点强调服务。随着互联网的快速发展，网络广告、搜索引擎、电子商务、网络支付等业务逐渐被人接受，各大互联网公司从各自核心优势领域向这几个方面渗透，形成有序竞争，带动了互联网服务行业的良性发展。此外，中国网络基础设施的建设、4G网络的发展、方计算和大数据技术的支持国家政策的扶持规划，均给整个互联网服务行业创造了一个非常好的前景。

根据CNNIC（中国互联网络信息中心）发布的统计信息，截至2017年12月，中国网民规模达到7.72亿，手机网民规模达到7.53亿，互联网普及率达到55.8%，我国已是名副其实的"网络大国"。近几年来，各大企业对网络营销认知的重要程度不断提升，网络营销工程师是互联网服务行业兴起后衍生的一个新型职业。随着互联网信息技术的快速发展，网络推广营销的影响范围正逐渐加大，网络营销工程师将会拥有一片大好前程。

（二）金融行业

金融业是一个传统行业，同时在我国也是一个发展中的行业，与我们的生活息息相关。首先社会各阶层各行业所有人，都需要资金融通，不论长期的或短期的资金需求，不论国内的或海外的资金需求，不论即期的或远期的资金需求，金融业都可以满足。而且随着中国金融业的开放、外资银行的进入以及国内金融机制的改革，民营的金融机构和保险机构也会增加，金融业在我国具有很好的发展前景。

近几年来，随着中国金融市场的国际化，对专业性强的人才需求迫切。金融学硕士就业人才的需求主要集中在高端市场，例如高校教师和大公司市场研究分析、基金经理、投资经理、证券公司、保险公司、信托投资公司等。当前国内金融市场对金融人才的需求很大，尤其急需金融分析师、金融工程师、特许财富管理师、基金经理、精算师、副总裁级高管、稽查监管人员、产品开发人员、后台工作人员（在财务、结算、税务方面有经验）等九大类人才。

（三）文化娱乐行业

近几年来，文化娱乐产业的发展持续受到国家重视，特别是电影产业在整个文化产业中的重要性和价值高度凸显，一系列政策支持助推影视行业进入高速发展期。智研咨询发布的《2016—2022年中国文化娱乐市场研究及未来发展趋势报告》显示，我国传媒娱乐融资并购有加速趋势，游戏、影视是当前并购的主要方向。其中，随着互联网的发展，文化娱乐类应用（如手机App）的渗透率进一步提升，不仅在电影、视频领域得到了快速发展，甚至还衍生出一个新行业——在线直播行业。在线直播这种形式充分激发了全民传播的热情，记录与分享自己的生活、传播想法与态度变得日益普遍，这种在线直播的形式也衍生出了一种新的职业：游戏/视频主播。《2016—2022年中国网络直播市场运行态势及投资战略研究报告》显示，自2015年起，我国移动视频直播用户规模的增长速度逐步加速，截至 2016 年第一季度，视频直播用户规模达到 1.86 亿人，同比增长近 90%。这表明，我国在线直播行业正处于一个高速发展期，我国的文化娱乐行业还具有很大的发展空间。

（四）人工智能行业

我国人工智能起步较晚，但随着互联网技术的发展，我国人工智能逐步发展起来，如今，正在酝酿一场重大的人工智能变革与创新，必将为中国的现代化建设做出巨大贡献。2016 年 4 月，工业和信息化部、国家发展改革委、财政部三部委联合印发了《机器人产业发展规划（2016—2020 年）》，为"十三五"期间中国机器人产业发展描绘出了清晰的蓝图。该发展规划提出的大部分任务，如智能生产、智能物流、智能工业机器人、人机协作机器人、消防救援机器人、手术机器人、智能型公共服务机器人、智能护理机器人等，都需要采用各种人工智能技术。人工智能也是智能机器人产业发展的关键核心技术。此外，由于大数据、云计算、移动互联网等新一代信息技术同机器人技术相互融合步伐加快，3D 打印、人工智能迅猛发展，制造机器人的软硬件技术日趋成熟，成本不断降低，性能不断提升，军用无人机、自动驾驶汽车、家政服务机器人已经成为现实，有的人工智能机器人已具有相当程度的自主思维和学习能力。人工智能行业惊人的增长速度导致相关人才的急剧稀缺，尽管人工智能教育一直在快速增长，但人工智能教师仍然很难找到。我国的许多人工智能从业人员是从电气工程或计算机科学的其他一些分支领域过渡而来的。总体来说，我国人工智能人才市场的空缺很大。

二、专业与职业的匹配

求职者在进行行业与职业选择之前，除了要对行业前景与人才需求做出预测外，还需要考虑自身所学的专业与所选的职业之间的匹配程度。因为，职业发展需要的知识和技能很多，各专业的人才培养规格和学科特征提供了一系列的知识和技能组合。通常专业的针对性越强，适应性越小；而适应性增加，则专业针对性或对专业知识、技能的掌握程度就降低。以人力资源管理专业为例，其职业选择的新方向包括以下五种。

（1）职业经理人。人力资源管理者拥有丰富的与人打交道的经验和阅历，更容易把握和适应机遇。

（2）业务部门管理者。人力资源人员了解各职位的工作内容，可以进入业务部门，从事管理工作。

（3）管理咨询师。人力资源可以凭借自己的丰富阅历和实践经验，为企业提供管理诊断咨询，转向从事专业咨询工作。

（4）专业猎头。人力资源人员在企业中积累了丰富的招聘经验和用人知识，利用自身的行业资源，及对行业人才需求的了解，逐步成为某方面的专业猎头。

（5）培训师。这个方向的进入门槛较高，往往要求从业人员具备名牌大学学历，大型企业工作经历，以及丰富的培训经历和相关工作业绩，并要具备良好的沟通能力和口才。

本章小结

1. 人力资源规划（Human Resource Planning），也叫人力资源计划，是对企业人力资源的数量、结构以及素质进行规划。组织在对某个时期的人员供给和需求进行预测的基础上，采取应对措施来平衡人力资源的供需，以满足组织对人员的需求。

2. 企业在进行人力资源规划时需要遵循整体性、统一性、超前性和可控性的原则。

3. 人力资源规划流程包括信息的收集与整理、人力资源供求预测工作准备、人力资源供求预测、人力资源规划的制定、实施人力资源规划、人力资源规划的评估与修正六个步骤。

4. 人力资源需求预测是指以企业的战略目标、发展规划和工作任务为出发点，综合考虑内外因素的影响，利用合适的、科学的方法对企业未来需要的人力资源数量、质量等进行预估的活动。在具体操作中，国内外对人力资源需求进行预测的方法和技术主要有德尔菲法、趋势分析法等。

5. 人力资源供给预测包括两个方面：一是内部人员拥有量预测，即根据现有人力资源及其未来变动情况，预测出计划期内各时间点上的人员拥有量；另一方面是外部供给量预测，即确定在计划期内各时间点上可以从企业外部获得的各类人员的数量。

6. 工作分析是全面了解组织中一项工作特征的管理活动，即对该项工作的有关信息进行收集、整理、分析和综合的一个系统过程。工作分析的直接目的是编写职位说明书。

7. 行业与职业选择是求职者就业过程中的重要环节，决定了求职者未来事业发展的方向和社会地位。求职者在做出行业与职业选择时，不仅需要考虑行业与自身职业生涯的匹配程度，同时也要对行业的发展前景、人才需求进行预测，做好专业与职业的匹配程度的评估。

推荐网站

1. 职多多 http://e.chinalao.com/
2. 闪聘 http://www.shanp.com/shanp/shanpin.html
3. 三茅人力资源网 http://zl.hrloo.com/

复习思考题

1. 人力资源规划包含哪些内容？
2. 人力资源预测如何实现供给与需求的平衡？
3. 求职者在进行行业与职业选择之前应该考虑哪些因素？

学以致用

1. 假设你是公司的人力资源部主管，公司计划进行多元化发展策略，3年后营业额目标为10亿元人民币，其中营业额增长率2017年为50%，2018年为50%，2019年为50%。请你预估公司未来3年的人力资源需求。（注：员工产出价值2018年达170万人民币／人，2019年达200万人民币／人）。

2. 假设你是学校人事处的员工，根据需求，学校需要引进一名人力资源管理专业的讲师。为了引进合适人选，你的领导要求你编制一份该职位的说明书。现请你制定一份完整的职位说明书。

3. 假设你是一名求职者，你现在需要对行业与职业做出选择，请你搜集相关资料，预测你期望进入的行业的发展前景与人才需求。

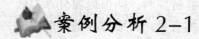

案例分析 2-1

渣打银行：战略性人才会议（SPA）

企业在人才盘点工作中，不免会遇到这样的困境：多种人才活动间缺乏联系；人才规划讨论得不到良好效果；对人才的关注脱离了商业需求；执行支持不到位，使得领导层未能参与到与业务相关的人才盘点会议。为解决人才盘点的四大障碍，渣打银行设计了一套简单的人才库盘点流程：公司召开一次90分钟的会议，即SPA设计，综合讨论人才和业务目标的整体情况，由领导层带领执行，并提供给他们一份综合的、设定了优先级的人才规划。

渣打银行原有的人才盘点会议存在一系列的问题，SPA就是为这些问题提供解决之道的。渣打银行的 SPA 会议从整体、战略角度传递业务、组织、员工事项等观点，为业务经理提供了实现业务目标所需人才的综合性战略观点。渣打 SPA 会议主要从以下四个方面区别于大多数人才盘点过程。

（1）业务经理负责——简要、标准化的人才评价模板，联同首席执行官的高度参与，促使业务经理负责并领导人才评价。

（2）业务前景最为重要——人才评价始终以业务前景的总结为开端，以保证会议与首要的业务密切相关。

（3）整体的人才评估——评价整合了所有战略人才领域，为业务人才需求提供整体的评估。

（4）行动计划优先——根据评价制订出针对优先人才需求的行动计划。

每年 5 月，渣打银行会对上一财年的综合情况做分析总结，制定新的战略规划，以应对不断变化的市场环境。与此同时，SPA 会议也随即召开，在业务背景下，由领导组织进行结构化人才评价。会议之前，各业务经理需要完成一项重要的任务，即人才评价准备文件包，并用 HR 同事提供的标准 PPT 模板制作展示材料，文件包包括上一年 SPA 行动及进展回顾、CEO 针对你所在的业务领域最主要的三个问题、你的业务前景、员工敬业度、多元化及内涵等内容。

会议以总经理的致辞开场，随即进行战略人才讨论，包括业务前景、对 CEO 提出的三个主要问题的回应、总经理对主要人才领域的评价、员工敬业度、多元化及内涵等内容，最后由总经理提出行动计划、圆桌讨论并达成一致。

在渣打银行 90 分钟的 SPA 会议中，业务经理和 CEO、人力资源经理及 HRBP（人力资源业务合作伙伴）共同回顾其业务部门的人才评价工作，并讨论实现业务目标与人才相关的风险、机遇、意义及跟进行动。

对于业务经理和 HR 而言，SPA 对话的成果是与业务相关的人才培养优先级和行动计划，业务经理的人才规划按层级贯穿至整个组织，行动项目也写入他们及其直接汇报人的目标管理报告中，以保证其能有效执行。HR 使用 SPA 会议识别具体的业务需求、公司的发展趋势和优先事务。后者允许他们将公司的人才倡议和资源规划适应于支持公司范围内最重要的行动计划，以保证人力资源的规划和优先性直接与业务需求相一致。

（李常仓，2012）

问题讨论：

1. 高质量的对话是 SPA 成功的保证。你认为，该如何保证高质量的对话？
2. 基于以上的流程介绍，概括渣打银行人才盘点的实施路线。

案例分析 2-2

职位分析是"雾里看花，水中望月"吗？

上海伊通公司（以下简称"公司"）是一家专业从事供应链管理服务的民营企业。近年来，公司从单一的进出口代理业务，转向了面对各个领域的供应链管理业务。随着业务的延伸和多向辐射，年销售额屡创新高，逐步发展为行业内一家领先的中型企业。

公司现有的组织机构和人事管理制度，基于创业初的公司规划，是随着业务扩张需要逐渐形成的。总经理重销售轻管理，认为只要有订单，公司就能生存下去，管理方面的问题都可以慢慢解决。但随着公司规模逐步扩大，组织管理中的矛盾日益突出。2008年，公司提出"以客户为中心"的口号，积极推行"网格化管理"。但各部门岗位之间的职责与权限缺乏明确的界定，推诿扯皮的现象不断发生。人力资源部只是被动地响应公司的改革号召，为了迅速实现网格化管理，不断更新职位描述和工作流程，发布的职位说明经常朝令夕改。公司各部门的绩效考核主要根据下达的年度销售指标，考核的弹性大，主观随意性强。员工经常悄悄抱怨公司的考核不公平、薪酬制度不合理。

总经理也意识到公司在管理方面存在问题，并下决心要进行改革。强军先强帅。2009年年初，公司通过外部招聘找到了具有外资企业人力资源管理经验的薛经理。薛经理上任后对公司各部门情况进行了为期一周的调研，翻阅了公司成立以来的人事档案，在人力资源部召开了两次会议，听取了人事部员工的意见，最终做出决定——为全公司每个岗位编制职位说明书。

为了得到总经理的支持，薛经理进行了充分的准备。他先准备了前任公司的部分职位说明书样本，并撰写了详细的报告。报告阐述了大型企业如何依据职位说明书进行招聘、培训、绩效考核、薪酬制度设计，尤其在企业经营成本节约、员工工作效率提升方面列举了翔实的数据，论证了职位分析的诸多好处。报告指出了公司管理问题的焦点集中于管理"无章可循"，所以当前的工作重点要围绕职位分析展开。薛经理向总经理提交报告后，与总经理进行了详谈。谈话的效果很好，总经理听后非常振奋，深感薛经理不愧是大公司出来的，这么快就发现了问题，还提出了解决方案。既然一切始于职位说明书，总经理立刻拍板，批准薛经理立刻在全公司范围内开展职位分析调查。

薛经理迅速制订了工作计划，并着手实施职位分析项目。项目实施过程分为三个阶段。

1. 问卷调查

薛经理在一周内就推出职位分析调查问卷。人力资源部将问卷发放到了各部门经理手中，人力资源部还在公司的内部网上发了一份关于开展问卷调查的通知，要求各部门配合人力资源部的工作。问卷的发放和填写没有薛经理想象得顺利。很多问卷并未引起各部门经理的重视，没能及时发下去。例如，公司市场部经理是在人力资源部上门催收时才把问卷发到每个员工手中。由于市场部当时正策划一个大型推广活动，很多员工在拿到问卷之后都没有时间仔细思考，草草填写完事。当时在外地出差的员工自己无法填写，由其他同事代笔。员工抱怨不理解问卷中陌生的管理术语，人力资源部也无人负责解释，所以只能凭借个人的理解随意填写。人力资源部规定一周内提交问卷，很多部门都是在最后一天才匆匆上交，很多员工都没有填写完整，有的部门经理也没有填写问卷。

2. 职位访谈

薛经理以沟通交流为由对几个部门经理进行了访谈。访谈的地点大多在部门经理办公室。好几次访谈都由于部门经理接电话、有访客或要开会等情况被迫中断。人力资源部的几位助理也参与了一些访谈，访谈对象主要是公司的老员工和公司认为业绩比较好的员工。结果员工都"畅所欲言"，指责公司的管理问题，抱怨自己的待遇不公。在谈到与职位分析相关的内容时，有些员工夸大其词，有些员工认为人事助理不懂自己的专业，访谈的问题太"外行"。访谈结束之后，人事助理还搞不懂公司供应链管理的核心和技术标准是什么。期间薛经理多次找部门经理交流，但部门经理都以业务繁忙为由进行推脱。

3. 职位说明书的应用

薛经理工作积极性非常高，虽然得到的都是模糊回答，但他还是结合自己的理解，带领几个助理通宵加班，用了两周时间就出台了新版职位说明书。人力资源部将成稿的职位说明书发给各部门，同时还发了一份文件，要求各部门据此界定工作职责，并按照其中规定的任职条件定岗、定薪。这立即引起了很多员工的不满。虽然一部分职位说明书确实与员工岗位职责有偏差，但很多员工实际担心的是收入受影响。甚至有些员工私下议论，这是总经理的授意，借这次职位说明书修订的机会给员工减薪。很多员工都认为职位分析是国外大公司搞的"花头"，在中小企业是"水中望月"，看着好，不实用。

为了给人力资源部排除工作障碍，总经理亲自召开公司高层会议，希望薛经理通过这次会议来说服各部门。在会议中，各部门经理纷纷把矛头指向薛经理，认为他刚上任，不了解公司的具体业务，对供应链管理也缺乏专业知识，只是把以前在外企的经验搬到公司来。总经理决定让人力资源部重新编写职位说明书。此后，薛经理多次找部门经理讨论修改，还把与公司同类型企业的职位说明书拿来做参考，但修改结果始终无法令部门经理满意。项目进行了两个月后,职位说明书仍无法令各部门经理满意。总经理失去耐心,要求薛经理暂停这个项目。

经历了这次失败的项目后,薛经理也变得灰心丧气。公司的人力资源部整天忙着招聘,公司的员工流失率居高不下。一线员工的业绩压力持续上升,但薪酬并没有与绩效挂钩。薛经理感到很困惑。职位分析是一切人力资源管理活动的起点和依据。目前公司人才流失、岗位设置混乱、员工对薪酬抱怨不止,都是因为没有明确的职位分析。为什么在上海伊通公司,职位分析会遇到这么大的阻力?为什么当初对自己全力支持的总经理,最后不能力排众议,坚决支持职位分析项目?为什么能改善员工绩效提升优秀员工薪酬的职位分析项目得不到基层员工的支持?难道职位分析在中小企业只是"雾里看花,水中望月",看起来挺好,用起来就差强人意?

资料来源:职位分析是"雾里看花,水中望月"吗?[EB/OL].(2012-04-24)http://www.doc88.com/p-404985071168.html.

问题讨论:

1. 薛经理上任后,首先决定从职位分析入手来实施变革,这样的决定正确吗?为什么?
2. 人力资源部在职位分析项目的组织与实施过程中存在哪些问题?
3. 请借鉴这个案例,为企业改善职位分析效果提出解决对策。

参考文献

[1] MACALEER B. Does HR planning improve business performance [J]. Industrial Management, 2003, 11 (2): 86–89.

[2] BENNETT D. The Annual HR Strategic Planning Process [J]. Organization Development Journal, 2007, 7 (5): 107–125.

[3] 戴姆斯·W. 沃克. 人力资源战略 [M]. 吴雯芳,译. 北京:中国人民大学出版社,2001.

[4] 高艳. 工作分析与职位评价 [M]. 西安:西安交通大学出版社,2006.

[5] 李加兴. 沃尔玛中国公司高速发展期人力资源供给案例研究 [D]. 上海:华东理工大学,2011.

[6] 李常仓. 人才盘点:创建人才驱动型组织 [M]. 北京:机械工业出版社,2012.

[7] 荣晓冈. MS公司管理人员人力资源规划研究 [D]. 西安:西安理工大学,

2009.

［8］倪赢哲．大数据视角下的人力资源规划［J］．东方企业文化，2015（20）：79.

［9］史为建．善沟通、懂财务的 HR 才能做好规划［EB/OL］．（2016-02-12）．http://blog.ceconlinebbs.com/BLOG_ARTICLE_236225.HTM.

［10］孙完虎．招聘、面试与录用管理实务手册［M］．北京：人民邮电出版社，2009.

［11］唐亮．人力资源规划理论研究［J］．人力资源，2015（24）：80-81.

［12］谭翔．企业人力资源规划的特点及问题［J］．人力资源管理，2016（6）：160-161.

［13］TICHY N, FOMBRUM C, DEVANNA M．Strategic Human Resource Management［J］．Sloan Management Review，1982，23（2）：47.

［14］王雨佳．刘校长的干部制度：神秘的京东管培生［J］．中国企业家，2016（16）：69-70.

［15］王慧敏．员工招聘［M］．北京：清华大学出版社，2015.

［16］王德闯，陈娟娟．人力资源规划对知识管理的推动作用：基于微软公司的案例研究［J］．科技和产业，2017，17（2）：67-71.

第三章

基于胜任素质模型的招聘

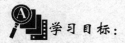学习目标:

学完本章后,你应该能够:
1. 了解胜任素质模型的发展过程
2. 掌握胜任素质模型的概念
3. 熟悉胜任素质模型的理论基础
4. 掌握胜任素质模型的构建方法
5. 掌握基于胜任素质模型的招聘

引例

华润集团领导力素质模型

2008 年,为了实现企业转型升级,建立优秀的企业文化,也为了消除华润领导者存在创业家情结、股东代表心态、超级业务经理作风、和谐背后的不坦诚和公司政治的五大不良现象,华润集团大力发展领导力,并设定了 5 年内培养 600 名被业内高度尊重的经理人队伍的目标。

领导力的发展大致分为三个主要阶段:一是建立领导力素质模型,作为选拔和培养领导人的标准,也是领导力发展的起点;二是建立测评与发展中心,该中心是将素质模

型落地的重要方式，实现基于模型的测评与发展；三是建立基于素质模型的完整的领导人才选、育、用、留的机制和流程，将领导力的发展流程同战略流程、运营流程、文化塑造流程等实现无缝联结，一体化运行。

华润集团的领导力素质模型分为三大类、八大素质。第一类：赢得市场领先——为客户创造价值、战略性思维、主动应变；第二类：创造组织优势——塑造组织能力、领导团队、跨团队协作；第三类：引领价值导向——正直坦诚、追求卓越。华润集团的领导力素质模型可应用到人力资源管理的各个模块，如招聘选拔、培训发展、绩效管理、薪酬管理、储备干部培养等领域。（陈玮，2010）

归根结底，华润集团领导力素质模型不仅是对领导者的要求，也是对全集团的要求，是华润集团核心的文化价值观，它将引领华润集团走向未来，引领华润经理人不断成长，引领华润每一个员工按照素质模型的基本要求去培养自己、锻炼自己、发展自己。那么，领导力素质模型即胜任素质模型究竟是什么呢？建立胜任素质模型对组织有什么意义呢？组织应如何正确理解并应用胜任素质模型呢？本章将对此做出详细的解释。

第一节　胜任素质模型概述

能岗匹配是招聘的第一原理和黄金法则，在招聘中实现能岗匹配的前提是对岗位要求和应聘者能力两个方面做准确科学的认识和评价。本书第二章已详细论述了如何用科学的方法进行岗位分析，即岗位的职责、任务、工作环境、权利义务，以及该岗位对人员知识、技能、能力、个性、内驱力、价值观等方面所进行的准确描述和界定。本章通过胜任素质模型论述人的能力如何与岗位要求的能力达成匹配。

一、胜任素质的起源

在管理学中，能力一词的释义类似英文"competence"，即素质、胜任力、胜任能力或胜任特征，是指驱使员工产生优秀业绩的各种特征的集合，即高绩效员工的知识、技能、个性、态度、行为等，是优秀员工与一般员工的差异所在。

管理学上关于胜任素质的研究最早可以追溯到"科学管理之父"泰勒。1911年，他使用"时间—动作"分析方法，界定了哪些因素导致高效劳动成果，从而提出了"管理胜任素质运动"这一概念。20世纪70年代初期，哈佛大学心理学家麦克利兰（McClelland，1973）在其文章 *Testing for Competence Rather than for Intellegience*（《测量胜任力而非智力》）中正式提出了胜任素质的概念（薛琴，2007）。他认为：决定一个人在工作上能否取得成就的因素，除了拥有工作所必需的知识、技能外，更重要的是其深藏在大脑中的人格特质、动机及价值观等，这些潜在的因素能够较好地预测个人在特定岗位上的工作绩效。麦克利兰把这些能够区分组织环境中特定工作岗位绩效水平的个人特征定义为胜任素质，也叫胜任力。美国心理学家斯潘塞（Spencer，1993）对胜任力给出了一个较为完整的定义：能够将某一个工作（或组织、文化）中卓有成就者与表现平平者区分开来的个人的深层次特征。它可以是知识、技能、社会角色、自我概念、特质和动机等，即任何可以被可靠测量或计数的，并且能够显著区分优秀与一般绩效的个体特征。

麦克利兰提出胜任素质的概念后，理论界与实业界掀起了胜任素质研究的热潮，胜任素质在20世纪80年代成为一个前沿的管理理念。1981年，理查德·鲍伊兹（Richard Boyatzis）对一些关于经理人胜任素质的原始资料重新进行分析，钻研并归纳出一组用来辨别优秀经理人才的胜任素质因素，这些因素能够同时适用于不同的公司及功能上。自1989年，麦克利兰开始对全球200多项工作所涉及的胜任素质进行观察研究。经过逐步的发展与完善，他提炼出21项通用胜任素质要素，构成了胜任素质辞典（Competency Dictionary）的基本内容。这21项胜任素质要素概括了人们在日常生活和行为中所表现出来的知识与技能、社会角色、自我概念、特质和动机等特点，形成了企业任职者的胜任素质模型。在辞典中，麦克利兰将21项胜任特征按照内容或作用的相似程度划分为6个基本的特征族，即成就与行动族、帮助与服务族、冲击与影响族、管理族、认知族和个人效能族。这6个特征族又依据每个特征族中对行为与绩效差异产生影响的显著性程度划分为2~5项具体的胜任特征。

1. 六大胜任特征族

（1）成就与行动族。它的胜任特征主要针对如何完成任务、如何达成目标，反映的是一个人对设定目标和采取驱动目标实现的行动的取向。该特征族通常不会直接涉及与其他人之间的关系。但事实上，无论是提高生产率，还是改进工作绩效的行为，都或多或少地实践着影响他人的能力以及为达成目标而运用的信息搜集能力。成就与行动族包括成就导向、重视次序、品质与精确、主动性和信息搜集四个胜任特征。

（2）帮助与服务族。主要体现在愿意满足别人的需要，使自己与他人的兴趣、需要相一致以及努力满足他人需要等方面。该族的胜任特征既能单独影响人的行为，同时也能够支持冲击与影响族及管理族的胜任特征发挥作用。该特征族包括人际理解和客户服务导向两类胜任特征。

（3）冲击与影响族。反映的是一个人对他人的影响力大小，常被称为"权力动机"。该族的胜任特征可以作为其他特征族发挥作用的基础，包括帮助与服务族、管理族和成就与行动族等。该族中的胜任特征能否在企业中发挥积极的作用，常常受到企业中各方面利益导向的影响。也就是说，如果利用冲击与影响族中的特征，以整个企业利益为代价换取个人成就的话，特征评价上只能为负值。该特征族包括冲击与影响、组织认知、关系的建立三类胜任特征。

（4）管理族。反映的是影响并启发他人的胜任特征，它是"冲击与影响"胜任特征中的一组特殊的才能。通过这些特征可以传达具有不同效果的意图或目标，包括培养他人、指导他人和增强团队合作等，这些对于管理者来说都是非常重要的。管理族包括培养他人、命令、团队合作、团队领导等四项胜任特征。

（5）认知族。它的胜任特征通常与工作的实际内容相联系，同时也是支持冲击与影响族和管理族发挥作用的基础。认知族包括分析式思考、概念式思考、技术/职业/管理的专业知识三类胜任特征。

（6）个人效能族。反映个人与他人以及工作的相关性，该族的胜任特征决定了一个人在遇到紧急事件时，排解压力、解决困难等一系列行为的有效性，同时也支持着其他特征族发挥作用。个人效能族包括自我控制、自信、弹性、组织承诺等四类胜任特征。自我控制可以让人在压力或被别人敌视的情况下保持正常表现；自信可以让人在面临巨大挑战、怀疑与冷漠的时候，保持正常表现；弹性可以让人在面对不确定的环境时，调整自己的目标；组织承诺力可以让人调整自己的行为和意图，配合组织达成目标。

2. 胜任特征级别

在胜任素质辞典中，每一项具体的胜任特征都有一个具体的释义与至少1~5级的分级说明，并附有典型的行为描述胜任特征的级别被划分为至少1~5级，目的是显示该胜任特征的强度、复杂性的程度。每个级别与下一个级别有显著的不同（级别系统的设计以0为一个自然中点，对有些胜任特征要素还设定了负值；1表示这些行为通常出现在一般绩效人员身上，而在绩优人员身上却很少发生；它还说明这些行为会对高绩效产生负面的影响），因此也可以对人力资源管理的其他环节提供指导。例如，一旦发现某人出现了负值，行为出现红色警戒，则表示他的某种胜任能力有问题，必须加以培训、调职或解聘。鉴于篇幅有限，本节仅就成就与行动族中的成就导向特征的级别定义进行详细介绍。

（1）成就导向的概念。成就导向就是希望更好地完成工作或达到一个优秀的绩效标准。这个绩效标准可能是个人自己过去的表现（积极地改进），可能是一种客观的衡量标准（结果导向），可能是比他人做得更好的业绩（竞争力），可能是自己设定的具有挑战性的目标，甚至是任何人从未做过的事（创新）。

（2）成就导向的维度。成就导向的评价有三个维度：第一是行动的强度和完整性（A），从想把一件事情做好到达成创新的结果；第二是影响的范围（B），从个人工作影响到整个组织；第三是创新（C），即个别行动和创意在不同组织或工作内容的新颖程度。

成就导向的一般行为包括工作符合管理上的标准、设定并达成具有挑战性的目标、进行成本效益分析、评估企业的风险。

（3）成就导向的级别定义。具体内容如表3-1所示。

表3-1 成就导向的级别定义

级 别	行为描述
A	**激励成就行动的强度与完整性**
A.-1	不符合工作上的标准。在工作上漫不经心只符合基本要求，却很关心工作以外的事，如社交活动、地位、兴趣、家庭活动和朋友关系。在访谈过程中，受访者无法生动描述有关自己工作内容的工作细节，却热切地谈论一些工作以外的活动
A.0	只专注在任务上。虽然努力工作，但对于产出却没有证据显示达到了杰出的标准
A.1	想把工作做好。想要努力工作以符合工作上要求的标准，想要把工作做好与做对，偶尔会对于浪费与无效率表现出沮丧。例如，抱怨浪费时间和想要做得更好，但实际上却没有实质性的进步
A.2	工作符合其他人的标准。工作符合管理上的标准。例如，预算的管理符合销售的业绩品质的要求等
A.3	自己设立衡量优异的标准，使用自己特定的方法来衡量产出，而不是使用一套来自上面管理要求的优异标准。例如，费用、考绩、时间管理、淘汰率、打击竞争者等，或是设立的目标达不到A.5设立的程度，都归纳在这个部分
A.4	持续不断地改善绩效。在系统上或工作方法上做出改变，以改善绩效。例如，降低成本、提高效率、改善品质、顾客满意或士气提升，而没有设定任何特别的目标，比如收益增加。
A.5	设定挑战性的目标。设定及达成挑战的目标。例如，挑战六个月改善销售/品质/生产力15%，表示目标有一定的难度，但并不是不可能达成的。开始设定及执行挑战的目标就可以计分，即使目标没有达成也给予计分。设定所谓安全目标不具备挑战性，不予计分
A.6	成本收益的分析。根据对投入与产出的衡量来做决策，设立优先级或选择目标；对潜在利润、投资报酬率或成本效益做出明确的评估

续表

级 别	行为描述
A.7	评估企业的风险。投入组织重要的资源和时间来进行绩效的改善,尝试全新并具有挑战性的目标。例如,开发新产品和服务,进行革新的操作方式;同时降低风险。例如,利用市场调查,预先分析客户的需求;或鼓励、支持部属承担创新的风险
A.8	坚持不断创新的精神。采取积极、充分的行动面对挫折和失败,达成创新的目标
B	**成就的影响范围(成就计分上是 3 或更高的分数)**
B.1	只关心个人的表现。通过时间管理技术及良好的工作方式,只为改善个人的工作效率,或只影响单一个人,如主要部属或秘书的工作效率
B.2	影响一个或两个人。影响其在财务上小额的承诺
B.3	影响一群人(4~15人)。获得中等数量的销售或财务承诺,通过使工作更系统或使其他人更有效率,改进群体绩效
B.4	影响一个部门的人(超过 15 个人),获得一项大的业绩或相当程度的财务承诺
B.5	影响一个中型组织,或是一个大组织的部门
B.6	影响一个大型组织
B.7	影响整个产业
C	**创新的程度(成就计分上是 3 或更高的分数)**
C.0	没有任何创新
C.1	部门工作的创新。尝试自己工作上不曾经历的创新方法,但可能在组织的其他部门已经有这样的经验
C.2	组织的创新。尝试用一些新颖和不同的做法来改善绩效
C.3	产业的创新。利用独特的创新来改善绩效,对于产业是全新的尝试
C.4	整体变革。对于产业来说是全新而有效率的改革。例如,苹果计算机对个人计算机的变革,亨利·福特对于自动化生产的变革等。这个层级是很少见到的

二、员工素质与胜任力的区别

通常我们从能力素质的适用范围,将其分为核心能力素质(Core-Competency)和专业能力素质(Specific-Competency)。其中,核心能力素质是针对组织中所有员工的、基础且重要的要求,它适用于组织中所有的员工,无论其在何种部门或是承担何种岗位;而专业能力素质是针对不同部门和岗位的员工,它是为完成某类部门职责或是岗位职责,员工应具有的综合素质。

例证 3-1

安永（EY）核心能力素质

安永要求员工具备多项条件。如果您具备这些条件，就可以很好地适应我们的工作环境。

不同背景和技能，但价值观相似。

优秀人才。我们不光需要学业成绩优异的人才，还需要您通过参与课外活动及公益事务展示领导才能。

诚信人才。我们希望您清楚了解个人及专业责任，并谨遵为所应为。

尊重他人的人才。我们寻找了解不同背景及观点的价值的人才。尊重个人的差异就可从中丰富我们的观点，有助于我们建立稳固的关系并改善向客户提供的服务。

能很好与团队合作的人才。我们寻找善于聆听、学习、分享、发展及与他人（包括与自己不同的人士）协作的人才。

富有活力、热诚及具有领导能力的人才。我们需要重视安永存在的机遇、自己的未来及能有效发挥潜能，并对此充满热情的人才。

资料来源：安永会计师事务所内部资料

胜任素质与工作绩效具有密切的关系，甚至可以预测员工未来的工作绩效，区分优秀员工和一般员工。它与任务情景和岗位相联系，具有动态性。从应用的角度来说，并不是所有的知识、技能、个人特征都被认为是胜任力，只有满足这三个重要特征才能被认定为胜任力。那么，员工素质和胜任素质又有何区别呢？

假设 A 代表个人的素质，指个人能做什么和为什么这么做；B 代表岗位工作要求的素质，指个人在工作中被期望做什么；C 代表组织环境要求的素质，指个人所处的某一个具体组织的结构、文化、价值观、制度等。那么，岗位胜任力就是 A、B、C 三个部分的交集 D，交集部分 D 是员工最有效的工作行为或潜能发挥的最佳领域。员工素质与胜任力的关系可以通过图 3-1 清楚地表述出来。

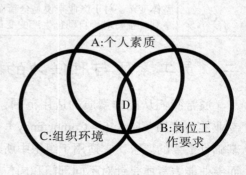

图 3-1　员工素质与胜任力的区别

三、胜任素质模型的概念

麦克利兰最早提出"胜任素质"一词时是专指个体能力。20世纪90年代以后，胜任素质的概念被加里·哈默尔和普拉哈拉德引入战略管理中，从而诞生"组织能力"这一概念。因此，管理学中的能力有个体能力和组织能力之分。一般来说，能力是指个体能力。单项能力的有机组合就构成了胜任素质模型，也叫胜任力模型。

所谓胜任素质模型（Competence Model），就是指担任某一特定的任务角色需要具备的胜任特征的总和，它是针对特定职位表现要求组合起来的一组胜任特征。也就是用行为方式来定义和描述员工完成工作需要具备的知识、技巧、品质和工作能力，通过对不同层次的定义和对相应层次的具体行为的描述，确定完成一项特定工作所要求的一系列不同胜任素质要素的组合。胜任素质模型描述了将高绩效者与一般绩效或低绩效者区分开来的结果，它主要回答了以下两个问题：一是完成工作需要什么样的技能、知识和个性特征；二是哪些行为对于工作绩效和获得工作成功具有最直接的影响。胜任素质模型为某一特定组织、工作或角色提供了一个成功模型，反映了某一既定工作岗位中影响个体成功的所有重要的行为、技能和知识，因而经常被作为工具在工作中使用（赵春清，2007）。

通常，每个胜任素质模型都会包括3~6个关键能力不等。这些能力是整个组织、部门、某个岗位成功的关键能力的集中体现。集合组织中各个岗位的能力模型就形成了该组织的能力体系。员工个体所具有的素质能力有很多，但组织所需要的不一定是员工所有的能力，组织会根据岗位分析的结果以及组织的环境，明确能够保证员工胜任该岗位工作，确保其发挥最大潜能，并以此为标准来对员工进行挑选（姚裕群，2016）。

例证 3-2

GE（通用电气公司）的"4E+P"

GE的领导力素质可以用"4E+P"的形式来表达。

Energy——活力。活力是指个人所具有的巨大能量，即个体所具备的有所为的精神、有所行动的渴望以及喜欢变革的态度。具有活力的个人一般是积极的、乐观的、外向的，他们善于与人沟通，能够广泛结交朋友，对自己手中的每一项工作都充满热情，很少在工作过程中显露出疲惫的面貌。

Energize——激励力。激励力是指个体能够激发和激励周围人的能力，能够通过表达自己的想法和创意来带动周围的人。一个具备强大激励力的个体能够时刻鼓舞团队成员的士气，能够带领团队完成看似难以完成的任务，并能在完成工作任务的过程中享受战胜困难的喜悦。

Edge——决断力。决断力即个体面对问题时能够迅速做出决定的勇气，是一种勇敢的主张、一种坚定的信念、一种自发的驱动力和竞争的精神。犹豫不决的人永远不可能获得强有力的领导能力，因为机会会在他们犹豫之时流失。

Execute——执行力。执行力即为能够将构想或者计划与结果加以联系，并非只是口头演练，而是要将构想化为切实可行的行动计划，并能够参与和主导计划的实施。作为一种独特的、专门的技能，执行力意味着个体明确如何将构想转化为行动，并在行动中杜绝各种混乱、阻力或者意外的干扰。

Passion——激情。激情即个体能够保持对工作的一种忠诚的、真实的、强烈的兴奋感，能够在工作中得到满足。充满激情的个体往往发自内心地在乎其他个体，如朋友、员工、同事等取得成功与否。（张芝和，2010）

（一）胜任素质模型的理论基础

有关胜任素质模型的理论，最著名的有斯潘塞的冰山素质模型理论和博亚特兹的洋葱素质模型理论。他们在本质上都继承了麦克利兰的理论，只是存在观察角度与表述的差异。

1. 冰山模型

美国学者斯潘塞于1993年提出了著名的素质冰山模型，将人员个体素质的不同表现形式划分为表面的"水面以上部分"和深藏的"水面以下部分"。如图3-2所示。

其中，"水面以上部分"包括基本知识、基本技能，属于人的基准性能力特征，具有表层、显性、可测量、易感知和易提高等特点，容易通过培训来改变和发展。其与工作所要求的直接资质相关，通常能够在比较短的时间通过考

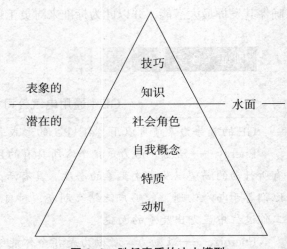

图3-2 胜任素质的冰山模型

试、面谈、简历等具体形式来测量，也可以通过培训、锻炼等办法来提高这些素质。

"水面以下部分"包括社会角色、自我概念、特质和动机，属于人的鉴别性能力特征，具有隐性、深层、难测量、长期形成等特点，是具有决定性的素质要素。它们不太容易通过外界的影响而得到改变，也往往很难度量和准确表述，并且较少与工作内容直接关联，但却对人员的行为与表现起着关键性的作用。只有其主观能动性的变化影响到工作时，其对工作的影响才会体现出来。考察这些层面的素质会发现，每个管理者都有自己独特的思维方式和理念，但往往因其偏好而有所局限。管理学界及心理学界有一些测量手段，但往往因复杂不易采用或效果不够准确而未被应用。

冰山模型中水面以下的因素，即社会角色、价值观、自我认知、个性动机，对员工工作成效起着决定性的作用。动机、特质、态度和自我概念的素质，可以用来预测行为。这些行为产生工作的结果，程序是动机/特质→行为→结果。在素质构成要素中，各个层面的要素层层相互影响，越处于底层的潜能部分对表象部分的影响越大，往往起着决定性作用。下面，我们将对一些工作岗位的素质构成要素进行举例，如表3-2所示。

表3-2 冰山模型素质构成要素举例

素质构成要素	举例
动机	具有成就动机的人常常为自己设定一些具有挑战性的目标，并尽最大努力去实现它，同时积极听取反馈，以便做得更好
个性	反应敏锐与灵活性是对飞行员的基本个性要求
自我形象与价值观	自信是一个人坚信在任何情况下自己都可以有效地应对各种事情，它是对自我形象认知的一个部分
社会角色	令客户满意是任何一名推销员都必须坚持并遵循的行为准则
态度	服务意识是任何一名服务员都必须具备的工作态度
知识技能	操作工必须了解机器设备的运转知识、操作规程以及停机维修保养的时间与周期，能够在操作规程下提高劳动生产率

2. 洋葱素质模型

洋葱素质模型由博亚特兹（Boyatzis, 1982）深入研究麦克利兰理论的成果得出。所谓洋葱模型，是把胜任素质由内到外概括为层层包裹的结构，最核心的是动机，然后向外依次展开为个性、自我形象与价值观、社会角色、态度、知识、技能，如图3-3所示。越向外层，越易于培养和评价；越向内层，越难以评价和习得。大体上，"洋葱"最外层的知识和技能，相当于"冰山"的水上部分；"洋葱"最里层的动机和个性，相当于"冰山"水下最深的部分；"洋葱"中间的自我形象与角色等，则相当于"冰山"水下浅层部分。洋葱模型同冰山模型相比，本质是一样的，都强调核心素质或基本素质。对核心素质的测评，可以预测一个人的长期绩效。相比而言，洋葱模型更突出潜在素质与显现素质的层次关系，比冰山模型更能说明素质之间的关系。

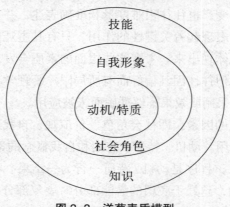

图 3-3　洋葱素质模型

从实战上看，人的学习与成长轨迹，对胜任素质的影响是非常重要的。这也是为什么在人才选择上，抛开特殊要求，人们都倾向于选择拥有良好教育背景、大企业工作背景且发展稳定的候选人。在保留某些深层特质的情况下，遗传或早期性格绝大部分都可以通过学习与经历来打磨与调整，校正为吻合当下环境的性格。

3. 特质—因素理论

特质—因素理论由美国波士顿大学教授弗兰克·帕森斯于1909年在其《选择一个职业》的著作中提出。他认为，人与职业相匹配是职业选择的关键。每个人都有自己独特的人格模式，每种人格模式的个人都有与其相适应的职业类型。所谓"特质"就是指个人的人格特征，包括能力倾向、兴趣、价值观和人格等；而所谓"因素"则是指在工作上要取得成功所必须具备的条件或资格。最重要的是，这些特质都是可以通过心理测量工具加以评量的，同样这些因素也是可以通过对工作的分析而了解的。

特质—因素理论是第一个提出在职业决策中强调进行人与岗位匹配的理论，自提出以来就受到职业决策领域研究者的追捧。此后，更是发展出大量更具体和完善的职业理论，比如著名的霍兰德理论，也称霍兰德职业兴趣理论。霍兰德将人格类型分为六种，并为每一种人格匹配了合适的职业类型。这六种人格类型分别是现实型、研究型、艺术型、社会型、企业型和传统型。

霍兰德认为，每一种特殊类型人格会对相应职业类型中的工作或学习感兴趣。若人格类型与职业类型一致，个人才能对工作产生兴趣并能体会到内在满足感；相反则个人不仅对职业毫无兴趣，更是无法胜任该工作。霍兰德制定了两种类型的测量工具：一是职业选择量表，二是自我指导探索，帮助择业者进行职业决策，也能辅助企业在招聘选拔过程中找到合适的人选。

华为公司领导力模型

1997年，华为公司请美国合益集团（HayGroup）做人力资源开发顾问，2005年再次请合益集团做领导力培养、开发和领导力模型的建立，为其全球战略布局、领导干部队伍持续战斗力提供保证。合益集团为华为公司开发出的领导力模型包括三个关键素质能力，即发展客户能力、发展组织能力和发展个人能力，其模型结构如图3-4所示。

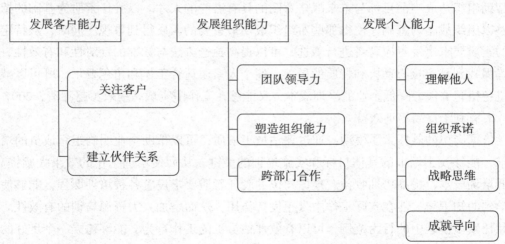

图3-4　华为公司领导力模型

资料来源：合益集团—华为战略领导力素质模型研讨会报告

（二）胜任素质模型的作用

胜任素质模型归纳了员工产生高绩效的影响因素，为整合组织人力资源提供了一个整体的框架。随着知识经济的发展以及知识型员工的增多，胜任素质模型的研究逐渐成为战略性人力资源管理的基础，在人力资源管理实践中发挥着越来越重要的作用。具体而言，胜任素质模型在人力资源管理中的各个模块都具有突出的作用，主要表现在以下六个方面。

1. 有利于增强工作绩效的预测性

招聘的首要工作是进行岗位分析，基于胜任素质的岗位分析是以胜任素质为框架，通过对优秀员工的关键特质和组织环境两个方面进行分析，确定岗位胜任要求和组织的核心胜任素质。这是一种人员导向的工作分析方法。通过这种方法确定的工作要求，一方面能够满足组织当前岗位的要求；另一方面，它把组织经营目标与战略紧密联系起来，也适应了组织发展的需要。通过优秀员工的关键行为来分析胜任要求，把员工的行为、个性体现在胜任要求的描述上，并结合绩优者的个人特征和行为来定义工作岗位的职责内容，使它具有更强的工作绩效预测性和较高的表面效度。

2. 有利于提高员工、岗位、组织的匹配度

合适的素质是取得高绩效的保证，为了提高企业的竞争力，企业必须寻找和吸引能够帮助组织达成当前目标与未来战略意图的具有潜能的人才。以胜任素质为基础的招聘能够以组织战略为基础，使得那些对组织成功最重要的素质得到重视。同时，从特定岗位的素质要求出发对应聘者进行甄选，可以提高甄选方法与标准的针对性和有效性，将能确保找到具有核心动机和特质的员工，使个人素质适合工作和角色要求，既可以减少或避免招聘失误，降低企业的培训成本，又能够在工作中实现高绩效（赵春清，2007）。

3. 有利于提高培训效益

依据岗位的胜任素质模型，通过评估员工素质，可以帮助企业明确组织成员的培训需求，能够找出培训的具体目标和实施培训的关键，从而使培训工作的效果大幅提高，降低培训成本，提高培训收益。根据岗位的胜任素质要求设置各种培训课程，能够使员工学到的知识与技能在实际工作中真正发挥作用，从而增加人力资源培训的有效性。根据胜任素质模型中的行为范例，可以有效评估员工的工作行为，能够建立一个良好的培训后续跟踪机制，便于进行培训效果评估。

例证 3-4

宝洁总经理学院

宝洁公司的领导力模型可以概括为"4E"模式，即 Envision（想象）、Enable（实现）、Execute（完成）和 Engage（融合）。同时，该领导力模型是宝洁总经理学院培训的一部

分。关于"融合"这一素质，原宝洁CEO麦睿博这样解释："今天没有任何一个领导者可以做到孑然一身，他需要合作。领导者必须将周围的人加以融合以共同完成工作，因此，我们对如何合作进行实际训练，把它作为我们领导学院培训的一部分。对于自己的合作能力，大家可以从各自的工作环境中得到回馈。"（李晓松，2012）

4. 有利于内部员工考核制度的完善

胜任素质模型建立的前提是确定优秀的绩效标准，在此基础上建立绩效考核指标，能够真实地反映员工的综合工作表现，这体现了绩效考核的精髓。在绩效考核中增加胜任素质考核指标，能够充分了解员工的能力状态，分析妨碍员工获得更好绩效的障碍，以及员工的事业目标和他们的愿望，从而帮助员工制定绩效和能力发展目标及行动步骤，在工作中不断改变自身的行为，取得个人和公司期望的绩效成果。同时，胜任素质模型建立了工作行为范例，可以比较客观地评价员工在各方面的工作行为表现是否达到预定的目标，从而增加了胜任素质考核的可操作性。

5. 有利于建立合理的薪酬管理体系

胜任素质模型为以能力为依据的薪酬模式提供了新的操作思路，即通过对员工所具备的与工作相关的知识、技能、经验、行为和态度等胜任素质来确定其为企业创造的价值，从而确定其薪酬水平。基于胜任素质的薪酬模式有利于个体和组织核心能力的形成，能够提高员工综合素质，吸引与保留高素质人才。同时，它的立脚点是个人与组织未来发展及持续的价值创造，因此更加具有战略性。以胜任素质为基础的薪酬模式主要适合知识型企业，因为知识型员工的工作过程难以监督，工作成果难以直接评价，其绩效的实现更多依赖个人的胜任素质水平。

6. 有利于员工的职业发展

胜任素质模型能够帮助员工理解组织需求，明确高绩效的标准，指导员工发展的方向。胜任素质的评价体系为组织评价员工潜力提供了一致的框架和标准。依据素质模型的要求对员工进行评价，能够使员工了解个人特质与工作行为特点及发展需要，帮助员工设计符合个人特征的职业发展规划，并在实施发展计划过程中对员工提供支持和辅导。这不仅能够帮助员工实现自身的发展目标及职业潜能，也促使员工努力开发提高组织绩效的关键技能和行为，从而实现个人计划、目标与组织经营战略之间的一致性，让员工和企业共同成长和发展。

第二节　基于胜任素质模型的招聘

无论是在企业还是在现代公共部门的人力资源管理中，素质模型日益成为整个人力资源的基础。基于胜任素质模型的人员招聘，是依据战略性人才规划，确定人员与职位变化，因调配与临时项目、特殊任务带来的人员需求，确定招聘甄选的需求，明确关键的专业技能素质与通用素质的要求，界定特定职位的素质等级，进而选择招聘渠道，实施招聘甄选。

一、构建胜任素质模型的流程

企业利用胜任素质模型进行招聘甄选，首先必须建立起拟招聘岗位的胜任素质模型。胜任素质模型的构建流程包括明确企业发展战略目标；目标岗位的岗位分析；界定目标岗位绩优标准；选取样本组，收集、整理数据信息；定义岗位胜任素质；划分胜任素质等级；初步建立胜任素质模型和验证并完善胜任素质模型八大步骤，如图3-5所示。

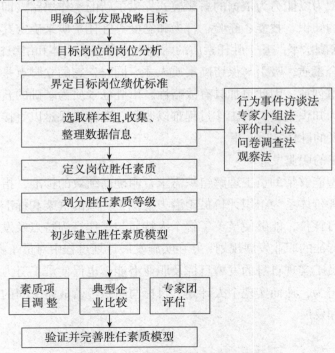

图 3-5　构建胜任素质模型的流程图

（一）明确企业发展战略目标

企业的发展战略目标是建立胜任素质模型的指导方针，人力资源管理者应该首先分析影响企业战略目标实现的关键因素，研究企业面临的竞争挑战，然后提炼出企业员工应该具有的胜任素质，从而构建符合企业文化及环境的胜任素质模型。

（二）目标岗位的岗位分析

招聘岗位的岗位分析是构建胜任素质模型的重中之重。首先，要明确该岗位在企业整体战略中的地位，其次是要明确该岗位的工作描述和岗位规范。在招聘开始前，企业必须要知道拟招聘岗位的岗位职责及任职资格。该过程可结合高层访谈进行，以明确企业关键业务领域，锁定招聘岗位的胜任力要求。

（三）界定目标岗位绩效标准

企业完善的绩效考核体系是界定绩优标准的基础。构建胜任素质模型就是要确定一个标准体系，依据该标准体系可帮助企业找到适合岗位要求的员工，并能够据此标准预测员工未来的绩效。通过对目标岗位的各项构成要素进行全面评估，区分员工在目标岗位绩效优秀、绩效一般和绩效较差的行为表现，从而界定绩优标准，再将界定好的绩优标准分解细化到各项具体任务中，从而识别任职者产生优秀绩效的行为特征。在确定绩效标准时，要选用客观、可量化的标准，以保证胜任素质模型的准确性。例如，通过销售人员的销售业绩、客户投诉率、客户满意度等来衡量销售人员的绩效情况（杨雪，2014）。

（四）选取样本组，收集、整理数据信息

1. 选取样本组

根据目标岗位的胜任特征及绩效标准，在从事该岗位工作的员工中随机抽取绩效优秀员工（3~6名）和绩效一般员工（2~4名）作为胜任力模型研究样本组。

2. 收集和整理数据信息

收集和整理数据信息是构建胜任素质模型的核心工作。样本数据的获取一般通过行为事件访谈法、专家小组法、评价中心法、问卷调查等方式进行，通常使用行为事件访谈法，依据绩效标准设计访谈提纲，对选定的样本组成员进行访谈，并对获取的数据资料进行汇总分析，找出导致两组人员绩效差异的关键行为特征，以确认和区分特定岗位的胜任力特征。

（1）行为事件访谈法。行为事件访谈法（Behavioral Event Interview，BEI）又称归纳法。它是一种开放式的行为回顾式探索技术，最终通过研究高绩效员工与低绩效员工的差异来建立胜任力模型，是揭示胜任特征的主要工具。

具体来说，行为事件访谈法主要以目标岗位的任职者为访谈对象，通过对访谈对象的深入访谈，收集访谈对象在任职期间所做的成功和不成功的事件描述，包括情境的描述、参与者、采取的措施行动、个人感想、事件结果等情节，挖掘出影响目标岗位绩效的非常细微的行为。在具体访谈过程中，要求被访谈者列出他们在管理工作中遇到的关键情境，包括正面结果和负面结果各 3 项。访谈约需 3 个小时，要求收集 3~6 个行为事件的完整、详细的信息。访谈者根据收集到的具体事件和行为进行汇总、分析、编码，然后在不同的被访谈群体（绩效优秀群体和绩效普通群体）之间进行对比，从而识别出目标岗位的核心素质。这种方法是目前在构建素质模型过程中使用得最为普遍的一种。

行为事件访谈法有具体的行为做依据，开发出的胜任力模型最能贴近企业现实，应用起来的效果好，但开发过程耗费时间和精力很大，又需要参与者具备特殊的行为事件访谈能力，操作难度亦很高，因此这种方法更适用于成熟与稳定的企业。

例证 3-5

华为基于行为事件访谈法的优秀员工素质模型

华为通过对优秀研发人员进行行为事件访谈，建立了优秀研发人员的素质模型。其部分访谈事件如下。

（1）有次开会，领导把我们那个领导骂了，那个领导转过头来又把我骂了，这个事情压根儿跟我没关系……但是被骂的感觉是什么呢？一方面觉得委屈，另一方面又觉得应该再加倍熟悉工作。

（2）实际上没有人给我布置这个任务，是我自己主动提出来的，首先是安排给我的任务已基本完成……

（3）当时大家做了一些比较初步的探讨吧，但是没有分析得非常深入，所以我觉得就是这一点做得不好吧……

（4）正好当时领导出差去了，也没给我很明确的任务，只是让我熟悉一下，然后我就开始自己做，花了两个多星期，自己加班……

……

通过对访谈事件汇总、分析、编码，华为建立了包含成就导向、团队合作、学习能力、坚韧性、主动性及思维能力六大特征的优秀研发人员胜任力素质模型。

资料来源：华为内部资料

（2）专家小组法。专家小组法主要是召集对目标岗位有充分了解和深刻认识的专家，收集他们对目标岗位胜任力的看法和意见。专家可以是组织内部目标岗位的资深员工、直接管理者，也可以是组织外部对目标岗位及其涉及的行业有深入研究的咨询顾问及研究者。专家小组成员构成最好是内外部结合，保持多样化。同时，可召集专家小组进行焦点访谈或头脑风暴等形式的讨论，收集各位专家对目标岗位胜任力的看法，包括行为描述、等级描述和具体行为要求。专家小组也可采取非面对面的形式，如通过书信、邮件、传真等方式获得专家的意见和看法。

在胜任素质模型构建中经常将专家小组法与行为事件访谈法组合实施，通过专家小组法确定胜任力因子，再用行为事件访谈法对目标岗位的绩效标准样本进行访谈，收集具体的行为和事件，以确定各个胜任力因子的行为描述和评价等级。这种结合的方式可以降低单纯使用行为事件访谈法的人力和物力，也可以缩短建构模型的时间。

（3）评价中心法。评价中心法更多的是收集与目标岗位相关的行为表现，对其进行编码并与绩效标准样本进行比较的过程。运用评价中心法构建胜任力素质模型，有助于进行候选人才的评价和选拔。评价中心法需要花费大量的财力和物力，不过其效度和准确性比较高。

（4）问卷调查法。问卷调查法采用结构化问卷表对某岗位所需的胜任力进行调查，收集目标岗位胜任力因子，进而分析提炼出胜任力特征要素，具有快捷便利、适用面广、信息采集广泛等优点，但也存在不够灵活、问卷编制受专业知识和经验限制等问题。

（五）定义岗位胜任素质

根据归纳整理的目标岗位数据资料，对实际工作中员工关键行为、特征、思想和感受具有显著影响的行为过程或片段进行重点分析，发掘绩优员工与绩效一般员工在处理类似事件时的反应及行为表现之间的差异，识别导致关键行为及其结果的具有显著区分性的能力素质，并对识别出的胜任素质做出规范定义。

（六）划分胜任素质等级

定义了目标岗位胜任素质的所有项目后，应对各个素质进行等级划分。

（七）初步构建胜任素质模型

定义了目标岗位胜任素质的所有项目后，应对各种素质进行等级划分，并对不同的素质等级做出行为描述，用文字或图表的方式初步建立胜任素质模型。

（八）验证并完善胜任素质模型

结合企业发展战略、经营环境及目标岗位的实际情况，将初步建立的胜任素质模型与企业、岗位、员工三者进行匹配与平衡，构建并不断完善胜任素质模型，并将其用于人力资源招聘与配置的过程中。

二、基于胜任素质模型的招聘

素质能力比知识技能更能预测高绩效，管理素质比管理动机、性格更可操作，基于胜任素质模型的员工招聘一般分为确定招聘甄选需求、建立岗位胜任素质模型、选择招聘甄选渠道、发布招聘信息、实施招聘甄选、做出招聘决策六大步骤，具体如图3-6所示。

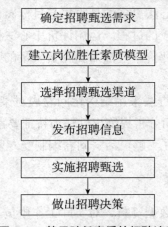

图3-6 基于胜任素质的招聘流程

步骤1：确定招聘甄选需求。招聘需求一般依据企业的战略性人力资源规划做调整，当企业现有岗位需要增加人员或增添了新的工作岗位时，当企业因调职、离职导致人员需要重新安置时，或者当企业因临时项目或特殊任务带来了新的人员需求时，都需要招聘甄选员工。

步骤2：建立岗位胜任素质模型。在确定人员需求以后，企业要明确待招聘岗位的关键专业能力素质和通用能力素质要求，为特定职位界定能力素质要求等级，从而构建该岗位的胜任素质模型，并且依据胜任素质模型界定出招聘甄选的考核标准。

中国移动基于胜任素质模型的招聘

中国移动许昌分公司在参照标杆企业胜任素质模型的基础上，利用企业战略演绎和企业文化分析的方法，初步构建出适合自身的胜任素质模型；通过问卷调查、专家小组讨论的方式来验证并最终构建出适合本企业网络技术人员的胜任素质模型，包括知识、技能、领悟执行能力、逻辑思维能力、职业素养、沟通协调能力等六大类素质。该企业将此模型通过行为面试法应用到网络技术人员的招聘过程中，预测应聘者是否具备杰出者需要具备的个人素质。以下是网络技术人员的部分行为面试题目。

1. 沟通能力
（1）在以往的工作中你和同事发生过意见不一致的情况么？严重么？你是如何处理的？
（2）你最不喜欢和最喜欢的同事是怎样的？为什么？
2. 团队协作
（1）请举例说明在最近的工作经历中你是如何与其他成员共同解决某一问题的。
（2）你在团队中一般扮演什么样的角色？发挥什么样的作用？请举例说明。
3. 技术应用
（1）请举例说明你是如何学习并掌握行业内的新技术的。
（2）在以往的工作中你是如何将行业的新技术应用到工作中去的？结果如何？（朱斌，2013）

步骤3：选择招聘甄选渠道。招聘渠道一般分为外部招聘和内部招聘两类。外部主要是选择合适的媒体或招募中介机构，内部招聘渠道主要是在企业内部发布职位空缺信息，实施内部员工竞聘或工作岗位轮换等。

步骤4：发布招聘信息。传统的招聘信息主要包括学历、专业以及工作经历要求等信息。这种招聘信息的表述无法体现企业对应聘者综合素质的要求。而基于胜任素质模型的招聘信息，充分考虑了应聘岗位的核心胜任力，使职位申请者清晰招聘岗位对知识、技能以及动机、个性特征等素质的要求。这样，应聘者能够找到合适的岗位，企业也可以找到合适的员工。

步骤5：实施招聘甄选。该步骤的主要任务是执行甄选、面试以及使用适当的人才评价工具对应聘者做出录用决策。在此过程中，会涉及求职申请表的设计、面试过程的设计等环节。

（1）设计求职申请表。求职申请表是企业招聘初选的重要依据，将胜任力模型应用于求职申请表的设计中，可大大提高招聘效率。基于胜任素质模型的申请表是根据招聘岗位的任职资格来设计的，添加了价值观、个性特征等内隐素质的行为描述性问题。外显和内隐素质在招聘申请表中的综合体现有利于企业全面把握应聘者的情况，取得更好的招聘简历筛选效果。

（2）测评过程设计。选择用什么样的测评形式和工具一般由招聘岗位的性质以及测评的指标来确定，一般情况下是对各种工具的综合应用。例如，对公司或行业知识、管理知识和业务知识一般用纸笔测试法；对于沟通能力的测评需要用结构化面试；对于一般人员招聘用结构化面试；对于管理人员招聘采用评价中心方法。基于胜任素质模型的招聘通常需要采取结构化面试。所谓结构化面试又称为标准化面试，是根据特定职位的胜任素质要求，遵循固定的程序，采用事先设计好的试题、评分标准及方法，通过考官与应聘者面对面的交流，确定应聘者胜任特征的人才测评过程和方法。这种面试方式标准化程度较高，可控性较强，面试过程客观公正，面试结果还可以对不同应聘者进行比较。

（3）实施测评。在测评过程中，要注意做到客观化和标准化，要保证收集到的数据能够公平、真实地反映应聘者的状况。测评结束后还要对素质测评的结果进行详细的分析。衡量测评结果的指标主要有三个：指标胜任度、综合胜任度与单项能力素质。对测评结果的分析包括对测评结果的计分、统计和解释，所有的计分和统计方法都应该是预先设立的，使用者只需要按照测评说明进行操作即可。将测评结果与预先设计的标准进行比较，就可得出结论。

步骤6：做出招聘决策。根据测评分析结果做出甄选决策。

胜任素质测评是以心理学、管理学为基础的一种综合测评方法。在人员选拔过程中，根据企业战略和岗位要求，通过简历筛选、面试笔试、心理测验、情景模拟、评价中心技术、360度评价等科学方法对应聘者的胜任力信息进行收集，对应聘者的专业知识、能力、个性特征、动机等进行综合评价。此种基于胜任素质评估的人才测评能够发掘应聘者心理状况、发展潜力等其他评价方法难以获得的信息，从而为企业招聘、选拔人才提供具有价值的决策参考。如今，很多企业已经成为胜任力的实践者和受益者，并有很多咨询公司开始致力于胜任力模型业务的咨询与服务。

三、基于胜任素质模型的招聘优势

传统的人力资源招聘甄选是基于岗位说明书进行的，虽然这种方式流程简单易于操作，但是它仅仅侧重于外显特征（知识、技能等），强调"硬件"水平，因此难以预测员工绩效，与具体岗位要求难以匹配，与企业战略、企业文化难以匹配。相对于传统的人力资源招聘甄选过程，基于胜任素质模型的招聘能够更好地识别人才，可有效降低因招聘决策失误造成的资源浪费现象。其优势主要表现在以下三点。

（1）基于胜任素质的招聘属于结果导向型，更有利于实现人、职位、组织三者之间的融合与匹配。因为基于胜任素质的招聘机制是建立在企业发展愿景、企业价值观、企业文化、企业战略和工作分析评价的基础之上的，注重人员、岗位和组织三者之间的动态匹配，所招聘到的人员是能够胜任该岗位的人员，并且能够取得较好的绩效，员工与组织之间所确立的是劳动契约和心理契约的双重关系。也就是说，从人员甄选到录用的过程中体现了两种匹配：一是互补性匹配，即个人素质与工作任务要求或职位胜任素质之间的匹配；二是一致性匹配，即个人的整体个性与组织的气氛或文化的一致性匹配。而传统的人员招聘机制只是关注人员与岗位的静态匹配，招聘到的员工与组织之间建立的仅仅是劳动契约关系，员工的工作主动性差，取得的绩效较低。

（2）基于胜任素质模型的招聘注重标准化，确保人员招聘的科学性、客观性和公正性。基于胜任素质模型的招聘强调对招聘人员进行全方位、系统、深入的培训，招聘人员不但要从深层次上理解应聘人员岗位胜任素质标准，而且要全面掌握人员招聘与配置的技术技巧，尤其是人员素质测量、评价、鉴别的技术，包括面试、笔试、心理测试等，全面推进人员素质测评内容和程序的标准化，提高人员测评的信度和效度，确保人员招聘过程的科学性、客观性与公正性。而传统的人员招聘机制，用人单位对招聘人员很少进行系统性和专业性的知识和流程培训，甚至没有培训，大多招聘人员是靠自我理解、招聘经验和个人对招聘知识的掌握进行招聘的。

（3）基于胜任特征模型的招聘能够更好地实现企业对员工工作绩效的动态化管理。一般来说，通过构建职位胜任素质模型来确定具体职位的胜任素质，并据此招聘到的人员都具有较高的工作绩效，确保了组织运作的高绩效性，有助于更好地实现企业发展目标。同时，通过定期的资格等级评估和工作业绩认定，对员工的工作绩效实行动态化管理，可以使员工的胜任素质不断地由较低的能力水平向较高的能力水平提升，因而使员工承担的责任越来越大，职业化水平越来越高，业绩不断地得到提升，工作绩效得到有效保障。这样有助于实现人力资源管理的连续性、循环性发展，从而得以提高企业的核心竞争力（贾军伟，2010）。

第三节　基于胜任素质模型的求职技巧

招聘实际上是企业与求职者进行相互博弈的过程。企业基于胜任素质模型对求职者的专业知识、技能等显性素质进行考察，评估求职者的个性、态度等隐性素质，并根据考察和评估结果挑选出合适、优秀的求职者。同样地，求职者也可以通过研究企业的胜任素质模型，不断地提升自我，提高自身的求职技巧，从而收获自己心仪的工作。

一、求职者胜任素质的测评方法

企业在招聘过程中，根据具体岗位的胜任素质模型，可以选择不同的测试方法。企业在招聘中最常采用的测试求职者胜任素质的方法有笔试、面试和无领导小组讨论三大类。

（一）基于胜任素质模型的笔试

笔试主要从能力、人格和动力等多个方面对求职者进行测试。企业通过将测试的数据对照胜任素质模型的要求进行分析，从而筛选出合适的应聘者。基于胜任素质模型进行的笔试主要包括能力测试和心理测试两种。标准化的职业能力倾向测验由于具备系统、客观的特点，能够比较准确地考察应聘者的基本素质，测试结果能够较好地反映人们掌握新东西的速度和深度，是一个比较好的测量工具。心理测试包括对应聘者的职业风格、职业动机、职业兴趣和心理健康几个方面的测试。职业风格测试可以考察求职者处理事务的内心态度和典型的行为模式；职业动机测试可以检测激发工作行为的心理内驱力状况，包括"权力动机""成就动机""风险意识"等行为特征；职业兴趣测试主要考察不同人的兴趣倾向与工作活动之间的匹配关系；心理健康素质测试主要用来测查精神症状和心理问题，供企业了解求职者的情绪、行为模式等心理特征。

（二）基于胜任素质模型的面试

基于胜任素质模型的面试题主要是围绕胜任素质模型进行设计的，既有面向职位的、组织的，也有面向行业背景的。通常有效、实际的方法是基于胜任特征的行为描述面试，通过挖掘求职者经历中的关键行为事件来探测与岗位胜任有关的素质，从而对求职者做出评价。

（三）基于胜任素质模型的无领导小组讨论

无领导小组讨论一般要求参加讨论的求职者以平等的身份角色参与，围绕给定的题目进行讨论后形成统一的意见。常见的无领导小组讨论题目类型包括资源争夺问题、两难问题、多项选择题、操作性问题、开放式问题。通过这种无领导小组讨论，在讨论的时候更容易形成争论焦点，从而更容易评判求职者的表现，评估求职者的胜任素质。但是，一般会将无领导小组讨论的结果与其他测试的结果综合在一起来判断求职者是否具备相应的胜任素质。（张毕勇，2013）

二、基于胜任素质模型的求职过程

基于胜任素质模型的求职过程主要包括两方面内容：一是对企业的岗位胜任素质模型进行研究；二是根据研究结果，在求职过程中有针对性地突出企业岗位胜任素质模型中所要求的胜任特征。

（一）岗位胜任素质模型分析

在基于胜任素质模型的招聘中，企业一般会事先构建岗位的胜任素质模型，然后根据岗位胜任素质模型确定对应聘者的甄选标准。企业通过各种测试方法测量出求职者所具备的胜任素质，将其与事先构建好的岗位胜任素质模型进行比较，在此基础上做出录用决策。因此，求职者事先对企业的岗位胜任素质模型进行分析，有助于了解企业所需要的胜任特征，以在求职过程中更有针对性地向企业展示自身具备的胜任素质，获得企业的认可。

例如，在联想集团，渠道销售人员的胜任素质模型分为两大模块，即员工需具备的基本能力和专业胜任能力。渠道销售人员的基本能力可视为该序列的通用核心能力，这些通用核心能力包括沟通表达能力、逻辑分析能力、协调推进能力。此外，联想的渠道销售人员还必须具备一些专业胜任能力，这些专业胜任能力包括不同程度不同方面的专业胜任能力：市场信息分析能力、渠道规划建设能力、渠道管理支持能力、营销策划实施能力、产品技术知识能力。

（二）基于胜任素质模型的求职

基于胜任素质模型的求职就是求职者基于对企业岗位胜任素质模型的了解和研究，

有针对性地在求职过程中突出企业岗位胜任素质模型中要求具备的胜任特征，提升求职者的求职技巧，从而提高求职者获得企业录用的概率。基于胜任素质模型的求职建立在求职者对企业岗位胜任素质模型的深刻认识和理解上，然后针对企业的招聘流程，制订相应的应对措施。

例如，联想集团渠道销售人员的招聘流程为简历筛选—在线测试—无领导小组讨论—结构化面试—发放 offer。

1. 简历筛选

从联想集团渠道销售人员的胜任素质模型中可以看出，其渠道销售人员需要具备的专业胜任能力包括市场信息分析能力、渠道规划建设与管理能力、营销策划实施能力、产品技术知识能力。简历作为求职者向企业传递个人基本信息的"名片"，需要重点突出渠道销售人员的胜任素质模型中所提及的专业胜任能力。例如，在简历中罗列自身接受过的相关的课程培训，详细描述能够反映相关专业胜任能力的工作经历或实践，提供相应的资质证书，在工作技能中体现相关的专业能力等。

2. 在线测试

联想渠道销售人员招聘的在线测试主要包括三个部分，分别为行政能力测试（内容涵盖语言运用、数学、逻辑思维）、英语能力测试以及性格测试。前两部分测试主要依赖求职者平时的学习和知识积累，至于性格测试部分，求职者只需要做到诚信，保证所选择的答案符合自身实际情况即可。

3. 无领导小组讨论

联想渠道销售人员招聘中的无领导小组讨论主要是基于其胜任素质模型来考察求职者的沟通表达能力、逻辑分析能力、协调推进能力以及问题解决和团队合作能力。因此，求职者在无领导小组讨论中应该充分展现这几个方面的能力。例如，在讨论中主动与他人沟通并表现出足够的自信，善于倾听且尊重他人意见，善于运用书面表达方式，能够多角度考虑问题，遇到问题时能积极与其他成员仔细寻找问题的根源并解决问题，对于已达成一致的沟通或协议做好记录，能分清主次，有效利用规定的时间推进讨论的进度等。

4. 结构化面试

结构化面试主要是对求职者胜任素质的进一步考察。面试官会事先准备好要提问的问题，按照预先设定好的提问次序对求职者进行面试。联想渠道销售人员招聘中的结构化面试主要考察求职者的专业胜任能力、沟通能力、逻辑分析能力以及抗压解压能力。求职者在该环节应该特别注意自身的言谈举止和表达能力，回答问题时要做到表达清晰并突出表达与岗位相关的重要信息。在描述自身工作或实践经历的时候注意采用 STAR 原则，即阐述清楚事件发生的情景（situation）、自己的任务（task）、采取的行动（action）以及最后的结果（result）。

本章小结

1. 胜任素质是指能够将某一个工作（或组织、文化）中卓有成就者与表现平平者区分开来的个人的深层次特征。它可以是知识、技能、社会角色、自我概念、特质和动机等，即任何可以被可靠测量或计数的，并且能够显著区分优秀与一般绩效的个体特征。

2. 胜任素质模型（Competence Model）是指担任某一特定的任务角色需要具备的胜任特征的总和。它是针对特定职位表现要求组合起来的一组胜任特征。

3. 最著名的胜任素质模型的理论是斯潘塞的冰山素质模型理论和博亚特兹的洋葱素质模型理论。这两个理论皆认为胜任素质模型通常由知识、技能、社会角色、自我概念、特质、动机构成，其中社会角色、价值观、自我认知、个性动机对员工成效起了决定性的作用，属于核心素质。

4. 胜任素质模型的构建流程包括明确企业发展战略目标、目标岗位的岗位分析、界定目标岗位的绩优标准等八大步骤。基于胜任素质模型的员工招聘一般分为确定招聘甄选需求、建立岗位胜任素质模型、选择招聘甄选渠道、发布招聘信息、实施招聘甄选、做出录用决策六个步骤。

5. 基于胜任素质模型的招聘属于结果导向型，更有利于实现人、职位、组织三者之间的融合与匹配，确保人员招聘的科学性、客观性和公正性，能够更好地实现企业对员工工作绩效的动态化管理。

6. 招聘是企业与求职者相互博弈的过程，企业基于胜任素质模型对求职者的专业知识、技能等显性素质进行考察，求职者也可以通过研究企业的胜任素质模型，不断地提升自我，提高自身的求职技巧。

7. 基于胜任素质模型的求职过程主要包括两方面内容，一是对企业的岗位胜任素质模型进行研究；二是根据研究结果，在求职过程中有针对性地突出企业岗位胜任素质模型中所要求的胜任特征。

推荐网站

1. 过来人求职网 http://www.guolairen.com

2. 大街网 https://www.dajie.com
3. 猎聘网 https://www.liepin.com/

复习思考题 3-1：选择题

1. 在管理人员选拔中，常常将"优秀管理者"作为测评的（　　）。
   A. 同时效度　　　B. 观念效标　　　C. 预测效度　　　D. 行为效标

2. 在胜任力结构模型数据收集方法中，如果要挖掘当事人的胜任力特别是其所隐藏的潜能，可以采用的主要方法为（　　）。
   A. 专家小组法　　　　　　　　　B. 问卷调查法
   C. 全方位评价法　　　　　　　　D. 行为事件访谈法

3. 在胜任力结构模型中，与"冰山模型"相比，"洋葱模型"更加突出其（　　）。
   A. 层次性　　　B. 动机性　　　C. 技能性　　　D. 知识性

4. 以下选项中，关于人员测评与人事决策关系的正确表述是（　　）。
   A. 由于人员测评是经过科学设计的，因此可以替代人事决策
   B. 由于人员测评具有不完整性，因此对人事决策毫无帮助
   C. 人员测评为人事决策提供参考信息
   D. 以上全不正确

5. 根据教材对胜任力的定义，以下选项中正确的是（　　）。
   A. 胜任力是指针对所有工作岗位、组织环境和文化氛围中的个体特征
   B. 胜任力是针对一般绩效者所具备的不可测量与开发的个体特征而言的
   C. 胜任力能够将高绩效者与一般绩效者区分开来
   D. 以上全部正确

复习思考题 3-2：简答题

根据所学知识，请简要回答胜任素质模型在招聘与配置中的作用。

管理游戏

扑克分组

企业的成功运作是发现最优绩效组合的过程，是否能在纷繁复杂的内部运营中理清思路，发现个人及各个部门相互配合的最佳方案，往往关系到一个企业的成败。

目的：培养在乱局中出头的主动性与矛盾本质的洞悉力，两利相权取其重，两害相

权取其轻；实现组织内部的信息共享，培养个人的团队及顾全大局的精神。

时间：30~40分钟（视探讨的深度需要而定）

教具：对开白纸1张（事先就固定在白板或教室墙上），双面胶1卷（事先就裁成40厘米左右，每组一条，由上而下间隔着粘贴在白纸上），普通扑克1副（抽去大小司令，一共为52张），红色白板笔1支。

过程：

1. 在3分钟之内，每人将自己摸到的一张扑克牌与另外的4张（或5张、6张）牌组合成一副牌组（这就是你们未来的学习团队了），要力争最快地组成优胜牌组，具体规则如下：

（1）凡是按照同花顺子、同花、杂花顺子方式组合的，依次为第一、第二、第三优牌组。

（2）由若干对子组成的杂花牌组中，对子数少者（如一组5张的牌中3+2相比2+2+1；6张的牌中3+3相比2+2+2）为第四优牌组。

（3）如果出现含炸弹的牌组，则化腐朽为神奇，一跃为所有牌组中最优的。

（4）某一组合类型中如出现两个以上同类牌组，则先组合成功（先上交）者为本类组合之优。

（5）各牌组中如果出现了一副没有一条符合上述标准的最差的牌组，则表明了整个牌局的失败。

2. 分发扑克牌（可请助手帮助）

每人自取一张，未得到开始指令时，不许看牌。

3. 宣布开始

密切观察参与者的表现，催促大家及时将组合好的牌组交来，分别放好。

4. 公布成绩

收齐各副牌后，依照交来的时间先后，依次将各牌组中的每张牌有规律地粘贴在一条双面胶上，按照规则评出各牌组的位次，将其标注在各牌组旁。可以向最优牌组颁发小奖品。如果出现最差牌组，则宣布本次组合失败。

讨论：

1. 单个的牌有没有最好的和最差的？

2. 怎样才能实现组合的最优化？

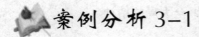

案例分析 3-1

兰石国民油井公司的胜任力模型

兰州兰石国民油井石油工程有限公司（以下简称"兰石国民油井公司"），是中国兰州石油化工机械设备工程集团公司和世界石油天然气工业领域的领导者——美国国民油井华高公司，于 2001 年共同投资建立的中美合资经营企业，地处甘肃省省会兰州市。兰石国民油井公司多年来在国有背景相对保守的企业文化氛围下，较少重视对管理新思想、新技术的引进，同时也缺乏实际招聘的经验积累，招聘能力的提升显著落后于企业年限的增长。公司原有的人员招聘与甄选体系基本流程如下。

（1）每年 10 月份，由各用人部门根据业务需要及岗位空缺情况提报下年度人才需求计划，人力资源部汇总审核后，拟定下年度公司人才招聘计划，报经公司领导审批后确定。

（2）根据人才招聘计划中不同岗位的要求，确定各需求岗位的招聘途径，即分别编制内部招聘、外部招聘（包括校园招聘与社会招聘）分计划，列入公司下年度专项工作计划。

（3）基于岗位说明书编制需求岗位的入职资格、工作内容说明，确定选拔录用标准。

（4）根据不同的岗位需求，通过相应的渠道发布招聘信息。

（5）组织招聘活动（一般每年秋季或春季组织校园招聘活动，针对与公司所属行业相关，且已建立良好合作关系的数十所高校进行招聘，校园招聘环节主要包括企业宣讲、企业宣传片播放、答疑解惑、现场收集简历等内容；社会招聘根据实际需求通过招聘会、猎头公司、熟人推荐等方式进行）。

（6）甄选。组织对应聘者进行面试、笔试等（校园招聘中的甄选程序一般为①简历筛选②笔试③第一轮面试④第二轮面试⑤确定初步结果）。

（7）对初步确定的应聘者进行评估及背景分析。

（8）确定甄选结果，做出录用决定（校园招聘与通过面试的毕业生签订就业协议书）。

（9）资格确认、体检，办理入职手续，安排入职培训（校园招聘的高校毕业生入职培训一般集中安排一周左右）。

（10）正式录用。

从招聘效果看，招聘数量和新员工到岗率完成情况较好，但部分新员工入职后绩效表现差强人意，不能与公司的要求很好地结合，存在人岗不匹配等问题。因此，公司为了增强招聘效果，提升人力资源管理水平，决定建立基于胜任力模型的招聘体系。招聘体系如图 3-7 所示。

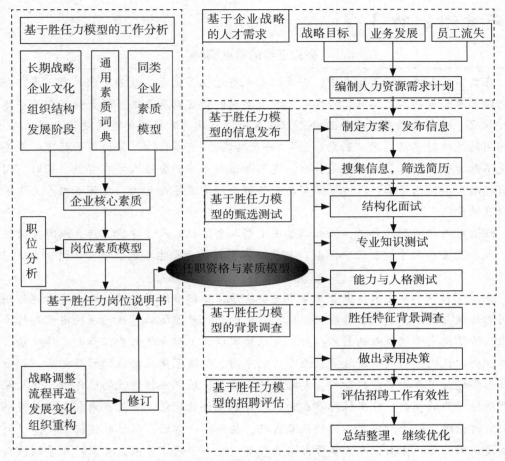

图 3-7 兰石国民油井公司招聘体系

资料来源：郑振鹏. 兰石国民油井公司基于胜任力模型的员工招聘体系优化设计 [D]. 兰州：兰州大学，2013.

问题：

1. 公司原有的招聘体系存在什么问题？
2. 基于胜任力模型构建的招聘体系具有哪些优势？

现假设山东省某一烟草专卖局需要招录一名经理，基于"内方外圆"的领导力模型和所学知识，请展开该岗位的招录工作。

案例分析 3-2

兴业证券的精准测聘

在之前的人才管理思路之中，兴业证券也有过很多困惑，最为突出的有三点，即内部岗位没有合适的人才标准，人才定义没有共同的语言以及无法了解企业及行业整体的人才状况。这样的困惑直接导致兴业证券有岗位空缺的时候不知道需要什么样的人才，在聘用选拔的时候只能用"勤勤恳恳""态度踏实""有责任心"等通用的标准。最关键的是不知道企业内人员的风险是什么，也不知道行业中的合适人才在哪里。同时，因为没有标准及共同的语言，人力资源部与业务部门的沟通苍白无力，发挥不出人力资源体系应有的价值。

经过对内部问题的分析，兴业证券决定引入全方位的人才评价工具，以解决岗位标准、人才定义和人才识别三个问题。兴业证券引入的两个主要的工具是人才测评与360度评估。

在正式引入工具之前，兴业证券事先解决了岗位标准问题，通过人力资源部与顾问公司的访谈与梳理，建立了具有兴业证券特色的岗位标准体系，在标准的定义与行为要求上，除了制定明确有效的行为指标，更从语言描述上贴合了兴业证券的工作场景，让大家理解、认同，明确知道这是企业自己的东西。解决了岗位标准的问题之后，兴业证券在内部进行了多轮的推广动作，包括讨论、宣贯、培训及推广性的试评估，让人人都能理解胜任力的词典，让岗位标准成为人人耳熟能详的词汇，并且在内部会议对某个人员进行讨论时，统一用词典内的词条来进行。最终，一方面，岗位胜任标准获得了大家的高度认同；另一方面，人力资源部与业务部门统一了语言体系，大家对人才的识别与沟通有了统一的认识。

在具体评估工具推广方面，兴业证券也采取了循序渐进的策略。人才测评与360度的评估工具实行的是自上而下的推广方式，获得了高层的认可之后，再层层推进。同时，把相应的工具推广到内部各个人才管理场景中去。外部招聘更多采用测评工具，后备选拔使用在线测评和评价中心，战略评价使用360度评估，继任与人才盘点结合使用多种线上工具与线下评估方式。为此，兴业证券专门梳理了人才评价的工具应用方法作为内部应用指导。

经过这样的推广过程，科学的评估工具终于能够覆盖人才管理的全链条，使内部对于人才的认知日渐清晰。同时，兴业证券在应用过程中还有意想不到的发现。比如，整个券商行业的人才灵活性相对来讲都是短板，随着券商的开放和转型，这将会成为重要的突破点。

人才测评工具在兴业证券内部获得了普遍的认可之后，科学的评估理念也深入到了新设分公司总经理招募的项目上。在该岗位的招聘上，兴业证券经过六个步骤完成了招聘录用：①制定标准：总经理薪酬评估、确定选拔流程、确定选拔预算、制作选拔工具箱；②获取候选人：发布招聘启事、发布选拔通知、多渠道推广、猎头重点沟通、广泛收集建立；③筛选候选人：建立初筛、第一轮沟通、第二轮面试、内部候选人现场选拔；④锁定候选人：领导评估、人才测评、背景调查；⑤引导候选人：候选人感召、offer沟通；⑥确认人选：确认名单、人员聘任。

在整个招募过程，简历筛选、第一轮和第二轮面试中利用评价中心进行筛选，即考察候选人的学历、年龄、工作经验、道德品质、动机、个人素质、业务能力、经营思路、领导力等综合素质从而获取个人详细报告；在最终决策前，利用人才测评工具、胜任力、职业锚、管理风格的工具获得候选人的发展建议，综合测评做出录用决策。

通过这样的招募流程，兴业证券获得了三个结果：个人详细报告含评价中心结果、测评匹配度、人员风险提示以及个人反馈报告优缺点展示；发展建议，并在合理的范围内进行一对一反馈；团队报告整合所有人员结果。

在线测评工具能够帮助相关人员对候选人的认知更加全面，并能够较好地提示候选人的风险所在。如果该岗位的上级对此人有更加长远的计划，也会在后续的管理工作中对短板做针对性的提升。使用这样的操作方式，兴业证券大大提高了招募效率，降低了用人的风险。

资料来源：北森．科学应用评估工具，打造券商行业人才识别新图景［EB/OL］．（2015-10-09）．http://finance.591hx.com/article/2015-10-29/0000493511s.shtml．

问题讨论：

1. 阅读材料，简述兴业证券在引入人才测评之前的岗位招聘做法，以及存在哪些风险。
2. 结合本章内容谈谈兴业证券是如何将胜任素质模型运用于岗位招聘的。这样做的原因是什么？

参考文献

［1］陈玮．领导力培养的法宝与短板［J］．企业科技与发展，2010（7）：55-56．

［2］McClelland DC.Testing for Competence Rather than for Intelligence［J］.Journal of American Psychologist，1973（28）：1-14．

［3］资料来源：郑振鹏．兰石国民油井公司基于胜任力模型的员工招聘体系优化设

计[D]. 兰州：兰州大学，2013.

［4］Spencer L M，Spencer SM. Competence at Work：Models for Superior Performance［M］. New York：John Wiley & Sons，1993.

［5］李晓松. 麦睿博：领导力让宝洁脱颖而出［J］. 中外管理，2012（3）：34-35.

［6］贾军伟. 基于胜任素质模型的招聘体系［D］. 兰州：兰州大学，2010.

［7］BOYATIIS R E. The Competent Management：A Model for Effective Performance［M］.New York：John Wiley&Sons，1982.

［8］薛琴. 胜任力研究溯源与概念变迁［J］. 商业时代，2007（31）：4-5.

［9］杨雪. 员工胜任素质模型与任职资格全案［M］. 北京：人民邮电出版社，2014.

［10］张芝和. GE领导力模型对领导力提升的借鉴作用［J］. 领导科学，2010（12）：38-39.

［11］赵春清. 胜任素质模型理论在人力资源管理中的应用［J］. 商场现代化，2007（23）：297-298.

［12］朱斌. 移动通信行业网络技术人员胜任特征模型的构建与应用［D］. 北京：北京邮电大学，2013.

［13］汤敏. 人岗匹配是大学生职业生涯的重要推手［J］. 统计与管理，2017（2）：180-181.

［14］周怡谅. 基于人职匹配理论探讨大学生求职技巧［J］. 广州航海高等专科学校学报，2008，16（4）：62-64.

第四章

招聘计划与策略

学习目标:

学完本章后你应该能够:
1. 掌握员工招聘计划的主要内容
2. 了解制订员工招聘计划的注意事项
3. 熟悉员工招聘策略的内容及影响因素
4. 熟悉各种招聘渠道的特点
5. 掌握选择招聘渠道的原则

引例

以游戏之名,行招聘之实

游戏化(Gamification)是近年来在企业界甚为流行的一个新词汇,"游戏化管理""游戏化营销""游戏化产品开发""游戏化学习/培训"等成为企业管理者津津乐道的话题。有些国外企业更是把游戏引入到了企业的人才招聘中,创造性地将玩味十足的游戏与严肃的人才招聘进行了联姻。

腾讯是国内较早推行游戏化招聘的成功例证。在2012年8月,即在开展一年一度的校园招聘的前夕,为了给当年的秋季校园招聘预热并寻找到企业发展所需要的人

才，腾讯公司首次引入广受Google（谷歌）、Facebook（脸书）等欢迎的编程马拉松（Hackathon）这一创新方式，举办了首届编程马拉松大赛。据该比赛的策划公司Hi All（北京纽哈斯科技股份有限公司）介绍，由于该比赛融入了奖励、等级、及时反馈、目标、规则、自愿参与等游戏元素，因此吸引了大批参赛者。首届比赛从2012年8月开始启动，历时两个月，吸引了10 745名参赛选手。该活动共分为限时答题、在线编程、编程马拉松三个比赛阶段。选手们在线上完成一问一答的初赛任务后，得分最高的1 000名选手则有机会接受更具挑战性的在线编程任务。而复赛结束后，得分最高的30名选手将有机会前往腾讯总部接受在33个小时（包括连续24小时编程之前的创意PK等）内做出一款"真"并且实用的App（手机软件）的终极编程任务。为完成终极任务，进入决赛的30名选手需要组队（组员自由选择）作战，并与其他团队PK，从而最终获胜。而获胜者不仅可以拿到丰厚的奖金，还能提前拿到腾讯的offer（录用通知）。而2013年，腾讯第二届校园编程马拉松更是吸引了12 391名的选手参赛，该比赛在社会上的反响也越来越大。（杨振芳，孙贻文，2015）

腾讯的"游戏化招聘"不仅是雇主品牌宣传与推广的有效形式，也是一种全面考察人才的招聘策略。人员招聘工作是一个复杂的、系统而又连续的程序化操作过程，组织将合适的人员引进到组织中的同时，外部的人才也在对组织进行选择和比较。也就是说，招聘本身也是外部人员了解组织的过程，一个科学严谨的招聘策略和招聘流程能够给应聘者留下较为正面的印象。

第一节　人力资源招聘计划

对于招聘工作者来说，他们的使命在于将合适的人在恰当的时间放在合适的位置，达到这个目的即是一个有效的招聘。所谓的有效招聘实际上是指组织或招聘者在适宜的时间范围内采取适宜的方式实现人、职位、组织三者的最佳匹配，以达到因事任人、人尽其才、才尽其用的双赢目标。因此，一个企业在实施招聘前必须事先做好谋划和策略工作，保证有的放矢地开展后续的工作。

一、招聘的准备工作

出色的招聘准备工作是成功招聘的重要保证。招聘的准备阶段要完成三个工作：

(1)确定招聘需求;(2)明确招聘工作的特点和要求;(3)制订招聘计划和招聘策略。

(一)确定招聘需求

确定招聘需求就是要求企业准确把握组织中各部门对各类人员的需求,确定招聘人员的种类和数量。首先,由组织统一进行人力资源规划,或者由各部门根据实际工作需求提出用人需求;然后,由用人部门填写"人员需求表",人员需求表必须根据工作描述或工作说明书制定;最后,人力资源部门进行审核,对人员需求及资料进行审定和综合评价,提出是否受理的具体建议,并报告主管部门批准。在这一过程中对人员需求分析的内容可以参看第二章。

(二)明确招聘岗位的特点和要求

在招聘的准备阶段,需要了解招聘岗位的工作特点以及任职资格条件。只有明确这些,才能制订有针对性的招聘计划,采取有效的招聘策略。这些信息可以通过工作说明书或者用人部门主管的报告来了解。

(三)制订招聘计划和招聘策略

在用人需求确定下来之后,就需要人力资源部门制订详细的招聘工作计划来指导具体招聘工作的实施,避免招聘工作的盲目性。确定招聘计划后,人力资源部门需要根据招聘计划选择相应的招聘策略。招聘策略是招聘计划的具体体现,也是为实现招聘计划而采取的具体策略。

二、招聘计划的主要内容

企业的人力资源部门在展开实际招聘活动之前,必须做出识别和吸引求职者的具体实施计划,并且解决一系列的具体问题。制订招聘计划应遵循以下工作流程:①确定人员需求及新员工的上岗时间;②确定招聘截止日期;③选择招聘途径及信息发布时间和渠道;④编制岗位说明和任职资格;⑤确定淘汰比例;⑥拟定招聘广告;⑦明确招聘费用;⑧编写招聘工作时间表;⑨确定考核方案和方式;⑩确定招聘小组;⑪确定测试地点等。因此,招聘计划通常包括以下内容:招聘的规模、招聘小组成员、招聘目标、信息发布的时间与渠道、招聘方案、招聘的时间安排、招聘的费用预算等。另外,企业要根据本身的实际情况添加相应的其他内容。具体来讲,员工招聘计划包括以下内容。

（1）人员需求清单。包括拟招聘岗位的名称、人数、岗位说明书、任职资格要求等内容。

（2）招聘信息发布的时间和渠道。即确定在什么时间、通过什么方式发布招聘信息，以获取最大的效果。一般来说，企业会选用职位公告、招聘广告等方式发布招聘信息。职位公告是一种内部信息发布渠道，主要面向企业内部员工。这种方式针对性强，信息反馈速度快，花费较少，但只适用于少量员工的招聘。以招聘广告为主的外部信息发布渠道覆盖范围广，能够吸引大量的人才，但成本较高，所需时间较长，而且不同的广告媒体各有优缺点。有关这点将在本章第二节详细论述。

（3）招聘团队成员。包括人员姓名、职务、职责分工。

（4）应聘者的考核方案。包括考核的时间、地点、考核大纲、考核内容设计者等。

（5）招聘的截止日期。一方面，截止日期不明确，会使得招聘工作时间表无法安排，导致低效率；另一方面，人力资源部有可能在招聘结束很长一段时间内仍然会陆续收到大量应聘材料。

（6）新员工的上岗时间。要求企业、各部门在此之前做好迎接新员工的各项相关准备，包括具体工作的安排及协办设备的配备。

（7）招聘费用预算。每个企业可以根据自己的实际情况，按照所采取的招募方式、招募对象的不同、招募人数的多少等因素决定招募费用预算，包括资料费、广告费、人才交流会费用等。近年来，组织的招募成本有增无减，究其原因主要有：一是直接招募费用多；二是外聘机构费用高；三是人力时间成本增加；四是跳槽风险成本大。

（8）招聘工作时间表。招聘时间是指从开始招聘准备到招聘结束所需的时间，主要包括准备、招募、甄选和聘用四个环节所用的时间。准备工作主要用于组建招聘队伍，对员工胜任素质进行分析，制订招聘工作计划等。招募是指从发出招聘信息、解答求职者的咨询到收集应聘者的求职资料的过程。甄选是指采用一系列具有针对性的测评技术来选拔满足工作岗位要求的最佳人选的过程。聘用包括岗前培训和试用期考察。因此，招聘工作时间安排表应根据具体的工作环节进行部署。

（9）招聘广告样稿。招聘广告主要是指用来公布招聘信息的广告，要为应聘者提供一个获得更多信息的来源。人才招聘广告就是企业员工招聘的重要工具之一，其设计的好坏直接影响到应聘者的素质和企业的竞争。招聘广告包括广告标题、公司简介、招聘职位、应聘方式、联系方式及地址、注意事项等内容。在移动互联网时代，招聘广告的表现形式更加新颖，效果更加显著，具体将在本章第二节"招聘策略"进行详细论述。

例证 4-1

东亚地产有限公司的招聘计划表

单位名称		东亚地产有限公司		填表日期：2011年4月28日			
项目	岗位名称	人员数量	招聘原因	任职者资格要求			
招聘目标	客户关系代表	2名	公司经营规模扩大，客户增多，现有客户代表无法满足需求	1. 大学专科以上学历； 2. 两年以上房地产公司客户服务经验，熟悉房地产法律法规； 3. 良好的沟通能力，思维敏捷，具有服务意识，心态好； 4. 熟练操作 Word、Excel 和办公自动化系统； 5. 英语流利，形象气质佳			
信息发布渠道	信息发布时间：2011-5-5						
	发布方式	□报纸　□网络　□行业杂志　□人才中介机构　□人才市场 □猎头　□校园招聘　□其他					
	发布安排	1. 由人力资源部小组成员张贴招聘广告； 2. 由招聘工作小组到省人才市场进行宣传并分发传单； 3. 发布网络消息					
招聘工作费用预算	专案	广告费用	场地费	工作餐费用	招聘网套餐费	招聘人员补助	其他费用	共计
	金额/元	500	2 000	1 000	500	5 000	2 000	11 000
招聘工作小组	职务	姓名	工作职责				
	组长	张建	全面主持工作，传达、贯彻、落实组织部署的工作；做好工作总结、汇报；主持面试				
	副组长	王强	制订招聘工作实施方案，主持方案的具体落实工作；督促、组织、检查各成员完成相关工作				
	成员	李丽	发布广告，并协助招聘的面试会场布置及相关工作，费用预算工作				
	成员	陈伟	负责简历、应聘申请表的筛选工作，并协助洽谈场地、面试记录等工作，并且担任接待和电话的接听工作				
	成员	赵冰	负责各项文件及相关书面材料的起草工作，并担任面试成绩的评定工作				
应聘者考核方案	考核场所：云南省人才大厦2楼101室						
	考核时间：2011-5-20						
	考题设计人：人事专员王浩						
	应聘者职称、学历的验证：通过教育网络的学历、职称资格查询系统来进行验证						
	拟定面试问题表及求职意向表、面试登记表、任职资格表、聘书：见附件						

注：表格中"招聘工作费用预算"一行的列数为8列，包括：专案、广告费用、场地费、工作餐费用、招聘网套餐费、招聘人员补助、其他费用、共计。

续表

	招聘截止时间：2011-5-23
	新员工上岗时间：2011-5-25
招聘时间安排	1. 2011-5-2 预算招聘经费，并领用启动资金 2. 2011-5-3 到省人才市场洽谈场地及费用问题 3. 2011-5-5 通过各种渠道发布招聘广告 4. 自 2011-5-8 起，开始对收到的申请表、简历进行筛选，对合格的应聘者进行电话通知 5. 2011-5-19 对面试场地进行布置 6. 2011-5-20 9：30 进行第一次面试 7. 2011-5-20 14：30 进行第二次面试 8. 2011-5-21 对面试者的综合情况进行考评总结，确定合适人选 9. 发放聘书，通知其上岗并告知其注意事项
招聘广告样表	公司简介 东亚地产初创于 1999 年。2001 年 4 月，在上海证券交易所正式挂牌上市，截至 2010 年 12 月，东亚地产已拥有多家控股子公司，总资产 660.07 亿元，净资产 370.44 亿元。经历 11 年发展，东亚地产已在全国 11 个城市开发了 25 个经典项目，开发面积约 200 万平方米。公司致力于为员工提供展现才华的平台，与员工共创美好明天，打造中国人性化管理的成功典范 职位介绍 职位名称：客户关系代表 招聘人数：2 人 任职资格： 　1. 大学专科以上学历； 　2. 两年以上房地产公司客户服务经验，熟悉房地产法律法规； 　3. 良好的沟通能力，思维敏捷，有服务意识，心态好； 　4. 熟练操作 Word、Excel 和办公自动化系统； 　5. 普通话等级四级以上；英语流利，形象气质佳。 工作职责： 　1. 负责收集客户信息，了解并分析客户需求，规划客户服务方案； 　2. 负责进行有效的客户管理和沟通； 　3. 负责发展维护良好的客户关系； 　4. 建立客户档案、跟踪记录等售后服务信息管理系统； 薪资待遇： 　试用期 1 800 元 / 月，转正后 3 600 元 / 月 + 医疗保险 + 工伤保险 + 奖金 + 提成。 注意事项： 　1. 报名时间：2011-5-5 至 2011-5-18。 　2. 地点：云南省人才大厦 2 楼 101 室。 　3. 报名时需要携带简历、身份证复印件、学历证书、资格证原件及复印件各一份。 联系方式： 电话：　　　　　　QQ：　　　　　　E-mail：

资料来源：招聘计划书 [EB/OL]．（2012-05-04）．http：//zl.hrloo.com/file/170364．

三、影响招聘计划制订的因素

招聘计划的制订需要统筹全局，分析内外部的因素，方能制订出科学合理的招聘计划。制订招聘计划应注意如下六个方面的因素。

（一）企业的外部环境

外部环境包括社会因素、经济因素、政治因素和政策法律因素。企业的人力资源招聘计划必须与之相适应，否则就是行不通的。例如，法律禁止雇用童工，如果企业为了节省成本，在招聘计划里对需求人员的年龄限制低于16周岁，就是不合法的。

（二）企业的战略

人力资源招聘计划与企业战略相互协调，因为招聘计划本身就是为了实现企业战略规划而制订的。

（三）企业的文化特征

企业的文化特征在企业制定招聘政策时表现得最为明显。比如，企业文化要求员工积极进取，开拓创新，人力资源部门就不能招聘那些循规蹈矩、安于现状之人。

（四）企业的劳动力特征

劳动力特征包括员工的年龄结构、文化结构、资历结构、性别结构和技术结构等，招聘计划应做到让企业劳动力特征达到结构比例合理的目的。

（五）员工之间的平等性

员工之间的平等性是指企业制订的招聘计划，应该公平对待每一位员工，不能存在歧视。比如，做到最起码的同岗同酬。

（六）计划的连续性和稳定性

连续性和稳定性主要是指企业的人力资源招聘计划应该保持时间上的连续性；人力资源招聘计划中包含的各项政策应该保持相对的稳定性，不能朝令夕改。

第二节 招聘策略

在招聘过程中必须结合本企业实际情况和招聘对象特点，给招聘计划注入有活力的元素，这就是招聘策略。招聘策略是为了实现招聘计划而采取的具体手段和措施，通常能够回答以下三个问题：①我们需要招聘什么样的人？②我们如何能够招聘到这样的人？③我们以什么样的代价（成本）招聘到这样的人？

具体来说，招聘策略主要包括如下十个方面的内容：①吸引人才的策略；②确定候选人数的策略；③确定工作申请资格的策略；④招聘人员的选择；⑤确定招聘渠道；⑥确定招聘地点；⑦确定招聘时间；⑧确定甄选方式；⑨招聘广告策略；⑩备选方案策略。

一、吸引人才的策略

企业的优势包括：组织和职位的稳定性和安全感；组织身为行业的龙头；组织有相对灵活的工作时间；提供的职位具有较大的提升和发展空间；工作和生活之间的平衡；提供具有挑战性的工作机会；具有良好的工作环境；吸引人才的终极因素——优秀的企业文化，尊重知识、尊重人才的氛围。

例证 4-2

IBM公司"尊重个人"

IBM拥有三条准则，这三条准则对公司成功所贡献的力量，被认为比任何技术革新、市场销售技巧或庞大财力所贡献的力量都更大。其中第一条原则就是"要尊重个人"。IBM公司的"尊重个人"既体现在"公司最重要的资产是员工，每个人都可以使公司变成不同的样子，每位员工都是公司的一分子"的朴素理念上，更体现在合理的薪酬体系、能力与工作岗位相匹配、充裕的培训和发展机会、公司的发展有赖于员工的成长等方面。
（王林，2008）

二、确定候选人数的策略

一些企业采用一种被称为"招聘筛选金字塔"的方式来帮助他们确定需要吸引多少人来申请工作。招聘筛选金字塔是根据过去的经验数据来确定为招聘到某种岗位上足够数量的合格员工应该付出多大努力的一种经验分析工具。比如,一家企业要雇用5名业务员,根据其经验可知,接到该企业发出的录用通知的人与实际来就职的人的比例大约是2∶1。也就是说,他们准备录用的人中,大约只有一半人会来报到,所以需要向10名求职者发出录用通知。参加面试者与最终录用者的比例大约为6∶1,收到面试通知者与实际接受面试者的比例约为4∶3。此外,求职者总人数与企业实际发出的面试通知的比例大约为6∶1,所以企业需要吸引到480名的求职者,即招聘规模为480人,具体如图4-1所示。可见,吸引足够的求职者,是企业有效招聘的前提。

图4-1 招聘筛选金字塔

招聘筛选金字塔是一个比较实用的工具,它可以帮助人力资源部门决定为了获得一定数目的员工,在招聘之初必须吸引多少个申请者。

三、确定工作申请资格的策略

确定工作申请资格的策略就是确定录用人才的标准,内容包括年龄、性别、学历、工作经验、工作能力和个性品质等。录用人才的标准归纳为五个方面:与工作相关的专业知识背景、工作技能、工作经验、个性品质和身体素质。确定求职者有没有能力做这项工作是基本的标准,而确定候选人能不能做好这项工作是关键标准。

例证 4-3

阿里巴巴国际贸易事业部 HRG 招聘

岗位名称：ICBU（阿里巴巴国际贸易事业部）- 中国供应商 -HRG（职位编号：GP050607）

岗位要求：

1. 大学本科或以上学历，5 年或以上 IT/ 互联网 / 电商人力资源工作经验，有在互联网名企、世界 500 强企业的 HRBP（人力资源业务合作伙伴）/HRG（人事专员）经验者优先考虑；

2. 熟练人力资源六大模块，有较好的专业度，并能在招聘、培训、绩效管理、员工关系、组织文化和组织发展等方面有丰富的经验并有深入的思考；

3. 有客户和产品意识，能由外而内地推动 HR 工作，有过与业务团队搭档工作经历者优先考虑；

4. 善于独立思考，对新鲜事物有好奇心，具备较强的专业结构化系统思维和独立的逻辑思考能力、沟通能力、学习能力，积极主动，有责任心，抗压性强；

5. 具备优秀的项目经验以及项目操盘管理能力，能协调内外部资源与他人合作达成成果；

6. 主动性强，吃苦耐劳，具备自我驱动意识，可以成就他人来使自己成长，能接受省内调动。工作地点：全国。

资料来源：http://jobs.zhaopin.com/000127917290465.htm

四、招聘人员的选择

"千里马常有，而伯乐不常有。"要想发现优秀的、合乎企业要求的人才，首先必须要有一个善于发现人才的招聘团。招聘团成员水平、素质的高低和经验的多寡直接决定企业招聘到的人才是合格的，还是华而不实的。有时候，招聘成员选择不当会直接导致招聘工作的失败。

招聘成员水平素质的高低、有无魅力和感染力，关系到企业能否吸引优秀人才。因为大部分求职者对企业的第一次直接接触是在应聘时，他们往往通过招聘人员素质的高低来判断企业有无发展前途，真正优秀的人才非常看重企业人员的素质。如果招聘成员本身有极大的魅力和感召力，优秀的人才会生出"英雄惺惺相惜""到他这里来有发展前途"的念头并投奔企业旗下。相反地，如果招聘者外表邋遢，语言粗俗，举止轻浮，势必会吓走真正的人才。合格的招聘人员应具备良好的个性品质和修养、相关的专业知识、丰富的社会工作经验、良好的自我认知能力等基本条件，善于把握人际关系，熟练应用各种面试技巧。

例证 4-4

戴尔公司招募人员的潜能

戴尔公司在招募人员时，考虑的是要邀请他参与到公司的成长中来。如果双方都比较满意，并速配成功的话，戴尔公司会对他们的工作进行细分，或者调整各营运项目在公司所占的比重。因此，他们的工作将可能屡有变动。这就要求招募的人员要有足够的潜力来超越当前的定位，因为培养一个全方位的多面手，一直是戴尔公司比较看重的。（邱庆剑，2006）

招聘活动的成功实施依赖于企业用人部门和人力资源管理部门的密切配合和协作，尤其是在招聘专业性强的岗位时，仅仅依靠人力资源管理部门是无法招聘到合适的人选的。所以，招聘小组成员一般由人力资源部工作人员、用人部门负责人和企业中高层领导等组成。在招聘中，招聘小组成员应各就其位，各司其职，具体职责可参考表4-1。

表4-1 招聘小组成员及工作职责

招聘小组成员	招聘工作职责	
	招聘准备阶段	招聘实施阶段
招聘专员	发布招聘广告 筛选应聘简历 通知应聘者参加面试	负责面试招待 组织笔试 记录面试过程 告知录用结果 应聘资料整理及归档
招聘主管	统计各部门招聘需求 确认招聘岗位及任职要求 编制招聘预算 拟定招聘渠道 选择招聘渠道	负责基层岗位的面试 对应聘者的表现进行评估
招聘经理	制订年度招聘计划 组织实施招聘活动 对小组其他成员进行招聘技术培训	负责主管级以上岗位的面试 为用人部门提供录用建议 确定本部门人员录用结果
用人部门负责人	提出招聘需求 编写本部门专业、技术的笔试题	负责本部门职位应聘者的笔试、面试 确定本部门人员录用结果
企业高管人员		负责经理级以上岗位的面试 确定录用人选

（李作学，2010）

五、招聘渠道策略

招聘渠道的选择决定了招聘对象的来源、质量和数量等。企业应根据招聘的职位、素质要求、到岗时间等特点，选择合适的招聘渠道。任何一项招聘工作都要选择与之相适应的招聘渠道和招聘方式，所以这项计划的确定也是招聘工作中极为重要的组成部分。基于可行性、有效性和经济性等因素，招聘渠道通常包括内部招聘和外部招聘两种。内部招聘包括内部晋升、工作调换、工作轮岗、人员返聘、临时人员转正和员工推荐等方式；外部招聘包括广告（网络、报纸、杂志等媒体）招聘、就业服务机构、猎头公司、校园招聘、人才交流市场和网络招聘等方式。招聘渠道的选择方法将在后文进行详细论述。

例证 4-5

麦当劳招聘渠道策略

麦当劳招聘餐厅服务组员工一般采用餐厅海报的形式；招聘餐厅见习经理一般采用校园招聘的形式。麦当劳不太认可网上投简历的形式，感觉还是书面简历比较有效。招聘公司的中高层一般采用猎头公司提供资源的形式，而公司工作人员大多是从餐厅服务组员工中选拔的。（王慧敏，2015）

六、招募的地点策略

招聘地点的选择是关系到企业能否招聘到与组织匹配、与岗位匹配的人员的重要因素。选择招聘地点时，应该对企业所需人员的类型与职位等级，所需人才的分布区域、供求状况以及招聘成本等因素进行综合考量。根据招聘人员的类型可以初步做一个选择，例如，可以在全国乃至世界范围内招聘组织的高级管理人员或专家教授，在跨地区的市场上招聘中级管理人员和专业技术人员；如果企业所在地的人力资源供求状况与外地相差不大，则没有必要舍近求远，更何况就近可以节省招聘成本。既能节省成本又能招聘到合适人才是招聘者在员工招聘时的目标，所以应在地理分布上将其招聘活动限制在产生效果的劳动力市场上。表4-2是按照地理范围和员工群体划分出了相应的劳动力市场。

表 4-2　按照地理范围和员工群体划分的劳动力市场

地理范围	员工群体 / 职业				
	技术人员	文职人员	生产工人	科学家和工程师	高级管理人员
地方市场	可能性很大	可能性很大	可能性很大		
区域市场	只有在短缺或者紧急情况下	只有在短缺或者紧急情况下	可能性很大	可能性很大	
全国市场				可能性很大	可能性很大
国际市场				只有在短缺或者紧急情况下	只有在短缺或者紧急情况下

（王慧敏，2015）

七、招聘的时间策略

招聘时间策略应根据经费预算、甄选所用的方法等因素确定，目的是满足企业对人力资源的需求，保证新员工按时到岗。

从宏观的角度来说，制定时间策略时应该遵循劳动力市场上的人才规律，在人才供应高峰期进行招聘可以节约成本，提高招聘效率。按照一般招聘过程中每一阶段所需的时间估算，一个有效的招聘需要近两个月的时间。所以，招聘广告一般要在新员工到岗日期前两个月就发布出去，才能保证既定的招聘工作圆满顺利完成。常用的招聘日期计算公式为：

招聘日期 = 用人日期 − 准备周期 = 用人日期 − 培训周期 − 招聘周期

确定合理的招聘时间可以在较短的时间内获取较多的人才供给，为企业挑选到合适人才做好准备。

八、甄选方式的策略

甄选方式有很多，比如笔试、面试、心理测验、背景调查和体检等。一般来说，并不是所有员工招聘的甄选工作都要经历所有这些方式才能决定是否录用。对于高级管理人员，一般只进行面试和背景调查工作即可决定是否录用；对于一般工作人员，如果在大学毕业生中选拔，最好所有的招聘甄选方式都用到，以便真正选拔到合适、优秀的人才；对于一般的体力工人，以上甄选手段基本上都不需要，只要进行力量测试即可。同时，对企业来说，应用所有的甄选手段还涉及成本问题，所以应根据企业的实际需要以及招聘岗位决定采取何种手段。甄选方面在以后的章节还有详细论述，在此不再赘述。

九、招聘广告策略

在传统的招聘广告策略下，如智联招聘、前程无忧等招聘网站上的招聘信息，当求职者面对一家知名企业或雇主品牌企业的招聘信息时基本可以在5秒钟内投递个人简历。然而，面对一些中小型企业的招聘信息，求职者投递简历的速度及数量却不容乐观。当招聘融入互联网的思维，企业在招聘过程中的竞争力将提升。

得益于移动互联网的快速发展以及移动设备的快速更新换代，借由微信等社交平台的巨大传播力，HTML5（简称"H5"，一系列制作网页互动效果的技术集合）招聘越来越多地出现在人们的视野中。H5招聘是将企业介绍、福利待遇、企业文化、职位信息等内容，加入音乐、流行语等当下流行的元素，以动态而且酷炫的形式呈现出来的招聘广告。一个具有丰富创意和设计的H5页面，对人的视觉和听觉具有强大的冲击力量，可以给人好的享受，并成功吸引求职者的注意。例如，腾讯的"校招鹅历"、百度的"解放逗比，创造生存力"、西斯的"说！到底招不招！"等创新的H5招聘，不仅招揽了人才，还为企业形象和品牌推广做了一次成功的营销，可谓一举两得。

例证 4-6

"我佛要你"

2015年3月广东东华寺在网上发布的H5招聘广告页面"我佛要你"，一时间刷爆了网络。这支H5招聘广告发布4天左右，其点击率就已超过108万次，并收获了来自全球的4 000多封应聘简历，其中不乏海外名校毕业生、给爱马仕等国际品牌做过策划的资深人士等。（杨林，2015）

十、招聘的备选方案策略

招聘是有风险的，为了规避风险，用人单位应制订应对方案，以保证企业的正常运营。同时，并不是组织一旦出现人力资源空缺就要开展招聘工作，这也决定了在从事招聘工作的同时，要认真考虑备选方案。一般来说可以通过加班、雇用临时工、外包和劳务派遣的方式来暂时补充人力资源的需求。虽然对于某些工作来说，外包等方式可以以更合理的价格得到更好的质量保证，但是这些方式并非长久之计，用人单位必须根据企业的发展战略、实际工作情况及用人成本综合考量，尽快填补人员缺口，提高人才效能。

第三节　招聘渠道策略

招聘工作源于需求，始于渠道，也就是说有了人员需求和计划后，就得寻找合适的招聘渠道进行招聘。招聘渠道的选择是人力资源招聘工作中的一个重要环节，它极大地影响着招聘的效率与有效性。所谓招聘渠道，指的是企业为了收集信息并达到吸引应聘者的目的所选择的发布招聘信息的方式和渠道。人员招聘的渠道可分为外部招聘和内部招聘（魏新，2007）。外部招聘主要有校园招聘、猎头招聘、现场招聘会、员工推荐、网络招聘和另类招聘等方法；内部招聘主要有内部公开招聘、轮岗、职位升降和竞聘上岗等方法。

一、招聘渠道选择的步骤

招聘渠道是与企业所在行业的特性、企业发展的阶段、招聘职位的特点以及人才市场的供给情况密切相关的。选择了合适的招聘渠道不仅能够招聘到合适的人才，同时能够尽可能地减少招聘成本。挑选合适的招聘渠道具有以下四个步骤。

（1）分析招聘的要求和招聘人员的特点；

（2）确定合适的招聘来源。按照招聘计划中岗位需求数量和资格要求选择一种最好的来源，如是内部还是外部，是校园还是社会等；

（3）选择适用的招聘方法。按照招聘计划，选择有效的招聘方法，如是发布广告、上门招聘，还是借助中介等；

（4）选择对应的媒体发布信息。当然，想要选择有效的招聘渠道，首先要熟悉各招聘渠道的特点。

二、内部招聘概述

内部招聘是指当企业出现职位空缺时，优先考虑企业内部员工平级调整或晋升到该岗位的方法。内部招聘能够充分调动员工的工作积极性，激发员工的兴趣，同时节省了外部招聘的成本。管理经济学之父爱德华·拉泽尔（Lazear，2000）认为，在大多数的情况下，内部晋升的做法比外部雇用要更合理。他主张强化企业（机构）内部的激励机制，与其不断地从外面"挖人才"，还不如建立健全企业的内部激励机制，用好人才。

（一）内部招聘的主要方式

内部招聘的做法通常是企业在内部公开空缺职位，吸引员工前来应聘。这种做法起到的另一个作用是能够使员工感受公平合理、公开竞争的平等氛围，是人力资源开发与管理的目标之一。

1. 内部晋升

给员工升职和发展的机会，对于激励员工非常有利。从另一个方面来说，内部提拔的人员对本单位的业务工作比较熟悉，能够较快地适应新的工作。然而，内部提拔也有一定的不利之处，如内部提拔的不一定是最优秀的，还有可能在少部分员工心理上产生"他不如我"的思想，因为任何人都不是十全十美的。一个人在一个单位待的时间越长，别人会更少看到他的优点，更多地看到他的缺点，尤其是在他被提拔的时候。因此，许多单位在出现职位空缺后，往往同时采取两种方式，即从内部和外部同时寻找合适的人选。

2. 工作调换

工作调换也称为岗位平调，是在内部寻找合适人选的一种基本方法。这样做的目的是填补空缺，也可以让内部员工更加全面了解单位内其他部门的工作，与本单位更多的人和事深入接触，有利于员工今后的提拔。同时，上级对下级的能力能有更进一步的了解，方便为员工的发展做好规划。

3. 工作轮换

工作轮换和工作调换有些相似，但又有些不同。如工作调换往往是长期的，而工作轮换则通常是短期的，有时间界限。另外，工作调换往往是单独的、临时的，而工作轮换往往是两个以上、有计划地进行的。工作轮换可以使单位内部的管理人员或普通人员有机会了解单位内部的不同工作，给那些有潜力的人员提供以后可能晋升的条件，同时也可以减少部分人员由于长期从事某项工作而带来的烦躁和厌倦等感觉。

4. 竞聘上岗

竞聘上岗是指组织为某一岗位公开规定职责、权限和任职资格，然后通过在组织内部公开竞聘的方式，挑选出最适合、最匹配的人担任该岗位的职务。竞聘上岗主要用于企业管理人员的选拔，它要求所有符合条件的员工重新站在同一起跑线上供组织挑选。

与传统的选聘、论资排辈的上岗方式相比，竞聘上岗更加公开、透明，能够更加有效地激发企业管理人员队伍的活力。

5. 人员返聘

有些单位由于某些原因会有一批不在位的员工，如下岗人员、长期休假人员（如曾因病长期休假，现已康复但由于无位置还在休假），已在其他地方工作但关系还在本单位的人员（如停薪留职）等。在这些人员中，有的恰好是内部空缺需要的人员。他们中有的人素质比较好，对这些人员的重聘会使他们有再为单位尽力的机会。另外，单位使用这些人员，可以使他们尽快上岗，同时减少了培训等方面的费用。

（二）内部招聘的操作方法

内部招聘意味着不对外公开，即招聘信息在公司范围内进行宣传，相应的操作方法主要有公告法、推荐法和档案记录法。

1. 公告法

职位公告的意思是利用企业中一切可利用的墙报、布告栏、内部报刊和内部自媒体，将职位空缺在企业内部公之于众，并列出该职位的特性及其他相关信息，例如该职位的资格要求、岗位职责、主管人员、工作时间、薪资登记以及公告时间和截止申请的日期、申请的程序、联系方式、该职位是否同时在企业外部招聘和内部招聘的考核方法等内容，以尽可能让全体员工都获得信息，并号召有才能、有志气的员工毛遂自荐，脱颖而出。

公告法的目的是使企业中的全体员工都了解到哪些职务空缺需要补充人员，对此职务有兴趣者可到主管部门和人事部门申请，主管部门和人事部门经过公正、公开的考核择优录用。这种方法可使员工感觉到组织在招募人员工作中的透明度与公平性，并认识到在本组织中，只要自己有能力，通过个人的努力，是有发展机遇的。这有利于提高员工士气，可培养员工积极进取的精神。

例证 4-7

东风汽车内部招聘通知

公司各单位：

根据公司事业发展及岗位需要，现决定在公司在岗合同制员工中公开招聘。现将招聘具体事宜通知如下。

一、招聘岗位及人数
1. 武汉分公司副经理1人；
2. 物业分公司维修服务中心副主任（主管工程师）1人。

二、报名资格条件
应聘者应具备以下资格条件。
（一）基本条件
1. 认真贯彻执行党和国家的路线、方针、政策和法律法规，敬业爱岗，具有良好的职业素质、团队精神及沟通协调能力；
2. 熟悉相关管理或技术领域，具有较强的开拓创新及业务能力，能够熟练操作计算机；
3. 品行端正，诚信务实，勤奋敬业；
4. 具有良好的心理素质，身体健康。

（二）岗位任职资格
见附件1-2（因篇幅关系，本例证略去）。

三、招聘程序
招聘工作按照自愿报名、资格审查、统一测试、面试、考察了解和决定聘用的程序进行。

四、报名时间、方式及要求
1. 报名时间：2012年6月25日至2012年6月29日。
2. 报名方式：有意者请填写《东风汽车房地产有限公司应聘人员报名表》，并到人力资源部216房间报名。联系人：罗女士，联系电话：×××××××。
3. 相关要求
应聘者报名须提交本人身份证、学历证书、学位证书、职称证、执业资格证书、获奖证明材料及书面自荐材料原件和复印件各一份。所有应聘报名材料除各类证书原件外一并归档，不再退还本人。经资格确认符合条件的，由人力资源部另行通知测试时间。

2012年6月25日

资料来源：东风汽车房地产有限公司官网

2. 推荐法

推荐法是一种重要的内部招聘手段，一般的操作程序如下：当企业发生职位空缺时，由本单位的主管人员根据员工的工作表现及能力素质，推荐填补新职位的人选；然后由上级部门和人力资源部门对被推荐人员进行考察，选择可以胜任这项工作的优秀人员。

这种方式一般用于员工晋升，给员工升职的机会，有利于对员工的激励。另外，被推荐人员对本单位的工作比较熟悉，能够较快地适应新工作。

但是，推荐法也有一定的弊端，比如主管与员工的关系对员工能否得到推荐具有一定的影响，甚至有时影响是十分明显的。这就容易使人员选拔丧失客观性，缺乏公平性，以致挫伤其他员工的积极性。

例证 4-8

腾讯"活水计划"

腾讯的"活水计划"启动于2012年年底，其目的是建立一种通畅的内部人才流动市场机制文化。这个计划既可以帮助员工在公司内自由地寻找发展机会，也可以快速支持公司重点产品和业务的人才需求，实现员工发展和企业战略的共赢。腾讯"活水计划"实际上是通过员工的自我推荐，来进一步激活企业内部的人才市场。员工可以通过腾讯的内部应聘IT平台了解相关岗位信息并提出应聘需求，通过一系列面试并合格后，员工就可以直接从原来的部门"跳槽"到新的部门。而原来部门的管理者必须在员工通过面试后的3个月内，无条件"放人"。

资料来源：周强. 腾讯活水计划：建立内部人才流动的市场机制，形成活水文化 [EB/OL].（2017-10-11）.http://www.hroot.com/d-356888.hr.

3. 档案记录法

人力资源部门都有员工档案，利用现有员工的档案记录，可以了解员工在教育、培训、经验、技能和绩效等方面的信息，用人部门与人力资源部门根据这些信息可以确定符合空缺职位的人员。这就是档案记录法。当然，成功使用这种方法的前提是档案资料的信息必须真实可靠，全面详细，而且是及时更新过的，只有这样才能保证根据档案信息筛选出的人员符合岗位要求。

三、外部招聘概述

外部招聘也称社会招聘，它往往是在内部招聘不能满足企业需要，特别是在企业处于初创期、快速成长期，或者企业因产业结构调整而需要大批中高层技术或管理人员，或想获得能够提供新思想并具有不同背景的员工时，将视线转向社会这个广阔的人力资源市场，选用外部招聘渠道来吸引所需人员。用人单位通过外部发布招聘信息，吸引候选人申请，主要有以下八种方法：现场招聘会、校园招聘、招聘告示、猎头招聘、员工推荐、广告招聘、网络招聘和另类招聘。

（一）现场招聘会

现场招聘会是较为正规且传统的招聘方式，常用于一般型人才的招聘，费用适中。人才交流中心、职业介绍中介机构等其他人才交流服务机构每年都会举办多场具有特定主题的招聘会，比如"应届毕业生专场""IT类人才专场""医学医药类专场"等。通过这种毕业时间、学历层次、知识结构等的区分，用人单位可以通过选择适合的专场设置招聘摊位进行招聘。此外，现场招聘会为用人单位和求职者提供一个直接进行面对面交流（初试）的平台，节省了用人单位和应聘者的时间。但是目标人群的细分在方便用人单位的同时，也带来了一定的局限性。首先是地域性，现场招聘一般只能吸引到所在城市及周边地区的应聘者，因此，影响了应聘者的数量与质量；其次，招聘效果受主办方宣传推广力度的影响，求职者的数量和质量都难以保证。

人才市场与招聘会相似，但是招聘会一般为短期集中式，且举办地点一般为临时选定的体育馆或者大型的广场，而人才市场则是长期分布式，同时地点也相对固定。因此，对于一些需要进行长期招聘的职位，用人单位可以选择人才市场这种招聘渠道。同时，对于一些没有人力资源管理部门的企业，或者人力资源部门缺乏工作经验，甚至无法从事招聘和录用工作的企业来说，人才交流机构也是一个非常好的选择。而随着人才交流市场的日益完善以及互联网招聘的冲击，现场招聘会呈现出向专业方向发展的趋势，比如中高级人才洽谈会（不适合应届生）、应届生双向选择会和信息技术人才交流会等。

（二）校园招聘

一般而言，校园招聘的计划性比较强，招聘新人的数量、专业往往是结合企业的年度人力资源规划或者阶段性的人才发展战略要求而定。因此，进入校园招聘的通常是大中型企业，他们会在几个大类专业中挑选综合素质高的大学生。如零售行业快速扩张的国美和苏宁在前期实施的"千人工程"，主要集中招聘经济管理、市场营销类毕业生。

1. 校园招聘的特点

校园招聘是招聘初级专业人员的一个重要途径。它具有独到的优势：其一，大中专院校是以系或专业为单位的，很容易找到某个特定领域的专门人才；其二，刚毕业的学生思维很活跃，没有受到固定模式的禁锢，以创新为主导的企业对优秀的毕业生非常青睐,例如,通用电气、西门子等;其三,校园招聘的效率高、成本低,对知名企业而言有时甚至能免费入场;其四,校园招聘能够极大地提高企业在高校圈的知名度,方便企业建立人才储备库,也有助于建立良好的校企合作关系。

当然,从校园招聘员工也存在不足之处,刚毕业的大学生缺乏社会工作经验,流失率较高,需要企业投入较多的精力进行系统的培训。所以,这类潜在的人才进入企业后,通常需要接受比较完整的培训,再安排到生产经营的一线作为储备干部接受工作训练。通过这样一个过程,那些能够积极融入企业、满足要求的人才会脱颖而出。

2. 校园招聘需要注意的问题

学校的选择是影响招聘效果非常关键的因素。需要特别注意的是,最著名的学校并不总是最理想的招聘来源。选择学校时,要根据企业自身的经费约束和所需要的员工类型进行选择,通常需要考虑以下七个因素(王丽娟,2015)。

(1)在本公司关键技术领域的学术水平;
(2)符合本公司要求的专业的毕业生人数;
(3)该校以前毕业生在本公司的业绩和服务年限;
(4)在本公司关键技术领域的师资水平;
(5)该校毕业生过去录用数量与实际报到数量的比率;
(6)学生的质量;
(7)学校的地理位置。

因此,在进行校园招聘之前,招聘工作者必须对目标学校进行充分的了解与认识,筛选出具有最佳招聘效果的潜力学校。

海印 OMG 计划

"海印 OMG 计划"是由广东海印集团股份有限公司(证券简称:海印股份,证券代码:000861)在广东省高校开展的大型实习生项目。"海印 OMG 计划"主要面向广东省各高校的 MBA、研究生、本科生和大专生等,通过职场公开课、专业研习社和企业实战模拟等方式对在校大学生进行考察后,向优秀大学生提供岗位实习、导师辅导甚至校园招聘提前批录用名额。OMG 实习生计划不仅为在校大学生提供各类别的专业性选拔,使其所学知识融入实践,同时也为在校大学生提供实践的平台和尝试的机会,让其可以深入企业一线,参与专业事务实战。

资料来源:广东海印集团人力资源部供稿

(三)招聘告示

这是招聘媒体形成以前企业广泛采用的招聘方式,中小企业、服务行业、劳动密集型企业采用得比较多。通常情况下招聘告示张贴于店面门口、店面周边或者人流量大的场所等,招聘成本不高。这种方式的特点是简单易行,能满足文化层次不高、经济条件不好的人员求职的要求。其缺点是影响公司形象,并有违"禁止胡乱张贴广告、告示"之规定。

(四)猎头招聘

猎头是一种由专业咨询公司利用其储备的人才库、关系网络,在短期内快速、主动、定向寻找用人单位所需要的人才的招聘方式。通常,猎头同许多已经被雇用并且没有太大积极性变换工作的高级人才保持着联系,从开始就帮助企业接触到高素质的应聘者。

目前,因为猎头主要面向的对象是企业中高层管理人员和企业需要的特殊人才,其具体操作基本上是由用人单位的高管直接负责,因此这种方式看起来比较神秘。在费用上,国内猎头公司一般根据国际惯例,按该职位第一年年薪的25%~30%收取佣金。

(五)员工推荐

员工推荐在国内外公司中应用得比较广,特别针对人才需求不是太大的专业人士和中小型企业。这种方式是将有关工作空缺的信息告诉本企业的现有人员,请他们向本企业推荐潜在的组织外部的合适的申请人。一些企业还会提供少量报酬激励员工推荐申请人。

通过员工推荐招聘人才,具有以下优点:①比起刊登广告、人才中介公司等招聘渠道,员工推荐招聘成本较低;②引荐者一般不会推荐不合适或不靠谱的求职者,因此他们会成为企业筛选人才的过滤网;同时,被引荐者与现有员工之间存在一定的关联相似性,基本素质较为可靠,企业可以尽快面试或雇用,缩短招聘时间;③被引荐的求职者通过引荐者可以更加深入了解公司和应聘的职位,因而流动率相对较低;④对于难以通过人才市场招聘的专业人才尤为实用,因为专业员工之间的关系网络是最直接有效的联系渠道。但是,这种方式的选择面比较窄,往往难以招到能力出众、特别优异的人才;此外,通过这种方式引进的员工容易形成裙带关系,造成企业管理上的困难。据调查,星巴克、渣打银行、腾讯等国内外知名企业,以制度鼓励员工为企业持续引进人才,其员工推荐参与度均达到30%~40%。(卢笛,2013)。

例证 4-10

英特尔"荐才奖"

英特尔采用员工推荐招聘人才的优点在于，现有员工对英特尔公司很熟悉，又对自己推荐的人员比较了解。因此，基于对对方的了解，员工要推荐某人时会先做初步判断，看其是否适合英特尔公司。对于为公司推荐优秀人才的员工，英特尔公司还会发给其"荐才奖"。（李丽云，2013）

（六）广告招聘

广告招聘是指通过报纸、杂志、电视和广播等传统媒体向求职者发布人才需求信息，以吸引符合企业用人要求的人员的一种外部招聘方法。中央电视台举办的知名企业招聘栏目《绝对挑战》、天津卫视的《非你莫属》、中国教育电视台一频道的《职来职往》等，这些既是一档电视节目，也是企业招聘人才的重要方式。

广告的分类方法多样，按照广告使用的媒体，分为广播电视广告、报纸广告、杂志广告和互联网广告。用人单位在选择刊登广告的媒体时，首先应该考虑的是媒体本身承载的信息传播能力，表 4-3 列出了不同类型媒体广告的优缺点以供参考。

表 4-3 各种媒体类型的招聘广告的优缺点

媒体类型	优 势	缺 点	使用条件
广播电视	可以产生较强冲击力的视听效果；如果选择在黄金时段播出广告，则受众广泛，容易给人留下深刻印象	广告的时间较短；费用一般比较昂贵；缺乏持久性	当用人单位需要迅速扩大影响力时，将企业形象宣传与人员招聘同时进行；需要招聘人员时；用于引起求职者对其他媒体上广告的注意
报纸	发行量大；能够迅速将信息传递给读者；广告的大小可以灵活选择	发行的对象比较杂，可能很多读者并不是所要寻找的职位候选人；保留的时间较短，很多报纸只能在某一天内被人看到，而潜在的候选人可能会错过这个时间；报纸的纸质和印刷质量可能对广告设计造成限制	由于大部分发行量大的报纸都具有地区性特点，因此，比较适合在某个特定地区招聘；比较适合在短期内需要得到补充的空缺职位；当有大量求职者翻看报纸，并且有求职需求时

续表

媒体类型	优势	缺点	使用条件
杂志	接触目标群体的概率比较大，杂志便于保存，能够在较长时间内被看到；杂志的纸质和印刷质量相对于报纸要好	申请职位的期限比较长，发行的地域可能较分散，广告的预约期较长	要寻找的职位候选人集中于某专业领域时，选择该领域中人们广泛阅读的杂志比较恰当；需要的候选人地区分布较广；空缺职位并非迫切需要补充
互联网	不受时间、空间限制；方式灵活、快捷；可以与招聘及人力资源管理的其他环节形成整体；成本不高	没有在网站上查找工作的潜在候选人可能看不到职位空缺信息	适用于有机会使用电脑和网络的人群；不论急需招聘的职位还是长期招聘的职位都适合
印刷品	容易引起应聘者兴趣，并引发他们的行动	宣传力度比较有限；有些印刷品可能会被人丢弃	在特殊的场合比较适合，例如展示会、招聘会等，或者在校园等特殊地点；适合于其他形式的招聘活动配合使用

（王慧敏，2015）

其次，广告的覆盖范围大小各不相同，有全国性报纸、电视台、杂志做的全国性广告和地方报纸、杂志、电台做的区域性广告之分。再次，应该考虑传播媒体的定位，用人单位应该根据招聘人员的媒体消费特征选择其最可能接触的媒体，如招聘职业经理人，可以选择《企业家》《中外管理》等适合经理人员的媒体。

此外，招聘广告的设计与内容也是招聘效果的重要影响因素。总体来说，招聘广告应根据AIDA的原则进行，即要能吸引求职者的注意（Attention）、引起求职者对工作的兴趣（Interest）、引起求职者申请工作的愿望（Desire）和鼓励求职者积极采取行动（Action）的效果。

因此，用人单位应根据所需要招聘的职位类型确定何种媒体是最后的选择，选择媒体类型后还要选择具体在哪一家刊登广告，这就需要用人单位对不同的报纸、杂志、电视台的发行量和收视率进行调查研究。另外，广告费用也是一个不可忽视的问题。总之，用人单位在进行大规模人员招聘时或者人员招聘难度大时，可以选用多种招聘广告媒体，力求覆盖目标人群的接触范围。值得一提的是，由于互联网的普及以及新知识人才大量涌现，网络日益成为招聘的重要而且广泛使用的渠道。

（七）网络招聘

网络招聘又可以称为互联网招聘、在线招聘等。它是指利用互联网实施企业招聘人才活动，是用人单位在专业的招聘网站上或者企业官网发布招聘信息，接收求职者的简历，并对简历进行筛选，然后实施测评和面试的方法。网络为应聘者和用人单位提供了一个双向选择的平台，很多招聘门户网站也已经成为企业的人才库。

1. 网络招聘的优缺点

网络招聘最大的优势就是不受时空限制，覆盖面广，甚至可以覆盖全球；其次，招聘网站提供的格式简历和格式邮件可以帮企业降低简历筛选的难度，加快处理简历的速度，提高招聘效率；再次，通过网络招聘发布的招聘信息可以定时定向投放，发布后也可以加以管理，让企业在选拔人才上有更多的选择，而且，其费用相对于新闻媒体、猎头公司等有偿服务来说更少；最后，通过网络招聘可以使得用人单位获得更大规模的求职者储备库。但不可否认的是，网络招聘不能控制应聘者的质量和数量以及虚假的信息，各种垃圾邮件、病毒邮件等会加大招聘工作的压力，在信息化不充分的地区，招聘效果差。

2. 网络招聘的发展趋势

传统的网络招聘模式大体可分为几种：综合类、行业类、地方类、垂直搜索类、社交招聘类。除了前程无忧、智联招聘、中华英才网、58同城、赶集网、猎聘网、兼职猫和建筑英才网等传统的综合人才网，通过社交平台招聘人员已成为一种新的网络招聘方式。美国人力资源管理协会（SHRM）认为，作为一种企业与候选人建立关系的平台，社交平台可以让企业招聘人员建立并扩大一个人才库，因此，天际网、大街网、人人网和若邻网等职业类社交网站备受青睐。伴随着移动设备的普及，移动社交招聘异军突起，微博、微信等移动终端使得应聘人员和用人单位之间及时、深入甚至是视频的互动沟通成为现实，网络招聘已经进入一个微众时代。

Kelleher（2009）指出，招聘人员通过社交平台发布招聘信息，更容易得到"粉丝"们精准、及时、高效的传播。通过移动社交平台的招聘受众面广，活跃度高，互动性强，传播性好，成本低，有效性高，未来很有可能成为企业有效招聘的利器。

（八）另类招聘

另类招聘是指通过非常规的方式或渠道来招募、甄选人才，如卧底招聘、展会招聘和大赛招聘等。从互联网到移动互联网，再到人工智能时代，技术已经进行了多次的迭代，如果我们的思维还停滞在互联网初期，只会采用传统的方式，那么组织依旧很难找到合适的人才。而通过非常规的另类招聘渠道，企业往往能够收获出其不意的效果，容易吸引和识别优秀人才。

1. 卧底招聘

卧底招聘是指企业通过了解竞争对手和同行业内其他企业的人才信息情况，采用合理、合法的手段，将竞争对手和其他企业的优秀人才纳为己用。该种招聘方式一般存在比较大的法律和道德风险，因此企业在使用该种招聘方式时需要做好充分的考虑和准备。

2. 展会招聘

展会招聘主要是指企业通过参加行业内相关的展会、协会或论坛等，搜寻企业所需的人才。这种招聘渠道一般适用于行业性较强的企业，或者用于招聘专业性较强的人才。

展会招聘的"奇效"

广东某医药企业在进行高绩效型的组织发展咨询时发现企业的营销岗的需求量非常大，有临床招商线的，有OTC（非处方药）招商线的，有OTC直供连锁的，也有OTC做第三终端的。从渠道事业部老总到省总，从市场部总监到产品经理、推广经理，该企业缺了一百多个人。为解决人才短缺的问题，该企业通过参加"药交会"，在药交会上宣讲企业的文化、产品和营销等方式，成功地招聘了89个符合营销岗位要求的人才。

资料来源：AI+VUCA时代，重构合适你的人才地图［EB/OL］.（2018-03-15）.http：//www.vccoo.com/v/s1jve8_3.

3. 大赛招聘

近几年来，激烈的人才竞争导致企业招聘的规模和数量不断膨胀，这不仅导致企业招聘成本上升，也加大了企业专业人才需求与外部劳动力市场供给不平衡的供需结构性矛盾。因此，企业开始通过举办专业性的技术或商业大赛的方式来提前锁定人才，进行人才甄选以及提前录用人才。这种大赛招聘主要以校园竞赛为主，一般会结合企业的实习生计划，对企业所需的人才进行精准定位和挖掘，也有助于企业在校园进行雇主品牌建设和推广。例如，腾讯的"编程马拉松"大赛、宝洁的精英挑战赛等。

宝洁精英挑战赛

宝洁精英挑战赛是针对中国大学生的一项挑战比赛，旨在培养和选拔具有创新才能、领导能力、商业战略潜质和科技创新能力的大学生精英，自2011年启动以来，深受高校学子的欢迎。大赛分为"商业创新挑战"和"科技创新挑战"两条比赛线路，两条比赛线路各自评比，分别晋级。每项挑战各设冠、亚、季军团队奖项，获胜团队可获得宝洁高管门徒培训和高达15000元的梦想基金；

冠军团队和表现优异的个人可获得宝洁校园招聘免一面通行证。此外，所有晋级全国赛的选手都将直接被加入宝洁校园招聘人才库。

资料来源：宝洁中国官网，http://www.pg.com.cn/，2018-4-13

以上是八种招聘渠道及其效果分析，应该说是特色鲜明，各有利弊。用人单位在招聘时，应该结合自己的发展阶段、经济实力和用人规律等，通过多种渠道搜寻企业所需要的人才。

四、招聘渠道选择的原则

从大的方面来讲，员工招聘的渠道有内部选拔和外部招聘两种。经过前文对内部外部招聘各种方式的详细介绍，我们可以对内部招聘和外部招聘的利弊进行对比分析，分析结果如表4-4所示。在招聘渠道具体的选择方面并不存在标准的答案，一般来说，对于需要保持相对稳定的组织中层管理人员更多地需要从组织内部进行提升；在企业需要引入新的风格、新的竞争时，高层管理人员可以从外部引入；快速成长期的企业应当广开外部渠道，吸引和接纳所需的各类人才。通用电气公司数十年来一直从内部选拔CEO，日本企业的管理特色之一就是内部提拔，而IBM、惠普等公司的CEO则更多是外部"空降"（彭剑锋，2005）。

表4-4 内部招聘和外部招聘的利弊分析

	利	弊
内部招聘	1. 组织对候选人的能力有清晰的认识； 2. 候选人了解组织工作要求； 3. 鼓励高绩效，有利于鼓舞员工士气； 4. 可降低招聘的风险成本	1. 易出现内部争斗或"近亲繁殖"； 2. 易出现思维和行为定势，缺乏创新性，从而使企业丧失活力； 3. 一定程度上会影响内部士气； 4. 供给有限，企业中最适合的人未必是职位最适合的
外部招聘	1. 更大的候选人选择空间； 2. 会把新的技能和想法带入组织； 3. 降低徇私和内部竞争的可能性； 4. 激励老员工保持竞争力，发展技能	1. 增加与招聘和甄选相关的难度和风险； 2. 需要更长的培训和适应阶段； 3. 影响内部员工的士气； 4. 增加搜寻成本等

不同的招聘渠道会有不同的效果，公司需要根据实际的招聘需求来选择，合适的就是最好的。总的来说，一个招聘渠道应该考虑以下三个原则（南泉，2014）。

1. 针对性原则

好的招聘渠道应该适用于不同类型的人才招聘，因此在选择招聘渠道时，企业要结合岗位需求，确定理想的人才群体，做到有的放矢。比如，网络招聘方式，针对的群体是具有一定知识和技能的年轻群体、白领阶层；猎头公司面对的是中高级技术或管理类人才等。

2. 可行性原则

好的招聘渠道既要能满足企业不同类型的人才需求，又要保证符合企业的实际情况，具有可操作性。

3. 经济性原则

选择招聘渠道时，招聘成本也是企业需要考虑的问题，要做到用最少的开支找到最合适的人才，招聘成本与招聘人才的层次或专业性密切相关。能够满足普通人才和中级人才的招聘，费用相对低廉；通过专门的职业中介或猎头公司来招聘，虽然费用相对较高，但重要岗位和常年有招聘需求的岗位不妨采用这种形式。

内部招聘优先还是外部招聘优先，对于不同层次的人才需求，处于不同环境和阶段的企业应有不同的选择，必须视企业的实际情况而定。这就需要企业在既定的战略规划的前提下，在对现有人力资源状况分析和未来情况预测的基础上制定详细的人力资源规划，明确企业的用人策略，建立内部培养和选拔体系；同时，有目的、有计划、分步骤地展开招聘选拔工作，给予企业内外部人才公平合理的竞争机会，形成合理的人才梯队，保证企业未来的发展。

第四节　求职者应聘计划与策略

对于求职者来说，应聘不仅是一种自我选择和自我推销，也是对个人能力及素质的测试和检验，更是人生中的一个重要转折和挑战。随着近几年的高校扩招以及信息渠道的日益畅通，求职者不但要面对日益激烈的就业竞争，还需要面临海量的招聘信息。因此，一份合乎实际又考虑周全的应聘计划显得格外重要。应聘计划与策略主要包括三方面内容：应聘准备、应聘渠道和应聘策略。

一、应聘准备

应聘准备主要包括三个阶段的工作：认识自我、确定求职目标和求职准备。

（一）认识自我

知己知彼方能百战不殆，而知己更为重要。一份令人满意的工作并不一定是薪水最高、福利最高、最轻松的工作，但肯定是真正适合自己，自己能够胜任又有发展前景的工作。因此，认识自我是展开求职工作的前提条件。对自我的认识包括对自身特征的认识、对自身优劣势的分析以及对自身专业技能的了解。一般而言，求职者可以通过专业的测试、对工作或实习经历的总结等方式来加深对自我的认识。

（二）确定求职目标

确定求职目标是开展求职工作的基础。求职者在自我认识和自身职业生涯规划的基础上，要选择适合自己的职业方向，确定符合自身的求职目标。清晰的求职目标能够为求职者指引方向，有助于求职者有针对性地展开求职工作。确定求职目标的流程如下。

（1）深入了解人力资源市场供求状况和相应的人力资源价格，对自身的价值做出初步估计；

（2）通过与周围同学求职过程中的心得交流进行横向比较，通过往届学生的求职状况展开纵向比较，得出符合自我价值的求职意愿；

（3）结合自我职业性向选择适合自己的职业方向，结合自我能力确定职位水平档次；

（4）结合自身特点、家庭因素和发展前景选择工作地域、期望薪酬水平等；

（5）不断根据实际情况的变动调整求职目标。

（三）求职准备

充分做好求职准备能够帮助求职者在应聘过程中抓住机遇，少走弯路，获得理想的工作。求职准备主要包括简历、职业素养训练以及信息搜集三个方面。

1. 简历

简历是企业了解求职者的"名片"，是求职者获得企业面试资格的第一道门槛。求职者应该结合自身特点和求职岗位的特点，有针对性地制作一份大方得体、全面展现和重点突出的个人简历。简历中对以往工作经历或实习经历的描述，要尽可能清晰、量化，使得招聘人员在筛选简历时，能够快速捕捉到简历中的亮点。

2. 职业素养训练

职业素养训练实质上是一种个人角色的转换训练，主要包括礼仪、着装和认识等方面的训练。在求职过程中，求职者必须认真严格对待自身职业素养，不断学习，不断纠正，以战代练，迅速提高。

3. 信息搜集

信息搜集主要是通过多方渠道搜集有关招聘信息，包括电视、报纸、杂志、海报、网络和同学联络等一切可能的渠道，尽可能多地获取包括招聘、人力资源市场状况和用人单位要求等信息。同时求职者也要及时且尽可能深入地了解用人单位的相关信息，不至于在应聘时没有准备，过于慌乱。

二、应聘渠道

随着经济的发展，就业形势越来越复杂，求职者的应聘渠道的选择也越来越多样化。当前大学生求职信息搜集的渠道主要包括以下七种。

1. 大学生就业指导中心

大学生就业指导中心与地方各主管部门以及社会各界有广泛而密切的联系，获得企业信息的针对性、准确性较强，是各高校毕业生求职的一个重要渠道。一般而言，各个学校的大学生就业指导中心都有相对固定的企业信息发布渠道，毕业生可以按照学校的指导，定期浏览学校的就业信息网、就业信息发布栏和就业信息报刊新闻等，或者参加学校组织的人才交流会，即可获得一定的企业招聘信息。

2. 校园宣讲会

在求职季节，大多数知名企业会到各地的大学去举办宣讲会。所谓宣讲会，就是企事业单位在校园开设与招聘相关的主题讲座，向招聘对象传达企业的情况、人力资源政策、校园招聘的程序和职位介绍等信息。宣讲会的一般议程是：先是公司高层、人力资源负责人或进公司一两年的员工，从不同角度描绘公司概况，帮助学生感受公司的企业文化；接着，人力资源部门结合公司招聘需求向学生详细介绍职位空缺及招聘条件；最后，公司可能让学生做一个笔试。

3. 人才交流会

各级地方政府专门设立了毕业生就业指导机构，并在毕业生就业的高峰期举办各种类型、各种层次的人才交流会。人才交流会的一个主要任务就是收集、发布人才供求信息，传递人才余缺信息，办理人才交流登记、推荐和介绍，为单位招聘人才做好服务和管理工作。

4. 互联网

互联网作为 20 世纪 90 年代在我国迅速发展起来的一种重要的信息交流工具，正以不可阻挡的速度成为当代中国大学生获得信息的首要渠道。同时，大多数的注册企业有自己的官方网站，用于发布企业基本信息和供求信息。求职者从网络上获得的信息包括两种：一种是找寻公司公布的岗位以及岗位的专业能力要求，另一种是在确定要应聘某公司后，对公司做具体了解，包括公司的企业文化和背景、公司的待遇等。

5. 新闻媒体

虽然最近几年互联网成了广大毕业生获取企业信息的重要途径，但是报刊、广播、电视等传统媒体以其信誉度高、易于接受等特点，依旧是企业进行产品推广和人才需求信息发布的重要渠道。现在，很多电视台有现场招聘节目，报纸等纸质传媒也有自己的招聘专刊，政府的工作报告和出版物也为毕业生提供了部分企业信息。

6. 社会实践和毕业实习

社会实践包括以锻炼自我、服务社会为目的的社会实践、毕业实习以及专门以了解用人单位为目的的到企业参观访问等活动。这些活动都为学生更好地适应企业需求搭建了桥梁，既为用人单位提前培训了员工，又增强了毕业生的就业竞争力。同时，毕业生在实习中可以调查本企业和相关企业各方面的信息，全面认识企业。

7. 各种社会关系

各种社会关系包括家人、亲友、教师和校友等。我国是一个关系型社会，家庭社会以及在此之上形成的社会关系和个人关系分布在社会的不同阶层和领域。在纷繁复杂的社会关系网中，毕业生有着与学校、同学和朋友们的信息交流纽带，通过这样的纽带与他人交换信息、共享资源，这对毕业生的择业带来了较高的价值。（苗苗，2009）

三、应聘策略

求职是供求双方相互了解的过程，求职者想要在求职过程中适当展示自己的知识、能力和特长，就需要采取相应的应聘策略和技巧。

（一）掌握面试的基本技巧

面试是求职过程中最为关键的一个环节，求职者在进行求职之前必须掌握和运用面试中的一些基本技巧。

1. 要充分认识面试的作用

目前，面试的手段、类型、具体方法都在发生变化，但没有变的一点就是用人单位邀请求职者面试不仅仅是为了检验求职者个人资料的真实性，更重要的是为了考察求职者的仪表、仪态、气质、语言表达能力、逻辑思维能力和应变能力等，看看求职者是否具备从事某种岗位的胜任能力。面试已经成为用人单位决定是否录用人才的一种普遍方式。同时，市场经济条件下的竞争必须贯彻的一条基本原则就是公平，这就要求求职者具备诚实、正直的人格，而这些基本素质是无法从笔试中做出判断的，需要面试作为补充。所以求职者必须充分重视面试的作用，并认真做好面试前的各项准备工作。

2. 做好面试前的准备工作

面试前的准备工作主要包括以下几个方面：了解面试的一般形式和面试的种类；准备好在面试中用人单位可能提出的问题；熟悉场地、不能迟到等。

3. 重视第一印象的建立

要做到这一点，主要应从这样几个方面来下功夫：服饰打扮要得体，行为举止要稳重，言语谈吐要诚恳，表情、眼神要自然，在面试结束时要注意告别礼仪。

（二）掌握笔试的基本技巧

笔试是企业对求职者专业知识、能力和素质等特征的考察。当前企业笔试的出题方式灵活多样，因此求职者在求职之前应该对企业笔试进行深入了解。

1. 要了解笔试内容，做到有的放矢

不同的笔试有不同的内容，求职者应该在考试前做详细的了解，针对不同的情况做好相应的准备。

2. 了解笔试方法，掌握笔试技巧

用人单位的笔试重点是常用的基础知识和与招聘岗位相关的专业知识。它主要考察应聘者对知识的运用能力。所以在笔试时，求职者要注意以下几点。

（1）复习时，不要去押题目。不要把复习的重点放在难点、怪题上，重要的是把基础知识掌握好，并注意自己应聘岗位的相关知识，在理论联系实际上下功夫。

（2）考试时，不要死抠几道题不放。有时笔试出题量较大，企业的用意是考察求职者对知识的掌握程度和反应速度。所以，在浏览卷面后，求职者要先做比较容易的题，余下的时间再认真推敲其他考题。

（3）答题时要掌握好主次。试卷上的考试题目的分值是不一样的，求职者花的时间也应该有所侧重。参加考试的求职者应该在统揽全卷的基础上，抓住重点题目下功夫，认真答题，充分显示自己的知识水平。另外，求职者一定要认真审题，领会考试题目暗含的主旨所在，将自己的认识水平、知识水平和能力水平通过笔试较好地展现出来。

（三）时间冲突应对

求职者往往会在同一时间段内同时应聘多个企业的岗位，而大部分企业的招聘时间也往往集中在某一个时间段，例如企业秋季招聘集中在每年10、11月，春季招聘集中在每年3、4月，因此难免会产生时间冲突，比如不同企业在同一天进行面试。面对这种情况，求职者可以与招聘人员协商是否可以将面试时间提前或推迟；如果协商失败，那么求职者就需从行业排名、企业规模、发展前景以及薪酬待遇等角度进行权衡后，做出相应的取舍。（万建辉，2015）

本章小结

1. 人员招聘工作是一个复杂的、系统而又连续的程序化操作过程，企业在实施招聘前必须事先做好谋划和策略工作，才能保证有的放矢地开展后续工作。

2. 招聘准备阶段的三个工作分别为：①确定招聘的需求；②明确招聘工作的特点和要求；③制订招聘计划和策略。只有明确了解招聘需求和需求岗位的工作特点及任职资格条件，才能制订有针对性的招聘计划，采取有效的招聘策略。

3. 一份有效的招聘计划应该包含以下内容：人员需求清单、招聘信息发布的时间和渠道、招聘团队成员、应聘者的考核方案、招聘的截止日期、新员工的上岗时间、招聘费用预算、招聘工作时间表以及招聘广告样稿。

4. 制订招聘计划应该考虑外部环境、企业战略、企业文化特征、企业劳动力特征、员工之间的平等性和计划的连续性与稳定性。

5. 招聘策略是指为了实现招聘计划而采取的具体手段和措施，主要包括如下十个方面内容：①吸引人才的策略；②确定候选人数的策略；③确定工作申请资格的策略；④招聘人员的选择；⑤确定招聘渠道；⑥确定招聘地点；⑦确定招聘时间；⑧确定甄选方式；⑨招聘广告策略；⑩备选方案策略。

6. 人员招聘渠道可分为外部招聘和内部招聘。外部招聘主要有校园招聘、猎头招聘、现场招聘会、员工推荐和网络招聘等方法；内部招聘主要有内部公开招聘、轮岗、职位升降和竞聘上岗等方法。不同类型的招聘渠道有不同的优缺点和使用范围。

7. 选择招聘渠道需要考虑三个原则：针对性原则、可行性原则以及经济性原则。

8. 应聘计划与策略主要包括三方面内容：应聘准备、应聘渠道、应聘策略。

推荐网站

1. 招聘宝 http://www.hrtools.cn/
2. 金领英才 http://www.linkin.net/
3. 内推网 http://www.neitui.me/

复习思考题

1. 员工招聘的途径有哪些？分别包括哪几种方式？
2. 什么是招聘策略？包含哪些内容？
3. 阐述内部招聘和外部招聘的优缺点，并进行比较。

管理游戏

假如你是某公司人力资源部经理，请你为公司制订一份详细的销售人员招聘计划。

要求：由5~8名同学组成一组，选出组长，明确小组成员的责任分工，共同探讨、策划招聘思路及方向，并将最终成果进行课堂展示。

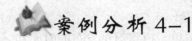

案例分析 4-1

宝洁公司的校园招聘

曾经有一位宝洁的员工这样形容宝洁的校园招聘："由于宝洁的招聘实在做得太好，在求职这个对学生比较困难的关口，第一次感觉自己被当作人来看，就是在这种感觉的驱使下我应该说是有些带着理想主义来到了宝洁。"

1. 前期的广告宣传

前期的广告宣传主要指派送招聘手册。招聘手册基本覆盖所有的应届毕业生以达到吸引应届毕业生参加其校园招聘会的目的。

2. 邀请大学生参加其校园招聘介绍会

宝洁的校园招聘介绍会程序一般如下：校领导讲话—播放招聘专题片—宝洁公司招聘负责人详细介绍公司情况—招聘负责人答学生问—发放宝洁招聘介绍会介绍材料。

宝洁公司会请公司有关部门的副总监以上高级经理以及那些具有校友身份的公司员工来参加校园招聘会。通过双方面对面的直接沟通和介绍，向学生展示企业的业务发展情况及其独特的企业文化、良好的薪酬福利待遇，并为应聘者勾画出新员工的职业发展前景。通过播放公司招聘专题片、公司高级经理的有关介绍及具有感召力的校友亲身感受介绍，使应聘学生在短时间内对宝洁公司有较为深入的了解和更多的信心。

3. 网上申请

毕业生通过访问宝洁中国的网站点击"网上申请"来填写自传式申请表及回答相关问题。这实际上是宝洁的一次筛选考试。申请表还附加了一些开放式问题供面试的经理参考。

4. 宝洁公司的笔试

笔试主要包括3部分：解难能力测试、英文测试和专业技能测试。

（1）解难能力测试。这是宝洁对人才素质考察的最基本的一关。试题分为5个部分共50道选择题，限时65分钟。第一部分：读图题（12题）；第二和第五部分：阅读理解（15题）；第三部分：计算题（12题）；第四部分：读表题（12题）。

（2）英文测试。这个测试主要用于考核母语不是英语的人的英文能力。考试时间为2个小时。45分钟的100道听力题、75分钟的阅读题，以及用1个小时回答3道题，这3道题都要求用英文描述以往某个经历或者个人思想的变化。

（3）专业技能测试。专业技能测试主要是考核申请公司一些有专业限制的部门职位的同学，这些部门有研究开发部、信息技术部和财务部等。宝洁公司的研发部门招聘的程序之一是要求应聘者就某些专题进行学术报告并请公司资深科研人员加以评审以考察其专业功底。对于申请公司其他部门岗位的同学则无须进行该项测试，如市场部、人力资源部等。

5. 面试

宝洁的面试分两轮。第一轮为初试，一位面试经理面试一个求职者，一般用中文进行。面试人通常是有一定经验并受过专门面试技能培训的公司部门高级经理，面试时间大概在30~45分钟。对于通过第一轮面试的学生，宝洁公司将出资请其来广州宝洁中国公司总部参加第二轮面试，也是最后一轮面试。为了表示宝洁对应聘学生的诚意，除提供免费往返机票外，面试全过程在广州最好的酒店或宝洁中国总部进行。第二轮面试大约需要60分钟，面试官至少是3人。为确保招聘到的人才真正是用人单位（部门）所需要的，复试都是由各部门高层经理亲自进行。如果面试官是外方经理，宝洁还会提供翻译。

6. 招聘的后续工作

（1）招聘后期的沟通。一旦成为宝洁决定录用的毕业生，人力资源部会专门派1名人力资源部的员工去跟踪服务，定期与录用人保持沟通和联系，把他当成自己的同事来关怀照顾。

（2）招聘效果考核。宝洁公司招聘结束后，公司也会对整个招聘过程进行一些可量化的考核和评估。考核的主要指标包括：是否按要求招聘到了一定数量的优秀人才、招聘是否及时或录用人是否准时上岗、招聘人员素质是否符合标准等。

资料来源：三茅人力资源网

问题讨论：

1. 阅读资料，简述宝洁校园招聘的特色，有哪些地方值得我们借鉴？

2. 根据材料结合所学知识，你认为宝洁的校园招聘有哪些可以改进的地方？请给出你的理由和改进建议。

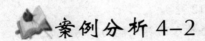

案例分析 4-2

滴滴 HRIS 体系 + 三支柱运营的招聘体系

滴滴出行（以下简称"滴滴"）是全球最大的一站式多元化出行平台。2016 年一季度，滴滴日均完成订单突破 1 400 万。多个第三方数据显示，滴滴拥有 87% 以上的中国专车市场份额、99% 以上的网约出租车市场份额。滴滴发展速度之快可谓创造了业界奇迹，而业务的飞速发展和扩张也使得人才招聘面临巨大的挑战。

对于互联网公司来说，一步快才能步步快，如果人才存在缺口，将极大影响业务的布局和开展，所以，对于滴滴 HR 来说，如何对关键岗位进行人才获取是企业面临的重要问题。

为此，滴滴在高速发展期展开了以下针对性的工作。

一、全员招聘

滴滴出行的全员招聘主要体现在以下三个方面。

1. HR 项目式推进招聘

结合公司业务发展，检查日计划、周计划进度，并且进行一些激励性的评分等。

2. 业务部门积极参与

招聘不仅仅是 HR 的工作，同样也是业务部门的事情，滴滴的业务部门领导人更是 HR 的重要伙伴，是人力资源之外的"HRBP"（人力资源业务合作伙伴），要吸引"气味相投"的伙伴。滴滴的业务部门和 HR 紧密配合，目标一致，同时还能促进团队之间的融合。

3. 高管积极参与

作为初创型公司，滴滴高管积极参与招聘环节中，体现了对于人才的尊重，老板的态度决定了业务发展和应聘者的发展，对于雇主品牌的宣传起到了积极正面的作用。

二、HRIS 体系 + 三支柱运营

滴滴的招聘是基于人力资源共享服务中心（SSC）的三支柱模式，同时结合业内领先的 HRIS（人力资源信息系统）体系支持，来快速开展相关招聘平台建设和招聘业务工作。

1. 内部 HRIS 主导的项目建设

滴滴内部的 HRIS 会结合企业的战略规划进行 HR 整体的 HRIT（人力资源信息技术）规划、建设，每年都有清晰的思路和节奏。

2. HR 三支柱的运营模式

COE（人力资源专家）：

招聘系统推广：针对招聘系统内部的持续推广规范应用；

招聘渠道管理：管理招聘网站、猎头等不同渠道；

内部推荐：内部推荐体系建设及推广；

面试官体系建设：对面试官组织培训、考核、持证上岗，持续提升候选人的体验；

内部招聘：内部招聘管理制度流程方案的设计和制订；

其他：为 HRBP 提供技术支持，招聘流程制度等。

SSC：

负责员工关系运营管理；

负责员工的薪酬福利管理；

提供 HR 咨询服务以及对招聘工作提供前端支持；

对 HRBP 进行运营管理；

对接人力资源信息化多个模块。

HRBP：

主要负责产品技术部的招聘工作，如算法工程师、数据挖掘工程师；

主要负责事业部日常岗位的招聘工作，如司机管理、车辆运营、行政文员和市场运营等。

滴滴完备、成熟的三支柱体系各司其职，像精密的瑞士手表一样高效运营，让滴滴无论从专业层面还是效率层面都达到了双赢。

资料来源：三支柱模式支持，快速构建招聘平台建设［EB/OL］.（2016-09-23）.https://www.beisen.com/customer/catid10047/3740.html.

问题：

1. 你怎样看待滴滴公司的这种招聘体系？
2. 这种招聘体系是否适用于所有类型的企业？

参考文献

［1］杨振芳，孙贻文．游戏化招聘：人才选拔的新途径［J］．中国人力资源开发，2015（24）：45-50．

［2］王慧敏．员工招聘［M］．北京：清华大学出版社，2015．

［3］卢筘．内部推荐：企业招聘总动员［J］．人力资源，2013（9）：72-73．

［4］南泉．企业不同招聘渠道效果分析［D］．武汉：华中师范大学，2014．

［5］李作学．员工招聘与面试精细化实操手册［M］．北京：中国劳动社会保障出版社，2010．

［6］庄峰．名企是这样聘人的［J］．人才瞭望，2003（11）：34-35．

［7］李丽云．英特尔公司：放飞梦想［J］．现代企业文化，2013（9）：70-71．

［8］杨林．"我佛要你"督促了谁［N］．光明日报，2015-05-12．

［9］邱庆剑．世界500强企业管理法则精选［M］．北京：机械工业出版社，2006．

［10］彭剑锋．人力资源管理概论［M］．上海：复旦大学出版，2005．

［11］爱德华·拉齐尔．人事管理经济学［M］．刘昕，译．北京：生活·读书·新知三联书店，2000．

［12］WRIGHT P M，SMART D L，MCMAHAN G C．Matches Between Human Resources and Strategy AmongNCAA Basketball Teams［J］．Academy of Management Journal，1995，38（4）：1052-1074．

［13］常亮．吉利汽车集团人才招聘制度设计研究［D］．北京：华北电力大学，2013．

［14］王林．世界500强招聘策略研究及启示［D］．重庆：重庆大学，2008．

［15］苗苗．当前大学生求职渠道的分析与思考［J］．成功（教育），2009（7）：28-29．

［16］万建辉．论大学生求职策略与技巧［J］．职业，2015（22）：66-67．

[17] KELLEHER T. Conversational Voice, Communicated Commitment, and Public Relations Outcomes in Interactive Online Communication [J]. Journal of Communication, 2009, 59 (1): 172-188.

第五章

招聘风险管理

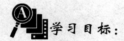学习目标：

学完本章后，你应该能够：
1. 掌握招聘风险的概念与特点
2. 掌握招聘风险管理的作用
3. 熟悉招聘风险分析的方法
4. 了解招聘风险管理的流程
5. 掌握招聘风险的应对策略

引例

频发的招聘歧视事件

事件一：美团点评招聘地域歧视论

2017年5月17日前后，网上爆料美团点评一名员工发布了一则招聘餐饮会员系统的产品运营一职的消息，其中列举了五种可能被直接pass（被淘汰）掉的情况：不要简历丑的，不要硕士、博士生，不要开大众的，不要信中医的，不要黄泛区及东北的。这被众多网友质疑为歧视，特别是地域歧视。

为了平息此次事件的舆论影响，美团点评方面最终发布了"关于美团点评员工田源的违纪通报"：涉事员工在部分工作大群中发布招聘信息时，发表了地域歧视、爱好歧视类不当言论，对其做出辞退处理，立刻生效。

事件二：小米招聘专业歧视论

2017年9月22日，小米公司创新部在郑州大学进行了一场声称"专业不限"的招聘会。负责宣讲的小米创新部总监秦涛说："如果你是英语或者阿拉伯语专业都可以来，因为我们有海外市场。如果你是日语专业的学生，那你可以走了，或者我建议你去从事电影事业。"该言论不仅激怒了众多日语专业的大学生，也给小米公司形象带来了恶劣的影响。

事件三：苏宁招聘高校等级歧视论

2017年10月12日晚，有广东工业大学学生在网上发布消息称，广州苏宁易购在该校进行宣讲会时竟然公然歧视侮辱该校学生，称管培生只要"985/211"高校学生，广东工业大学和广东技术师范学院都是二本院校。于是参与宣讲会学生愤然在网上发帖，并引起了较广泛的传播。

根据《劳动法》第一章第三条规定："劳动者享有平等就业和选择职业的权利。"《劳动法》第二章第十二条规定："劳动者就业，不因民族、种族、性别、宗教信仰不同而受歧视。"

2007年11月5日由劳动与社会保障部颁布的《就业服务与就业管理规定》第九条规定："用人单位招用人员，应当向劳动者提供平等的就业机会和公平的就业条件。"

资料来源：盘点2017年歧视事件［EB/OL］.（2017-12-24）.http://www.sohu.com/a/212497329_455111.

频发的招聘歧视事件，不仅给企业的形象带来了恶劣的影响，甚至还可能使企业面临法律风险。招聘不仅是企业招募、甄选人才的过程，也是企业进行雇主品牌建设、宣传企业形象的过程。招聘属于企业的决策行为，有决策就会有风险。无论是怎样的风险，都会对企业的经营造成影响。因此，认识并了解招聘风险，积极探索采取防范措施是组织实现有效招聘和战略目标的关键。

第一节　招聘风险概述

在竞争激烈的经济环境下，由于众多不确定因素的相互作用所构成的复杂矛盾，使得人力资源的招聘甄选充满风险和隐患。伴随招聘风险而来的是培训风险、激励风险和使用风险等其他人力资源管理风险，而预防和应对风险是企业发展必须具备的能力，因此，充分认识招聘风险是企业规避风险的首要任务。

一、招聘风险的概念

自 20 世纪 50 年代起,国外学者便开始涉足企业招聘的研究。最初由美国经济学家西奥多·舒尔茨(1992)以人力资本为切入点进行了系统研究,随后各国学者针对人力资本展开了广泛深入的研究,多数学者认为人力资本投资中的不确定因素较多,由此引入"招聘风险"的概念。企业人力资源招聘风险是指由于人自身心理和生理的复杂性和企业内外部经营环境的多变,企业因在招聘决策的过程中出现失误,或招入了非理想的员工,影响企业经营目标,使企业蒙受损失的可能性(赵曙明,2012)。

风险给企业带来的损失,按照表现形式,可分为有形损失和无形损失,例如,有形的招聘成本损失和无形的企业声誉损失;按照风险内容,可分为成本风险、招聘有效性风险、法律风险和舆论风险等;根据损失程度可以分为高风险型、风险型(Ⅱ和Ⅲ)和合理型三大类型(申明利,2013),如图 5-1 所示。

图 5-1 企业招聘风险矩形图

(一)高风险型 Ⅰ

此类型的企业往往招聘实力不足,对人才引进缺乏长远合理的规划,录用人员素质偏低,员工离职率高导致企业蒙受经济损失。此类企业的典型特征是"岗位空缺、人事变动频繁、员工工作能力较差、工作失误较多",使企业人力资源系统遭受重创。

(二)风险型(Ⅱ和Ⅲ)

"人岗不匹配"是其典型特征。该类型企业包括两类:一是风险型Ⅱ,表现为企业因自身原因或招聘不当或自身实力不强等,招到了优秀的员工却无法发挥其价值,才不能尽其用,戏称"上了贼船",典型特征是"人才高消费、离职率高"等;二是风险型Ⅲ,企业所招的员工自身素质及条件不符合任职要求,岗位价值不能实现,影响企业经营效益,戏称"贼上了船",其典型特征是"彼得效应(在一个等级制度中,每个职工趋向于上升到他所不能胜任的位置)、人浮于事、整体效率不高"等(申明利,2013)。

(三)合理型 IV

企业制订了完备的人才需求计划,具有合理的人才引进机制和人才发展路径,展现出全方位强大的招聘能力,能够为企业引进合适的优秀人才,处于人岗匹配的理想状态。

二、招聘风险的特点

风险本身具有客观性、普遍性、必然性、可识别性、可控性、损失性、不确定性和社会性。同样地,招聘风险也具有自身的特性,如客观性、不确定性、长期性和可控性等。

(一)客观性

招聘风险是一种客观存在,是不以人的主观意志为转移的。风险因素一旦出现并具备相应的产生条件,无论人们是否具备风险意识,风险都会出现,无法抗拒与否定。

(二)不确定性

从定义可以看出,招聘风险与其他风险一样,是一种造成损失的可能性。招聘风险的不确定性不仅体现在风险的发生具有不确定性,同时还体现在产生的风险给企业造成的损失或预期损失大小的不确定性。

(三)长期性

由于企业招聘风险较为隐蔽,潜伏性强,决定了其长期存在的特性;同时,企业内外部环境始终处于动态变化中,集聚到一定程度就会激化和放大各类风险产生的可能性,使得企业承受更大的风险,蒙受更大的损失。

(四)可控性

不确定性是指风险发生以及风险造成的损失不确定,这是招聘风险的根本特征。但是这并不代表招聘风险是不可控的。事实上,人们可以根据自己的经验,结合内外部环境进行分析，对风险发生的概率以及风险给企业造成的损失大小得出相关的推测与判断。也就是说，潜在的招聘风险是可以预测、可以控制的。

三、招聘风险管理的意义

招聘是企业人力资源管理中的一项重要工作，如果招聘环节出现差错，就会给企业带来重大的损失，这些损失包括显性和隐形成本的损失。有效地控制招聘风险，不仅能够减少企业的经济损失，也能够减少不必要的工作，让企业将工作重心转移到企业的核心业务上。这对企业具有非常重要的意义。

（一）有利于企业实现战略目标

当企业确定了战略目标后，会根据需要对工作人员进行适当的调整和招聘，为实现企业的目标储备需要的人才，而良好的招聘是满足企业所需各类人才的关键。

（二）有利于降低企业的招聘成本

如果对企业招聘风险进行有效的控制，招聘到的员工不仅能够满足企业的需求，而且能很快适应环境，这有助于降低新员工刚入职就辞职的可能性，避免了企业在新员工方面的成本损失和其他损失，节约了企业的成本。

（三）有利于企业稳定发展

企业为了工作的需要或者为了稳定发展，需要招聘到一些合适的员工。如果能够顺利招聘到能岗匹配的员工，并且员工能够尽快入职上岗，满足企业生产经营的需要，给企业创造价值，这将有利于企业的长期稳定发展。

第二节　招聘风险分析

招聘是人力资源管理的第一环节，是与绩效考评并举的世界性管理难题。招聘难在于：一是真正的人才可遇不可求；二是吸引人才难；三是识别人才难；四是留住人才难。而种种难题下面是无穷无尽的风险，选择不当，将会阻碍企业人力资源管理活动的健康运行，甚至影响企业目标的实现。

一、招聘风险的种类

企业在招聘过程中通常带有很强的主观性和随意性，招聘活动缺乏科学的理念指导，更缺乏针对招聘的系统管理及系统治理控制，同时对招聘与其他人力资源管理职能之间的关系认识不够，由此产生的招聘风险往往会给企业带来很大的损失，包括浪费成本投资，增加培训开支，增加再次招聘的有关费用以及其他隐性成本等。招聘风险存在于招聘流程中的每个环节，具体有以下几类。

（一）招聘有效性低的风险

能岗匹配是用人单位有效招聘的衡量标准，录用的人员并非要最优秀的，但一定是最符合企业要求、最符合工作岗位的人选。然而，在招聘过程中，招聘者往往为了追求所谓的优秀员工而忽视录用人员是否符合岗位需求。此外，招聘渠道选择不当、测评方法不科学、反馈录用决定速度较慢等原因都有可能导致企业错失良才。

1. 招聘需求的决策风险

招聘需求决策是招聘管理的首要环节，即对组织现有人员情况进行分析并确定人员需求，包括任职资格、岗位结构和人数等方面的内容。科学的招聘需求决策不仅要考虑组织的实际情况，同时也应选择科学的工具（如人力资源规划和工作分析等），否则容易产生多招或少招的情况，使组织中人浮于事或人手不足。此外，领导者往往容易根据自己的好恶和利己出发点来进行招聘和内定选拔，有违公平竞争，最终导致真正的人才流失，打击员工的积极性（包虹雁，2010）。

2. 招聘渠道的选取风险

不同的工作岗位需要不同的人才，不同的人才选取的渠道也不尽相同。招聘渠道选取的风险主要是招聘人员对有关职位、人才和市场等信息掌握不到位，而对招聘的渠道和方式选择不当，因此造成了人才错失以及损失（刘恩峰，2013）。不同的渠道存在不同的风险。例如，校园招聘、网络招聘和人才招聘会等，这些最常用的渠道吸引的多数是缺乏技术经验的人才，这些人才进入企业后需要企业花费大量的时间和成本进行培训，而其中的一部分人则有可能在接受了培训之后就离开，去了其他的企业，这无疑会为企业带来一定的风险（曾颖雯，2014）。

高层次的人才一般不会主动关注这些招聘渠道发布的信息，即便是"跳槽"，也会通过业界朋友的引荐、猎头公司的推荐，或者被竞争对手直接挖掘。对于企业高层管理人员的招聘如果选择现场招聘会的方式，就可能在增加企业招聘成本的同时，却不能获取预期的效果，并且也会让潜在的求职者对这个企业的人力资源管理水平产生怀疑。再者，企业用猎头去猎取一些较为高端的人才时，不可避免地会涉及组织的机密，从而增加了组织机密的泄露风险。所以，信息发布渠道的选择应该具有针对性，招聘渠道单一或针对性不强，招聘选择的人员范围就大大缩小，招聘风险随之增加。

3. 人才辨别的测评风险

人才辨别的测评风险是指没有运用科学的测评程序和技术进行测评，从而导致无法对人才的能力、素质做出真实有效判断的风险。在实际的人才招聘过程中，很多招聘人员都是采用一些相关性的问题进行询问，很少关注应聘人的性格特点、环境适应能力、团队协作精神等方面的内容，也无法确保应聘人的诚信度，因此招聘来的人才，可能无法胜任岗位需求。尽管许多人力资源专业机构和测评专家开发了许多人才测试评估工具，比如性格测试、心理分析和面试评估等，但任何人才测评工具都不能保证百分之百有效和准确。即使人才测评工具的有效性可以达到80%，还是会有20%的概率将那些不合格的求职者测试为合格。

4. 招聘回复的速度风险

招聘速度是衡量人力资源部门办事效率的重要指标。企业与应聘者在面试的过程中都处于博弈的状态，企业的发展分秒必争，企业在招聘工作结束后应做出积极反应，尽快与应聘者联系，速度越快，越能在最短的时间内招聘到合适的人选。企业坚持的原则应该是不错过一个机会，也同时给予每个应聘者公平竞争的机会。

（二）招聘法律风险

《劳动合同法》(2012年修订版)、《中华人民共和国就业促进法》(2007年版)、《中华人民共和国劳动争议调解仲裁法》(2007年版)的实施，在一定程度上加大了企业的人力资源管理成本及管理风险。一旦招聘过程中出现争议，就会产生法律风险。在处理争议时，双方都会耗费时间成本，而如果频繁发生劳动争议，会对企业信誉产生负面影响，这些都将妨碍企业正常的人力资源管理秩序。假如出现员工在本企业工作中损害原单位的利益等问题，同样会给本企业带来法律纠纷。

常见的法律风险主要表现为招募阶段的就业歧视风险、甄选阶段的知情权风险、录用条件审核风险及录用阶段的劳动合同订立风险等。

1. 人员招募阶段的法律风险

此阶段的风险主要来自招聘启事、广告中招聘条件涉嫌就业歧视，岗位职责约定不明导致的劳资矛盾等方面。例如，在招聘广告中，"男性优先""××户口优先""985、211高校优先"等内容屡见不鲜；招聘广告内容笼统，缺乏准确的岗位说明和明确的考核内容，会为日后评估应聘者的工作胜任力带来难度，埋下劳资纠纷的隐患，更有可能会为企业在解除劳动合同时带来法律风险。

"萝卜招聘"

萝卜招聘是指一些单位打着"面向社会招聘"的旗号，却暗地实施"一个萝卜一个坑"的指向性招聘。例如，2017年12月25日，湖南长沙市天心区市容环境卫生管理局公开招聘8名管理员，招聘范围却注明面向"干部职工子弟、家属和亲戚朋友"，引发舆论关注。

"萝卜招聘"违背国家的相关法律法规，理当受到追究与问责。2017年9月，人力资源和社会保障部发布的《事业单位公开招聘违纪违规行为处理规定》明确指出：设置与岗位无关的指向性或者限制性条件的，"事业单位主管部门或者事业单位人事综合管理部门应当责令限期改正；逾期不改正的，对直接负责的主管人员和其他直接责任人员依法给予处分"。（张玉胜，2017）

2. 人员甄选阶段的法律风险

在人员甄选阶段存在的法律风险主要表现为未履行知情权和录用资格审查不严谨，是用人单位未向应聘者履行告知义务或不能证明自己已向应聘者履行过告知义务而导致的风险。比如：用人单位未告知工作内容、职业危害、薪酬福利等涉及欺诈订立合同的行为；用人单位未对应聘者的基本信息及岗位胜任力进行核实，可能导致应聘者不到法定年龄、患有职业病、履历造假和竞业限制等风险。因此，用人单位与应聘者应该充分沟通，彼此全面深入地进行了解。需要说明的是，应聘者没有主动对用人单位披露个人信息的义务。

搜狐集团的维权

2017年2月，搜狐集团某高管在明知应当履行竞业限制义务的情况下，仍与竞争对手优酷（或其关联公司）签署劳动合同。搜狐集团一怒之下，向其提起仲裁申请，索赔金额近五千万元。这是近年互联网行业因违反竞业限制义务索赔金额最高的案例。

资料来源：前搜狐视频高管涉嫌违反"竞业限制义务"［EB/OL］.（2017-04-14）.http://www.sohu.com/a/133972905_389577.

3. 录用阶段的法律风险

招聘进入到人员录用阶段并非万事大吉，此时需要格外注意两个环节：一是录用通知书一经发出，应聘者收到录用通知书并表示同意，该录用通知书就对劳资双方产生了约束力，不可撤销；二是双方签订的劳动合同书应该保证内容全面、合法和有效，企业应按时、及时与劳动者签订合同，并将合同书交付劳动者，从而有效规避法律风险。

（三）招聘成本损失风险

招聘成本损失风险是指由于无法招聘到合格员工或是招聘到了不合格的员工，企业为招聘支付了成本，却不能从他们为企业工作而产生的效益中回收该成本，从而造成了企业的损失。假如能够选拔到适合的人才，人才会为企业带来超过成本投入的收益，而且随着时间推移，企业获得的回报会随着人才的增值越来越大。但招聘到不合适的员工对企业来说有百害而无一利，除了会使招聘成本难以回收外，更有可能使企业在残酷的市场竞争中处于劣势地位。因此企业必须控制员工招聘成本，做好人才价值分析，提升招聘活动成本收益率。

招聘成本回报的风险首先体现在招募人员时费用开支巨大。如今企业为了在招聘过程中省时省力，并物色到更好更专业的人才，往往聘请人力测评机构或猎头公司来协助进行招聘。这类专业人力资源机构收费不菲，如招聘部门经理以上级别员工的收费为其年薪的1/3，部门经理以下级别员工的收费为其年薪的1/4。付出这样高的招聘成本如能招聘到企业需要的优秀人才也是可以承受的，但现实情况往往是有时招聘人才所付出的成本远远大于人才实际的产出能力,这就造成了企业招聘过程中招聘成本损失的风险（高翔，2013）。

此外，招聘的成本是人力资源最初设计的成本资源投入，当用人单位在招聘之初设定的实际工作岗位与其发布的招聘条件严重脱节时，后续的招聘工作将会给企业带来巨大的资源浪费。

如果招聘者不能设身处地地考虑人力资源投入的成本，再加上招聘之初的不合理设计，就会导致企业未来只能加大管理力度，不仅使企业费力较多，而且收效甚微，所以它必然造成企业人力资源成本过高，优秀人才发挥不了价值，不合格者占据工作岗位却碌碌无为的后果。

因此，企业应该多分析招聘风险，在招聘过程中真正做到人尽其才，只有这样，才能从根本上提高企业的人力资源效率。

二、招聘风险成因

企业人力资源招聘风险产生的原因十分复杂，既有人为的，也有非人为的；既关系到招聘方，又关系到应聘者；既涉及招聘环节本身，又贯穿企业人力资源管理活动的全过程。因此，招聘风险的起因需要从以下三个不同的角度进行剖析。

（一）企业与应聘者之间的信息不对称

企业员工招聘中风险产生的根本原因是双方的信息不对称。所谓信息不对称是指市场上买卖双方各自掌握的信息是有差异的，通常卖方拥有比较完全的信息，而买方拥有不完全的信息。这就导致资源配置不合理和市场失灵，进而导致不正当的竞争行为。招聘中的信息不对称包括两个方面，即招聘企业的信息优势与应聘者的信息优势，各自的优势又是对方的劣势。

首先，应聘者具有信息优势。应聘者往往带着与自己有关的私有信息来应聘，由于个体之间存在个性、能力等方面的差异，使这些信息具有伪装性和隐藏性的特点。他们明白自己真正的工作需求是什么，身上也许有一些对未来工作很有用处的实践经验，也可能知道自己的哪些缺点会阻碍自己在工作上的发展（心理问题、交往能力、身体健康问题等）。此时企业招聘者处于信息不对称的劣势。一些应聘者可能会加工信息，夸大自己的能力和素质，或者隐藏自己的缺点，提供虚假信息，如假文凭、假学历等。这些应聘者在提升自己形象的同时，也造成了对德才兼备者的贬值和排挤，使之遭受不公平竞争，以致退出人才竞争市场。这种投机的应聘者利用信息不对称所形成的逆向选择，会给企业的高效管理带来一定的风险。

其次，企业招聘方也具有信息优势。招聘企业经验丰富，掌控职位信息的输出，他们对企业的相关信息，比如经济效益、职位变动、管理政策、发展机会和文化环境等很了解。在这种情况下，应聘者处于信息缺失和被动一方，对企业的内部资料了解很少。在这种情况下，应聘者在被录用以后发现企业与自己的期望存在很大的差距，从而信心下降，工作热情锐减，萌生去意，使得企业人才流失的可能性加大（王秋菊，2009）。

例证 5-3

TTI 的人才招聘开放日

创科集团（TTI）成立于 1985 年，是高级家居装修工具及建筑工具的世界级供应商之一，拥有多个信誉卓著的品牌。近几年来 TTI 业绩及规模突飞猛进，随之而来的是优秀人才的缺口不断加大。为突破传统招聘的限制，TTI 引入了"招聘开放日"的新颖招聘模式。

TTI 的招聘开放日的流程如下：初试—笔试—部门面试—公司介绍及厂房参观—参观生活区及享用免费午餐—复试安排及确认录用名单。这种一站式招聘活动，能够让求职者全面深入了解 TTI 后更快速地做决定。这样不仅减少了候选人确定意向后再流失的概率，同时也增加了候选人的求职体验，大大地提高了 TTI 的招聘效率。

资料来源：创科集团内部资料

（二）外部环境因素的影响

企业招聘工作不可避免地会受外部社会环境的影响，比如劳动力的供给情况、宏观经济及当地经济的发展状况、国家的法律法规、企业地理位置和交通状况等。劳动力的年龄、受教育程度、经验和技能等对企业招聘工作能否完成及完成的质量具有很大的影响。经济发展状况在一定程度上会影响企业的招聘工作，比如，经济发达地区比不发达地区更易招聘到合适的人选；而在宏观经济繁荣时期，由于社会所提供的就业岗位相对较多，找工作相对比较容易，导致部分人频繁地更换工作。而在社会经济萧条期，随着就业机会的减少，绝大多数人比较珍惜自己的工作，不会轻易放弃。

当然，企业招聘工作还不可避免地要受国家法律法规的约束。除此之外，人们的观念，企业所在地的地理位置、交通状况等因素都会影响企业招聘工作。外部环境因素同时作用于招聘方和应聘方，影响着企业招聘工作的完成情况。如果企业招聘工作受外部环境影响没有招聘到合适的员工，就形成现实的招聘风险；如果企业暂时招聘到了合适的人选，而新员工去留具有很强的不确定性，就形成潜在的招聘风险。对于外部环境因素的影响，企业只能在一定程度上减轻或转移，不能规避（王俊霞，2010）。

（三）企业人力资源管理的脆弱性

企业人力资源管理的脆弱性是指在人力资源管理活动中，人力资源主体和企业管理体系承载和适应内外部环境干扰，以及自我恢复的能力，是企业系统内固有的基本属性。一是企业新进员工自身存在脆弱性，如"身心难以承受岗位要求、疾病史、对企业文化的不认同及工作氛围的排斥"等，属于企业人力资源的素质脆弱性范畴。二是企业人力资源基础管理存在脆弱性，招聘管理工作主要包括制订招聘计划、岗位分析、招聘途径选择、测试甄选、人员录用和招聘评估等，人力资源计划作为招聘基石如果出现失误，例如某职位不太适合外部聘任，企业内部资源可以满足，但计划选择了外部聘任，这样就会直接引发招聘风险；如果某一职位没有明确的工作说明书，招聘工作便无章可循，招聘人员不知道应该从哪些方面对应聘者进行考核，这样就很难招聘到合适的人选。上述两方面失误与企业人力资源组织脆弱性、企业人力资源领导脆弱性之间相互作用，在受到企业外部环境的不断干扰及影响下，必然导致企业人力资源招聘风险的产生并反复波动。

第三节　招聘风险管理

招聘风险管理是指企业如何在一个肯定有风险的环境里把风险可能造成的不良影响减至最低的管理过程。良好的招聘风险管理有助于降低企业招聘决策错误概率，有效避免企业损失的发生，提高企业本身的附加值，有利于实现企业的经营活动目标。

一、招聘风险管理流程

风险管理是一项有目的的管理活动，只有目标明确，才能起到有效的作用。一般来说，招聘风险管理目标可以分为以下两类，即损失发生前的风险管理目标和损失发生后的风险管理目标。损失发生前的风险管理目标包括经济目标、风险可控目标、合法性目标和履行外界赋予企业责任的目标；损失发生后的风险管理目标包括企业生产目标、保持企业生产经营的连续性目标、收益稳定目标和社会责任目标。招聘风险管理的基本程序包括招聘风险识别、招聘风险评估、招聘风险监控和招聘风险应对四个环节。

（一）招聘风险识别

在风险事故发生之前，有效甄别和确定风险对于企业进行全面风险管理是非常关键的。招聘风险识别是指企业管理者或招聘工作者在进行招聘活动时，运用各种方法判断所面临的以及潜在的风险，对其归类整理，并对风险的性质进行鉴定的过程。招聘风识别是一个细致反复的过程，主要是为了确定何种风险会对组织产生影响，并准确描述这类风险的特性。

对招聘风险进行分类和归纳是风险识别中常用的方法。具体来说，通过文献研究、问卷调查和实地调研等方法，对企业的招聘制度、岗位设置、招聘流程与渠道、工作人员选派及任用等方面潜在的招聘风险因素加以判断、归类，并鉴定风险的性质，如哪些是属于信息不对称原因造成的，哪些是源于企业人力资源系统的脆弱性等。要弄清各要素之间的相互关系、作用及影响范围，从而初步确认企业人力资源招聘风险的基本构成。

风险识别过程的活动是将不确定性转变为明确的风险陈述，包括下面四项，它们在执行时可能是重复或同时进行的。

（1）进行风险评估。风险评估一般发生在招聘的初期以及主要的转折点或重要的环节发生变更时。这些变更通常指成本、进度、范围或招聘人员等方面的变更。

（2）系统地识别风险。采用下列三种简单的方法可全方位识别风险：①风险检查表；②定期会议（周例会）；③日常输入（每天晨会）。

（3）将已知风险编写为文档。通过编写招聘风险陈述，详细说明相关的风险背景并记录已知风险，风险背景包括风险问题发生的时间、地点、原因和结果。

（4）交流已知风险。在大家都参加的会议上，用口头或书面方式交流已知风险，同时将识别出来的招聘风险详细记录到文档中，以便他人查阅。

（二）招聘风险评估

招聘风险评估是指在风险识别的基础上，通过对所收集的大量的详细损失资料加以分析，运用概率论和数理统计，估计和预测风险发生的概率和损失程度。风险评估的内容主要包括损失频率和损失程度两个方面。简而言之，招聘风险评估是对企业面临的威胁、弱点以及影响诸方面综合作用带来的危险的可能性进行评估。

定性分析是企业广泛使用的一种风险评估方法，也是一种标准的风险分析法，包括问卷调查、访谈和实地调研等形式。定性分析方法以"低、中、高"来划分风险产生的可能性和风险产生的后果的等级。但是，这种方法无法严格区分风险值的高低差别，考虑的只是风险的相对等级，所以没有必要赋予相对等级太多的意义，否则将会导致决策的失误、行动的失败。定性分析常用于初始招聘工作的筛查和检索活动，以识别出风险存在的可能和现实条件。

定性分析方法受限于观察者的主观认识和经验，极易忽略风险的发生概率和可控水平。因此，最为稳妥的方法就是在定性分析的基础上引入定量分析。定量分析旨在通过量化数据来评估风险的威胁和价值，它解决的是损失发生的概率和损失程度的问题。这样会帮助企业更客观地评估和降低企业招聘过程中的各项风险，并在此基础上解决风险评估中的一个重要问题，即确定风险的重要性水平。所谓风险的重要性水平就是风险对企业管理的影响程度，及其影响程度是否会危害企业的生存和发展。

招聘风险评估的主要活动是将风险陈述转变为按优先顺序排列的风险列表，包括以下活动。

（1）确定招聘风险的驱动因素。

（2）分析招聘风险的来源。风险来源是引起风险的根本原因，分析招聘风险的来源就是分析风险是企业自身人力资源系统的脆弱性或信息不对称造成的，还是人力资源招聘的基础工作缺少引起的。

（3）预测招聘风险的影响。如果风险发生，就可以根据可能性和后果来评估风险的影响。

（4）按照招聘风险的影响进行优先排序，优先级别最高的风险要优先处理。

（5）制订招聘风险应对计划。

（三）招聘风险监测

招聘风险监测是指监测风险状态以及发出通知启动风险应对行动，重点关注招聘风险是否出现反复波动以及是否有上升趋势，以确保企业招聘位于安全范围内。风险跟踪过程的活动包括以下内容。

（1）比较阈值和状态。如果风险指标的值在可接受标准之外，则表明出现了不可控的情况。

（2）对启动风险进行及时通告。对要启动的风险应对，应及时告知相关人员，并安排专职人员负责处理。

（3）定期通报风险的情况。定期通告相关人员目标的主要风险以及他们的状态。

（四）招聘风险应对

招聘风险应对也称风险控制，是指在风险识别和风险评估的基础上，运用现代科学技术以及风险管理方面的理论和方法，制订出各种风险解决方案，并对其进行分析论证以付诸实施，达到风险规避、风险转移、风险减少和风险消除的目的。

招聘风险应对包括以下两个方面：一方面是尽量在风险发生前，通过各种风险应对手段消除潜在的损失和隐患，即预防风险；另一方面是在风险发生后，通过各种手段和方法，尽量对损失进行补救，将风险造成的损失降到最低。预防风险是企业最主要同时也是最重要的应对方法，尤其是对于潜在威胁较大，影响范围较广的风险，预防是必不可少的，需要企业积极践行应对措施。

招聘风险应对过程的活动包括以下内容。

（1）对突发事件的通知做出反应。得到授权的个人必须对突发事件做出反应，适当的反应包括回顾当前现实以及更新行动时间框架，并分派风险行动计划。

（2）执行风险行动计划。应对风险应该严格按照风险行动计划执行。

（3）对照计划，报告进展。确定和交流对照风险应对计划的执行进展，定期报告风险状态，加强小组内部交流，并定期回顾风险状态。

（4）校正偏离计划的情况。有时执行结果与预期目标有所偏离，此时必须换用其他途径，并将校正的过程记录下来。

二、招聘风险应对策略

招聘风险是任何一个企业都无法回避的，因此企业需要从招聘管理、渠道、工具和技术等方面做好风险规避工作。

（一）加强人才选择的内外部约束

鉴于企业的招聘中会出现高投资、低回报等现象，可以将法律作为规避招聘风险的利器。企业在订立劳动合同时应明确规定企业与劳动者双方的权利和义务，这就赋予了其法律效力。一旦发生纠纷，企业就可以用法律武器保护合法权益，或利用"竞业禁止"或"保密条款"等来约束离职的员工。同时，企业还应加强"证据意识"，在人力资源管理过程中注意获取并保存证据，避免在劳动争议发生之时处于承担不利法律后果的地位，这也是有效控制企业人力资源管理法律风险的有效方法之一。此外，企业应该严格遵守法律法规约束，加强对有关劳动的法律与政策及企业所在区域的劳动法规的了解与掌握，提高招聘管理行为的规范化运作，避免可能存在的法律漏洞和隐患。

（二）促进双方信息对称

信息不对称会降低招聘人员和应聘者的决策效率，这是求职者和企业都不希望见到的结果。根据微观经济学的基本原理，有三种方法可以减少信息不对称带来的风险。

1. 优化招聘渠道，提高竞争程度

招聘不同职位应该选择不同的招聘渠道，招聘一名计算机程序员的渠道可能和招聘一名机器操作工的渠道大有不同。学校可以提供初级职位的人选，但是当企业需要有经验的高级人才时，这一渠道就不那么有效了。企业应根据招聘岗位的特点，在控制成本的前提下，选取那些寻找到候选人群可能性比较大的渠道。从规避风险的角度来说，备选人群中合格者的比例越高，企业招聘风险和招聘成本就越低。因而，企业应结合内部举荐和外部招聘两种方式，综合运用多种渠道，如发动企业内部人员举荐符合条件的优秀人才，到具有对应优势专业的高校招聘毕业生，在专门招聘网站或国际国内专业学术期刊发布广告，委托专业咨询公司进行初选和推荐等，尽可能地扩大选才的范围。因为在比较充分、有效的竞争条件下，企业通过比较能够较为容易地辨识应聘者的各种"信号"，进而促进双方的信息对称，以利于企业选聘到理想的人才。

2. 强化应聘者的自我筛选

强化应聘者的信号传递和招聘方的信息获取是促进信息对称的两种方法。企业规避招聘风险应当从提高信息获取能力开始，招聘人才时要向目标人群发出准确的"信号"，将其及时有效地传递给潜在的应聘者，并表明自己的详细需求、管理模式和管理制度等实际情形，以便使潜在的应聘者对照条件先进行一次自我筛选。详细的岗位分析可以起到信息获取和初筛的作用，同时也是构建求职者和企业双方心理契约的基础，是规避风险的重要手段之一。目前大多数企业发布的招聘简章，往往只有学历、专业、任职资格和岗位职责等简单要求，"信号"太过粗略，使求职者无法进行精细的自我筛选。

3. 开展背景调查

根据前程无忧在"2011企业实施背景调查情况调研报告"中针对699家不同性质的企业实施情况统计，被淘汰的应聘者主要存在的问题集中体现在职业操守有问题（占24.1%）、工作表现及业绩浮夸（占23.5%）、工作经历不准确（占18.8%）、职务和级别有意编造（占14.4%）、学历及培训情况造假（占9.1%）、薪资水平水分较多（占7.6%）、故意隐瞒家庭或婚姻状况（占2.3%）等方面。

背景调查是以雇佣关系为前提，通过合法的调查途径及调查方法，了解候选人（包括待入职人员及在职人员）的个人基础信息、过往的工作背景、能力及工作表现，形成对背景调查人员的综合评价，是企业在用人环节中必不可少的招聘流程（高涛，2012）。背景调查能够有效降低招聘不诚实、不合格和不胜任员工的机会，节省重复招聘、入职培训的支出，降低员工离职的比例。背景调查可以委托给专业的第三方背景调查机构来实施，并由其提供专业的背景调查报告，以及全面、客观、快捷的招聘建议。

背景调查可归纳为6个类别：①身份信息核实，要将身份证持有者的姓名、号码与公安系统官方数据库内的信息进行对比核实；②教育背景核实，通过身份证号码就可以查询到其大专以上的所有学历；③专业资格查询，通过专业资格证书颁发机构或获证学校核查候选人的证书是否真实有效；④不良记录核实，可通过候选人户口所在地派出所或相关公安机构进行核实；⑤工作履历核实，核实候选人的离职时间、职位、离职原因、竞业禁止和劳动纠纷等情况；⑥工作表现调查，通过对其雇主的上级、下属或同事关于候选人德、能、勤、绩四大维度所进行的访谈，核实候选人的工作表现及工作能力。

例证 5-4

八方锦程的背景调查流程

广州八方锦程人力资源有限公司（以下简称"八方锦程"）是中国最领先的员工背景调查公司之一，每年为数百家跨国公司和国内知名企业提供专业背景调查外包服务。

八方锦程的员工背景调查流程如下。

（1）签署背景调查授权书。员工背景调查会涉及个人隐私，因此务必要事先征得被调查者的同意。

（2）背景调查信息收集。主要由被调查者提供相关的联系人信息，如历任雇主的工作证明人、联系方式等。

（3）实施背景调查（初步信息核实）。学历调查：须到学校学籍部门确认学历的真伪；工作履历调查：调查应聘候选人在历任雇主的工作时间、岗位名称以及离职原因、是否有违规违纪情况、是否与原雇主有劳动仲裁。

（4）实施背景调查（信息复核）。

（5）背景调查报告提交。

资料来源：八方锦程官方网站

4. 设置较长的考核期

促进信息对称还可以通过设置一定长度（如1～2年）的考核期来实现。企业在正式聘用之前与应聘者事先约定明确的考核标准，把具备聘用资格和落实聘用关系二者分离。考核期内，企业可以比较深入、细致地了解一次性选拔无法掌握的相关信息，以考核应聘者的实际水平，应聘者也可以观察、适应用人单位。考核期结束后，根据应聘者的实际表现，企业再决定是否将其转为正式聘用，以此避免一次性选拔中由于信息不对称等原因造成的选人不当的风险。

浙江大学师资博士后制度

浙江大学实施的师资博士后制度,是一种具有开放、竞争和流动特点的教师补充新模式。应届优秀博士毕业生或不具备高级专业技术职务的博士应聘浙江大学教师岗位,应先经选拔进入博士后流动站,纳入学校师资博士后系列进行培养管理。博士后经过两年的研究工作,出站考核合格,并经双向选择,才可以正式聘用为浙江大学的教师。对于本人不再申请留校工作或不能胜任学校教师任职要求的,可以另行择业。这种师资博士后制度有效强化了"优胜劣汰"机制,保证了教师选聘的质量。(许士荣,2015)

(三)引入现代招聘技术

岗位分析和建立胜任模型是两种比较有效的规避招聘风险的策略,二者又有一定的区别。岗位分析强调的是对任职者基本素质的要求,即某项工作的任职资格要求;而胜任力强调的是除了基本的任职资格之外,能够导致高绩效的素质特征。

1. 开展岗位分析,强化关键能力考核

明晰的岗位分析是促进人岗匹配的"桥梁",是招聘到合适人才的基本前提。这需要人力资源部门做大量细致而专业的工作。有了明确的岗位分析,就可以在很大程度上避免人才盲目"消费"。一般来说,岗位分析应当结合企业与行业发展的目标定位,明确概括出具体岗位所需要的关键能力,企业招聘时宜重点强化这些关键能力的考核,而适度降低非关键能力的要求,从技术上使具有不同能力的应聘者均衡分离,提高应聘者与需求岗位的匹配程度。

德邦的人才画像

德邦结合内部成长的优秀管理人员的共同特征,摸索出自身的"人才画像",背后的逻辑则是因为物流行业较为艰苦,且德邦正在全国快速扩张,需要吃苦耐劳且抗压能力强的人，同时也需要比较灵活、思路开拓和创新意识强的人。这些人才的特点是能够接受德邦快速发展而产生的调动，希望通过自己的努力改变命运。因此，在德邦校园招聘版图上，较为侧重中西部和东北部的院校，如武汉、西安、东北和西北等地的高校（如西北农业科技大学）。用德邦的话来说就是："学习如何种花花草草"的学校成了德邦的人才基地。德邦秉持的原则是：与其选择一流院校的最末端的毕业生，不如选择二流院校顶尖的毕业生。从人才软性特质角度而言，物流行业基层工作需要从事一定的体力劳动，因此，坚韧抗压和吃苦耐劳成为德邦校园招聘选拔人才的重要标准。其次，由于校园招聘是为德邦中高层储备管理人才，因此，所有的校园招聘中侧重招聘的毕业生需要具备一定的学生干部经历。此外，德邦在招聘的过程，还会考察候选人的表达能力、沟通能力、执行力以及团队影响力，这就是德邦的"人才画像"。

资料来源：德邦快递官方网站

2. 建立岗位胜任力模型并开展测评

在招聘过程中，企业总是想确切地知道应聘者的实际水平和发展潜力是否最大限度地胜任特定的岗位。"胜任力"是人力资源管理领域一个十分重要的概念，简言之就是能够明确地区别出绩效优秀者与绩效低下者的素质。自20世纪70年代以来，基于"冰山模型"和"洋葱模型"而建立的胜任力模型在人力资源招聘过程中得到了广泛的应用。胜任力模型将人的素质进行了分类和分层，把容易了解和测量的素质（冰上部分）和难以测量的素质（冰下部分）做了区别，便于人们重视核心价值观、社会角色、自我形象、特质与动机等不易观察、测量，但对绩效具有决定性影响的那部分素质。

对应聘者进行性格、职业倾向及个人工作能力等多方面的测试，减少使用经验式面试方式，科学评判人员适用度，可以降低招聘风险（Evans，1988）。

为了尽可能规避招聘和选拔中的风险，企业应建立和运用适合本企业的岗位胜任力模型，最终目标是形成一个标准的、可以量化的指标系统。这对企业人力资源管理者提出了很高的要求。胜任力模型可以帮助企业有效地避免招聘与选拔中的偶然因素，有效地识别与高绩效密切相关的胜任要素，比较精准地挑选到企业需要的人才，从而提高招聘的成功率、准确率。

（四）优化招聘制度设计

优化企业内部的招聘制度设计，加强招聘者的能力素质建设，从技术上增强招聘能力，也能够有效地减少失误，降低招聘风险。

1. 设立激励相容制度

招聘工作最重要的决定权一般在业务部门和领导层，业务部门和招聘者类似于"委托人"与"代理人"的关系。在这种情况下，企业需要设置委托代理激励相容制度，以保证招聘方整体利益的一致性。激励相容制度就是要尽量消除需求部门和招聘者的利益差异，使两者的利益尽可能一致，避免或减弱招聘中的人情关系、腐败寻租等因素，保证"让坏人不干坏事"，从而避免主观及道德风险。激励相容制度最明显的措施，就是根据人才引进的成效，对有关人员实施奖励，促进具有实际选择权的人公正、尽职、勤勉地开展工作。比如，国内各高校普遍设立的人才引进"伯乐奖"，就是一种典型的激励相容制度（韩亮，2014）。

2. 加强人才规划和储备

一般来说，从确认一个空缺岗位，到找到适合这个岗位需要的人才，通常存在着明显的时间延滞，因而企业的人才规划十分有必要从数量关注型转到质量关注型，确定人员的净需求，适度超前规划，以增强人才使用的可预期性，降低人才无序流动带来的不确定性风险。

例证 5-7

真功夫的米饭大学

广州真功夫快餐连锁管理有限公司是中国最具影响力的快餐品牌之一。作为致力于成为全球中式快餐第一品牌的真功夫，非常重视人才培养。2010年，真功夫正式宣告成立企业大学，并将企业大学命名为真"功夫米饭大学"。通过米饭大学，真功夫实现了"选、育、用、留"的全方位人才发展，主要表现为以下几点。

（1）系统的架构和功能设置。真功夫米饭大学下设六大职能，分工明确，职责清晰，并且每年会为公司员工开发提供大量的培训资源和机会；

（2）上接战略，下接人才。课程紧贴公司战略规划和公司业务发展需求，同时兼顾长期人才发展规划和短期目标需要，聚焦做专业的业务伙伴。

资料来源：北森官方网站

3. 提升招聘人员的技术能力和职业道德素质

除了人力资源部门的代表，一般来说，招聘人员还可以包括直线经理人，对招聘的职位非常熟悉的专家或员工，以弥补人力资源部门由于自身业务的单一性和封闭性而进行经验式招聘的缺陷。为规避招聘人员因主观判断和知识、技巧的不足带来的招聘风险，企业应当有针对性地加强对招聘人员的培训，使招聘人员了解企业的现状、招聘要求、招聘的原则、招聘的程序和招聘中应注意的问题，提升其招聘的技术能力和职业道德素质，提高各项测评、测试、考选活动的科学性、严密性，增强对各种招聘风险的预估、防范和应对能力。例如，在测评过程中，对于夸大自己能力的应聘者，招聘工作人员应具备综合洞察力，通过对应聘者的动作、表情等细节判断其提供信息的真实性（Gladwell，2006）。

（五）有效评估招聘工作

在完成招聘工作之后，为了确定不同招聘资源、方法等事项的效率，人力资源部还需要做招聘评估工作。招聘评估可以帮助企业核查招聘环节的不足，有利于企业不断改进招聘方式，不断提高招聘效率。招聘评估应包括招聘结果的评估、新员工的评估、招聘方法和招聘程序的评估等。招聘结果评估可从成本、招聘收益、时间和录用数量方面进行评估，新员工的评估可从工作绩效、人际关系和个人品质方面进行评估，招聘方法的评估可从有效性、可靠性方面进行评估，招聘程序的评估可从招聘流程的规范化程度、时间利用率和有关工作的协调性方面进行评估（万华，桂婷，2011）。

第四节　应聘风险管理

对每一个求职者来说，职场既充满了机遇，也充满了陷阱。在求职过程中，求职者往往面临海量的招聘信息。求职者不仅要能快速筛选出自己需要的信息，同时也要懂得辨认这些招聘信息的真实性。因此，对求职者来说，进行应聘风险管理是非常有必要的。

一、应聘风险种类

（一）成本风险

求职者在求职过程中需要承担相应的货币成本和非货币成本。货币成本包括交通费、吃住费、简历制作费和通讯费等。非货币成本包括求职者所花费的时间、精力和所放弃的其他工作机会等。此外，一些专以骗取报名费为目的的"皮包公司"，在"招工"时把职业吹得天花乱坠，先收取报名费，等求职者到了公司，又提出中介费、建档费、办证费和培训费等一系列费用。收费后，他们却把工作的事一拖再拖，或者安排一些求职者根本无法接受的工作，让求职者白花钱。

（二）收入风险

一些劣质用人单位在招聘时用很高的年薪来诱惑技术人才，等到将技术完全掌握后，在兑现年薪前用各种理由将求职者"辞退"。有些企业想方设法克扣求职者的工资，如果求职者对招聘企业的情况不了解，又没有与其签订合法的劳动合同，难免会遇到到期却拿不到工资的情况。此外，少数的不良企业利用求职者对行业不熟悉的特点，开出极具诱惑力的薪酬标准，然后安排求职者超负荷工作，或从事违法活动，故意给求职者设置过高的目标任务，导致求职者在苦干一场后依旧离目标任务还差一大截，从而无法获得事先商议的薪酬。

（三）安全与健康风险

有些企业在招聘时故意隐瞒工作环境和工作条件。尽管有些工种工资很高，但工作时间往往长达十个多小时，把人变为只会工作的"机器"。有的工作是在辐射、腐蚀和严重潮湿的环境下作业，对身体健康有很大的危害。还有的企业本来就是在生产违禁产品，为了保密，甚至会限制工人的人身自由。随着互联网的快速发展，有些诈骗和传销团伙还利用虚假的公司信息、虚高的薪酬待遇诱骗求职者前来求职，一旦求职者上当，便趁机"囚禁"求职者，使其参与非法诈骗和传销活动。

（四）职业发展风险

求职者在选择具体的工作单位时，要考虑职业发展风险，看准所选的企业是否在顺利成长，只有企业成长了，个人才有发展的空间。还要看企业的用人机制，自己在其中的发展机会大不大。现在企业吸引人才主要有"两手"，一是高薪留人，二是靠发展留人。此外，有的用人单位随意规定试用期长短，或者延长试用期，"剥削"求职者试用期内的劳动，等试用期一满，就找理由将人辞退，不给求职者事先承诺的转正机会。而求职者由于事先已经放弃了其他工作机会，不得不重新寻找工作。

二、应聘风险应对策略

(一)验证用人单位资质

求职者在求职过程中首先要对招聘单位"验明正身",确保自己的合法权益,避免误入陷阱。一般而言,求职者可以通过国家企业信用信息公示系统查询来核对招聘单位的信息。对于事业单位和大型企业,求职者可以直接登录单位网站查验人才招聘信息。

(二)切勿轻易交费

有些招聘企业要求求职者交纳报名费、考试和培训等费用。这些看似和求职者应聘有关的项目实际上很多是欺诈陷阱。因此,求职者在未验证信息的真实性之前,一定不要轻易交纳任何费用。

(三)谨慎签订劳动合同

与用人单位签订劳动合同时,求职者要详细查看劳动合同上的相关内容。例如,企业是否经过工商部门登记以及企业注册的有效期限;劳动合同是否具有一些必备内容:劳动合同期限、工作内容、劳动保护和劳动条件、劳动报酬、社会保险和福利、劳动合同终止条件和违约责任等。

(四)树立自我防范意识,提高自我保护能力

缺少防范意识是导致求职者上当受骗的主要因素,缺乏自我保护能力是导致求职者难以摆脱困境的重要原因。求职者应该积极增强自我保护意识,提高自我保护能力。

(五)学法、懂法、用法

法律是公民合法权利的重要保障,求职者要学法、懂法、用法,要在日常学习生活中主动学习法律知识,在个人权益受到侵害时拿起法律武器保护自己。求职者在求职过程中的合法权益受到侵害时,要学会保存、搜集证据,并依据国家法律法规进行维权,以减少损失。当人身安全受到威胁时,求职者首先要想方设法报警,待危险解除后,再追究相关单位和人员的法律责任,依法获取合理赔偿。

本章小结

1. 企业人力资源招聘风险是指由于人自身心理和生理的复杂性和企业内外部经营环境的多变，企业在招聘决策的过程中出现失误，或招入了非理想的员工，影响企业经营目标，使企业蒙受损失的可能性。

2. 招聘风险分为三大类：一是招聘有效性低；二是法律风险；三是成本损失。招聘有效性低体现在招聘渠道的选取风险、人才辨别的测评风险、招聘回复的速度风险；法律风险存在人员招聘的各个环节，如招聘信息、录用阶段、签订劳动合同等阶段。

3. 造成招聘风险的原因包括三个方面：一是企业与应聘者之间的信息不对称造成的逆向选择；二是外部环境因素的影响，比如劳动力的供给情况、宏观经济及当地经济的发展状况、国家的法律法规、企业地理位置和交通状况等；三是企业人力资源管理的脆弱性，包括企业新进员工自身存在脆弱性和企业人力资源基础管理脆弱性。

4. 招聘风险管理包括四个流程：招聘风险识别、招聘风险评估、招聘风险监测和招聘风险应对。

5. 招聘风险应对应加强人才选择的内外部约束，促进双方信息对称，引入现代招聘技术，优化招聘制度设计，有效评估招聘工作。

6. 应聘过程中存在成本、收入、安全与健康以及职业发展的风险，因此，求职者在求职过程中应该注意鉴别招聘单位的资质、提高自我防范意识和自我保护能力，合理运用法律武器维护自己的合法权益。

推荐网站

1. 八方锦程 http://www.gdbf.com/
2. First Advantage https://china.fadv.com/

复习思考题

1. 企业在招聘过程中面临什么样的风险？
2. 造成招聘风险的原因是什么？
3. 如何防范求职过程中可能面临的应聘风险？

管理小游戏

模拟招聘

情景假设：某公司需要招聘三名销售人员，你作为招聘经理需要从一群求职者中挑出最佳人选。

游戏规则：

1. 所有的人平均分成三组，每个小组约20人，其中5人扮演面试官，15人扮演求职者；

2. 每个求职者用一张小纸片写下自己的两个优点，并写上自己的名字，然后按小组汇总；

3. 5个面试官浏览本小组汇总的小纸片，每个面试官分别拿出一张白纸各自写出自己认为的3个最佳人选；

4. 比较同组内5个面试官的人选名单，看5个面试官挑出的最佳人选是否都相同。

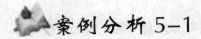
案例分析 5-1

招兵买马之误

耐顿公司是NLC化学有限公司在中国的子公司，属于中型企业，主要生产、销售医疗药品。随着生产业务的扩大，为了对生产部门的人力资源进行更为有效的管理开发，2000年初始，公司决定在生产部门设立一个新的职位，主要职责是负责生产部与人力资源部的协调工作。生产部经理希望从外部招聘合适的人员。

根据公司安排，人力资源部经理帅建华设计了两个方案：一个方案是在本行业专业媒体中做专业人员招聘，费用为3 500元。好处是：对口的人才比例会高些，招聘成本低；不利条件：企业宣传力度小。另一个方案为在大众媒体上做招聘，费用为8 500元。好处是：企业影响力度很大；不利条件：非专业人才的比例很高，前期筛选工作量大，招聘成本高。人力资源部门初步选用第一种方案。但是总经理看过招聘计划后，认为公司在大陆地区处于初期发展阶段不应该放过任何一个宣传企业的机会，于是选择了第二种方案。

在一周内的时间里，人力资源部收到了800多份简历。帅建华和人力资源部的人员在800份简历中筛出了70份有效简历，经再次筛选后，留下了5人。于是他来到生产部经理于欣的办公室，将此5人的简历交给了于欣，并让于欣直接约见面试。于欣经过筛选后认为可从两人中做选择——李楚和王智勇。

李楚和王智勇的基本资料相当。但值得注意的是，在王智勇的招聘简历中没有上一个公司主管的评价。公司通知两人一周后等待通知。在此期间，李楚在静待佳音，王智勇打过几次电话给人力资源部经理，第一次表示感谢，第二次表示非常想得到这份工作。

人力资源部和生产部门的负责人对这两位候选人的情况都比较满意，虽然王智勇简历中没有前主管的评价，但是生产部门负责人认为，这并不能说明他一定有什么不好的背景。虽然感觉他有些圆滑，但还是相信可以管理好他，再加上他在面试后主动与公司进行了联系，生产部负责人认为其工作比较积极主动，所以最后决定录用王智勇。

王智勇来到公司工作了六个月，经观察，生产部门发现王智勇的工作不如期望得好，他经常不能按时完成指定的工作，有时甚至表现出不胜任其工作的行为，所以引起了管理层的抱怨，认为他不适合这个职位，并表示必须加以处理。

然而，王智勇也很委屈。来公司工作了一段时间后，他发现招聘所描述的公司环境和各方面情况与实际情况并不太一样：原来谈好的薪酬待遇在进入公司后有所减少，工作的性质和面试时所描述的也有所不同，也没有正规的工作说明书作为岗位工作的基础依据。（郭安琪，2014）

讨论：
1. 阅读材料，请分析耐顿公司招聘失败的原因。
2. 耐顿公司在今后的招聘工作中应注意采取哪些策略，才能提高招聘的成功率？

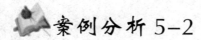

案例分析 5-2

百度文化价值观在招聘中的落地

百度，作为全球最大的中文搜索引擎、最大的中文网站之一，是中国最具价值的品牌之一。在2016年《麻省理工科技评论》评选的"全球最聪明50家公司"中，百度的排名超越众多科技公司高踞第二。而"亚洲最受尊敬企业""全球最具创新力企业""中国互联网力量之星"等一系列荣誉称号的获得，也无一不向外界展示着百度成立数年来的成就。这些成就在某种程度上彰显了以下两点：一是百度的使命：用科技让复杂的世界更简单；二是百度的价值观与文化：简单可依赖。

"简单可依赖"既是百度的价值观，也是百度选取、任用人才的基准。"招最好的人，给最大的空间，看最后的结果，让优秀人才脱颖而出"是百度自诞生之日便拥有的基因。对于百度招聘团队来说，"招最好的人"有三个标准：认同百度"简单可依赖"的文化价值观；能胜任自己的工作；有优秀的学习能力。这三个标准贯穿招聘面试流程的各个环节，业务部门的资深专家主要负责评估候选人的专业能力，招聘团队则主要负责评估候选人的文化价值观与学习能力。因此，百度招聘团队构建了百度定制化的文化价值观评价模型，并将其运用于人才招聘过程。

在百度的校园招聘过程中，每一个候选人都需要进行百度文化价值观模型和学习敏锐度模型的评估。评估结束后，百度会为每个候选人输出三份报告（一份综合面试报告，两份个人反馈报告）。其中综合面试报告清晰标明了学习敏锐度与文化价值观的评价标准，并告诉面试官，该候选人在这些标准上的得分高低情况，以及需要重点关注的维度。如果需要进一步验证，报告中还列出了面试参考问题，供初阶面试官使用，以帮助百度HR和业务部门面试官快速了解候选人，聚焦风险项目，结合面试建议提高面试效率。除了综合面试报告，还分别生成文化价值观和学习敏锐度的"个人反馈报告"，其主要作用是反馈给候选人本人，让初入职场的"新鲜人"能够了解自己的能力、个性和价值观方面的特点。不管最后是否决定加入百度，这种解读都是帮助他们迈入职场的一个有效方式。当然，这也体现了百度对人才的尊重和敬畏，测评不光用于评价人，还可以帮助候选人自我成长和发展。

资料来源：北森官方网站

讨论：

从招聘风险管理的角度看，百度文化价值观在招聘中的应用能够给我们带来什么启示？

参考文献

[1] EVANS K M, Brown R. Reducing Recruitment Risk through Preemployment Testing [J]. Personnel, 1988: 63.

[2] GLADWELL M. The Risk Pool; Dept. of Human Resources [J]. The New Yorker, 2006(8): 82.

[3] 刘恩峰. 企业招聘的风险及防范措施 [J]. 经济论坛, 2013 (12): 58-59.

[4] 曾颖雯. 企业人员招聘中的风险与防范对策分析 [J]. 人才资源开发, 2014 (8): 87-88.

[5] 申明利. 企业人力资源招聘风险管理研究 [J]. 产业与科技论坛, 2013, 3 (12):

220-221.

［6］高翔. 企业招聘风险探析［J］. 人力资源，2011（33）：186-187.

［7］王秋菊，易雪玲. 企业员工招聘的风险分析［J］. 中南林业科技大学学报（社会科学版）2009，3（5）：122-124.

［8］王俊霞. 企业招聘风险形成机理理论模型［J］. 合作经济与科技，2010（391）：20-21.

［9］西奥多·W. 舒尔茨. 论人力资本投资［M］. 吴珠华，译. 北京：北京经济学院出版社，1990.

［10］许士荣. 我国高校师资博士后政策的十年回顾与展望［J］. 高校教育管理，2015，9（4）：120-124.

［11］郭安琪. 当前企业招聘中存在的问题分析［J］. 决策探索，2014（10）：63-64.

［12］万华，桂婷. 招聘评估，你意识到了吗？［J］. 企业管理，2011（04）：85-86.

［13］韩亮，文涛. 高校教师招聘风险及其规避策略探析［J］. 扬州大学学报（高教研究版），2014，18（2）：26-30.

［14］信海光. 谁给了加藤喜一话语权［J］. IT时代周刊，2012（22）：68.

［15］高涛. 金融企业员工招聘中背景调查的应用探析［J］. 人力资源管理，2012（6）：35-36.

［16］物畅其流，人尽其才：德邦物流精准定位，有效吸引人才［EB/OL］.（2016-09-23）http://www.beisen.com/customer/catid19/2868.html.

［17］赵曙明. 人力资源管理［M］. 北京：机械工业出版社，2012.

［18］包虹雁. 浅析人力资源招聘的风险及防范［D］. 上海：复旦大学，2010.

［19］张玉胜."用词不当"不是"萝卜招聘"的托辞［N］. 工人日报，2017-12-29.

第六章

甄选方法与技术

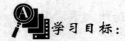学习目标：

学完本章后，你应该能够：
1. 熟悉员工甄选流程与方法
2. 掌握初步筛选方法
3. 掌握笔试技巧
4. 掌握面试技巧
5. 了解测评方法与工具
6. 掌握背景调查技巧

引例

美世：《初级职位申请调查》

美世与人力资源管理协会（SHRM）合作的一项研究《初级职位申请调查》表明，只有五分之一的人力资源专业人士对其雇主有效评估初级职位申请者的总体能力充满信心，尽管大多数的求职者拥有一些雇主们重视的重要技能，如可靠、诚信、尊重和团队合作等。

此外，雇主们依赖对初级职位候选人进行长期筛选的方法，尽管他们对某些技术的准确性缺乏信心。根据该调查，大多数雇主使用一对一面试（95%）、申请评估（87%）和简历评估（86%）的方法，尽管近一半的人力资源专业人士对申请评估和简历评估信心不高或没有信心。因此，雇主可能会失去合格的、有才能的求职者，而这些求职者原本具备资质却失去了工作机会。

该调查发现，企业需要采用更新的有效方法来进行初级职位候选人的甄选。根据这项调查，只有不到一半的公司对初级职位招聘进行甄选测试（42%），而候选人发表的科学文献被认为是预测绩效最准确的因素之一，其次是表现良好的面试过程。很少有组织使用性格测试（13%）、认知能力测试（10%），或者在线模拟（2%）来甄选初级员工，而这些方法已被一些研究证实是非常有效的。

对于初级职位的招聘，企业应使用创新评估方法，利用先进的技术和更有效的方法，如机器学习算法、游戏法和仿真情景模拟。这些方法很可能对求职者在所有层级工作岗位的评估和甄选过程都会产生积极影响。

与职业相关的实习也将继续成为初级求职者就业的重要途径，尤其是在自动化将取代低技能工作的大趋势之下。根据美国人力资源管理协会与美世的这份调查，大约一半（47%）的人力资源专家指出，完成与职业生涯相关的实习，对于考察候选人是否合格非常有价值。其次，校外工作经历也是有价值的经验（39%），这表明无法获得正式实习机会的候选人仍然可以从工作经历中获益。

资料来源：美世：仅五分之一的雇主对当前初级职位候选人的甄选方法充满信心［EB/OL］.（2017-08-09）. https://baijiahao.baidu.com/s?id=1575238799471421&wfr=spider&for=pc.

美世与人力资源管理协会合作的这份调查报告向我们传递了这样的信息：甄选方法与技术选取的准确与否决定雇主是否能够筛选出优秀、合格的候选人。人员甄选是员工招聘与配置过程中至关重要的一个环节。这一步迈得成功与否，往往决定了企业能否招到适合岗位要求的、高素质的人才。简历或者求职申请表作为求职者第一次向用人单位展示自己的一种形式，其重要性无论是求职者，还是用人单位都是非常重视的。本章将详细描述人员甄选工作的程序、步骤以及注意事项，使读者看过之后能够在脑海里绘制一幅人员甄选工作图，从而在实践中做到胸有成竹，有的放矢。

第一节　初步筛选

一个组织发布的招聘广告往往会吸引诸多求职者，收到大量的求职申请表或简历，为节约招聘成本，用人单位必须根据岗位的任职资格条件对众多的求职者简历进行初步的筛选。筛选的对象分为求职申请表和个人简历两种类型。一般来说，筛选需要经过分类、审视和设问三个步骤，才能保证效率。

一、求职申请表概述

求职申请表是由用人单位设计，包含了职位所需的基本信息，并用规范化、标准化的格式表示出来的一种初级筛选表，目的是筛选出那些背景和潜质与职务规范所需的条件相当的候选人参加后续选拔。求职申请表的设计制作主要依据职务说明书，一般包括个人基本信息、求职岗位情况、工作经历和经验、教育与培训情况、生活和家庭情况等内容。

（一）求职申请表的作用

求职申请表最大的特点是结构完整而且直截了当，申请表上需要填写的信息都是用人单位针对公司的用人制度以及岗位任职资格设计的，申请人填写起来也比较方便。一般来说，求职申请表具有以下四个方面的作用。

1. 节省时间

经过精心设计、合理使用的申请表可以节省时间，让招聘人免去"被迫"对无用信息进行筛选的工夫，加快了预选的速度，是比较快速、公正并能准确地获取与候选人有关的资料的最好办法之一。

2. 准确地了解应聘者的信息

相对于简历来说，申请表可能更可靠，因为申请表是由用人单位决定填写哪些信息，并且所有应聘者都要按表中所列项目提供相应的信息，因此可以使招聘单位了解到候选人的历史资料，包括教育经历、工作经历以及个人的兴趣爱好等信息。

3. 有助于设计面试问题

由招聘者设计工作申请表，主动权把握在公司手中，公司可以根据自己对待聘员工的要求，设计一些有针对性的或者非常具体的问题，同时有助于在面试过程中做交叉参考，检验简历的真实度。

4. 有利于应聘者重新评估自我

求职申请表结构完整，直截了当，清楚表明了公司对待招聘员工的基本要求。这样有利于应聘者根据申请表对自我条件进行评估，决定自己是否符合申请表中所要求的条件，之后再进行填写申请表等行为。

正是这些原因，便于招聘人根据申请表做出初步的评估。如果有许许多多的应聘者需要筛选一遍，申请表就发挥了巨大的作用。当然，对于某些工作岗位来说，申请表狭窄的格式限制了创造性，企业会因此流失个别优秀的人才。另外，制作申请表需要费用，增加了招聘成本，这是另一个缺点。

例证 6-1

宝洁中国的筛选考试——网上申请

从2002年开始，宝洁中国将原来的填写邮寄申请表改为网上申请。毕业生通过访问宝洁中国的网站，点击"网上申请"填写自传式申请表并回答相关问题，这是宝洁的一次筛选考试。每年应聘宝洁的毕业生有很多，一般一个学校就有1 000多人申请，宝洁不可能直接去和上千名应聘者面谈，自传式申请表可以帮助其完成高质、高效的招聘工作。

宝洁的自传式申请表是由宝洁总部设计的，全球通用。宝洁在中国使用自传式申请表之前，会先在中国宝洁的员工中及中国高校中分别调查取样，汇合其全球同类问卷调查的结果，从而确定可以通过申请表选拔的最低相关考核标准。这样做同时也可确保其申请表即便面对不同文化背景的学生，仍然能够保持筛选工作的相对有效性。申请表还附加一些开放式问题，供面试的经理参考。（程佳田，2015）

（二）求职申请表的设计

因为申请表所反映的资料对用人单位的面试评估以及应聘者的能力、资历的判断都有极其重要的指导作用，所以申请表的设计一定要科学、认真，以便能全面反映所需要的有关信息。不同单位，甚至是同一组织内的不同部门、不同岗位在招聘过程中所使用的申请表的项目是不同的，如招聘专业技术人员和管理人员，应届毕业生和非应届毕业生的申请表设计就有很大差异。好的申请表可以帮助单位减少招聘成本，提高招聘效率，尽快找到理想的人选，所以申请表的设计十分关键。

一般来说，申请表应该具备以下信息，详细信息如表6-1所示。

申请表要符合当地有关法律和政策的要求，只能要求申请人填写与工作相关的情况；内容的设计要根据工作说明书来确定，要考虑本企业的目标以及职位要求。而申请者在填写申请表时，企业应首先要求其保证所填内容都是真实的，否则取消候选人资格。

表 6-1　求职申请表范本

个人信息							
姓名		性别		年龄		民族	
学历		职称		政治面貌			
身份证号		电话		QQ/微信			
健康状况		婚姻状况		子女情况			
现居住地							
背景信息							
申请的岗位			期望薪资				
何时到岗			招聘信息来源				
应聘理由							
教育经历							
教育程度	起止时间		毕业院校	专业/学位		培养方式	
培训经历							
起止时间	机构名称		专业	证书		证明人	
工作经历							
起止时间	单位名称		岗位	薪资	离职原因		证明人
岗位特殊要求							
能否出差			能否加班				
能否接受工作调动			是否有驾照				
掌握的其他技能							
家庭成员和主要社会关系							
关系	姓名		工作单位	职务		电话	
是否曾在我司应聘	是□ 否□		是否有亲属或朋友在我司工作	无□ 有□ 姓名：			
填表人申明	1. 本人保证所填写资料属实； 2. 保证遵守公司各项规章制度； 3. 如有不实之处，本人愿意无条件接受公司处罚甚至辞退，并不要求任何补偿。 申明人：　　　　　　　　　　　　　　　　　　　填写日期：						

注：企业可以根据自身需求增加或删减申请表的项目。

（三）求职申请表的筛选技巧

1. A-B-C-D 分级法

在审阅求职申请表时，要特别关注以下情况：①能够证明最符合工作所要求的有关技能、能力和成就方面的必要条件的情况。②检查申请表和简历上的日期是否一致，有没有时间空缺？如果有，一定要查明这段时间招聘候选人在干什么，申请表中所说的工作情况是否与所给的日期相符。③能够证明业务发展水平的情况；④能够证明行业知识水平的情况；⑤在行业就职的稳定性情况；⑥以前的雇主；⑦就业稳定性的一般情况，即做一份工作的平均时间。

查看申请表之前，必须了解清楚工作岗位的要求，然后制定出筛选申请表的调查表。调查表要和申请表、简历中的项目相一致，每一项都是重要的筛选标准。全面的调查表将使企业能够根据申请人符合工作剖析的程度来决定优先考虑哪些申请表，在此可以用 ABCD 四级来区分申请表。属于 A 级的求职者最符合最初的工作岗位剖析，B 级次之，C 级第三，D 级的申请者不符合工作岗位剖析，因为 D 级的条件是"关键淘汰因素"，所以很可能不会进入下一阶段的测试和面试。

2. 比较模型法

认真审阅申请表和简历，能够将那些明显不适合岗位的人挑出来。根据工作说明和人员招聘条件给剩下的申请人排队，参照下列标准对每一位申请人进行评估：①表示不符合最起码的标准；②表示符合标准；③表示符合或超出标准。

对所有的申请人进行了认真的甄别和排队之后，就可以将结果引入下面的比较模型进行比较，详见表 6-2。

表 6-2 申请人条件对比表范本

申请人	身体情况			教育训练			知识经验			特长才能			性格特征			专业特长		
	1	2	3	1	2	3	1	2	3	1	2	3	1	2	3	1	2	3
张三			√		√		√				√			√				√
李四	√				√		√				√		√				√	
周五		√			√			√			√				√			√
…																		

通过比较模型进行比较之后，就可以相对容易地进入候选人分类阶段：一部分被选定为继续测验对象，一部分被列入后备名单，还有一部分会收到回绝信。

二、筛选个人简历

个人简历是求职者给招聘单位发的一份简要介绍,包含自己的基本信息:姓名、性别、年龄、民族、籍贯、学历、联系方式,以及自我评价、工作经历、学习经历、荣誉与成就、求职愿望等。个人简历能够给申请人较大的自由去表现自己申请人的创造性和书面表达能力。在个人简历中,申请人会强调自己认为重要的部分,会无意中提到其他一些有用的信息,从中招聘者可以获取自己想要的信息,并进行相应的筛选。当然,企业如果对个人简历的内容和风格缺少控制,预选起来就要花费相当多的时间和精力;而且只注重个人简历的表面文字存在风险,因为个别应聘者可能会在工作简历中隐瞒不好的方面,夸大自己的成绩,如编造技能水平和工作业绩,虚构教育背景、隐瞒处分甚至犯罪记录等。

(一)筛选个人简历的要点

1. 分析简历结构

简历的结构在很大程度上反映了应聘者的组织能力和沟通能力。合理的简历结构都比较简练,一般不超过两页。在制作简历过程中,应聘者为强调近期工作经历,对其教育背景和工作经历往往采取从现在到过去的时间排列方式。

2. 重点看客观内容

客观内容包括个人信息、受教育经历、工作经历和个人成绩;应聘者的专业资格和经历是否与空缺职位相关并符合要求。此外,也要考虑过去的工作岗位离现在多久,以及与这次申请的岗位的相似程度。例如,IT行业的公司要招聘软件开发工程师,那么求职者最好是具有相关工作经验或最起码具备相关专业学位,具备专业知识储备。

3. 审查简历的逻辑性

要注意简历的描述是否有条理,是否符合逻辑。例如,应聘者曾在知名企业从事过高级职位,而应聘的却是个普通职位,HR应该引起注意;或者,应聘者的工作经历中,最近的一份工作薪酬却比前一份的薪酬低,也应引起重视。

4. 对简历的整体印象

简历是应聘者在双方互不熟悉的情况下,通过电子版或纸质版的形式第一次向用人单位推介自我的工具。HR看到简历犹如看到求职者。所以,简历是否整洁、书写是否规范、是否有文字错误和态度是否端正等,都可以投射出应聘者的做事风格和态度,凭借这些基本信息,HR能够对应聘者做初步的定位。

（二）跟踪应聘者的信息

招聘者应妥善保留应聘者的基本信息及联系方式并做好备份。从企业长期发展的角度来看，招揽到最适合的人才对企业的发展至关重要。随着外部环境及企业内部自身的发展，企业的组织结构也需要随时调整以适应变化，企业当前可能没有适合应聘者的岗位，但他可能是公司未来所需要的人才。

另外，由于个人简历不如申请表那么严密，因此企业有必要打电话去收集一些附加的信息。跟踪电话主要有如下四个目的。

1. 预先介绍工作实际情况

招聘人员可以在电话里更详细地介绍该工作岗位和招聘公司的情况，可以看出应聘者是否对这个岗位仍有兴趣。但在介绍时，不可说明希望求职者具备什么特点和才能。

2. 补充空缺信息

打电话可以附带收集关于求职者过去的职责和成绩的信息。这些信息对公司而言是有用的。例如，求职者现在是否离职？为什么跳槽？求职简历上显示有半年的工作间断，是什么原因造成的？

3. 审定资格

招聘人员可以提一些经过选择的标准化试题，了解求职者的动机和其他一些重要的才能。并利用所进行的才能分析的结果，认真构想电话面试时应提到的问题。

4. 回答问题

招聘人员可以给应聘者一个提问的机会，后者可以提关于公司以及所提供工作岗位方面的问题。这是一个可以得到应聘者求职动机特别有用的方式。这时，动机强烈的和有才能的应聘者总能提出许多好的问题，包括对晋升机会、工作绩效的期待值和工资方面的问题，招聘人员应有所准备。

（三）简历筛选方法

现代社会中，网络招聘兴起，为社会、企业节省了不少物力、人力和财力，但如何快速、简捷、精准和高效地从众多的电子简历中找出符合要求的简历，又是一个让人头疼的问题。尤其是在校园招聘高峰期，HR每天需要处理的简历实在太多。这就催生出对简历"批量淘汰""批量通过"的技术需求，以及对强大的简历筛选过滤工具的需求。

随着互联网技术的不断创新，大数据和云计算技术不断成熟，云计算模式的招聘管理系统成为一体化的人才管理平台的组成部分之一，从而有效地支持企业精准、高效地完成简历管理、面试管理等工作。这种创新的人才管理平台将人才测评系统、招聘管理系统、绩效管理系统、360度评估反馈系统等人力资源管理系统进行全方位的整合，HR只要将简历整合到招聘管理系统中，系统强大的灵活搜索、排序功能就会按照设定条件进行筛选。例如，在招聘管理系统里输入"性别：男"作为筛选标准，就可以将男性求职者筛选出来，批量转移至淘汰阶段，或者用"工作年限"这个要求做排序，可以将低于N年年限的候选人移至淘汰阶段。云计算模式的招聘管理获得了国内众多企业的青睐，未来将逐步成为趋势并最终取代传统的人工筛选简历。

例证 6-2

"人机大战"

2017年8月，在北京，五个知名互联网公司的资深HR和猎头被要求在3 700万份简历中，以最快的速度筛选出与招聘职位需求最匹配的简历。这是一场比赛。当然，参赛的HR们还有一个特别的竞争对手——猎聘机器人。专家评审团从职能匹配度、技能匹配度、行业匹配度、薪资匹配度、学历匹配度和地区匹配度六个维度对参赛选手的匹配结果进行打分。最终，人类选手以平均分18.96分的成绩胜出，仅领先猎聘机器人0.36分。完成整个比赛事项，机器人只用了0.0152秒；人类选手平均费时16分11秒，AI机器人的速度是人类的63 882倍。

资料来源：招聘业的AI热潮：谷歌、Recruit、猎聘网、创投业者都在蜂拥入场［EB/OL］.（2017-09-03）. http://www.37txt.cn/a/7377/29204.html.

基于互联网、大数据和云计算技术，开发人员在员工招聘与配置领域也做了相应的开发与应用，如360度评估系统、胜任力测评和认知能力测评等工具。本书将在第十章对新一代招聘与配置信息技术进行详细的介绍。

第二节 笔试

一些用人单位尤其是知名企业发布招聘信息后，往往会有大量的求职者发来应聘申请，招聘部门要从堆积如山的简历中筛选出合适的人才，其工作量大且耗时长；再者，通过简历很难把握应聘者真实的专业知识水平及工作技能，而采取笔试的方法恰好可以解决这些问题。

一、笔试的概念与特点

（一）笔试的概念

笔试是让求职者在试卷上回答事先拟好的试题，然后由主考人（评卷人）根据求职者解答的正确程度予以评定成绩的一种测试方法。通过笔试，企业通常可以测量求职者的专业知识、管理知识以及综合分析能力、文字表达能力和思维能力等素质能力的差异，从而筛选出符合本单位用人标准的求职者，进入下一环节的考核。在公务员及事业单位的招录过程中，通过笔试进行第一轮筛选是最为常用的方法。

（二）笔试的特点

笔试作为人员甄选方式的初步筛选或补充的方法，其特点主要表现在以下五个方面。

（1）客观性。笔试的试题一般是具有明确答案的客观试题，在没有舞弊的情况下能够通过得分客观地反映应试者的相应知识水平。即使有一些用来考察知识应用能力的主观性试题，如公文写作等，考试组织者往往也会事先设定一定的评判标准。

（2）公平性。同样的试题有同样的评判标准，应试者由考试成绩来决定胜败。笔试是一种相对公平的竞争方式。

（3）权威性。尽管考试的科目和试题都直接体现着用人单位的意图，而且不同单位的考察重点可能会相差很大，但是对于参加用人单位招聘的应试者来说，用人单位的试卷设定了一定的考核标准，具有一定范围内的权威性。

（4）筛选性。笔试题量多，试题的取样广，对知识、技能和能力的考察信度和效度较高，可以大规模用于基础评价。笔试主要适用于应试人数较多，需要考核的知识面比较广泛或专业，以及需要重点考核文字能力的情况。一些专业技术要求很强和对录用人员素质要求很高的单位经常采用这种方式，以对众多的应试者进行必要的筛选，选拔一部分优秀者进入后面的考察环节。比如，国家和一些地方政府的公务员招录、教师招考等都把笔试作为首要环节。

（5）局限性。笔试的局限性主要是不能直接与应试者直接见面，不直观，不能全面考察应试者的工作态度、品行修养以及组织管理能力、口头表达能力和操作技能等隐性能力，而且不能排除作弊和偶然性因素。因此，需要采用其他方法进一步丰富、具体、深化，以达到对应试者情况比较全面把握的程度。

例证 6-3

国家公务员考试《行政职业能力测验》题目

2016年国家公务员考试《行政职业能力测验》部分题目如下：

第一部分：常识判断

下列历史人物与其擅长领域对应错误的是（　　）

A. 军事：白起、李靖　　　　　　B. 经济：桑弘羊、郦道元

C. 天文：张衡、郭守敬　　　　　D. 艺术：吴道子、顾恺之

……

第二部分：言语理解与表达

作为一种现代产权制度，知识产权制度的本质是通过保护产权形成＿＿＿＿＿＿，"给天才之火添加利益之油"，使全社会创新活力＿＿＿＿＿＿，创新成果涌流。依次填入划横线部分最恰当的一项是（　　）

A. 吸引　释放　　B. 刺激　膨胀　　C. 激励　迸发　　D. 促进　凸显

……

第三部分：数量关系

某电器工作功耗为370瓦，待机状态下功耗为37瓦。该电器周一从9:30到17:00处于工作状态，其余时间断电。周二从9:00到24:00处于待机状态，其余时间断电。问其周一的耗电量是周二的多少倍（　　）

A. 10　　　　　　B. 6　　　　　　C. 8　　　　　　D. 5

……

第四部分：判断推理

叶龄指数指的是禾谷类作物主茎已出叶数与最终总叶数的比值，是衡量作物生长进程的重要指标之一。根据上述定义，下列关于叶龄指数的说法一定正确的是（　　）

A. 稻谷的叶龄指数与其生长进程成正比

B. 荞麦的叶龄指数越大则其产量也越高

C. 小麦的叶龄指数最大值为100%

D. 玉米的平均叶龄指数大于高粱

……

资料来源：事业单位招聘网

二、笔试实施过程中应注意的问题

命题是笔试的首要问题，命题恰当与否决定着考核的效度。无论以招聘管理人员和技术人员为目的的论文式笔试，还是以招收工人和职员为目的的测验式笔试，其命题必须既能考核求职者的文化程度，又能体现出空缺职位的工作特点和特殊要求。命题过难、过易都不利于择优。有条件的企业应该建立自己的题库，在每一次考试时，抽出有关的试题进行组合，保证试题的科学性，但是入库的试题一定要经过科学的测定。另外，请专家出题也是不错的选择。在请有关专家出题时，一定要向他们详细地讲述这次招聘的目的，使专家们了解测试的目的，然后根据要求出题。

有些事业单位也可能会委托第三方机构命题。在这种委托命题过程中，事业单位一般会事先考察第三方机构的相关命题资质；待考察通过后，事业单位会进一步向其阐明委托需求和委托命题任务同时与其签订委托协议和保密协议。委托命题完成时间一般为自接受命题任务之日起七个工作日内。第三方机构完成命题后需要对初稿进行审定，审定通过后再进行印刷，在委托协议约定日期交付试卷。

命题完成后，还需要拟定"标准答案"，确定评阅计分标准。各个试题的分值应与其考核内容的重要性及考题难度成正比。若分值分配不合理，则总分数不能有效地表示受测者的真实水平。

最后是阅卷及成绩复核环节。该过程关键要保证客观、公正，不徇私情。应防止阅卷人看到答卷人的姓名，做好密封工作。阅卷人应该共同讨论打分的宽严尺度，并建立严格的成绩复核制度以及处罚徇私舞弊者的纪律等。

三、笔试方法

笔试的方法很多，根据一些招聘单位的经验和做法，比较常见的有知识测试法、心理测评、能力测试法和综合测试法等。

（一）知识测试法

知识测试法主要是通过笔试的形式了解应试者对用人单位要求的某些方面知识的掌握程度。比如，银行要求应试者掌握金融、银行、会计和保险等方面的知识；IT业要求应试者具备计算机软硬件、语言和编程等方面的基础知识；司法机关会对应试者进行法律知识及实务的知识水平测试等。这种考试主要是检验应聘者担任某一职务时，是否能够达到所要求的专业知识水平和相关的实际能力。比如，用人单位通常可以通过大学生的成绩单了解其在校学习成绩，但对一些专业性要求比较高的用人单位，需要通过笔试对求职者进行文化专业知识水平的考核。

在知识测试中，试卷的题型通常包括以下几种：填空题、判断题、选择题和问答题。用人单位使用这些方式对应试者进行测试时，出于了解应试者知识掌握程度的需要，题目设计往往表现出问题明确、出题量大、涉及面广、知识点多和难度适当等特点。

例证 6-4

中国银行行政能力考试测验题目

中国银行笔试内容包括职业能力测试和认知能力测试两大部分。其中，职业能力测试包括专业知识、行测、英语等部分。其部分专业知识题目如下。

1. 实际利率是由名义利率扣除（　　）后的利率。
   A. 利息所得税率　　B. 生产变动率　　C. 物价变动率　　D. 平均利润率
2. 票据交易价格主要取决于（　　）。
   A. 市场利率　　B. 票面利率　　C. 票面价值　　D. 到期价格
3. 信托是随着商品经济的发展而出现的一种财产管理制度，其本质是（　　）。
   A. 吸收存款，融通资金　　　　B. 受人之托，代人理财
   C. 项目融资　　　　　　　　　D. 规避风险，发放贷款
4. 根据《中华人民银行法》的规定，中国人民银行可以（　　）。
   A. 经营国家黄金储备　　　　　B. 确定市场利率
   C. 代理工商信贷业务　　　　　D. 代理政策性银行业务
……

资料来源：银行招聘网

（二）能力测试法

能力测试法主要通过笔试的方式反映应试者在某些方面所具备的相应能力。如果说知识测验法是封闭性考试或识别性考试方法的话，那么能力测试法就是开放性考试或知识运用性考试方法。

作文法、论文法和上机操作等是能力测试法经常使用的方式。作文法包括公文写作、

命题写作、素材作文和情景作文等，从内容方面考察立意和取材；从形式方面考察段落结构、词句和文字等，能够客观地反映应试者的文字表达能力、逻辑思维能力等。论文法主要包括调研报告、事故分析报告和学术研究报告等，这种测试远比简单知识和素质测验题更加能够判断一个人的能力和水平。随着计算机技术的进步，上机操作的测试形式越来越普遍，知识测试时也通常使用上机考试，它不仅能够考察应试者的知识水平，还能够反映应试者的计算机知识水平和使用能力及其他一些相关方面的能力等。由于应试者个体的差异性，使得能力测试法存在一定的缺点，表现为测试结果评判难以制定出切实的标准答案，容易掺入主观因素。

例证 6-5

上海交通银行招聘机考

交通银行考试内容分为专业知识、行测及性格测试等。考试形式是机考，考试时间为120分钟。机考时会进行倒计时，分两部分计时，第一部分是行政职业能力测试，70分钟70道题，分为言语理解、逻辑推理、数量关系题和资料分析题；第二部分是综合题，50分钟55道题，分为英语阅读、情景判断、经济金融、时事政治和交行认知。第一部分倒计时结束后会自动进入第二部分。

资料来源：应届生求职网

能力测试中通常进行文件筐测验，又称公文处理测验。它是对实际工作中管理人员掌握和分析资料、处理各种信息以及做出决策的工作活动的一种抽象和集中。该测验在假定的情境下实施。该情景模拟一种假设环境，如单位、机关所发生的实际业务、管理环境。提供给受测者的信息有函电、报告、声明、请示及有关材料等文件，内容涉及人事、资金、财务、市场信息、政府法令和工作程序等多种材料，这些材料放在公文筐里。测试要求受测者以管理者的身份，模拟真实生活中的情景和想法，在规定的条件和限定的时间内对各类公文进行现场处理。评委通过对受测者处理文件过程中的行为表现和书面答案，评价其计划、授权、组织、预测、决策和沟通的能力。该测验通常用于管理人员的选拔。测验一般只给日历、背景介绍、测验指示和纸笔，考生在没有旁人协助的情况下回复函电，拟写指示，做出决定，以及安排会议。评分除了看书面结果外，还要求考生对其问题处理方式做出解释，根据其思维过程予以评分。文件筐测验具有考察内容范围广、表面效度高的特点，非常受用人单位的欢迎，使用频率居各种情景模拟测验之首。

例证 6-6

公文筐测验案例

今天是 4 月 21 日，星期一，你休假结束，上班的第一天，部长交给你一个文件夹，里面是一些必须由你处理的文件。有些是在你请假期间积攒下来的。在接下来的 3 个小时里，请你查阅文件夹中的各种文件，并给出你对每个文件的处理意见。

文件一：

刘经理：

您好！

我是 ×× 软件开发公司技术主管李文，我们为贵公司设计的人力资源管理软件系统正在试运行。按照双方协议的规定，在 3 月 20 日之前完成试运行，并且应在 4 月 10 日之前完成对于贵公司使用者的培训。由于贵公司一直无法安排时间进行培训，贵公司主管人员也以此为由，拒绝支付剩余款项。我们希望，能否与您见面协商一下费用的支付问题及其他事宜？

文件二：

……

资料来源：公文筐测试 40347 [EB/OL]（2015-01-20）. http://www.doc88.com/p-1846053381984.html.

（三）心理测评

现代科学技术重视心理测评在人才测评中的运用，注重使用心理测量以更好地甄选出合适的人才，做到人岗匹配。所谓的心理测评是指应用科学的方法对人的职业能力、职业性格、职业兴趣及职业价值观进行有效的测量，目的是选拔和培养合适的人才，同时做好人才的岗位配置，并切合个人的职业生涯规划与选择。在这个方面的测试，招聘单位往往借助事先编制好的标准化量表或问卷，要求应试者在规定时间内完成，根据完成的数量和质量来判断应试者的智力、态度、动机、兴趣及个性差异等。内容一般包括个性测试、心理健康状况测试、气质测试、智力测试、兴趣测试、人际关系测试、专业素质测试以及心理适应测试等。

美国著名职业指导专家霍兰德曾提出一个在世界上颇有影响的职业指导理论，并开发了"霍兰德职业兴趣量表"供求职者参考。他认为，每个人的个性都可划分成与职业相应的类型，目前的个性和社会的职业类型可以划分成六种，分别是现实型、研究型、艺术型、社会型、企业型和常规型。不同类型具有不同的特点，不同类型的个性需要不同的生活环境或工作环境，例如，现实型的人需要实际型的环境或职业，因为这种环境或职业才能给予他所需的机会或奖励。霍兰德认为，最理想的职业选择是个体能找到与其个性类型重合的职业环境。表6-3中将六种个性、环境和职业类型的特点进行了匹配及对比。当然，下面的个性类型与职业关系并非绝对，应视实际情况灵活运用。

表6-3 霍兰德六种个性、环境和职业类型特点及匹配关系

类型	个性特点	环境特点	职业特点	适合的职业举例
现实型	具备操作能力或体力，适合与机器、工具、动植物等具体事物打交道	要求明确的、具体的工作任务，人际要求不高	熟练的手工和技术工作，用手工工具或机器进行工作	工程师、操作X光的技师、电工、机械工、木工等
研究型	具备从事观察、评价、推理等方面活动的能力，讲究科学性	要求具备思考和创造性能力，社交要求不高	科学研究和试验工作，研究自然界、人类社会的构成与变化	科研人员、科技工作者、实验者、科学报刊编辑等
艺术型	具有艺术性的、创造性的表达和直觉能力，不喜欢硬性任务，情绪性强	通过语音、色彩、动作和形状来表达审美原则，单独工作	从事艺术创作	作家、演员、记者、诗人、画家、作曲家、舞蹈家、摄影家等
社会型	喜欢从事与人打交道的活动，人道主义，但不能理智解决问题	解释和修正人类行为，具备高水平的沟通技巧，乐于助人	通过命令、教育、培训、咨询等方式帮助、教育、服务于人	联络、外交工作者，教师，社会福利机构工作者，咨询人员等
企业型	以劝说、管理、监督和领导等能力来获得法律、政治、社会和经济利益	需做言行反映，有说服力和管理能力，完成监督性角色	劝说、指派他人去做事、工作	厂长、各级领导者、管理者、政治家、律师、推销员等
常规型	注意细节，讲求精确，具备记录和归档能力	要求系统、常规的行为，体力要求低，人际技能要求低	各种办公室、事务性工作	会计、统计员、出纳员、文员、秘书、法庭速记员等

心理测试有非常多的工具和方法，常用的有自陈量表法。自陈量表又称自陈问卷，即测试者根据包括各种问题或陈述的个性测试问卷，设计出一系列问题或陈述句，要求受试者给出书面回答，然后由主试者评卷的方法。其题型如下：

①是非式，如：我无事时喜欢上街游荡。是□ 否□

②折中是非式，如：你喜欢单独去看电影吗？是□ 否□ 不一定□

③二选一式，如：A.我经常批评那些有权威有地位的人；B.在长辈面前或上级面前，我总是感到胆怯。

④文字量表式，如：你对自己的工作满意吗？非常满意□ 比较满意□ 无所谓□ 不太满意□ 极不满意□

⑤数字量表式，如：我喜欢唱歌（5 4 3 2 1，勾选）5代表经常，4表示多次，3代表偶尔，2表示极少，1代表从未。

例证 6-7

富士康应聘第一关——70道心理测试题

富士康经过多起员工跳楼事件后，为了规避此类风险，在招聘时特别加入了心理测评的流程，只有通过这一关才有机会获得面试机会或者被录用。心理测评共有70道题，要求应试者在回答时不必过细考虑，凭自己的直觉反应作答即可，比较符合的记2分，基本符合的1分，不符合的0分，不清楚的0分。下列是富士康招聘的部分心理测试题。

1. 如果周围有喧闹声，不能马上睡着
2. 常常思考将来的事情并感到不安
3. 孤独一人时常常心烦意乱
4. 经常担心别人对自己有看法
5. 常常做别人不愿意做的事情

考评标准如下：0~5分——直接录用；6~10分——进入下一轮面试；11~15分——请耐心等待通知；16~20分——拒绝。

资料来源：富士康招百名心理辅导员［EB/OL］.（2010-08-16）. http://xl.39.net/zt/20100816/1447247.html.

（四）综合测试法

综合测试是对上面几种笔试方法的综合运用，由于这种方式对应试者知识水平、综合素质和能力的全面考察，使得对其的运用更加广泛。在国家、各地市的公务员考试、事业单位考试中，通常会进行行政职业能力测验和申论的考试；许多大公司，包括许多世界500强企业在招聘人员时也使用这个方法。行政职业能力测验和申论考试的结合就是专业考试，心理素质和智商测试，逻辑思维、命题写作测试等的综合应用。许多大公司，包括许多世界500强企业，在招聘人员时也使用这种方法。

行政职业能力测试（简称"行测"）所要考核的是与行政管理工作密切相关的潜在的基本能力。这些能力决定了行政能力测验的内容，包括最主要的和便于实际测查的言语理解与表达、数量关系、判断推理、常识判断和资料分析五大部分。这是对公务人员的最低要求，但并不代表行政机关职业能力的所有方面。表6-4概括了行政能力测验的试卷题型。

表 6-4　2016 年国家《行政职业能力测验》的内容结构

部分	内容	题量	考察的内容
一	常识判断	20	测查的内容涵盖法律、政治、经济、管理、历史、自然和科技等方面，侧重考察应试者知识面和基本知识的了解和掌握程度
二	言语理解与表达	40	主要测查应试者的语言文字理解与运用能力。包括根据材料查找主要信息及重要细节；正确理解阅读材料中指定词语、语句的准确含义；概括归纳阅读材料的中心、主旨；推断材料的隐含意思；判断作者的态度、意图、倾向和目的等
三	数量关系	10	测查应试者理解、把握和解决数量关系问题的技能，涉及工程、行程、比例、人数、面积、经济利润、时间和几何基本知识等
四	判断推理	40	测查应试者对各种事物关系的分析推理能力，涉及对图形、词语概念、事物关系和文字材料的理解、比较、组合、演绎和归纳等。题型有图形推理和分类、定义判断、逻辑判断和类比推理四类
五	资料分析	15	测查应试者通过对相关资料的理解、把握和分析的能力，重点考察搜寻信息的能力

四、笔试操作过程

用人单位进行笔试之前，应做一些准备工作，包括制订笔试计划、确定笔试形式、内容，准备笔试试卷、答案和辅助材料，做好笔试意外情况处理预案等。

（一）试卷的设计

试卷的设计直接影响知识考试的质量，因此一定要对知识考试的试卷设计充分重视。企业笔试试题的内容包括以下几个板块：企业文化、知识测试、能力测试和行为风格测试，如图 6-1 所示。

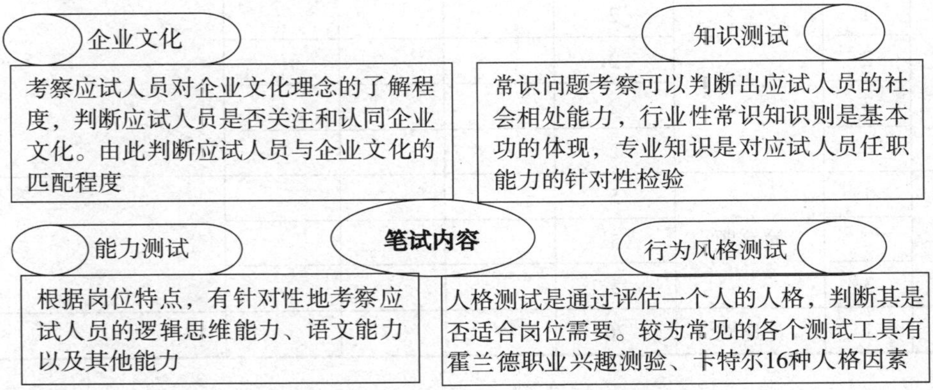

笔试内容

- **企业文化**：考察应试人员对企业文化理念的了解程度，判断应试人员是否关注和认同企业文化。由此判断应试人员与企业文化的匹配程度
- **知识测试**：常识问题考察可以判断出应试人员的社会相处能力，行业性常识知识则是基本功的体现，专业知识是对应试人员任职能力的针对性检验
- **能力测试**：根据岗位特点，有针对性地考察应试人员的逻辑思维能力、语文能力以及其他能力
- **行为风格测试**：人格测试是通过评估一个人的人格，判断其是否适合岗位需要。较为常见的各个测试工具有霍兰德职业兴趣测验、卡特尔16种人格因素

图 6-1　笔试核心内容示例（滕晓丽，2013）

笔试试题的设计包括五个步骤，分别是确定测试目的和重点、确定题型和比重、设计样题和答案以及样题修正等。在设计试卷时，要注意以下三个原则。

（1）自始至终符合目标。每一张试卷从头到尾都要符合目标，不要远离目标，这样才能取得应有的效果。

（2）各种知识考试类型可以结合起来使用。比如，一张试卷上既有百科知识的内容，又有专业知识的内容，也有相关知识的内容。这样可以节省时间，让企业在较短时间内最大限度地了解应试者各方面的水平。

（3）充分重视知识的实际运用能力。企业员工招聘的知识考试和学校的知识考试有所不同。知识考试中，不要过分强调背诵、记忆，而主要考虑运用知识的能力。因此，在设计试卷时，要尽量多采用案例以及讨论形式。

因此，设计试题时可以利用双向细目表这一工具。它是一个由测量的内容材料维度和行为技能所构成的表格，能够帮助成就测量工具的编制者决定应该选择哪些方面的题目以及各类型题目应占的比例。在双向细目表中不同"能力层次"和不同"题型"下面对应的各列中，应填写各考核知识点在试卷中所占的分值，可参考表6–5进行编制。

表6–5 双向细目表模板

		题型	分值	试题难度			涉及知识要点
				一般	稍难	很难	
一	1	选择题	2				
	2		2				
	3		2				
	4		2				
二	1	填空题	2				
	2		2				
	3		2				
	4		2				
三	1	简答题	5				
	2		5				
	3		5				
四	1	论述题	20				

（二）考试的安排

（1）事先确定好考试的教室。
（2）印刷好足够的试卷。
（3）在每一张桌子上贴上准考证号码，或者考生随意入座。
（4）每位应聘者一张桌子，或者间隔一个人以上的空位。
（5）为了更好地开展招聘笔试筛选工作，提高笔试的规范性和科学性，企业应制定完善的笔试管理制度，包括笔试筛选原则、笔试考场纪律和笔试评卷评判要求等。

（三）监考人员

（1）根据考场的大小、应聘人员的多少，每个考场至少应配置两名以上监考人员进行监考。
（2）监考人员应该有相关的监考经验，遇到特殊情况能够适当处理。
（3）监考人员应该严格执行考场纪律。如果有违反纪律者，应该严肃处理。这样才能够使知识考试顺利进行，并保证考试的公平原则。
（4）监考人员发现有存在亲属关系的应聘者，应当回避，不得担任本次考试的监考人员。

（四）阅卷的要求

（1）要有标准答案。
（2）要防止先松后紧或者先紧后松的情况。
（3）先试阅几张卷子，可以由每位阅卷人只阅其中的一道或者几道题，这样掌握标准比较准确。
（4）阅卷人员应秉持公平、公正和客观的态度进行试卷评判工作，并将结果统一登入笔试成绩表内。

第三节　面试

　　面试是一种最重要、最常用，也是最必要的人员甄选方法。它对于深入了解求职者与未来工作岗位之间的匹配度起着重要的作用。通过面试，用人单位可以直接、即刻和深度了解应聘者的综合素质能力。对一个组织来说，做好面试工作，是提高组织人力资源管理效能的一个重要措施。

一、面试的概念

所谓面试是指一种在特定场景下,面试官有目的地与应聘者进行面对面的观察、交流、互动的可控的测评方式,是面试官通过双向沟通来了解面试对象的素质状况、能力特征以及应聘动机的一种人员甄选方法。(袁文勇,2014)

一个有效的面试行为离不开五大要素:应聘者、面试官、面试内容、面试程序和面试结果。面试是一种真实的、面对面的双向考察和交流,并且可以进一步双向选择的过程。面试效果受到多方面因素的影响,如应聘者的学识、经历,面试者的技巧等,具体如下图 6-2 所示。

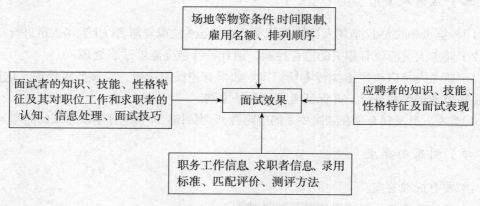

图 6-2 影响面试效果的因素

二、面试的优缺点

面试的主动权主要控制在面试官手里,其深浅难易、范围选择,全在于面试官,因而具有很大的灵活性、调节性与针对性。通过面试,可以全面考察应聘者的素质,有效避免"高分低能"者入选,最终为用人部门提供合理的用人依据。总体来说,面试的测评方法优点与缺点并存。

(一)面试的优点

面试主要具有如下三个优点。

1. 包容性广

面试可以收集应聘者许多方面的有用信息,面试官可以根据不同的要求,对应聘者提各种各样的问题，有时在某一个方面可以连续提多种问题，以全面深入地了解应聘者。

2. 主客体的交融性

在面试时面试官与应聘者处于一种双向沟通状态。面试时，面试官可以向应聘者提问，应聘者也可以向面试官提问。面试官在了解应聘者的同时，应聘者也在了解面试官，了解岗位及企业的信息。这样对招聘工作具有积极意义。

3. 多渠道获得应聘者的有关信息

面试不但可以通过提问来了解有效的信息，还可以通过观察，包括看、听、问等各方面的渠道来获得有关应聘者的信息，以便正确地了解应聘者的心理素质。

（二）面试的缺点

面试主要具有如下四个缺点。

1. 耗时长

一次面试短则几分钟，长则半天，因此如果有大规模的人员招聘运用面试，效果就不会理想。而如果面试时间太短，无法了解到足够的信息，面试也就失去了意义。

2. 成本高

有些面试需要聘请专家把关，而且耗时长，这样面试的费用就不得不增加。

3. 主观性难避免

不管面试官如何高明，总有一定的主观意识，对应聘者有偏见或者偏好，会影响招聘效果。

4. 不易量化

面试数据往往可以定性，但不容易定量，经过统计分析难以得出结果。

三、面试方式的分类

用人单位根据所招聘岗位的任职要求，会安排合适的面试方式，从而考察应聘者是否具备岗位所需要的素质与能力。

（一）非结构化的面试

非结构化面试是指面试官可以向应聘者提出随机想起的问题。面试没有应遵循的特别形式，谈话可以向多个方向展开。面试官可以在一定的工作规范指导下向每位应聘者提出不同的问题。

（二）结构化面试

结构化面试又称为结构化面谈或标准化面试，它是指面试前就面试所涉及的内容、试题的评分标准、评分方法、分数使用等一系列问题进行系统的结构化设计的面试方式（张爽，2016）。在面试过程中，面试官必须根据事先拟定好的面试提纲逐项对应聘者进行测试，不能随意变动，应聘者也必须针对问题进行回答，要素评判必须按分值结构合成。结构化面试的结构严密，层次性强，评分模式固定，面试的程序、内容以及评分方式等标准化程度都比较高。

西门子结构性面试考察应聘动机

德国西门子公司有一个全球性的人力资源题库。在一个多小时的面试里，该题库对前5分钟测什么、后10分钟测什么都有非常严格的规定，并且最后都有结论。西门子将此叫作结构性面试。它的依据是工作的要求，看这个职位到底需要什么样的人。比如说，某个职位需要沟通能力很强的人，需要他能够以客户为中心，需要他以结果为导向，面试官就假设有这3条需要，然后他们就到题库中找一些相应的问题，以便在面试时使用。当然，面试不仅仅包括这几个方面的问题，因为面试是很严格的，还会包括另外几个部分的问题。可能刚开始是双方互相认识的一个过程，应试者应该有一个简短的自我介绍。后面可能会根据工作的需求，面试考官会从题库中找一些问题来跟应试者进行沟通。（黄金旺，2004）

（三）压力面试

压力面试是指面试官有意制造紧张，目的是确定应聘者将如何对工作上的压力做出反应。面试官提出一系列直率（通常是不礼貌）的问题，置应聘者于防御境地，使之感到不舒服。面试官通常会寻找应聘者在回答问题时的破绽，找到破绽后，就集中对破绽进行追问，希望借此使应聘者失去镇定。

压力面试通常用于对压力承受能力要求较高的岗位的面试，企业通过压力面试可以考察应聘者的应变能力、人际交往能力，需要求职者具有敏捷的思维、稳定的情绪和良好的控制力。因此，当一位顾客关系经理职位应聘者有礼貌地提到他在过去的两年里从事了四份工作时，面试官可能会告诉他，频繁的工作变换反映了他不负责任和不成熟的行为。如果应聘者对"工作变换为什么是必要的"做出了合理的解释,就可以开始其他话题。相反,如果应聘者表示出愤怒和不信任,就可以将它看作是在压力环境下承受力弱的表现。

华为销售员的压力面试现场

一名女求职者应聘华为的销售岗位,面试官冷眼看了她一眼后直接说:"你可以走了,我觉得你不合适。"这名女生很震惊,心里也不服气,但并没有走开,而且和其他面试者一同入席等待面试,等待过程中还悄悄地提醒身边的求职者。直到其他面试者都被淘汰了,面试官才和她对话:"我刚刚已经对你说,你不合适,你可以走了,可你为什么还不走呢?"这名女生从三点入手回答了面试官的问题,并让面试官心服口服,对这名女生的表现非常满意。因为从一开始,面试官就给这名女生出了一道压力面试题:如何面对挫折。要知道,这次招的是销售员,在未来的工作中,他们面对的会是无穷无尽的拒绝和白眼,人家的态度可能比这位面试官的坏好几倍。如果她连面试时还算礼貌的冷脸都无法面对,那么将来如何面对未来的困难呢?另外,面试官对这名女生在面试中愿意帮助别人的行为也表示认同,这恰恰显示了这名女生的团队合作精神。这名女生这才恍然大悟,对面试官的态度表示赞同,也为自己顺利通过了面试而感到高兴。

资料来源:一位女生应聘华为的真实遭遇[EB/OL].(2016-06-15).http://www.govyi.com/fanwen/qiuzhigushi/201606/fanwen_20160615033114_514484.shtml.

(四)行为面试

行为面试法是基于行为的连贯性原理发展起来的。面试官通过应聘者对自己行为的描述来了解两方面的信息:一是应聘者过去的工作经历,以判断他选择在本组织发展的原因,并预测他在本组织中发展的行为模式;二是了解他对特定行为所采取的行为模式,并将其行为模式与空缺职位所期望的行为模式进行比较分析。行为面试法的基本假设是:一个人过去的行为与其将来的行为具有相关性,通过一系列问题的回答,收集应聘者在代表性事件中的具体行为和心理活动的详细信息,并以此推测其在今后工作中的行为表现。因此,在面试过程中,面试官往往要求应聘者对其某一行为的过程进行描述,例如是否会经常性地迟到早退,办公桌是否整理得干净整齐,遇到问题时的解决措施等,以此来预测他未来有可能出现的行为。行为面试经常会结合情景面试来考察应聘者的行为表现。

（五）背景面试（也叫 STAR 面试）

STAR 面试法，是企业招聘面试过程中可采用的技巧。其中，"STAR" 是 Situation（背景）、Task（任务）、Action（行动）和 Result（结果）四个英文字母的首字母组合。

具体可解读为：

背景（行业、企业、任务、时间）

任务（职务、职责、项目、需求）

行动（思路、方法、过程控制、问题处理）

结果（数据、比较、影响力、案例）

STAR 面试法过程

在招聘面试中，仅仅通过应聘者的简历无法全面了解应聘者的知识、经验、技能的掌握程度及其工作风格、性格特点等方面的情况。而使用 STAR 技巧则可以对应聘者做出全面而客观的评价。

首先，要了解应聘者工作业绩取得的背景（Situation）。通过不断提问与工作业绩有关的背景问题，可以全面了解该应聘者取得优秀业绩的前提，从而获知其所取得的业绩有多少与应聘者个人有关，多少和市场的状况、行业的特点有关。

其次，要详细了解应聘者为了完成业务工作，都有哪些工作任务（Task），每项任务的具体内容是什么。通过这些可以了解应聘者的工作经历和经验，以确定他所从事的工作与获得的经验是否适合现在所空缺的职位。

再次，继续了解该应聘者为了完成这些任务所采取的行动（Action），即了解他是如何完成工作的，都采取了哪些行动，所采取的行动是如何帮助他完成工作的。通过这些，可以进一步了解他的工作方式、思维方式和行为方式。

最后，关注结果（Result），每项任务在采取了行动之后的结果是什么，是好还是不好，好是因为什么，不好又是因为什么。

这样，通过 STAR 式发问的四个步骤，一步步地将应聘者的陈述引向深入，一步步地挖掘出应聘者潜在的信息，为企业做出更好的决策提供正确和全面的参考，既是对企业负责（招聘到合适的人才），也是对应聘者负责（帮助他尽可能地展现自我，推销自我），获得一个双赢的局面。

面试问题举例：

问题：请讲出一件你通过学习尽快胜任新的工作任务的事。追问：

（1）这件事发生在什么时候？（S）

（2）你要从事的工作任务是什么？（T）

（3）接到任务后你怎么办？（A）
（4）你用了多长时间获得完成该任务所必需的知识？（深层次了解）
（5）你在这个过程中遇见困难了吗？（顺便了解坚韧性）
（6）你最后完成任务的情况如何？（R）

（六）情景面试

情景面试是通过各种典型场景，让应试者在特定的情况下扮演角色，来完成某些任务，并借此考察应聘者的能力的重要方法。通过情景面试可以最大限度地评估应聘者的行为方式和未来的行为倾向（王海，2014）。因此，情景面试通常有如下三种表现形式：①情景问答式面试；②情景模拟式面试；③情景体验式面试。情景面试强调在实际情景中考察应聘者，关注应聘者在情境中思考和处理问题的方式，从而使人才选拔不再受到应聘者口才、外表和面试官主观、偏见等无关因素的消极影响（鲍立刚，2016）。

近几年，VR 技术发展迅速并且开始逐步应用于人才甄选过程中的情景面试。在 VR 情景面试中，面试官通过 VR 头戴设备向应聘者给出一系列的任务；应聘者需要在虚拟世界里描述自己如何处理这些任务，并亲身证明自己的解决方案是可行的；与此同时，面试官会对应聘者解决问题的过程进行观察、检测，从而对应聘者做出评价。这种 VR 情景面试技术既能够全面考察应聘者的综合能力，同时也增强了应聘者的面试体验。

例证 6-10

面包与记者

可口可乐公司在招聘业务员时，出了一道情景模拟题。

假设你是可口可乐公司的业务员，现在公司派你去偏远地区销毁一卡车的过期面包（不会致命的，无损于身体健康）。在行进的途中，刚好遇到一群饥饿的难民堵住了去路，因为他们坚信你所坐的卡车里有能吃的东西。这时报道难民动向的记者也刚好赶来。对于难民来说，他们肯定要解决饥饿问题；对于记者来说，他是要报道事实的；对于业务员来说，你是要销毁面包的。现在要求你既要解决难民的饥饿问题，让他们吃这些过期的面包，以便"销毁"这些面包，同时又不能让记者报道过期面包的这一事实。请问你将如何处理？（说明：1. 面包不会致命；2. 不能贿赂记者；3. 不能损害公司形象。）（郭龙，2015）

（七）小组面试

小组面试分为两类，即多对一的面试和无领导小组讨论。

1. 多对一的面试

由一群面试官对应聘者进行面试，每位面试官从不同侧面提出问题，要求应聘者回答，类似记者在新闻发布会上的提问。与系列式的一对一的面试相比，小组面试能够获得更深入、更有意义的回答。同时，这种面试会给应聘者带来额外压力，因此，它可能会无法获得那些可以在一对一面试中获得的信息。

2. 领导小组讨论

无领导小组讨论是对多名应聘者集中进行面试的一种方式，一般由面试官拟定题目或提出待解决的问题，应聘者在规定的时间内自由讨论，最终形成一个解决方案或结论，讨论结束后，面试官根据应聘者在讨论过程中的综合行为表现对其领导能力、沟通能力、组织能力、表达能力和团队合作能力等素质进行评分。在讨论过程中，小组各成员地位平等，自发产生领导者。无领导小组讨论的测评方法在用人单位对中高层管理人员的选拔与晋升中越来越受欢迎。通过无领导小组讨论，可以很容易考察应聘者的沟通能力、表达能力、团队合作能力、人际影响能力和分析能力。无领导小组讨论工作程序如图6-3所示。

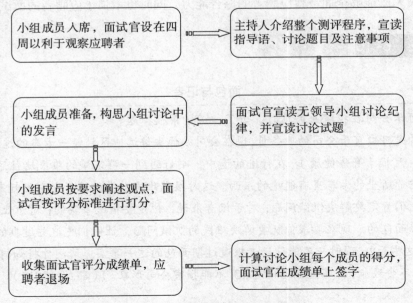

图6-3　无领导小组讨论实施程序

例证 6-11

德勤无领导小组讨论题目——海上自救

德勤的面试分为两轮：第一轮是小组面试，每组八人左右，面试官提供案例供大家讨论，并在讨论中观察每个人的言谈举止，衡量他们的综合能力和素质，以此决定进入下一轮面试的人选。以下为小组讨论的题目。

你们正乘一艘科学考察船航行在大西洋的某个海域，考察船突然触礁并迅速下沉，队长下令全队立即上橡胶救生筏。据估计，离你们出事地点最近的陆地在正东南方向100海里处。救生筏上备有15件物品，除了这些物品以外，有些成员身上还有一些香烟、火柴和气体打火机。

问题：现在队长要求你们每个人将救生筏上备用的15件物品按其在求生过程中的重要性进行排列，把最重要的物品放在第一位，次重要的放在第二位，直至第15件物品。请你们一起讨论，在25分钟内定出一个统一方案。

附：排序用的物品

指南针（一个）、小收音机（一台）、剃须镜（一个）、航海图（一套）、饮用水（两公斤）、巧克力（两盒）、蚊帐（一顶）、二锅头酒（一箱）、机油（两加仑）、钓鱼工具（一套）、救生圈（一个）、驱鲨剂（一箱）、压缩饼干（一箱）、15米细缆绳（一根）、3.33平方米雨布一块。（王琴琴，2010）

（八）系列式面试

系列式面试亦称循序式面试，是指企业在做出录用决定前，由几个面试官对应聘者进行面试，每一位面试官从自己的角度观察应聘者，提出不同的问题，并形成对应聘者的独立评价意见。在系列式面试中，每位面试官依据标准评价表对应聘者进行评定，然后对每位面试官的评定结果进行综合比较、分析，最后做出录用决策。

（九）远程面试

远程面试是利用网络传输，融文本、音频和视频信息等传播媒介为一体，在不同的空间创造一个虚拟的面试环境。例如，电话面试、使用移动终端设备的视频功能（QQ视频、微信视频、MSN），让应聘者与招聘企业进行"面对面"的异地交流。远程面试可以解决跨省市、跨地区招聘求职的面试需求，大大节约了应聘者与用人单位的时间和精力，有效提高了人力资源部门的工作效率。目前，越来越多的人才网站和教育网开始搭建视频面试的平台，百事、科达和腾讯等知名企业已开始在内部招聘时采用这种方式，出国留学的面试环节中也普遍使用视频面试方法。

从经济效益来看，远程面试对应聘者来说省时省钱，对招聘企业来说，可以省出更多的时间用在其他业务上，提高企业人力资源管理流程的效率，因此是一个"双赢"的选择。

从个人需求来看，随着求职难度加大，现在的应聘者已很难将就业局限在某一个固定地点，就业压力的增加使得他们不得不更加倾向于去外地求职、发展。远程面试的方便快捷，恰恰满足了应聘者的这种求职状态，因此受到应聘者的青睐。

此外，远程面试能够对应聘者面试的过程进行有效记录，企业可以通过反复查看远程面试过程，分析应聘者面试时的表现。同时，决策者也可以在未参加面试的情况之下，深入了解应聘者，以做出更准确的决策。而且，这种远程视频招聘通常还附带视频答题功能，企业只需要在线上设置好考察应聘者能力的问题即可。应聘者看到问题的瞬间，远程视频已经开始录制，这样能够有效避免应聘者在笔试时出现作弊的情况（中国新时代，2014）。因此，无论是应聘者还是企业都应根据自身的情况选择合适的面试方法。

例证 6-12

中国科学技术大学"推免生"网络面试

2014年9月17日，为降低学生赴考成本，中国科技大学首次在"接收校外推荐免试硕士研究生（简称'推免生'）"选拔中实行网络面试。考生可以通过网络视频面试系统，实时回答面试老师的提问，在异地即可完成面试过程。同时在"推免生"网络面试中将进行全程录像。预计，来自全国各地高校的上千名考生将通过网络面试接受中国科学技术大学的选拔。

资料来源：中科大首次实行"推免生"选拔网络面试［EB/OL］.（2014-09-18）.http://scitech.people.com.cn/n/2014/0918/c1057-25685544.html.

四、面试的实施步骤

理想的面试包括如下五个步骤,即预备、引入、正题、结束及回顾。各步骤要点见表6-6。

表6-6 面试各步骤要点

步骤	要点
预备阶段	审查简历、邀请面试、设计面试题、安排合适的面试时间和地点
引入阶段	通过轻松无争议的话题,制造和谐的气氛,减轻应聘者的紧张情绪
正题阶段	尽可能问开放性的问题,倾听应聘者的回答,同时控制场面
结束阶段	给应聘者留出适当的时间进行提问,并告知后续的程序
回顾阶段	检查并填充完整面试记录

(一)预备阶段分析

简历或求职申请表经过筛选之后,用人单位就要发出面试通知。正式面试前,用人单位应做好相关的准备工作。比如,面试提纲、应聘材料及简历、记录纸、笔和名片等的准备。

1. 准备面试提纲

面试提纲是针对岗位要求对应聘者提出的一系列问题,可以帮助面试官掌握面试的连贯性、针对性及公平性。面试提纲分为一般性提纲和个性化提纲。

一般性提纲是根据要面试的岗位制定的通用性问题。同一类的岗位可以设定同样的面试提纲,一般包括收集应聘者的基本信息、考察应聘者的个人意愿、文化水平是否与公司及应聘岗位要求相符等相关问题,以及考察应聘者的能力是否能够胜任的问题。

个性化提纲是在一般性提纲的基础上,针对每个应聘者的情况而制定的个性化问题。比如,应聘者的简历出现断档期,有工作信息不清晰等,面试官要询问原因及细节。

例证 6-13

宝洁中国的面试提纲

宝洁公司在中国招聘采用的面试评价测试方法主要是经历背景面谈法，就是根据一些既定问题来收集求职者所提供的事例，从而考核该求职者的综合素质和能力。宝洁公司的面试一般由以下 8 个核心问题组成。

1. 请你举一个具体的例子，说明一下你是如何设定一个目标然后达到它的。
2. 请举例说明你在一项团队活动中如何采取主动性，起到领导者的作用，并且最终得到你所希望的结果。
3. 请你描述一种情形，在这种情形中你需要去寻找相关的信息，从中发现关键的问题并自己决定依照一些步骤来获得期望的结果。
4. 请你举一个例子说明你是怎样通过实际行动来履行你对他人的承诺的。
5. 请你举一个例子，说明在完成一项重要任务的时候，你是怎样和他人进行团队合作的。
6. 请你举一个例子，说明你的一个有创意的建议对某项计划的成功起到了关键性的作用。
7. 请你举一个例子，说明你怎样对所处的环境进行评估，并且能将注意力集中到最重要的事情上以便取得你所期望的结果。
8. 请你举一个例子，说明你是怎样学习一门技术并且是如何将它运用到实际工作中的。（程佳田，2015）

2. 编制面试评价量表

进行大量招聘的用人单位可以通过制定面试评价量表为后期的录用决策提供依据。在设计量表时，应注意评价要素必须是可以通过面试技巧进行评价的，以保证评价量表的客观性。可参考表 6-7 所示。

表6-7 面试评价量表

姓　　名		性　　别		年　　龄	
应聘职位		所属部门		编号	
评价要素	评价等级				
	1 差	2 较差	3 一般	4 较好	5 好
个人修养					
求职动机					
语言表达能力					
应变能力					
社交能力					
自我认识能力					
性格					
精神面貌					
进取心					
专业知识水平					
总体评价					
结果	建议录用		有条件录用		建议不录用
用人部门意见： 签字：		人事部门意见： 签字：		总经理部门意见： 签字：	

3. 合适的面试环境

合适的面试地点是保证面试有效性的一个重要因素。面试应安排在便于进行私下谈话的地方，面试的环境应有助于消除应聘者的紧张及不适的情绪。面试环境包括位置排列（一般来说，面试官与应聘者最好斜对着坐，可以缓解紧张情绪）、光线布置、颜色搭配和噪声控制等。

4. 面试官应特别准备的工作

面试时应注意职业化的着装。正式得体的着装一方面可以体现面试官及公司的职业风范，另一方面也表达了对应聘者的重视。此外，面试官应特别注意面试过程中的主观偏见或偏好，应提前准备好克服偏见的方法。比如，要时刻认识到以自我的喜恶，或以自我为标准来评价应聘者，将严重影响评判结果；不能够以偏概全否定一个合适的人选，应该进行综合评价。

（二）引入阶段分析

应聘者刚开始进行面试时往往比较紧张，为了使应聘者放松心情并发挥真实的水平，面试官可以首先用轻松无争议的社交话题作为开场白，帮助应聘者消除紧张戒备的心理，建立起面试阶段所需要的和谐、宽松和友善的气氛。比如，"你今天是怎么过来的呀？""我们公司好找吗？"等。当应聘者情绪平稳下来后，就可以进入第二阶段。

（三）进入正题阶段

这个阶段围绕应聘者的履历情况或按照事先准备的面试提纲对应聘者提出问题，尽可能提一些开放性的问题，逐步引出面试正题。面试官应及时做好记录，并且要保证所记录的信息正确无误，同时控制好面试的进程及时间。

（四）结束阶段分析

与工作职位相关的问题提问完毕后，面试就进入了结束阶段。这个时候，可以让应聘者就自身所关心、感兴趣的问题进行提问，面试官进行解答。随后，面试官应告知应聘者接下来的程序，比如，用"我们会在××天内给您回复面试结果"等话语来结束面试。

（五）回顾阶段分析

应聘者离开后，面试官应把握时机，马上整理面试记录，并回顾面试情景对现有记录查漏补缺。经过良好整理的面试记录是事后做出聘用决策的重要依据。

五、面试提问技巧

从理论上来说，面试可以测评一个应聘者方方面面的素质。但是，因为人员甄选方法都有其长处和短处，扬长避短综合运用则事半功倍，相反则事倍功半。同时，面试官应谨记，金无足赤，人无完人，在面试过程中应有选择性地根据岗位的需求，去测评应聘者的素质和条件。一般来说，面试甄选的主要项目与内容包括：仪表风度、专业知识、工作经验、口头表达能力、综合分析能力、反应能力与应变能力、人际交往能力、自我控制能力与情绪、工作态度、进取心、求职动机、业余爱好与兴趣。

（一）提问的技巧

特别需要注意的是，面试官在提问的时候应以开放性、行为性的问题为主，如"您是采取了什么行动克服了当时的困难？"不用或少用封闭式、引导式和理论性的问题，因为封闭式的问题（如"有没有做过？会不会去做？"这样的问题）不会鼓励应聘者讲述情况，引导性的问题（如"您是否善于团队合作？"）会引导应聘者回答你想要的答案，而理论性的问题（如"您怎么看待团队合作的问题？"）大而宽泛，不利于了解应聘者的具体行为。此外，要尊重和鼓励应聘者，不要打探与工作无关的问题。应聘者在回答问题的过程中，面试官应耐心、认真地倾听，并控制好整个面试过程。

（二）识别谎言的技巧

面试成功除了需要行为面试法及必要的提问技巧外，还需要掌握识别应聘者说谎的能力，主要从应聘者的语言和非语言两方面来进行观察和判断。

1. 根据应聘者的语言描述进行判断

一般来说，应聘者在描述一件事情的时候表现为：内容啰唆、重复，闪烁其词；举止、言语明显迟疑；倾向于夸大自我的作用；语言非常流畅，但听起来像在背书。这样的应聘者的经历是值得怀疑的。相反，应聘者描述发生过的事情用"我"、而不是"我们"或者没有主语，说话有信心，能够连贯一致地描述事件过程，讲述的内容明显与其他一些已知事实一致，这样的应聘者是值得信赖的。

2. 通过观察非语言线索判断

心理学家认为，说谎是一种非常普遍的社会行为，应聘者在身份维护、自我呈现和印象管理的过程中都会有意无意地说谎。除了借用测谎仪器外，面试者还可以细微观察应聘者的表情、肢体动作等非语言线索，比如眼神游离、瞳孔放大、眨眼频率增加、不敢直视，向斜上方看；身体姿势突然变化，不断喝水或者表情动作僵硬；摸下巴、摸鼻子；面部表情与描述的内容应呈现的表情不一致；语音偏尖、语调偏高等行为表现（张亭玉，2008）。说谎者对自己语言和行为的控制，反过来会成为背叛自己的线索。因此，面试者在面试过程中，除了认真倾听应聘者所表达的内容外，还要细微观察应聘者的非语言行为，有助于识别应聘者所提供的资料及表述的真实性，从而提高录用人员的质量。

六、认知偏见及其克服

每一个主持面试的人，因为个人的偏好和过去的经历，会在一定程度上影响他是否能够正确挑选应聘者。面试官应该充分认识可能产生的认知偏见，并要在面试中特别注意，控制偏见产生的影响。

（一）认知偏见

面试中常见的偏见有如下六种。

（1）第一印象偏见。第一印象偏见是指面试官根据在面试最初几分钟里所收集到的、与工作无关的个人信息去对应聘者做出全面评价。在随后的面试中他就会下意识地去寻找巩固最初印象的信息，忽略掉削弱最初印象的信息，最终使自己难以保持清醒，产生偏见。

（2）晕轮效应。晕轮效应是指因应聘者某方面能力高就给其戴上光环，认为其他任何方面都出色，从而影响面试官对应聘者在与工作相关的其他方面所做出的评价。比如，一个穿着得体的销售人员很容易被认为更专业且工作能力更强。

（3）相似偏见。面试官更容易喜欢和接受跟自己相像的人。比如，如果一个人的兴趣、爱好、出生背景、经历等和面试官有许多相似之处，面试官就会很轻易地喜欢上他，与他的相处也觉得愉快舒服。正因为这样的相似性，常常使面试官看不到一个人的缺点，从而影响他对应聘者技能和能力的评价。

（4）首因与近因效应。首因与近因效应是指面试结束后，面试官对第一位和最后一位应聘者的印象深于中间者，位于中间的合格应聘者容易被错漏。

（5）标杆效应。标杆效应是指以其中最优秀的应聘者为标杆，将他与其他人进行比较。倘若最优秀的应聘者失利，所有的面试就都白做了。

（6）招聘压力偏见。招聘压力偏见是指由于工作业务的压力，急需有人填补空缺的岗位，此时的招聘面试通常会不以质量为重点，往往将最早能到岗作为主要的选拔标准。

（二）克服偏见

面试官要熟知面试中通常容易犯的偏见。这是保证面试有效非常重要的一步。只有认识到这些偏见，才能在面试时提醒自己：一是不要把重要的时间花在讨论与工作无关的问题上；二是努力把每个面试者与招聘标准进行对比，切勿将每个应聘者进行比较；最后是要时刻提醒自己，"我们需要的是最合适的，而不是最优秀的人才"，从而避免让偏见左右面试结果。

第四节 背景调查与体检

整个招聘选拔过程中，所有的信息都是从应聘者那里直接获得的。比如，招聘者审阅应聘者提供的简历和证明材料、与应聘者面谈、在各种人才测评中观察应聘者的表现及测评结果。因此，关于应聘者个人信息的真实性及可靠性需要人力资源管理者进行查证核实，从而保障招聘质量。员工背景调查是为招聘保驾护航的重要手段和方法之一。

一、背景调查

背景调查是指用人单位通过各种合理合法的途径，来核实应聘者个人履历信息的真实性，以确定其任职资格的过程，它是保证招聘质量、降低用工风险的重要手段。通过背景调查可以核实应聘者的真实身份、受教育情况、各类教育和培训证书、职业经历状况、合作精神、工作能力和品德等情况，为用人单位挑选真正优秀与合适的人才提供保障。（高涛，2012）

例证 6-14

八方锦程的背景调查

八方锦程成立于2008年，是中国最早成立的专注于企业雇佣风险管理的背景调查机构之一，主要为企业提供专业的背景调查服务。其关于针对××股份有限公司的某位候选人的背景调查概况如下：

候选人姓名：刘× 出生日期：1×××年××月××日

性别：男 国籍：中国

身份信息验证：4105×××××（已验证，属实）

教育背景验证：郑州大学（已验证，学历不属实）

不良记录验证：4105×××××（已验证，无不良记录）

工作履历验证：

（1）郑州×××医院（未验证，不需补充，调查终止）

（2）郑州××××科技有限公司（已验证，雇佣时间有较大出入）

工作表现验证：郑州××××科技有限公司（已验证，无负面评价）

工作评价总结：本次对候选人刘×的工作背景核实中，我司共访问了三位证明人，得知候选人管理方面的能力不错，做事比较认真，效率比较高，计划性也比较强；候选人性格比较文静一点，对自己的要求也比较高。

资料来源：八方锦程内部资料

（一）背景调查的必要性

员工背景调查是舶来品，在欧美国家比较盛行。近几年，随着中国经济的腾飞和对外开放的深化，员工背景调查也逐渐在中国流行起来。用人单位在选拔员工过程中面临着诸多风险，严峻的就业形势导致应聘者利用虚假信息误导用人单位的情况比较严重。我国人口众多，流动性大，新的个人诚信体系无法在短期内建立，导致劳动者个人信息的真伪难以辨别；用人单位忽视背景调查，会增加用工风险，可能因此造成各种损失，损失发生后又缺乏事后补救措施。因此，用人单位要想将风险降到最低，就必须确保候选人信息的真实可靠。背景调查作为应对应聘者提供虚假个人信息的事前预防的基本方法，是用人单位未雨绸缪的明智之举，也是用人单位节约招聘及用工成本、降低用工风险的最有效方法之一。

例证 6-15

新东方高管学历履历造假

2015年，新东方某校年薪数十万元的国外部主任李某被人爆出学历履历造假。其自称22岁获得香港科技大学企业管理硕士；25岁担任香港某教育集团总经理；28岁担任人民日报社河南分社办公室主任（副处级）。核查的结果是，香港科技大学没有相关专业，履历中的单位也查无此人。可就是凭着这份造假的履历，他竟混过了新东方这个上市公司的人力审核，堂而皇之出任新东方年薪数十万元的高管，还成了新东方集团的优秀管理者。

资料来源：新东方高管学历履历造假被调查［EB/OL］.（2015-07-05）.http://club.kdnet.net/dispbbs.asp?boardid=25&id=11010111.

（二）背景调查的内容

背景调查的内容可以分为两类：一是通用项目，包括应聘者的基本身份信息（姓名、性别、年龄、身份证号码、曾用名、有无犯罪信息、户籍地址、居住地址、联系方式和主要家庭成员等）和受教育状况（毕业学位的真实性、任职资格证书的有效性）；二是与职位说明书要求相关的信息，如工作经验、历来的工作表现、技能和业绩、身体健康状况等。但是，用人单位不可能调查核实简历或申请表上的所有内容，否则既费时又费钱，而且如果调查的事情与工作无关，还有可能因此而惹上麻烦。背景调查的项目如表 6-8 所示。

表 6-8 背景调查项目

通用项目	较棘手的项目
·劳动者的基本身份信息 ·文凭、普通同等教育的文凭或其他学位 ·执照、证明或其他证书 ·离职证明 ·所任职务 ·基本职责 ·主管的姓名与职务 ·薪酬待遇	·离职的原因 ·是否有资格再次被录取 ·工作表现的描述 ·可靠或尽责的程度 ·举个例子说明其出色的表现 ·强项及其发展要求 ·阅读部分简历或申请表请证明人证实其准确性 ·个人诚信状况和社会保险信息

（三）背景调查的流程

背景调查是一项技术性很强的工作。用人单位要想做好这项工作，必须把握好时机，精心谋划，注意方法。一般来说，背景调查有以下三种类型：①向证明人核实。与熟悉应聘者工作历史的人交谈，并询问一些侧重于与工作有关的信息的问题，那些信息有助于衡量应聘者是否适合。②核实凭证。核实其学位、证书、执照之类的原始文件；如果有可能，还要对其是否有前科及信用如何等进行调查。③核实是否需要培训。雇用应聘人员前了解他们的优点和缺点，有助于确定是否需要对其进行培训，这样可以节省时间和精力，从而提高生产率。

做好背景调查的第一步是将需要核实的与工作相关的信息列成一张表，然后选择合适的调查时机进行调查。

1. 精心设计调查表

为确保调查过程中不遗漏重要信息或误入与工作无关领域，保证每一位应聘者都能经历同样的程序，保证核实工作的连贯性和准确性，相关工作人员应列出一份调查表，例子见表 6-9。

表6-9　背景调查表样本

应聘者姓名：		
教育状况核实		
受教育机构：	联系人：	核实日期：
入校时间：　毕业（是/否）	获得何种学位：	
犯罪记录调查		
记录类型： 调查结果：	调查时间： 联系人：	
工作情况核实		
工作单位：	联系人：调查时间：	
工作时间：	最后担任的职务：	
主管姓名：	担任的其他职务：	
基本职责：		
工作表现：	与现在从事该工作的人员比较：	
出勤率：	工作态度：	
表现出色的例子：		
主管评价：		
离职原因：		
有无被提升的资格：	有无被重新雇用的资格：	
注：		

2. 选择调查时机

由于背景调查成本较高，操作难度大，用人单位应在明确了目标候选人之后开始，即面试结束以后、最终确定拟聘用人员之前进行，称为入职前背景调查（pre-employment background investigation）。在这个时段进行背景调查面对的候选人比较少，可以节约招聘成本，而且一旦发现有造假的情况，用人单位可以灵活处理并且法律负担较小。

另外一种做法是在员工入职后、试用期间进行，称为入职后背景调查（post-employment background investigation）。一般来说，企业试用期在1~3个月，这段时间完全能够进行充分的背景调查，也不用担心失去优秀的员工。已经与员工签订劳动合同而且员工已经实际到公司工作，一旦发现有造假情况，公司辞退该员工需要承担法律责任，而且如果该员工存在职业道德上的问题，给公司带来的损失会大很多。因此，对于大部分的职位，公司可以采取入职前背景调查，防患于未然；对于公司紧急招聘的职位，可以在员工入职后再补上背景调查，但需要在法律上做好相应的防范。

3. 明确背景调查的资料来源

用人单位可以直接调查员工本人，核实相关资料，得出调查结果；也可以间接调查，通过各种媒介完成对员工的背景调查。间接背景调查资料主要来自以下几个方面：员工自己的陈述和提供的资料；员工毕业院校提供的证明材料；员工原来的工作单位提供的材料；公安机关、社会保险机构和档案管理机构等政府部门提供的证明材料；网络上具有公信力的证明材料等。用人单位可以通过核实劳动者的身份证、户口簿和护照等证件核实身份信息；通过学校学籍部门确定学历的真伪；对于工作履历的调查，除了调查应聘候选人在历任雇主的工作时间、岗位名称外，还应了解候选人真正的离职原因、是否有违规违纪情况、是否与原雇主有劳动仲裁。对于关键岗位员工的背景调查，除调查以上内容外，用人单位还应采用360度调查法，即向其上级、下属、同级别员工等均做相应的核实，以确保背景调查报告的客观和真实。

4. 争取证明人的合作

用人单位可与证明人进行情感交流，建立融洽关系；建立证明人合作网，以应聘者提供的证明人为核心，扩大证明人的网络圈，如客户、同事、下属和上级都是获取信息的重要来源。

（四）背景调查的注意事项

背景调查内容应以简明、实用为原则。内容简明是为了控制背景调查的工作量，降低调查成本，缩短调查时间，以免延误上岗时间而使用人部门人力吃紧，影响业务开展；另外，优秀人才往往被几家公司互相争夺，长时间的调查是给竞争对手机会。实用原则是指调查的项目必须与工作岗位需求高度相关，避免查非所用，用者未查（王慧敏，2015）。背景调查应注意以下事项。

（1）考虑背景调查的成本。

（2）进行背景调查之前应征得劳动者的同意。

（3）重视客观内容的调查核实，忽略应聘者的性格等方面的主观评价内容。

（4）慎重选择提供应聘者材料的第三方人员。要求对方尽可能使用公开的记录来评价员工的工作情况，避免受偏见的影响。

（5）不要只听信一个被调查者或者一个渠道来源的信息，应该从各个不同的信息渠道验证信息。尤其是遇到某些不良评价时，不能轻信。或者由于中国的人情观念和面子观念重，在被邀请协助以往员工做背景调查时，往往会为其说好话，甚至夸大其词，因此，应扩大调查范围，确保调查客观公正。

（6）只核实与工作相关的材料，不可因调查而侵犯被调查者的隐私权。

（7）不损害在职应聘者。若一个应聘者还没有离开原有单位，那么在向他原来的雇主做背景调查时应该注意技巧，不要给原雇主留下该应聘者要跳槽的印象，否则对该应聘者不利。

（8）必要时，委托专业调查机构，因为他们有更加广泛的渠道与证明人联系，并且询问的技巧更加专业。

（9）用人单位应建立、健全背景调查制度，严把招聘关。用人单位必须充分意识到背景调查不是万能的，要准备好，或者预防背景调查失败的应对策略。比如，要求应聘者在录用前填写个人信息披露单，留下有效联系方式，明确提供虚假信息的法律后果；用人单位应当及时留存各种有效证据，发生纠纷时则有备无患。

（10）在获得可靠的背景核查材料之后，应将其与应聘者的其他材料一起归档，并保证这些材料的安全——只有那些必要的人才能看到。

二、体检

体检是录用时不可忽视的一个环节，不同的职位对健康的要求有所不同，一些对健康状况有特殊要求的职位在招聘时尤其要对应聘者进行严格的体检，否则可能给企业带来许多麻烦。因此，体检通常是选拔过程后紧接着的一个步骤，而在某些情况下，体检在入职之后进行。一般企业会指定一个有信誉的或长期合作的医疗机构（通常要求三甲以上医院），要求应聘者或新员工在规定的时间内完成规定的体检项目。

通过体检，可以确定应聘者是否符合职位的身体要求，以发现在对应聘者进行工作安排时应当考虑的体格局限因素；建立应聘者健康记录和基线，以服务于未来保险或雇员赔偿要求的目的；确定健康状况，降低缺勤率和事故，发现雇员可能不知道的传染病。

体检的结果分为合格和不合格两种。相应地，通知也分为录用通知和辞谢通知两类。在通知被录用者方面，最重要的原则就是及时，以防应聘者在此期间接受竞争对手的邀请，这对于公司来说将是一笔巨大的损失。对于身体条件不符合要求的人，要委婉地辞谢，给应聘者留下好印象；对那些身体条件暂时不符合要求，而综合素质优秀的应聘者，应将其资料加入公司的人才库。

香格里拉酒店集团体检健康管理

香格里拉在招聘新员工时，应聘者需要经过人力资源部初选，业务部门复试考核以及体检等审核程序，体检须到饭店指定医院或防疫部门进行，审核合格者，饭店将发给其"聘用意向通知书"或电告本人。饭店每年将为员工安排体检，若发现员工患上不适合原工种的疾病或不适宜从事饭店行业工作的传染病时，饭店将调整其工作，也可以根据有关劳动法规或劳动合同的有关条款做相应处理，乃至在医疗期满后解除劳动合同。

资料来源：香格里拉集团酒店员工手册

本章小结

1. 初步筛选分为筛选求职申请表和个人简历两类。一般来说，筛选需要经过分类、审视、设问三个步骤，才能保证筛选的效率。筛选重点关注应聘者的个人基本信息、求职岗位情况、工作经历和经验、教育与培训情况、生活和家庭情况等内容。云计算模式的招聘管理将成为趋势。

2. 笔试是让应聘者在试卷上回答事先拟好的试题，然后由主考人（评卷人）根据应聘者解答的正确程度予以评定成绩的一种测试方法。笔试的方法很多，比较常见的有知识测验法、心理测评、能力测试法和综合测试法等。

3. 面试是指一种在特定场景下，面试官有目的性地与应聘者进行面对面的观察、交流、互动的可控的测评方式，是面试官通过双向沟通来了解应聘者的素质状况、能力特征以及应聘动机的一种人员甄选方法。

4. 面试有五个步骤，分别是预备、引入、正题、结束及回顾阶段。

5. 面试甄选的主要项目与内容包括：仪表风度、专业知识、工作经验、口头表达能力、综合分析能力、反应能力与应变能力、人际交往能力、自我控制能力与情绪、工作态度、进取心、求职动机、业余爱好与兴趣及其他。

6. 提问的 STAR 原则，即提问内容及方式遵循这个方向：Situation（背景）、Target（目标)、Action（行为）和 Result（结果）。

7. 背景调查（background check）是指用人单位通过各种合理合法的途径，来核实应聘者个人履历信息的真实性，以确定其任职资格的过程，它是保证招聘质量、降低用工风险的重要手段。

推荐网站

1. 卡特尔 16 种人格因素测验 http://www.cnpsy.net/16pf/index3.asp
2. 霍兰德职业兴趣测试 http://www.apesk.com/holland/index_online.asp
3. 瑞慈医疗 http://www.rich-healthcare.com/
4. 爱康国宾 http://www.ikang.com/

复习思考题

1. 笔试可以测评应聘者的什么素质？
2. 面试分哪几个步骤？
3. 面试有哪几种方法？
4. 面试提问的 STAR 原则是什么？

学以致用

海上救援

某海上发生了海难，一个游艇上有八名游客等待救援，但是直升机每次只能够救一个人。现在情况十分紧急：一方面，游艇已坏，不停漏水；另一方面，天气寒冷，游客冻得直打寒战。游客情况如下：

1. 将军，男，69 岁，身经百战；
2. 外科医生，女，41 岁，医术高明，医德高尚；
3. 大学生，男，19 岁，家境贫寒，参加国际奥林匹克数学竞赛并获奖；
4. 大学教授，男，50 岁，正主持一个科学领域的项目研究；
5. 运动员，女，23 岁，奥运金牌获得者；
6. 经理人，男，35 岁，擅长管理，曾将一家大型企业扭亏为盈；
7. 小学校长，男，53 岁，劳动模范，全国五一劳动奖章获得者；
8. 中学教师，女，47 岁，桃李满天下，教学经验丰富。

请将这八名游客按照营救的先后顺序排序。（3 分钟阅题时间，1 分钟自我观点陈述，15 分钟小组讨论，1 分钟总结陈词）

角色扮演

背景：学生会外联部、宣传部和文娱部在招纳新人，分别招纳外联专员、宣传专员和文娱委员，并且要求在一周内完成新人的招聘工作。

要求：首先将班级成员分为三个小组，分别为外联组、宣传组和文娱部，每组成员抽签决定各自的身份，其中有五个面试官，其余皆为面试者。请就背景中的情况进行新人招聘面试演示，模拟招聘行为，给出招聘结果。

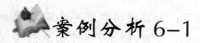

案例分析 6-1

美的集团校园招聘的甄选过程

美的集团（以下称"美的"）在1968年于中国广东成立，迄今已建立全球平台。美的在世界范围内拥有约200家子公司、60多个海外分支机构及12个战略业务单位，同时是德国库卡集团最主要股东（约95%）。2017年，美的位列《财富》世界500强第450位。美的校园招聘的甄选过程包含以下六个环节。

第一轮：网上素质测评

网上素质测评分为营销、技术、管理和财务四类，内容包括美的核心能力测评、职业倾向测试和行为风格分析。

素质测评结束后直接通过链接将结果反映到简历上，作为初步筛选人才的参考依据。对于完成所有甄选环节签约美的的毕业生，该测评结果会存档，作为岗位安排及人才培养的参考。

核心能力的具体评价维度由美的及委托的测评机构共同选择确定，对于在本环节不易评价的或区分度不高的维度如有效沟通等可放在其他环节测评。

第二轮：简历筛选

网上简历筛选的策略为劣汰，可利用简历系统中的筛选和排序功能进行甄选，另外可综合考虑毕业生的政治面貌、学习成绩、英语水平、社会实践经历、参加社团的经历等。

第三轮：专业笔试环节

外贸类、技术类和财务类毕业生增加笔试环节。增加的笔试内容分别为：

外贸类：增加英语笔试。

技术类：增加创造性思维、空间想象力等笔试环节。

财务类：增加综合性逻辑分析等笔试环节。

第四轮：无领导小组讨论环节

针对管理、营销、技术和财务人员的不同素质要求，设置不同类型的小组讨论题目。

管理和营销类：进行综合类题目的无领导小组讨论测试。

技术和财务类：进行逻辑分析判断、系统推理等无领导小组讨论。

培训：对所有无领导小组讨论的观察员进行行为分析培训，内容包括测评要素分析、行为表现与测评要素的关系、如何提炼有效行为等。

第五轮：即兴演讲环节

无领导小组讨论结束后进行即兴演讲（规定情境）练习，外贸类岗位用英文题目进行演讲。考虑到在该环节进行即兴演讲所占用时间成本问题，亦可在行为事件面试前安排即兴演讲。

第六轮：一对一结构化面试环节

面试官事先设计好问题以及提问的顺序，对所有毕业生进行相同的面试过程。

资料来源：三茅人力资源网

讨论：

阅读材料，你认为美的的甄选过程是否有可以改进的地方？谈谈你的看法并说明理由。

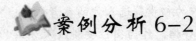

案例分析 6-2

Google 中高级人才选拔

Google 精心设计了招聘流程，以招徕全球范围内那些最适合 Google 的有能力、有创造力并且有协作精神的员工。Google 每年会收到超过 100 万份简历，Google 会依据当时的经济情况，从中招聘 1 000~4 000 人。也就是说，每年只有不到 0.5% 的应聘者会最终得到 Google 的工作。仍然有很多在目前工作上取得成功，以及很多有才能的人，得不到 Google 的聘用。Google 的招聘流程主要如下。

1. 招聘人员筛选

Google 招聘流程的第一步是从技术性要求、教育程度以及工作经验几方面来筛选应聘者。如果你的简历不合适，你会得到一个礼貌的"您暂时不合适"的回应，但是你的简历会被存档。而且 Google 的招聘人员会在一个新的职位开放招聘之后检查现有的存档简历，如果他们认为你合适，招聘人员会联系你并进行一个电话筛选面试。

2. 电话筛选

一位 Google 的招聘人员会联系你，解释这个流程，并让你知道预期状况。如果这是一个技术性的工程师职位，招聘人员可能会询问你的大学入学成绩和在大学的 GPA（平均学分绩点）。即使你有 20 年的工作经验，他们还是会问这些数字。电话面试通常由一位相关岗位的 Google 员工进行，通常持续 30 分钟。可能会有两次甚至更多的电话面试，如果这是一个技术职位，在面试时，你甚至会被要求在一个共享的 Google Docs（一套在线办公软件）文档中写代码。这么做的目的是更深入地评价你的技术能力、从业经验，以及应聘这个职位的动机。

3. 现场面试

第一次的面试会安排 4~5 个求职者，每人面试 45 分钟。面试官包括经理以及相似职位的工作人员。这次面试会深入了解你的技术能力和在特定领域的知识。例如，市场营销和公共关系管理方面的应聘者会被要求写出草案，或者就如何解决一个精心设计的公共关系管理事件进行回答。商业方面的应聘者会被询问如何定位某一产品以区别于其他产品，如何去评估竞争性的供应。其他人可能需要去处理一个假设的问题并回答他们如何衡量成功。你也可能会被问类似的问题，比如"一辆校车里可以装多少个高尔夫球？""有 8 个球。其中 7 个一样重，1 个比较重。如何使用一个天平，通过两次称量，找出那个比较重的球？"Google 的面试中有很多类似的难题，不过，有时准确的答案并不重要，Google 的目的是：观察你的思维过程，测试你的抗压思考能力，观察你如何组织自己的想法。

4. 面试反馈

每个面试官都会在一个标准表格中填写他们的反馈，并给应聘者打分。招聘人员会处理这些反馈，并把他和其他应聘相同或类似职位的应聘者做比较。同时，Google 有一个从应聘者之前的同学或同事处获得反馈的过程。Google 所有员工的简历都保存在数据库里，通过搜索，那些和应聘者共事过的员工的简历会被找到。然后，这些 Google 员工会收到一封关于应聘者的问询邮件。如果这个应聘者在反馈中被一致认为是合适的人选，接下来就轮到 Google 的招聘委员会了。

5. 招聘委员会

对于每个主要的职位大类，Google 都会设置招聘委员会。这个委员会由高级经理、部门主管和该领域的资深员工组成，他们负责查看该领域所有的候选者，并对于招聘职位的技能要求和高质量员工的效益有很到位的把握。这个委员会审阅应聘者的简历、工作经验和先前的反馈,如果委员会一致同意向这个候选人提供Offer(录取通知),那么将进入执行审批阶段。

6. 执行审批

高级经理会审查每一封录取通知。在Google,聘用员工是非常慎重的事情,雇用伟大的员工是Google最重要的事情,这对于公司未来的发展有着深远影响。如果执行审批通过了,薪资委员会将决定录取通知中涉及的薪资问题。

7. 最终的执行审查

在录取通知发出前,Google最高管理层中的某位将查看所有录取通知。这也表明了Google对于雇用员工的谨慎。

资料来源:如何进入谷歌工作?谷歌的面试题和招聘流程介绍[EB/OL].(2010-09-28)[2018-02-05].http://www.china2.com/news/2010/0928/135400.shtml.

讨论:

1. 你如何评价Google的招聘方式?
2. Google公司的招聘流程有哪些地方值得借鉴?

参考文献

[1] 陈洪浪. 空降兵:招募的科学流程[J]. 人力资源,2007(1):29-31.

[2] 程佳田. 分析宝洁公司的校园招聘体系[J]. 经营管理者,2015(12):173.

[3] 郭龙. 可口可乐的面试题[J]. 文苑,2015(12):55.

[4] 黄金旺. 跨国公司怎样面试求职者[J]. 企业文化,2004(4):71-75.

[5] 张爽. 公务员考录结构化面试信度和效度实证研究[D]. 哈尔滨:黑龙江大学,2016.

[6] 压力面试案例[EB/OL].(2016-04-15).https://zp.foxconn.com/Pages/NewsDetail-723.html.

[7] 滕晓丽. 招聘管理工作手册[M]. 北京:人民邮电出版社,2013.

[8] 王海. 浅析情景模拟面试的设计及运用策略[J]. 劳动保障世界,2014(6):1.

[9] 王慧敏. 员工招聘[M]. 北京:清华大学出版社,2015.

[10] 王琴琴. 新人的成长之路:对话德勤税务合伙人张慧女士[J]. 中国大学生就业,2010(24):48-51.

［11］吴圣奎. 开展员工背景调查的必要性和方法［J］. 华北电力大学学报（社会科学版），2009（4）：42-45.

［12］祥旋. 微软的招聘试题：怪［J］. 中外企业文化，2005（2）：58-59.

［13］杨益. 丰田公司的"全面招聘体系"［J］. 中国人才，2003（3）：51-52.

［14］袁珂. 基于公文筐测验的企业中高层人才选拔新机制［J］. 出国与就业，2011（9）：89.

［15］姚裕群. 就业市场与招聘［M］. 长沙：湖南师范大学出版社，2007.

［16］张亭玉. 说谎行为及其识别的心理学研究［J］. 心理科学进展，2008，16（4）：651-660.

［17］袁文勇. 我国公务员招录面试中平等权问题研究［D］. 重庆：西南政法大学，2014.

［18］中国科学技术大学首次实行"推免生"选拔网络面试［J］. 中国教育网络，2014（10）：6.

［19］高涛. 金融企业员工招聘中背景调查的应用探析［J］. 人力资源管理，2012（6）：35-36.

［20］招聘行业的颠覆：P2P招聘［J］. 中国新时代，2014（9）：90-91.

第七章

员工录用与入职管理

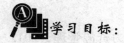学习目标:

学完本章后,你应该能够:
1. 掌握录用决策的注意事项
2. 了解员工录用管理
3. 掌握新员工入职管理流程
4. 了解实习、试用和入职的注意事项

万科的人才选拔录用

万科是房地产企业。房地产项目周期非常长,一般需要5年左右,因此人才队伍很难像其他行业如制造业那样迅速复制和膨胀,而万科不仅满足了自身的人才需求,还在客观上成为同行的人才"黄埔军校"。是什么原因使得万科能在如此高速的发展中,还不断向外推送职业的管理者?

万科早在"王石时代"就已经建立了一套内部人才选拔和录用的流程,从公司内部培养,并不断提拔这样一批人:他们深谙公司的远景和工作方式,他们以万科的精神为骄傲,他们是标准化的万科职业经理人。他们在万科形成的工作习惯将影响他们一生,并成为他们职业生涯的最大财富。

万科的人才选拔模式也是很多企业力争去学习的。一直以来，万科以"人才是万科的资本，是万科的核心竞争力"为用人理念，此话听起来好像没什么特别之处，属于老生常谈，但万科的管理层真正能遵照这个原则实行人才的培养与选拔，从尊重人才开始，为优秀人才创造一个良好的发展环境。这是万科了不起的地方。要洞悉万科的秘密，我们可以从王石的只言片语中略知一二："万科是一个管理系统，形成了一个干部培养体系，包含招聘、培训、使用和考核这样的一整套人才管理体系。"

万科能够成就自己的人才体系靠一整套人才管理体系，而这也正是人才管理时代所必需的管理理念，与国内众多企业相比，万科已经超前进入人才管理时代。首先是对人才的定义。万科的录用标准在于：候选人在特定的组织框架下；与行业类型和行业特点密切相关；动态的，很可能随着组织变化而变化。能够充当万科管理人员的是专业人员，而且会随着情况的变化而变化。万科对此有专门的素质评估模型，这套模型包括素质模型和测评工具。前者为万科需要什么样的人提供了标准，后者用来衡量一个具体的人符合标准的程度，测评报告将为最后的录用及升迁结果提供参考。这个模型就像一把标准化的尺子，被广泛应用于万科的招聘、培训、职业生涯规划和人才选拔等领域。另一个方法，现在已经广为人知，即后续人才储备。事实上，这种人才储备模式在中国由来已久，先秦的门客便是一种。贵族要有所作为，希望天下贤人能者都能会聚自己门下，终有一日，这些门客会派上用场。

现代社会的人才储备也是这种思路：作为一个有准备的企业，一定要有这样一个人才梯队，在企业需要扩张的时候，能从这样的梯队找出管理层及相应的人员配备。为了这个选才原则，万科又推出了"50/500计划"。每年，公司的人力资源部会根据员工的业绩和上级主管的推荐，进行审核之后选拔出一支具有上升潜质的管理后备队伍。在这个队伍里，数目庞大的第一部分是从基层升为中基层的管理者，大概为500人，另一部分是从中层上升为高层的管理者，这部分有50人。接下去的工作是分别对这500人和50人进行评估和定型。500人的评估工作是通过调查问卷和反馈、职业发展对话。通过这样的方式，得以充分了解这些人员的潜力和素养，并有针对性地制订发展规划；对于50人的队伍，万科使用360度访谈、领导力发展中心以及其他培养方式，这不仅是一个了解，同时也是一种培训。在这个过程中，公司总经理、主管人力资源的副总经理等高层都会亲自到现场，他们将人才培养工作当成一门公司的必修课。万科的选才，就像一场盛大庄重的人员聚会，一方面让万科从中找到了力量的源泉，另一方面，也让所有人都将万科当作一项不断令人有所憧憬的工程。一举两得的事情，何乐而不为？

资料来源：万科的人才选拔案例［EB/OL］.（2018-04-23）.http://www.hrsee.com/?id=681.

从以上的引例可以看出，人才的选拔和录用在企业的发展中起着举足轻重的作用，选拔出的优秀人才也为后续的录用奠定了基础。因此，企业在录用人才时必须做到决策科学，坚持人岗匹配的原则，同时也要做好员工入职管理，并且要与时俱进，推动企业人力资源管理模式的转型升级，保证企业"人才不断档"。

第一节 员工录用管理

员工录用管理是企业与新员工建立雇用关系的第一道程序，是人力资源管理六大模块的重要组成部分。它包含两个主要环节：一是录用决策，二是新员工入职管理。

一、员工录用管理概述

员工录用管理是指用人单位在经过笔试、面试、背景调查和体检等筛选环节后，正式做出录用决策到接纳新员工的一个过程（王红枝，2010）。具体来说，员工录用管理将经历做出录用决策、发出录用通知、办理新员工入职手续、适应性培训、试用期考核和转正管理一系列工作。具体流程如图7-1所示。

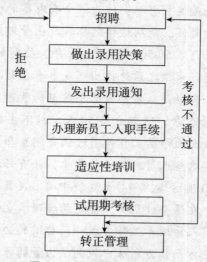

图7-1 员工录用管理流程

（一）做出录用决策

录用决策是经历了笔试、面试等筛选环节后，在众多候选人中科学地做出录用决策。

（二）发出录用通知

做出录用决策后，应及时地将录用结果通知相关人员，拒绝录用或者同意录用。

（三）办理入职手续

办理入职手续是企业引导新员工正式加入企业的一系列工作，是新员工接触企业管理方式、感受企业文化的第一次尝试。

（四）适应性培训

适应性培训是用人单位为了让新员工能够尽快适应企业文化、管理制度和熟悉工作流程安排而进行的一系列培训课程和会议。

例证 7-1

"零度突破"

每个入职百度的新员工都要通过一个为期五天的封闭培训，这个培训叫作"零度突破"。寓意"从零度到百度"，从一个什么都不懂的校园人，锐变成一个有激情、有梦想、讲方法和有能力的职场人。在这五天中，新员工们不仅要接受各类基础的培训课程，还要经受体力上的磨炼，和其他素不相识的新人同事一起建立深厚友谊，为今后公司内部的协同合作打下基础。

不同于大多数企业严谨、客观和逻辑性强的员工手册，百度的员工手册是由新员工共同创造的，叫作《度星球的成长指南》。新员工从自身的真实体会出发，用新员工的视角和逻辑共创员工手册，并且会根据每一期学员的意见不断进行补充和修订。除了一些衣食住行的常识性指南外，在这本手册的后半部分，还涉及了公司使命、文化价值观、信息安全案例、晋升调休、绩效福利和转岗申请等内容。由于是从新员工视角进行编写，并且每期学员都会参与编写，因此这是一本真正被每一位新员工从头读到尾的员工手册。

在"零度突破"中，百度的高管需要轮值授课，跟新员工面对面进行交流，授课内容也十分弹性，不是刻板教学，而是从高管们自身的感受出发，直接向新员工们传授自己若干年的职场经验，让新员工们在职场中少走弯路，快速地实现自身价值。

资料来源：一流公司为何都要死磕"入职培训"？看看百度是怎么培训新人的［EB/OL］．（2017-11-15）．http://www.sohu.com/a/204462208_707799．

（五）试用期考核

企业录用新员工是一种双向行为。一般来说，为了能够招聘到最合适的人才，企业会与新人确定试用期限。试用期限是企业与新人互相磨合、互相考察和互相评估的一个阶段。试用期结束前，用人单位会安排相关人员对新人进行考核，考核内容包括新人的职业道德、综合素质、工作态度与工作能力等方面。试用期考核一般有三种结果：一是同意转为正式员工；二是延期转正；三是考核不通过。

（六）转正管理

在试用期考核结束后，人力资源部门根据考核结果及时办理转正手续或延期转正手续，或者解除劳动关系手续，以避免出现违反《劳动合同法》等行为。

二、录用管理原则

为最大程度实现录用管理预设的目标，企业在实施录用管理时应遵循以下四个原则。

（一）坚持岗位需求原则

录用作为招聘工作的结果，必须严格按照招聘需求计划进行，以始为终，以终为始，坚持岗位需求原则。所有的录用管理流程必须以企业利益为出发点，秉持客观公正的态度，拒绝主观判断，杜绝因个人利益做出不利于公司的行为。

（二）坚持人岗匹配原则

人与人的素质能力各有不同，岗位的任职资格也各有差异。科学的录用管理必须充分认识到不同岗位的任职要求和应聘者的素质差异，在做出录用决策时遵循人岗匹配原则。这就要求招聘者要科学衡量，一方面运用多种人才鉴别方式测评人才；另一方面，必须对企业内部的岗位的责任、义务和能力要求有着清晰的了解，通过双方匹配，使得合适人能配置在合适的岗位上，实现人尽其用。

（三）坚持信任尊重原则

在现代管理中，人力资源不仅是资源，更是企业可持续发展的资本。在录用管理中，必须坚持信任与尊重原则，充分信任员工，尊重员工，给予员工适当的工作发展空间，让新员工在岗位上快速成长。

（四）坚持科学管理原则

录用管理关系着被录用者以后的职业生涯，也是公司职员绩效考核体系是否专业的衡量标准。因此，必须坚持以科学、严谨的录用考察制度，给员工设置合理的工作标准和工作目标，并对员工的态度、能力和行为模式进行全方位的考核。当然，企业也需要关爱、关怀员工，给予员工适度的空间，但所有的关爱、关怀都要在公司的管理制度框架下进行，必须做到有章有法（谢楷洲，2015）。

三、录用管理的作用

员工录用管理虽然只是人力资源管理工作中很小的一部分，却是一项琐碎而复杂的工作。完善的新员工入职管理工作能够让新员工逐步适应公司制度和文化，提高新员工满意度和工作绩效，增强员工对企业的归属感和忠诚度，并在工作中实现自我增值。

（一）科学决策，提高工作效率

科学的录用管理工作能够帮助新员工入职以后的人事关系、工作变动、奖惩行为和薪酬调整等顺利地归档整理。同时，招聘人员也能从录用管理工作获得反馈，以提高下次招聘的工作效率。

（二）规范管理，激励员工行为

录用管理是企业引导新人进入企业的第一项工作。而对于所有新员工来说，录用管理是新员工第一次真切地参与企业管理流程的过程。规范、科学的录用管理不仅能让新员工形成对企业的良好首因效应，更能增强新员工对企业的归属感和自豪感，进而激励员工为企业尽心工作，达到企业、员工双赢的局面。相反，不规范、不科学的录用管理不仅会对新员工的士气产生挫伤，严重者还会造成企业目标员工流失，给企业带来负面形象等不良后果。简言之，录用管理是企业与未来员工发生雇用关系的第一步，可以说是企业在人力资源管理活动中把握和提升员工忠诚度的关键时刻（谢楷洲，2015）。

（三）优化流程，塑造雇主形象

通过不断优化录用管理流程，可以缩短新员工入职管理所需时间，提高入职办理效率，促使录用管理更加流程化、智能化和人性化。完善的人力资源管理工作，可以为企业获得良好的口碑，塑造优秀雇主的形象。在智能化时代，人力资源管理信息技术在这方面也起到了非常重要的作用。

例证 7-2

HP 招聘管理系统

惠普公司（HP）的人事管理部门由分散于 HP 的大小 50 多个分公司和 120 个销售办事处的 50 多个分支机构组成，但是下设各分支机构没有人事决策权，用人申请必须经过总公司批准。假如基层经理想要招聘人员，必须自下而上层层申请，通过贯穿于公司的一整套机构才能完成，费时费力，而且由于上下级部门之间交流较少，用人部门很难跟踪了解事情进展到了哪一层级、哪个部门，人员什么时候才能到位；同时，HP 的各个人事部门间也不互通信息，彼此之间不了解对方的需求。这就造成写信应聘的申请者如果想同时申请不同 HP 机构的职位，必须向每一个机构寄出简历，否则，假如应聘者寄材料的部门没有空缺，即使其他部门需要人员，也不可能拿到应聘者的材料。此种情况不一而足。

针对以上情况，为改变对需求部门和应聘人员都比较麻烦的被动的工作方式，HP 设立了一个招聘管理系统：所有申请人的人事材料首先全部寄往"应聘响应中心"，在这里，有关人员统一处理所有的材料之后，会立即与美国各地的 HP 人事部门取得联系，把相应信息传递过去，人事信息通过招聘管理系统得到共享，并可获得快捷处理。另外，HP 还设立了一个电话服务系统，这个服务系统可以每周 7 天、每天 24 小时地回答并处理员工有关福利、医疗、员工退休计划、薪水计划以及持股计划等各种问题。由于有了这样一个好的开端，在以后的人事工作流程再造实施过程中经理和雇员的认同和支持度较高，以后的人事工作流程颇为顺利。

1990—1993 年间，HP 的人事工作人员减少了 1/3，人员比（人事工作者/总员工人数）从 1/53 降低到 1/75。人事副总裁彼德逊说："这些人员的减少，每年为公司节省 5 000 万美元，同时大大提高了服务质量，显示了一种明快、高效的工作作风。"

资料来源：四大名企的 hr 工作案例分析［EB/OL］．（2006-12-21）．http://cn.sonhoo.com/info/123480.html.

四、做好录用决策

企业在做录用决策时通常会面临两项任务：一是在候选人之间进行选择；二是在候选人与招聘标准之间进行比较。在这种时候，大多数情况下，最好的选择是回到工作分析阶段，重温工作分析，看看该职位究竟需要什么样的人。但也不能把职位说明看作"圣旨"，灵活性是成功录用的关键。如果比较的结果是没有一个人能够符合要求，也有两种选择：一是重新进行招聘；二是在原来的求职者中重新进行选择。

（一）选定恰当的录用决策人

当所有招聘所需的资料都集中在一起之后，应该只让与录用决策有关的人员在场，与录用无关的人都应该回避。在做录用决策的过程中应该避免受到"外部游说"的影响。一般而言，参与决定的人员应包括直接负责考察应聘者工作表现的人，以及与应聘者共事的人，如部门的同事或部门主管。在录用时应该根据具体情况灵活运用录用标准，有时也需要一点直觉。录用决策人员应该很清楚地解释自己的决策。由于企业的需求不同以及招聘的职位不同，录用决策的程序有很大差别。对于文职办事人员和一线员工来说，一个人做录用决策就足够了。这个人就是待聘者的主管上司。对于管理职位，至少需要三个人一起进行录用决策，这三个人一般包括待聘职位的直接上司以及另外两位将与待聘者一起工作的人。

（二）制定合理的录用标准，尽快做出录用决策

有些人力资源总是希望招聘到最好的人，他们会对一群应聘者进行比较，选出其中最好的，或者总是不做决策，总认为后面还有更好的应聘者。实际上，这种想法是不现实的。如果想要招聘的只是普通的助理，就不要指望一个聪明绝顶、名校毕业、有丰富实际经验并且具有卓越领导才能的人来应聘，因为他们可能会应聘更高的职位，他们对普通的助理职位根本就不感兴趣。一个特别出众的人或许已经远远超出了职位的要求，他在待遇上的要求会相应较高，因此事先确定的待遇标准无法满足他的要求，并且他可能不会安心在这个职位上工作，因为这份工作对他来说没有挑战性。最好的办法是，选

择一个能够完成工作任务 80% 的候选人，因为，这样的员工往往会在岗位上待更长时间，而且会有更好的工作动机和更大的工作动力。

同时，对照职位要求比较应聘者的资格，不要寻求应聘者的回答或猜测其行为的隐含意义，要了解那些一旦工作就会表现出来的行为。关注行为，而不是仅仅关注语言。有些面试官为应聘者的语言所打动，却忽视其行为。观测者应通过关注语言和行为，了解应聘者的喜好、组织技能和一般态度，且不能吹毛求疵。世界上没有十全十美的人，我们必须分辨出哪些能力是完成这项工作不可缺少的，哪些是可有可无的，哪些是毫无关系的，抓住了主要问题，抓住了问题的主要方面，这样才能录用到合适的人才。

切勿花太多时间在决策上，避免最终想录用的候选人已接受了别的工作，或对这份工作已失去兴趣，最终错失了良才。因此，企业必须在适当的时间内做出录用决策。

（三）留存备选人员名单

对于一个职位，初步录用的人选名单可能要多于实际录用人数，因为可能有一些原因（如体检不合格、考核不通过、录用不报到等）导致无法正式录用某些人。如果初步决定录用某个人，而他实际遇到的问题是原单位无法让他离职，或者他对所提供的薪酬条件不满意，那么就不得不舍弃他而去考虑其他人。在备选人员名单中，一定要注明录用这些人的优先次序。首先考虑最合适的人，如果这个人符合各种录用条件，就录用他；如果他不符合录用条件，就考虑处在第二位的人选，以此类推。

五、及时通知应聘者

通知应聘者是录用工作中的一个重要环节。通知无非有两种：一种是录用通知，另一种是辞谢通知。录用通知和辞谢通知都能反映企业的整体管理水平及人员素质，恰当、到位妥帖的录用通知或辞谢通知可以为企业塑造良好的企业形象，提高企业在录用者甚至是被辞谢者心中的美誉度与向往心理。

（一）录用通知

在通知被录用者方面，最重要的原则是要及时，许多合适的应聘者会因为企业在决定录用后没有及时通知而失去。因此，录用决策一旦做出，就应该马上通知被录用者。在录用通知中，应该讲清楚什么时候开始报到，在什么地点报到，还应该说明如何抵达报到地点和其他应注意的事项。同时，对于被录用的人，应该一视同仁，采取相同的方式，例如统一通过微信、电子邮件、短信、电话甚至是书面通知被录用者，能够给人留下良好的印象。

综上所述，通知录用时应注意以下几个事项。

（1）用语贴切、得体，反映企业的良好形象。

（2）明确员工报到须知的内容，如报到时需要携带的个人资料。

（3）注明员工报到的时间与流程。

（4）报到联系人姓名及联系方式。

当然，无论企业如何努力吸引人才，都会发生接到录用通知的人不能来企业报到的情况。对于那些企业看中的优秀应聘者，这时，企业的人力资源部甚至是最高层领导应该主动去电话询问，并表示积极的争取态度。如果候选人提出需要更多的报酬，你应该而且必须与他进一步谈判。因此在打电话前，对于企业在这方面还能提供什么条件，最好有所准备。如果在录用活动中，企业被许多应聘者拒绝，就应该考虑自己的条件是否太低。问清楚应聘者为什么拒录，可以获得一些有用的信息。

例证 7-3

华为公司录用通知书

任中非先生/女士：

您好！

我们非常高兴地通知您，您已被华为公司录用！

录用正式生效条件如下。

（1）您已与原单位解除劳动关系。

（2）您的身体健康状况符合《2007中央、国家公务员录用体检通用标准（试行）》中的体检合格标准。

（3）您能够在下述报到日期到华为公司报到。

现通知您于2017年10月13日（星期五）9：00—17：00，到华为公司深圳市龙岗区坂田华为基地百草园办理报到手续。若您无法在上述日期抵达，请您提前一周与华为公司招聘接待人黄秘书联系（联系方式：1382974××78），更改您的报到日期。薪酬信息电话知会。

华为公司人力资源管理部
2017年10月10日

（二）辞谢通知

很多人力资源往往只将注意力放在那些被录用的候选人身上，而忽视了对未被录用者的反馈。

对于招聘落选者尤其是具有较强的竞争实力而且将来本公司有一定录用可能的落选者，如果能够及时发出一份得体的招聘辞谢函，表达诚挚的歉意和衷心的谢意，借此获得求职者的理解，无疑有助于维护招聘者的形象和未来工作的开展。对于求职者来说，虽然没有被最终录用，却可能因此理解了招聘者的选择，进而尊重招聘者的选择，招聘者也可以将因未录用求职者而可能引起的情感负效应降至最低程度（金常德，2007）。辞谢通知不宜过早发送，应在新员工报到入职后的一星期后发送，以防公司录用员工不来报到或上班几天后发现不能适应工作而辞职，公司需要重新招聘。

辞谢通知书一般篇幅要简短，措辞要得体，尤其注意用语要积极、礼貌、委婉，不仅要考虑表达自己的观点，还要考虑自己的表达将对受信者起到什么作用，产生什么效果，要最大限度地消除沟通障碍，增强沟通效果。另外，如果落款处是招聘负责人的亲笔签名，就会比只盖公章更让人感觉舒服。其实，一份好的招聘辞谢函就是招聘者打出的一张巧妙的公关牌，牌虽小但作用大。

例证 7-4

辞谢通知书

尊敬的熊柏先生：

我们公开招聘猎头顾问，十分感谢您的参与和互动！整个沟通过程中，您给我们留下了深刻的印象，但遗憾的是这次招聘名额有限，未能和您合作。我们已将您的资料存入备用人才库，希望以后能有机会借重您的才能。最后再次感谢您的信任和参与。

广州午马企业管理顾问有限公司
2017 年 10 月 10 日

第二节　新员工入职管理

新员工是指刚刚加入公司的人员，是公司的新鲜血液。他们对工作充满热情和期望，同时也对公司组织、群体和工作内容不熟悉。做好新员工的入职管理，成功实现新员工"组织化""企业化"，能让他们更快地融入工作并创造价值，这对新员工和组织来说都非常重要。

一、新员工入职管理体系

新员工入职初期在一定程度上可看作是个体带着原有的认识、期望进入组织后，经历价值观、心态视角、思考方式和个人行为不断修正、调整甚至重塑的过程，是其从局外人转变成为企业人的过程。在此过程中，员工逐渐熟悉并适应组织环境，开始初步规划自己的职业生涯，定位自己的角色，发挥自己的才能。

新员工入职管理不但要让新员工对企业、工作的基本情况有所了解，更重要的一点就是要培养员工的认同感和忠诚感。通过新员工入职管理，使入职期望过低的新员工对企业的期望有所提高，也就提高了其对企业的认同感和忠诚感。而使入职期望过高的新员工对工作和团队的期望较入职前有所降低，可以很大程度上减少"期望落差"对组织社会化结果的破坏作用（陈翔，2012）。

总之，优秀的员工入职管理应帮助员工理解企业、实现角色转变、提升绩效熟练度、满足未来期望以及精准的考核评估。

（一）理解企业

对于一个新员工，进入一个新的企业环境，首先要完成的就是理解企业，包括理解企业产品、企业主营业务和业务模式、企业目标、价值观和企业历史。通常可以通过企业认知和文化认同促使新员工理解企业进而尊重企业并热爱企业，而理解企业环节的尽快完成，有助于其快速融入并使"企业人"进程顺利进行。

（二）角色转变

新员工成为"企业人"是他们进入新企业所必需的阶段。当个体从一个领域进入另一个新的领域时，与新领域相对应的社会角色或群体亦会发生改变。而这种改变会引发他们对自我在新环境中的重新定位，从而影响到他们的态度、行为和心理状态。因此，当新员工进入企业时，就需要迅速完成相应的角色转变，以便融入新环境。角色完成转变包括了心态的转变和行为的转变。

（三）绩效熟练度

绩效熟练度即新员工掌握工作必需的知识、技能和能力的程度。新员工必须掌握完成工作所需的知识、技能和技巧，知道如何高效率地完成工作。而新员工技能培训在新员工尽快地融入组织并实现组织社会化的过程中发挥了至关重要的作用。

（四）未来期望

未来期望也即职业生涯管理。职业生涯管理是指组织为确保在需要时可以得到具备合适资格和经历的人员而采取的措施。通过对员工职业生涯的管理，企业能达到自身人才需求和员工职业需求之间的平衡，从而创造一个高效率的工作环境和引人、育人和留人的企业氛围。一是设计多种职业发展途径，满足员工的自我成就需要。在新员工入职的初期管理中，管理者应加强对新员工各方面的了解，并对有关材料做相应的收集与存档，为员工以后的晋升管理提供参考。二是对于新员工的定位，既要警惕"彼得现象"，也要防止人才浪费。管理者应尽量根据员工的兴趣、特长及能力安排一个其能力范围顶端的职位，即赋予其通过努力才有可能完成的具有一定挑战性的工作和任务，让他们参与自我决策、自我管理，以促进他们朝更高的目标发展（陈翔，2012）。

（五）考核评价

企业对于新员工的入职管理会投入大量人力、物力，而新员工入职管理工作的成效又直接影响到新员工管理后续工作的开展乃至公司发展。因此，对新员工入职的考核评价也是必要环节。当然，考核评价的意义不在于淘汰，而在于检验和反馈，留下适合企业的员工，并提供条件能让其快速地融入企业、胜任岗位，为企业创造价值。

通常，考核评价具有以下四个目的。

（1）确保新员工符合岗位要求，促使员工发展与企业人力资源规划战略目标相一致，引导新员工尽快融入公司企业文化。

（2）为新员工试用期满后是否正常录用提供依据，避免劳动纠纷。

（3）通过入职阶段的考核评价，使新员工认识自己的不足，明确工作目标及前进方向。

（4）帮助企业审视入职管理工作的不足，在审视中进步，逐步完善管理流程。

二、新员工入职管理流程

企业做出录用决策并发出录用通知后，就应着手准备进入正式的入职管理阶段，这一阶段包括办理入职手续、适应性培训、试用期考核和转正等一系列管理行为。

（一）办理入职手续

入职办理过程较为琐碎，一般可分为告知类工作、物质领取类工作、信息采集类工作和办理类工作四大项，工作流程如图7-2所示。

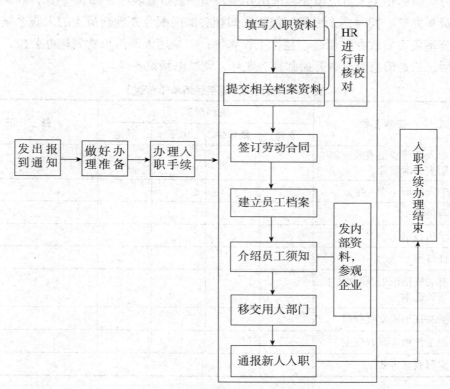

图7-2 典型的入职办理流程

1. 发出报到通知

根据安排，人力资源部门向核定录用人员发出报到通知，通知应包括报到日期、地点以及所需携带的个人资料。一般来说，个人需提交的资料包括：

（1）学历证书、职称证书和身份证的原件及复印件；

（2）解除劳动合同证明（初次就业无须提供）；

（3）证件照若干张；

（4）其他资料。

有时求职者手中会有多个单位的录用通知，而并没有选择你所在的公司，或者面试通过的应聘者临时反悔不来公司报到，所以在发出报到通知后要做好求职者不来报到的准备。比如，让求职者发送确定能来报到的信息，或者多预留几个意向人选。

2. 做好办理准备工作

人力资源部相关人员应事先梳理出办理入职手续所需表单（如表7-1），确保员工个人档案资料完整。同时，人力资源部要通知相关部门配合办理新员工的入职手续：一是行政办公室负责发放办公用品、制作工作牌等；二是用人部门负责安排办公位，申领电脑、电话；三是信息组负责开通邮箱、账号，调试电脑设备等。

表7-1 新员工入职手续清单（范例）

资料编号	资料名称	资料形式				备注
		原件	复印件	电子	其他	
1	个人求职登记表或应聘申请表（附照片）					
2	个人简历（中/英文）					
3	身份证					
4	学历证书					
5	证件照					
6	有关资格证书、职称证书、培训证书					
7	荣誉证书或奖励材料					
8	原工作单位辞职证明					
9	家属联系方式					

3. 办理入职

拟入职员工按照约定时间、地点前往人力资源部门办理入职手续，人力资源部按照预定流程为其办理。

（1）填写、提交个人资料。个人资料包括免冠照片，身份证原件或户口复印件，学历、学位证书原件（学生提供学生证原件），资历或资格证件原件，与原单位解除或终止劳动合同的证明，体检合格证明以及入职申请表等。

（2）人力资源对新员工提交的资料进行审查。用人单位对与劳动合同直接相关的劳动者基本情况有知情权。因此，企业人力资源应利用好法律赋予的这项权利，做好对拟录用员工入职审查和管理工作，包括年龄审查、资质审查和劳动关系状态审查。

（3）签订劳动合同。劳动合同的签订是作为法人的企业和择优录用人员之间的一种法律行为。签订劳动合同的程序如下。

①双方商定合同的具体条款，属于法律和通用的条款可预先印在合同上，需要对方商议的条款，在签订合同时必须达成一致，一般包括：被聘者的职责、权限和任务，被聘者的薪资福利，试用期限和聘用期限，竞业限制，聘用合同变更的条件及违反合同时双方应承担的责任等双方认为需要商议规定的其他事项。

②正式签订劳动合同，双方签字盖章。合同一式两份，公司与员工各持一份。

③如工作性质涉及公司商业机密，公司还需与员工签订保密协议，约束员工相关行为，确保公司信息安全。

例证 7-5

劳动合同样本

劳动合同

甲方（用人单位）：　　　　　　乙方（职工）：

名称：　　　　　　　　　　　　姓名：

法定代表人：　　　　　　　　　身份证号码：

地址：　　　　　　　　　　　　现住址：

联系电话：　　　　　　　　　　联系电话：

根据《中华人民共和国劳动法》和国家及省的有关规定，甲乙双方按照平等自愿、协商一致的原则订立本合同。

一、合同期限

（一）劳动合同期限

双方同意按以下方式确定本合同期限：

期限：从____年____月____日起至____年____月____日止（试月期____个月）

合同终止后双方可以在平等自愿条件下商议续签。

二、合同工作内容

乙方的工作岗位（工作地点、工种或职务）为_____，乙方的工作任务

或职责是＿＿＿＿＿＿＿＿＿＿

三、工作时间及节假日

（一）甲乙双方同意按以下方式确定乙方的工作时间：＿＿＿，按季节调整工作时间，每周六、周日为带薪休假日。

（二）其他节假日按照国家法定假日休假（如五一，十一等），过年期间可享受公司给予的＿＿＿天带薪休假（如遇特殊情况可共同商议）。

四、工资待遇及社会福利

（一）乙方正常工作时间的工资按下列形式执行，不得低于当地最低工资标准。

1. 基本工资：＿＿＿元／月，每月＿＿＿日发放。

2. 绩效工资：＿＿＿＿＿＿

3. 甲方每月发给乙方交通补助＿＿＿元，通信费补助＿＿＿元，与基本工资同时发放。

4. 甲方安排乙方正常工作时间外（工作时间为周一至周五，每日早9点至晚6点）加班的，应安排乙方同等时间补休或依法支付加班工资；加点的，甲方应支付加点工资。

（二）其他形式

1. 工资必须以法定货币支付，不得以实物及有价证券替代货币支付。

2. 甲方每月＿＿＿日发放工资。如遇节假日或休息日，则提前到最近的工作日支付。

3. 如乙方经常在外办理公司业务，甲方应为乙方缴纳意外保险。

五、劳动合同中的劳动纪律

（一）甲方根据国家和省的有关法律、法规通过民主程序制定的各项规章制度，应向乙方公示；乙方应自觉遵守国家和省规定的有关劳动纪律、法规和企业依法制定的各项规章制度，严格遵守安全操作规程，服从管理，按时完成工作任务。

（二）甲方有权对乙方履行制度的情况进行检查、督促、考核和奖惩。

（三）如乙方掌握甲方的商业秘密，乙方有义务为甲方保守商业秘密。

六、劳动合同范本的变更

（一）任何一方要求变更本合同的有关内容，都应以书面形式通知对方。

（二）甲乙双方经协商一致，可以变更本合同，并办理变更本合同的手续。

七、劳动合同的解除

（一）经甲乙双方协商一致，本合同可以解除。由甲方解除本合同的，应按规定支付经济补偿金。

（二）属下列情形之一的，甲方可以单方解除本合同：

1. 试用期内证明乙方不符合录用条件的；

2. 乙方严重违反劳动纪律或甲方规章制度的；
3. 严重失职、营私舞弊，对甲方利益造成重大损害的；
4. 乙方被依法追究刑事责任的；
5. 甲方歇业、停业、濒临破产处于法定整顿期间或者生产经营状况发生严重困难的；
6. 乙方患病或非因工负伤，医疗期满后不能从事本合同约定的工作，也不能从事由甲方另行安排的工作的；
7. 乙方不能胜任工作，经过培训或者调整工作岗位仍不能胜任工作的；
8. 本合同订立时所依据的客观情况发生重大变化，致使本合同无法履行，经当事人协商不能就变更本合同达成协议的；
9. 本合同约定的解除条件出现的。

甲方按照第5、6、7、8、9项规定解除本合同的，需提前三十日书面通知乙方，并按规定向乙方支付经济补偿金，其中按第6项解除本合同并符合有关规定的还需支付乙方医疗补助费。

（三）乙方解除本合同，应当提前三十日以书面形式通知甲方。但属下列情形之一的，乙方可以随时解除本合同：

1. 在试用期内的；
2. 甲方以暴力、威胁或者非法限制人身自由的手段强迫乙方劳动的；
3. 甲方不按本合同规定支付劳动报酬，克扣或无故拖欠工资的；
4. 经国家有关部门确认，甲方劳动安全卫生条件恶劣，严重危害乙方身体健康的。

（四）有下列情形之一的，甲方不得解除本合同：

1. 乙方患病或非因工负伤，在规定的医疗期内的；
2. 乙方患有职业病或因工负伤，并经劳动能力鉴定委员会确认，丧失或部分丧失劳动能力的；
3. 女职工在孕期、产期、哺乳期内的；
4. 法律、法规规定的其他情形。

（五）解除本合同后，甲乙双方在七日内办理解除劳动合同有关手续。

八、劳动合同的终止

本合同期满或甲乙双方约定的本合同终止条件出现，本合同即行终止。

九、保险福利待遇

（一）甲乙双方应按国家和北京市社会保险的有关规定缴纳职工养老、失业和大病医疗统筹及其他社会保险费用；

（二）甲方应为乙方填写《职工养老保险手册》。双方解除、终止劳动合同后，《职工养老保险手册》按有关规定转移；

（三）乙方患病或非因工负伤，其病假工资、疾病救济费和医疗待遇按照＿＿＿执行；

（四）乙方患职业病或因工负伤的工资和医疗保险待遇按国家和北京市有关规定执行；

（五）甲方为乙方提供的福利待遇包括：＿＿＿＿＿＿＿＿＿＿。

十、劳动合同的调解及仲裁

双方履行本合同如发生争议，可先协商解决；不愿协商或协商不成的，可以向本单位劳动争议调解委员会申请调解；调解无效，可在争议发生之日起六十日内向当地劳动争议仲裁委员会申请仲裁；也可以直接向劳动争议仲裁委员会申请仲裁。对仲裁裁决不服的，可在十一日内向人民法院提起诉讼。

十一、其他

本合同未尽事宜，按国家和地方有关政策规定办理。在合同期内，如本合同条款与国家、省有关劳动管理新规定相抵触的，按新规定执行。

十二、合同生效

本合同一式两份，甲乙双方各执一份，签字或盖章后立即生效。

甲方：（盖章）　　　　　　　　　乙方：（签名或盖章）

法定代表人：

＿＿＿年＿＿＿月＿＿＿日　　　　＿＿＿年＿＿＿月＿＿＿日

（4）建立员工档案、考勤卡。根据员工提交信息建立员工人事档案，并确认该员工调入人事档案的时间等其他必要信息。

（5）介绍员工须知。向新员工介绍公司情况并发放公司的管理制度或员工手册，使其具备基本的公司工作知识，并要求其通过公司内部网络进一步了解情况。引领新员工参观公司，介绍同事，并到行政管理部门领取办公用品。

（6）移交用人部门。引领新员工到用人部门，并介绍给部门负责人。用人部门负责安排办公座位，介绍并帮助其熟悉部门及公司工作环境。同时，安排专人作为新员工的"老师"或"师傅"，介绍岗位职责和工作流程。

（7）通报新人入职。人力资源部门将新人移交给用人部门后，还需进行最后一道程序，即将新员工的情况通过内部渠道向全公司公告，更新员工通讯录、花名册等信息，完成将员工带进门的整个工作环节。

例证 7-6

腾讯高效入职

首先是填写个人资料。新人通过员工管理系统自行在系统上完成个人资料的填写，填写完成后，系统会自动生成表格，新人将其打印并交给人力资源即可。

其次是签署劳动合同。劳动合同一式两份，人力资源会给新人一个合同填写指引，填写合同的时候只需要参照这个指引填写就可以了。

然后是提交个人入职资料。个人的入职资料交给人力资源，人力资源验收无误后会给新人发放一个礼品袋，里面有工卡、QQ公仔，还有指导新人入职的《第一天》以及介绍行政的《行政手册》。

最后，人力资源与用人部门的秘书联系，秘书会引导新人找到导师。腾讯采用的是导师制，导师对新人提供生活及工作上的指导，有什么不懂的问题均可以找导师询问。（腾讯入职记，2010）

资料来源：https://www.cnblogs.com/HelloKitty/archive/2010/08/17/1801716.html

（二）适应性培训

适应性培训是指让新员工了解其即将从事的工作、即将与之共事的上级主管、同事以及组织情况的一个过程。新员工发现自己要在一个完全陌生的工作环境下与不熟悉的人一起工作，对他们来说是充满压力的；同时，他们需要有效学习完成工作所需的技能和行为，了解组织和工作群体的规范和期望，这对他们来说也是一个巨大的挑战。因此，企业需要开展新员工入职的适应性培训，这有助于新员工成为"职业人"或"企业人"。一般来说，企业的适应性培训分为企业文化培训和职业技能培训两个部分。

企业文化培训一般由人力资源部门负责，企业文化一般包括公司的总体概况、关键政策和程序、宗旨、战略目标、福利等内容，通过对企业历史、发展历程、公司愿景、使命、价值观、规章制度等方面的企业文化培训，可以帮助新员工熟悉企业文化，增强新员工对企业的认同和归属感，使新员工从心理上接受和拥抱企业，在心理上与企业融为一体，产生归属感，进而在日后的工作中迸发出巨大的工作热情。

职业技能培训由用人部门执行特定性的指导，向新员工讲清相关岗位所需的技能、管理规范、对应的工作流程，以及新员工工作岗位在企业组织架构中的位置、上下级关系、与其他岗位的业务往来关系等相关事宜，从而使新员工有一个良好的工作定位并快速进入工作状态，同时为日后开展实际工作，提高不同岗位间的沟通效率，提升遇到问题时内部协调一致解决问题的能力等。

例证 7-7

用户导向下的腾讯新员工培训

负责腾讯培训业务的是腾讯学院。腾讯学院正式成立于2007年，目前学院总部加上各地事业群以及外包团队中的同事共有一百多人，这些人支撑着整个腾讯公司在全国范围内两万多人的培训工作，包括新人培训以及领导力的培训。腾讯的新员工培训，对于大学毕业生来说就是集中培训，首先是十天的封闭培训。以前是聚集在深圳总部，现在分布在北京上海的分公司。同时，对于招聘的有社会经验的人，腾讯有一个两天半的集中的培训，这是腾讯的机制。腾讯的培训体系可以归纳出三个特点：系统性、创意性、因需而变。其中系统性表现为将培训分为三级，包括公司级、BG（事业群）级、部门级，以实现从多个方面来完善培训；创意性体现为设立像达人访谈、新人实验站的特色项目；因需而变则加入了很多线上线下移动化的学习方式，包括：移动学习App（手机软件）、新产品实验站等，以迎合新员工的不同需求。

腾讯对于新员工的培训总结起来可以解决以下两个问题：

1. 培训目的

（1）希望新员工能够很好地了解并融入公司的新文化，这也就是大家谈的当新人大量涌入的时候怎样解决文化传承及文化稀释的问题；

（2）互联网这个行业还很新，不管是通过毕业生招聘还是社会招聘，大部分进来的同事都有互联网方面的经验及技能，公司需要帮助他们提升这方面的行业背景和能力；

（3）通过新人培训建立起人脉关系，这是其中一个非常重要的目的，因为一个大的企业中各个事业群之间的相互沟通和交流是非常必要的。

2. 培训挑战

第一个挑战是培训的及时性问题。首先是社会招聘，如果一个新人加入公司一个月后再进行培训已经没有了意义，所以保证在几千位新人的情况下及时做培训，这是很重要的；第二个挑战是在业务繁忙的情况下，大家参加培训的积极性不高，这个时候怎样提高他们的参与率，同时达到一定的培训效果，这是腾讯面临的问题。

资料来源：腾讯新员工培训案例分享［EB/OL］.（2016-11-04）.http://www.hrsee.com/?id=33.

（三）试用期考核

试用期考核也可称为转正评估，对员工来说是一次工作评估的机会，也是公司优化人员的一个重要组成部分。转正对员工来说是一种肯定与认可，转正考核流程的良好实施，可以为员工提供一次重新认识自己及工作的机会，帮助员工自我提高。

新员工试用期满时，人力资源部门会安排转正评估。转正评估的基本流程如下。

1. 员工自评

员工按照要求填写"转正申请表"，对自己在试用期内的工作进行总结，并做自我评价。转正申请表内容如表 7-2 所示。

2. 直接上级综合评估

直接上级对拟转正员工的工作及表现进行综合评估，其评估结果是员工试用期转正评定的重要依据，有时甚至会起到决定性的作用。

表 7-2　员工转正申请表样本

	以下栏目由新员工填写			
申请人情况	姓名		出生日期	
	部门		岗位	
	入职时间		联系电话	
	试用期间工作小结（内容包括对工作的回顾、总结，对公司企业文化的理解，自己在工作中的优点和不足，如何改进存在的不足；对今后工作的规划及对公司发展的建议等）： （此页不够可附页） 　　　　　　　　　　　　　　　　　　　　　　　　　　　　申请人： 　　　　　　　　　　　　　　　　　　　　　　　　　　　　年　月　日			
	以下栏目由相关部门填写			
部门意见	包括对员工以及自身指导的评述： 　　　　　　　　　　　　　　　　　　　　　　　　　　　　签名： 　　　　　　　　　　　　　　　　　　　　　　　　　　　　年　月　日			

续表

	出勤天数（天，次）	病假	事假	迟到	早退	旷工	培训学习综合平均分数：
人力资源部门意见							
							签名： 年 月 日
领导审批							
							签名： 年 月 日

除了这些常规流程外，一些企业还会举办转正答辩会或与员工进行面谈，请员工回答有关企业、专业知识、职业规划等方面的问题，作为转正评估的一项标准。

3. 结果审核

考核通常有四种结果：提前转正、如期转正、延期转正和辞退。部门负责人、人力资源部门对考核的过程和结果进行审核，提出有关意见，企业负责人对此做出审批。

（四）转正管理

人力资源部门得到考核审批结果后，应及时发出考核结果通知，并且根据相关规定及时办理转正手续，将"转正申请表"和"员工考核表"等资料存入该员工档案。同时，将个人信息及薪酬福利按照正式员工的要求进行登记、处理。员工考核表内容如表7-3所示。

表 7-3　部门员工考核表样本

考核性质	□试用期满　□季度 □年度　　　□特别考核		被考核人		职务	
			考核人		考核日期	
评价要素	表现			评价要素	表现	
思想品德	有良好的职业道德，作风端正、廉洁（5分）			组织纪律	遵守纪律，办事灵活且不失原则（5分）	
	能认真履行工作职责，品行良好（4分）				能遵守规章，并依公司制度开展工作（4分）	
	洁身自爱，能履行工作职责（3分）				基本能循制度行事，偶有松懈（3分）	
	言行随便，偶有违章、违纪现象（1分）				遵守制度自觉性弱，有待加强教育（1分）	
	以自我为中心，有违章、违纪现象，影响较差（0分）				自身法纪观念差，且易影响周围同事（0分）	
责任意识	有较强的承担责任的态度，可放心交付工作（10分）			学习能力	能自觉接受新事物，自我发展欲望强（5分）	
	有承担责任的意识，并能承担一定责任（8分）				有学习精神，进步较一般人快（4分）	
	有一定责任感，尚能交付工作（6分）				有学习兴趣，能注重自我提高（3分）	
	责任意识不足（1分）				说有学习愿望，做无学习行为，提高较慢（1分）	
	缺乏责任感，工作推诿卸责（0分）				自认能够应付，得过且过，无进取心（0分）	
业务能力	有足够职务能力，可以独立解决一般性工作困难（15分）			专业知识	工作经验丰富，专业知识深厚（15分）	
	有一定职务能力，可独立解决一般性工作困难（12分）				能满足岗位知识需要（12分）	
	稍加指导，能完成稍微困难的工作（9分）				有一定实践经验，专业知识有待提高（9分）	
	职务能力弱，加以辅导可以完成一般性工作（3分）				专业知识不足，工作较被动（3分）	
	独立完成工作有困难（0分）				缺乏基本专业知识，无法开展工作（0分）	
工作态度	工作勤奋，任劳任怨（10分）			执行力度	执行力强（5分）	
	能够努力工作（8分）				力度尚可，执行效果较好（4分）	
	能做本职工作（6分）				力度不够，偶尔需要督促（3分）	
	工作懒惰，马虎应付（2分）				力度较差，需要依靠上级的帮助和督促（1分）	
	无所事事，敷衍塞责（0分）				动作缓慢，效果差（0分）	

服从领导	听从上级的安排，向上级提出合理要求（5分）	团结协作	善于交往，与人合作融洽（5分）
	尊重上级，服从领导（4分）		能够与他人合作、共享（4分）
	一般能服从领导的安排（3分）		能自己协调与他人工作之间的摩擦（3分）
	偶尔挑剔领导，但经教育后可以改正（1分）		缺乏合作精神，不善于协调工作关系（1分）
	公开顶撞，阳奉阴违（0分）		与人共事较多摩擦（0分）
服务意识	顾客意识强，能把顾客需求充分贯彻在工作中（15分）	创新能力	积极改进，成果优异（5分）
	具备顾客意识，能在具体工作中服务顾客（12分）		积极思考，能提出合理化建议（4分）
	顾客意识一般，能为顾客服务（9分）		能对自身工作提出改进措施（3分）
	顾客意识较差，为顾客服务时偶有偏差（3分）		能在他人的帮助下改进工作（1分）
	缺乏顾客意识，服务态度差（0分）		不主动改进，也不接受他人的合理建议（0分）
总分			
等级评定			

注：100~90为优；89~75分为良；76~60分为中；59~40分为差；39分以下为劣。

例证 7-8

美的整体厨卫事业部试用转正流程

第一步：转正申请

在新员工入职后的第三个月中旬，将可提出转正申请。（表现特别优异者，事业部将视其情况予以提前转正；对于表现较差者将缓期转正或辞退，试用期最多不超过六个月）

第二步：提交转正工作总结

1. 试用期培训学习的内容和成果；

2. 试用期主要的工作内容和工作结果、岗位适应情况；

3. 目前存在的问题及下一步计划；

4. 其他需要说明的问题。

第三步：转正评估

经营管理部（或所在产品公司的营运管理中心）与部门的沟通；

经营管理部（或所在产品公司的营运管理中心）或业务线经理与新员工面谈。

第四步：办理审批手续

1. 达到要求，经营管理部（或所在产品公司的营运管理中心）办理正式录用手续和转正工资申报手续；

2. 未达到要求，缓期转正或辞退。

资料来源：美的整体厨卫事业部新员工入职指南［EB/OL］.（2013-09-02）.http://www.docin.com/p-125154351.html&uid=38637811?bsh_bid=33239997.

第三节 应聘者实习、试用与入职

应聘者在录用后进入企业有实习期或试用期，在此期间，应聘者的主要任务是熟悉工作内容，融入工作环境，树立企业文化的认同感，并在上级领导和同事面前展现自己的能力，从而获得转正的机会，顺利进入公司成为正式员工。

一、应聘者实习

实习期是在校学生或其他人士提前了解职场、熟悉职场氛围的时期。大学生迈入职场，完成从学生到职场人的转变，其中难免会出现种种不适应，实习期正是适应、了解职场，实现身份转换的过渡期。未毕业的学生实习期限的长短应该与用人单位协商确定。

实习是一个人职场生涯的起步阶段，它不仅影响新人在这家单位的职业走向，还影响着新人将来的职业选择。在实习期间，用人单位多喜欢用审视和怀疑的心态来面对新人。用人单位对新人的一言一行特别敏感，即使是无关痛痒的小错，也会引发用人单位对其能力、心态和个性等方面的联想，尤其是负面的联想。新人在单位的局面往往如履薄冰、如临深渊，踏错一步就将铸成大错。因此，作为实习生，要特别注重自己的一言一行，下面是一些实习期建议（阿友老师，2013）。

（一）让自己变得更职业

上班不要迟到，即使迟到一分钟也会给人留下不靠谱的印象。串岗聊天、趁上司不在打游戏和工作中耍小聪明，这些都是实习生常犯的毛病，不要认为这些行为你隐藏得很好，其实你的上司都知道。你在实习时已经是半个职场人了，就需要在形象上尽量表现得与职位相协调,比如公司行政岗位、财务岗位就不太适合穿着非常时尚、花哨,尽管有的公司没有硬性规定,但这也是公司不成文的"潜规则"。实习阶段的工作可能是重复、琐碎的,一项工作没做几天就觉得没兴趣、很枯燥,或者嫌待遇不好,想跳槽,这些都是很不负责的表现。而且,跳槽之后,你还是会遇到枯燥、没兴趣、待遇不好的工作。另外,实习工作的内容要尽量与职业定位、所学专业和性格特点不冲突。即使你开始因为种种原因勉强接受了一个不太满意的实习岗位,时间久了你依旧想跳槽。

(二) 学会融入企业

实习生刚到一家公司,面对的是崭新的生活方式、陌生的社会环境和复杂的人际关系,这种情况下多少会感到不适应,缺乏归属感。这时你需要做的是尽快融入组织,首先要尽快熟悉公司部门职能及人员构成,尤其是你身处的部门,尽快弄清你所在部门每个人的名字,至少是姓氏和头衔,并且要在偶然碰面时主动上前打招呼,而不是胆怯回避。要了解每一个部门的人员配备,便于自己以后工作需要协助时知道找谁。

其次,要记住公司各实物的位置。实习生刚入职的时候,也许会有行政人员带领介绍各个部门位置,但往往是大致介绍,更多的细节还得自己多留心,比如打印机位置、各部门总机号码和会议室位置等,切不可认为自己是个新人就有权利依赖他人介绍。

最后,多与同事沟通。沟通必须讲究方式方法,针对不同的情况、不同的人,要采用灵活的沟通方式。在沟通渠道上要不断进行改善,以实现积极健康的非正式沟通,利用聚会、交流会等活动提供员工畅聊的机会,加强沟通,避免信息失真。不断运用现代信息沟通技术,提高工作效率,如电话、微信和电子邮件等。公司内部人员既可以选择在网络平台上发布信息、讨论专业问题,也可以越级向上司发送电子邮件以征询意见,还可以通过企业QQ群的聊天途径与同事进行随时随地的交流。同时不能忽视传统的沟通机制的作用,要将各种沟通方法加以组合,取长补短,才能取得最佳的沟通效果,实现沟通目标(邓仿中,2014)。

(三) 切忌眼高手低

实习生尚未毕业,到了实习单位难免会保留大学里的那种处事风格,遇到问题总是迫不及待地把自己的想法说出来,希望得到大家的认可,往往还容易因将事情看得简单而使想法理想化。有些实习生只想做专业性的工作,对于一些普通琐碎小事不屑一顾,却往往连简单小事都做得漏洞百出。实习生从"学徒"做起是正常的,多干点杂活也累不着,刚工作就挑东拣西,争名夺利,甚至对工资斤斤计较,这是愚蠢和没有长远眼光的行为。

一般实习生都会有一个导师带着进入工作,能够被领导选为导师带新人的,往往都是专业能力、人品都不错的人。实习生要重视与导师的相处,看到导师比较繁忙,可以适当提供帮助,比如协助打印、帮忙拎东西或送材料等。在工作中遇到问题,如果能够在网上找到答案的,就不要去问导师,实在自己无法解决的,再去问导师,且询问时可多列出几个选择项,让导师做"选择题",而不是"问答题"。另外,询问导师的态度要诚恳、委婉。

(四)少发牢骚、不要抱怨

实习生刚开始工作时往往充满激情,对自己抱有很高的期望,可是一旦在工作中遇到困难或者遭遇委屈与不公正待遇时,往往会产生不满,并开始发牢骚、抱怨。其实这是一种正常的心理防卫行为。但这种行为会削弱责任心,降低工作积极性,时间久了,容易让人养成抱怨的恶习,埋没了自己的才华和智慧。如果让领导或者不怀好意的同事听到,将会对自己产生恶劣的影响。遇到这种情况,首先要克服困难完成工作,其次是要以合适的方式让领导知道你的难处和委屈。

二、劳动者试用期

试用期是指在劳动合同期限内,用人单位对劳动者是否合格进行考核,劳动者对用人单位是否符合自己要求也进行考核的期限,这是一种双向选择。试用期也与实习期一样,是企业新人成为正式员工的过渡阶段。根据《劳动合同法》第十九条,劳动合同期限三个月以上不满一年的,试用期不得超过一个月;劳动合同期限一年以上不超过三年的,试用期不得超过两个月;三年以上固定期限和无固定期限的劳动合同,试用期不得超过六个月。同一用人单位与同一劳动者只能约定一次试用期。以完成一次工作任务为期限的劳动合同或者劳动合同期限不满两个月的,不得约定试用期。试用期包含在劳动合同期限内。劳动合同仅约定试用期的,试用期不成立,该期限为劳动合同期限。职场新人在签署劳动合同时特别要注意劳动合同中试用期的时长和工作内容,以防被不良用人单位坑骗。

三、劳动者入职

（一）入职前的准备

入职后面对的是崭新的生活方式、陌生的社会环境，企业新人从外在形象到心理建设都需要有一个充分的准备。有的入职人员特别是应届毕业生，往往手中会有多个单位的录用通知。这时需要做一个慎重的选择，因为这关乎以后的发展方向。作为社会经验不足的应届毕业生，最好咨询父母、朋友、老师，或者自己在网上查找一些专业人士的工作经验，来判断自身适合哪一个工作，切记要谨慎选择，因为应届毕业生的身份只有一次，有时错过一个好的录用通知，以后即使有了工作经验，也未必能碰到那么好的工作机会。

作为应届毕业生，校园招聘（以下简称"校招"）是一个应该引起足够重视的招聘渠道。校招不同于社会招聘，它是以学生身份去应聘的一种外部招聘。校招单位往往看中求职者的学习能力、工作态度和性格人品，而不是工作技能。所以毕业后进入知名企业的同学，要好好把握校招机会，因为错过校招后，即使你熟练掌握了工作技能，也未必能遇到进入知名企业工作的机会。例如，国家公务员考试、各省公务员考试、事业单位考试的很多岗位只对应届毕业生开放，而面对社会招聘的岗位较少且应聘难度大，四大会计师事务所、知名券商、世界 500 强企业等也往往习惯招聘应届毕业生。

在经过谨慎的选择，确定将去的岗位后，企业新人就应该从外在形象到心理建设都做好充分的准备。比如，在入职报到前一天，准备一套得体的服装，不宜太过高端的品牌，以免有显摆的嫌疑；修剪头发，清洁身体。报到当天，女性可以化淡妆，男性修眉，让自己看起来干净、精神，给新同事留下一个好印象。入职第一天不宜带饭，尽管公司有条件允许你带饭，第一天上班带饭的话，你就失去了和同事共进午餐的机会。在入职的头几天，和同事一起吃饭非常重要，能够帮助你迅速融入团队。入职报到当天，应当带齐公司要求携带的证件，一般包括身份证、身份证复印件、照片、入职通知书、学历证明、技能证明、上份工作的离职证明等，并提前查好交通路线，计算通勤时间，千万不要迟到，也不宜太过早到。

对于未能选择的公司，应及早发送信函通知表示歉意，语言要委婉、得体、礼貌。

（二）办理入职手续

入职第一天需要办理入职信息登记、提交材料、签订劳动合同、保密协议、竞业协议与三方协议以及做自我介绍。

1. 入职信息登记、提交资料

入职信息登记可能是办理入职的第一道程序，新员工仅需依照人力资源人员的指引，如实填写相应表格。提交材料仅需将公司要求的资料交给相关职员。提交个人资料是为了避免一些不必要的隐瞒和误会。

2. 签订劳动合同、保密协议、竞业协议与三方协议

签订劳动合同是入职手续中最重要的一步，有时也会在面试的最后一个环节签订劳动合同。劳动合同是劳动者与用人单位之间确立劳动关系，明确双方权利和义务的协议，作为求职者，签订劳动合同时要注意以下事项。劳动合同样本见列证7-5。

（1）签订劳动合同时，劳动者首先要弄清单位的基本情况。在签订劳动合同之前，可以通过工商登记信息处查询公司的法人代表姓名、单位地址和电话，并查看是否与合同上一致。劳动合同中应明确标明工作地点和具体工作内容。求职者要明确自己的工作地点和工作内容，发现与合同不一致的地方要当面提出质疑。

（2）合同上应清楚地写明劳动报酬数额，劳动报酬支付方式和时间。用人单位支付给劳动者的全部报酬分为三个部分：一是货币工资，用人单位以货币形式直接支付给劳动者的各种工资、奖金、津贴和补贴。二是实物报酬，用人单位以免费或低于市场价的形式提供给劳动者的各种物品和服务。三是社会保险，指用人单位为劳动者直接向政府和保险部门支付的失业、养老、工伤、医疗、生育保险和住房公积金。劳动者在签订劳动合同时要仔细阅读这部分内容，比如奖金发放标准、工资发放日期、五险一金按哪档标准发放、实物报酬需不需要额外收费等。

（3）试用期不应超过六个月。劳动者在签订劳动合同时要注意试用期时长。试用期结束后就要求劳动者离职的是违法行为。除劳动者无法胜任工作，且经过用人单位培训后依旧无法胜任工作外，用人单位不得无理由解除劳动关系。

（4）劳动合同应明确劳动者的工作时间和工作条件。有的劳动者为了多挣钱，默认了企业要求严重超时的加班加点，这是违反劳动法的行为。此外，工作环境有毒有害，或者容易给劳动者带来伤害的工作环境，都应在合同中标明。

（5）签订劳动合同时不能要求劳动者提供担保。《劳动合同法》第九条规定，用人单位招用劳动者，不得扣押劳动者的居民身份证和其他证件，不得要求劳动者提供担保或者以其他名义向劳动者收取财物。《劳动合同法》第八十四条规定，用人单位违反本法规定，以担保或者其他名义向劳动者收取财物的，由劳动行政部门责令限期退还劳动者本人，并以每人五百元以上二千元以下的标准处以罚款；给劳动者造成伤害的，应当

承担赔偿责任。

（6）劳动合同中不能随意规定违约金。依据《劳动合同法》，员工承担违约金仅限两种情况。一是公司为员工提供专项培训费用，对其进行专业技术培训，且约定服务期，员工违反服务期约定的，违约金上限以培训费为准。二是员工违反竞业限制协议约定的。除此两点之外，公司不得规定员工违约金。

（7）签订劳动合同要及时。根据《劳动合同法》，用人单位自用工之日起超过一个月且不满一年未订立书面劳动合同的，应当依照劳动合同的规定向劳动者每月支付两倍的工资（两倍工资的起算时间为用工之日起满一个月的次日，截止时间是补订书面合同的前一日），并与劳动者补签劳动合同（黄旭，2017）。

保密协议是指协议当事人之间就一方告知另一方的书面或口头信息，约定不得向任何第三方披露该信息的协议。用人单位签订保密协议的，可以支付补偿，也可以不支付，但是如果约定竞业限制的，在解除劳动合同后的竞业限制期限内，用人单位应该支付竞业限制的补偿。劳动者违反竞业限制约定的，应当按照约定向用人单位支付违约金。

例证 7-9

保密协议样本

保密协议

签订时间：

签订地点：

甲方：××××××××××有限公司

乙方：×××

鉴于：

甲乙双方正在进行_____项目（以下简称"项目"）；双方就该项目的实施以及合作过程中，向对方提供有关保密信息，且该保密信息属提供方合法所有；甲乙双方均希望对本协议所述保密信息予以有效保护，经双方协商，达成本协议。

一、本协议所指保密信息的界定

1. 甲方向乙方提供：

在合作过程中，乙方从甲方（或子公司、关联公司）获得的与合作有关或因合作产生的任何商业、营销、技术、运营数据或其他性质的资料，无论以何种形式或载于何种载体，无论在披露时是否以口头、图像或以书面方式表明其具有保密性。

2. 乙方向甲方提供：

在合作过程中，甲方从乙方（或其母公司、子公司、关联公司）获得的与合作有关或因合作产生的任何商业、营销、技术、运营数据或其他性质的资料，无论以何种形式或载于何种载体，无论在披露时是否以口头、图像或以书面方式表明其具有保密性。

上述保密信息可以以数据、文字及记载上述内容的资料、光盘、软件、图书等有形媒介体现，也可通过口头等视听形式传递。

二、双方权利与义务

1. 双方保证该保密信息仅用于与合作有关的用途或目的。

2. 双方各自保证对对方所提供的保密信息予以妥善保存。

3. 双方各自保证对对方所提供的保密信息按本协议约定予以保密，并至少采取适用于对自己的保密信息同样的保护措施和审慎程度进行保密。

4. 任何一方在提供保密信息时，如以书面形式提供，应注明"保密"等相关字样；如以口头或可视形式透露，应在透露前告知接受方为保密信息，并在告知后5日内以书面形式确认，该确认应包含有所透露的信息为保密信息的内容。

5. 双方保证保密信息仅可在各自一方从事该项目研究的负责人和雇员范围内知悉。在双方上述人员知悉该保密信息前，应向其提示保密信息的保密性和应承担的义务，并保证上述人员以书面形式同意接受本协议条款的约束，确保上述人员承担保密责任的程度不低于本协议规定的程度。

三、违约与赔偿

1. 任何一方违反本协议的规定，应在第一时间采取一切必要措施防止保密信息的扩散，尽最大可能消除影响，并应承担违约责任，向守约方支付违约金，违约金的具体数额为双方合作项目金额的_____%（或由双方协商确定）。

2. 上述违约金数额并不影响受损害方向违约方要求损害赔偿。该赔偿以受损害方实际遭受的损失为限。

四、有效期

本协议自签订之日起生效，并持续有效，双方协商一致可终止协议。双方合作项目的终止并不影响协议的效力。

五、争议解决

任何通过友好协商不能解决的争议均应提交协议签订地人民法院诉讼解决。

甲方： 乙方：
地址： 地址：
法定代表人： 法定代表人：

三方协议是明确毕业生、用人单位和学校三方在毕业生就业工作中的权利和义务的书面表现形式，它能解决应届毕业生户籍、档案、保险和公积金等一系列相关问题。三方协议在毕业生到单位报到、用人单位正式接收后自行终止。三方协议不是劳动关系的法律文件，对劳动关系没有约束力。

应届毕业生在办理入职手续时，需要携带报到证去单位报到，完成档案和户口的转移手续。关于应届生的人事档案，如果应届生暂时没有找到工作，可将档案转至生源地或经学校同意将档案暂时留在学校，按照政策，学校只为代管两年。超过两年未落实工作单位的，学校会将档案发回原户籍所在地公共就业和人才服务机构保管。另外需要提醒的是，档案不允许个人保存。应届毕业生如果出国留学，档案一般存放在人事代理机构。应届毕业生如果去机关、事业单位、国有企业就业，则由单位直接接收、管理档案；如果去到民营企业、外资企业，可将档案挂靠在各地公共就业和人才服务机构。

应届毕业生因参加工作离开学校，需要进行党组织关系转接。党组织关系转接主要是指党员因调动工作、参军、学习和外出等原因离开原所在地或单位，以及外出时间在六个月以上，且地点比较固定的，经党组织同意，将党组织进行转接的一种调动形式。已经落实了工作单位的，应将党员组织关系及时转到所去单位党组织。党员在落实工作单位过程中将人事关系和档案材料等暂时保存在县以上政府人事（劳动）部门所属的人才交流服务机构的，这些机构的党组织如具备条件并经同级地方党委同意，可以接收这部分党员的组织关系，并根据情况，组织这些党员过组织生活。对因某些原因，一时还不能落实工作单位的，可将其党员组织关系转移到本人或父母居住地的街道、乡镇党组织。

3. 入职介绍

新员工在入职的第一天，人力资源会带领新员工熟悉工作环境，介绍主要部门及领导、同事。这时仅需跟随人力资源熟悉工作环境，记住重要实物的位置。向部门领导、同事问好时，注意言辞礼貌、妥帖，动作得体。

本章小结

1. 员工录用管理指的是经过笔试、面试和背景调查等筛选环节后，正式做出录用决策并发出录用通知的一个过程。

2. 员工录用管理应坚持四大原则：坚持企业需要、坚持人岗匹配、坚持信任尊重和坚持科学管理。

3. 新员工入职管理体系包括帮助员工理解组织、实现角色转变、掌握绩效熟练度、实现未来期望以及做好考核评价。

4. 新员工入职管理流程包括以下六个环节：做出录用决策、发出录用通知、办理入职手续、适应性培训、试用期考核、转正管理。

5. 典型的办理入职流程包括：登记员工信息、提交个人资料、审核资料、签订劳动合同、移交用人部门、建立员工档案、通报新人入职。

6. 实习期和试用期需要注意的事项包括：让自己变得更职业，学会融入企业，切忌眼高手低，少发牢骚、不要抱怨。

7. 签订劳动合同要注意的事项包括：①弄清单位的基本情况；②看清劳动报酬及支付方式、支付时间，工作时间，工作条件；③试用期不应超过六个月；④不能要求劳动者提供担保；⑤不能随意规定违约金；⑥签订合同应及时。

8. 应届生的人事档案应随工作的调动发生转移，如果应届生暂时没有找到工作，可将档案转至生源地或经学校同意将档案由学校代管两年，或由人事代理机构代管。

推荐网站

1. HRTech China:http://www.hrtechchina.com/
2. HRTech Conference & Exposition:http://www.hrtechconference.com/index.html
3. 人力资源智享汇：http://www.hrecchina.org/
4. 中国劳动人事网：http://www.cn12333.com/
5. 中国劳动法律网：http://www.laborlaw.com.cn/
6. 知乎：https://www.zhihu.com/

复习思考题

1. 企业进行科学的录用决策时应注意哪些问题？
2. 与员工签订劳动合同时，应注意哪些问题？
3. 实习期或试用期应该注意哪些内容？
4. 求职者在签订劳动合同时要注意哪些内容？
5. 假设你是一名应届毕业生，你毕业时找到一份私企的工作，你如何处理自己的档案?

管理游戏

模拟办理入职手续

假设你是一名人力资源工作人员,现在有一位新员工需要办理入职手续,你会如何有条不紊地进行?找一个小伙伴扮演新员工,然后进行角色互换。注意措辞、手势和动作。

提示:入职手续包括填写入职资料、提交档案资料、签订劳动合同、建立员工档案、移交用人部门、新人入职报到。

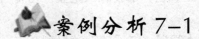

案例分析 7-1

华为如何让新员工融入"狼群"

众所周知,华为团队精神崇尚"狼性"文化,华为团队精神的核心就是团结互助。华为每年在全球招聘 1 600 余人,每年 3~8 月是应届毕业生求职的高峰期,从入职引导培训开始,到岗前实践培训,最终到在岗培训,这三个环节的周期就要 3~6 个月。

几年前,华为对培训体系就进行了颠覆性的改变,将授课式培训、网络化授课方式全部取消,采用"721"法则进行员工培训,即 70% 的能力提升来自于实践,20% 来自于导师的帮助,10% 来自于真正的学习。那么,如何减少准新员工的流失呢?

华为的做法是,在毕业生进入企业后,把他们分到各个业务部门去,同时一定提前指定好导师。导师会在毕业生没有入职之前,就定期和他做电话沟通,一个月给他打一次电话,询问他毕业论文的状态,以及什么时候毕业,时刻了解他的动态,以便及时识别出他的风险。如果毕业生确实想进华为,在这个过程中导师会安排一些任务,如提供岗位的知识、书籍、材料让他提前了解。这是在还没有入职前所做的培训。

入职培训为五天,内容比较集中,主要围绕企业文化展开,讲清楚为什么公司会出台相应的政策和制度,它反映出的文化、价值观是什么。华为还有一篇《致新员工书》,是任正非在华为创业之初写的文章,华为的文化和对新员工的要求全部被融入到了文章中。还有一部新员工必看的电影——《那山,那狗,那人》,讲的是一个山区邮递员的故事,影片倡导的敬业精神,正是华为追求的价值观。

在五天的入职培训后,公司会针对不同职位安排新员工进行工作实践。目前,华为有 70% 的业绩来自海外,但新进的营销类员工,不可能立刻派去海外实践,必须先在国内锻炼。公司会安排他们在国内实习半年到一年，通过这些实践掌握公司的流程、工作的方式方法，熟悉业务，过一段时间再派到海外。对于技术类员工，公司会首先带他们参观生产线，参观产品。新员工全部在导师的带领下在一线实践，在实战中掌握知识。

实践完之后，还要让新员工们在一起交流，内容包括：在这个过程中掌握了什么知识？还有哪些不足？让他们提前知道自己与岗位的差距。华为内部常说明确期望比提升技能更重要，知道自己的差距是什么，就可以利用这段时间主动学习。

在入职培训完成之后新员工就要上岗，接下来最关键的活动就是"思想导师"的安排。（庄文静，2014）

问题讨论：

阅读材料，分析华为的"狼群"培训包含哪些内容？

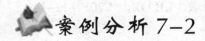

案例分析 7-2

华为的员工转正管理

华为的新员工转正管理流程如下。

（1）每月1日，人力资源部提供转正名单给相关人员及经理；

（2）2日前，被考核人根据"员工转正考核表"进行自评，并写评语；

（3）4日前，被考核人将"员工转正考核表"交直接经理，由直接经理考核并写评语。直接经理在考评时会与该员工进行面谈，其考核意见应得到员工的认可，未经认可的意见由部门总监协调；

（4）7日前，部门总监根据员工及其直接经理的意见，确定考核结果，填写"人事变动表"，并报人力资源部批准。如果考核不合格，延长试用期或终止试用。

（5）20日前，人力资源部根据部门总监及公司领导意见，给被考核人出具"转正通知书"，重要的职位变化同时在全公司范围内通告。

资料来源：华为公司人力资源管理手册

问题讨论：

1. 华为的转正管理流程具体到各个环节的执行期限，请分析有何意义？
2. 华为的转正管理涉及哪些人员？它的转正管理办法对你今后从事人力资源管理工作有何启示？

参考文献

[1] ANDREWS J. Proving that HRIS Equals Success [J]. Personnel, 1989(10): 56-59.

[2] BRODERICK R. Human Resource Management, Information Technology and Competitive Edge [J]. Executive, 1992(6): 7-17.

[3] GRENSING L, BOUDREAU J W. Computers Revolutionize Human Resources Industry [J]. Office Systems, 1992(9): 12-14.

[4] 陈雷. 探讨企业新员工入职培训中存在的问题及其对策 [J]. 人才资源开发, 2016(1): 87-88.

[5] 焦学宁. 飞龙集团、美邦和创业公司因何而败 [EB/OL]. (2017-12-14). https://www.hrloo.com/dk/lshow/1000598?page=2.

[6] 金常德. 例谈招聘辞谢函的写作 [J]. 应用写作, 2001(12): 34-35.

[7] 李辉. 宝钢 e-HR 系统研究 [J]. 复旦大学, 2012(10): 56-59.

[8] 刘善仕. 基于微创新能力下的人力资源实践研究：以腾讯为例 [J]. 中国人力资源开发, 2015(12): 77-82.

[9] 劳伦斯·S. 克雷曼. 人力资源管理：获取竞争优势的工具（原书第 2 版）[M]. 孙菲, 译. 北京：机械工业出版社, 2003.

[10] 谢楷洲. 浅谈员工录用管理模式探讨：以 A 公司为例的录用管理探讨 [J]. 企业管理, 2015(10): 91-92.

[11] 从四大公司看企业人事流程改造. [EB/OL]. (2012-10-30) http://www.docin.com/p-511707353.html.

[12] 庄文静. 华为：如何让新员工融入"狼群" [J]. 中外管理, 2014(6): 86-87.

[13] 王红枝. 企业员工录用和解雇的法律问题研究 [D]. 广州：华南理工大学, 2010.

[14] 靳娟. 人力资源管理概论 [M]. 北京：机械工业出版社, 2007.

[15] 阿友老师. 如何顺利度过实习期 [EB/OL]. (2013-12-26) https://jingyan.baidu.com/article/19020a0adadc0f529c28427e.html.

［16］邓仿中，房春龙. 校企合作，联合培养：惠州工程技术学校"订单培养"校企合作模式初探［J］. 科技与企业，2014（12）：272-273.

［17］党组织关系转接［EB/OL］. https://baike.so.com/doc/5400047-5637620.html.

［18］黄旭. 签订劳动合同的十大注意事项［EB/OL］. （2018-10-16）http://www.66law.cn/laws/114360.aspx.

第八章

员工配置

 学习目标

学完本章后,你应该能够:
1. 掌握员工配置的基本概念
2. 明晰员工配置的基本环节
3. 掌握员工的时间与空间配置
4. 了解人工智能时代员工配置的变化

 引例

华为的员工招聘与配置

华为的产品主要涉及通信网络中的交换网络、传输网络、无线及有线固定接入网络和数据通信网络及无线终端产品,为世界各地的通信运营商及专业网络拥有者提供硬件设备、软件、服务和解决方案。华为的成功与其科学的招聘与配置工作密不可分。

一、在招聘配置前,具有预见性

1. 进行人才储备

华为认为要想在同行的激烈竞争中脱颖而出,就必须懂得适当储备人才,即对人才

的遴选不能仅限于公司当前空缺的职位，还必须结合公司发展的速度，考虑公司总体的发展规划，现有员工的能力及退休离职现象进行综合评估，确定企业需要储备的人才数量。另外，华为认为高校的应届生刚刚离开学校，具有很大的潜力和很强的可塑性，加以培养之后，可以为整个企业注入新鲜血液，日后定能为企业的发展做出巨大贡献。

2. 适时调整招聘模式

华为认为招聘模式应该随着企业战略目标的改变而改变，只有这样，企业的招聘才能与公司发展目标相一致，才能推动企业战略的实施。

二、在招聘配置时，进行全局性的考虑

1. 要求用人部门和人力资源管理部门合作

一般的企业招聘都是由用人部门提交具体的计划给人力资源管理部门，人力资源管理部门按照计划实施。实际上，在实施的过程中，由于人力资源管理部门可能并不具有相关领域的专业知识，就使得结果不尽如人意，出现人员与职位不匹配的现象。在华为，由用人部门和人力资源管理部门合作进行招聘，用人部门也会参与到整个招聘过程中，这不但大大提高了工作效率，也使得招聘的人员与职位匹配程度增加，很少出现"大材小用"或"小材大用"的现象。此举大大节省了公司的人力、物力和财力。

2. 注重员工的创新能力

华为之所以发展如此迅速，原因是其具有很强的创新能力，而企业的创新与个人创新密不可分，正是因为华为有这么多富有创新能力的员工，所以才能在市场竞争中不断壮大前行。

3. 注重员工对企业文化的认同感

一个人只有认同一个组织的文化，才能找到自己的归属感和价值所在。现代企业不仅注重员工个人能力，也注重其团队合作的能力。寻求一帮志同道合的员工对企业来说绝对是一笔不可估量的财富。华为在招聘过程中崇尚互相尊重、双向选择，为了避免信息不对称对员工入职后造成的心理落差，在招聘时就会向员工详尽介绍企业的情况，与员工坦诚地进行交流。

三、在招聘配置后，重视人才继续培养，与时俱进

1. 坚持动态适应的原则

华为认为随着时间的推移，岗位需求与员工能力都会发生变化，公司会适时进行考

察和评估，本着对员工负责的态度，把不合适、不匹配的人员与岗位重新进行调配，才能满足公司发展的需求。

2. 重视人才培养

很多公司在发展过程中都会出现现有员工不能满足企业岗位需求的现象，这是因为他们忽略了对员工进行后续的培养，但华为做到了。首先，华为制定了一系列的考评制度，如承诺制度和末位淘汰制度等。具体来说，华为领导层在任职前会签订保证书，若结果与之相差甚远，就会被解聘。其次，华为会对考核成绩靠后的员工进行淘汰。这些考评制度可以推动员工不断努力，提高水平。与此同时，公司也会为员工提供培训机会以提升其能力，使其能够胜任当前工作。

3. 重视科学技术应用，加强与外部合作

华为利用科技手段，使用相关的管理软件进行科学化的流程管理，科学有效的管理体系大大提高了人力资源管理部门的工作效率。近几年来，华为逐渐将内部烦琐的人力资源管理工作转包给了专业的人力资源服务公司，加强与外部合作。（武佩靖，2017）

人力资源是企业发展的基石和支柱，在培养员工的同时，合理配置人力资源，使员工在工作中发挥最大潜力是提升企业竞争力的决定因素之一。华为的员工配置体现在企业人力资源管理的方方面面，包括员工的招聘、岗位任职要求、员工培训、考核、晋升以及淘汰等。

如果员工配置不合理，不仅会影响企业目标的达成，对企业运营造成困扰，还会带来员工激励机制不能有效实施、人力成本越来越高等诸多问题。近几年来，随着组织形态的快速变化，如组织越来越扁平化、出现了无边界组织，以及新生代员工独立意识越来越强，员工合理配置也开始迎来各种新的挑战。那么，什么是员工配置？员工配置包括哪些方面？新时代下，作为人力资源管理者应该如何对员工进行合理配置？这也是本章我们需要讨论的问题。

第一节　员工配置概述

员工配置是为了创造组织效能的有利条件而从事的获取、运用和留任足够质量和数量劳动力队伍的过程（赫伯特·赫尼曼，2005）。也就是说，员工配置的目的是通过一系列措施做到"人岗匹配"。从企业层面来说，员工配置是企业用人的基础，员工配置得好，可以提高组织效率，避免人力资源不足或浪费的情况，同时促进企业内部各部门之间的合作。从员工层面来说，有效的员工配置可以使员工在组织中充分发挥作用，在实现员工价值最大化的过程中，对员工产生正面的激励作用。

一、员工配置的五大环节

企业想要实现员工合理配置，离不开组织内部有效的人力资源管理机制。从员工配置的组织运作角度看，员工配置主要分为以下五大环节。

（1）员工招聘。员工招聘指根据企业发展需要、人力资源规划要求等，在工作分析的基础上，从组织内外部招募、甄选合适的劳动者。一般的招聘渠道包括社会招聘、校园招聘、人才猎取、招聘洽谈会和员工推荐。

（2）员工晋升。员工晋升是企业对人力资源系统进行综合评价之后，依据员工的表现，通过职位提升的方式对员工进行激励的一种方式，是企业人力资源管理的重要组成部分。它可以服务于两个重要目的：第一，从员工角度来看，员工可以通过晋升得到更多的物质报酬与更高的社会地位，从而满足自身多方面的需求。第二，从企业角度来看，相比较单纯的物质奖励，晋升可以鼓励员工的长期行为，降低员工流失率，并会对组织内其他员工产生一系列的影响。

（3）员工淘汰。员工淘汰是企业为了提升自身活力，优化企业内部人力资源存量，避免滥竽充数的情况出现，对那些绩效不佳的员工进行组织外的退出管理。按照分类，员工淘汰可分为员工试用阶段的淘汰与在职员工的淘汰。在进行员工淘汰管理时，企业要合法合理利用淘汰依据，由此避免和减少劳资纠纷。

（4）员工轮换。员工轮换是企业各部门内部的一种平行调动，是指员工在某岗位工作一段时间之后，部门通过将岗位要求和个人条件及发展需要做比较，对员工进行内部调动的行为。通过员工在不同岗位的轮换，可以将员工安排到最合适的岗位，为他们提供最有效的个人工作经验培养，提升个人生涯发展能力，同时为企业达到最佳效益创造了条件。按照企业轮换的类型不同，员工轮换可分为调适性岗位轮换、任务性岗位轮换、发展性岗位轮换。

（5）员工储备。员工储备是公司确定和持续追踪关键岗位的高潜能人才，并对这些高潜能人才进行开发，以作为企业中某特定岗位的后备人才。这些高潜能人才是指公司相信他们具有胜任高层管理岗位潜力的人，员工储备通过内部提升的方式来为企业中的某一特定职位系统有效地获取组织人力资源，由此，它对公司的持续发展有着至关重要的意义。其表现形式可分为管培生计划和接班人计划。

例证 8-1

员工储备——管培生

在每年的校园招聘中,越来越多的企业启动了自己的管培生计划。所谓管培生,是为了解决管理人才紧缺的问题而培养的"公司未来领导人"。管培生计划旨在通过全方位培训,精选最适合企业发展的中高层管理者,因为其岗位的特殊性,竞争尤为激烈,很多知名跨国公司的管培生,基本上是千里挑一。

那么,什么样的人更适合做管培生呢?美国领导力大师拉姆·查兰曾经提出领导力发展的阶梯理论,认为个人从个体工作者成长为企业的高管需要经过六次转型,这里的转型既包括知识技能经验的提升,也包括价值观和行为方式的调整。他着重强调,知识技能是可以通过个人努力弥补的,但是价值观的调整和行为方式的改变,却并不那么容易。因此,企业在招聘管培生的时候,更注重个人内心特质的养成,性格中的"精确性""抱负""竞争性"和"活力"四个因素,是招聘方相对比较重视的特质。(潘嘉渝,2016)

二、员工配置的重要性

在发展的不同阶段,企业会面临各种各样的问题与挑战。面对激烈的市场竞争,如何合理分配人力资源,实现员工价值的最大化,是企业经营管理过程必须要解决的问题。员工配置无论对于企业还是对于员工都起着非常重要的作用。对于企业来讲,员工配置的好坏决定了员工的工作积极性,企业的整体效率在相当大的程度上取决于员工配置,员工配置是否科学也在一定程度上会影响企业与员工两个利益体之间的和谐发展。从员工角度来看,科学、合理的员工配置是充分发挥其自身作用、实现其价值所不可缺少的条件。

例证 8-2

乔布斯:你是想卖一辈子饮料,还是和我一起来改变世界

40多年前,为了冲破可口可乐的市场垄断,百事可乐曾发起过一个叫作 Pepsi Challenge(百事挑战)的营销活动,采用了一种颇为大胆的方式对顾客的口感进行试验:

他们请消费者品尝各种没有品牌标志的饮料，然后说出哪种口感最好，试验全过程通过电视现场直播。试验结果是，认为百事可乐更好喝的人占大多数。而这起活动的幕后操盘手，正是约翰·斯卡利——这项计划使得百事可乐从他的主要竞争对手可口可乐（Coca Cola）那里获得了市场份额。凭借着优秀的市场能力，斯卡利受到了乔布斯的赏识。

1983年，乔布斯邀请当时的百事可乐总裁约翰·斯卡利加入苹果公司，并说出了那段至今都让人们津津乐道的话：你是想卖一辈子饮料，还是和我一起来改变世界？斯卡利辞去了百事可乐总裁的职位，加入了苹果公司。任职期间，他采用了和百事可乐相似的市场策略扩大市场份额，使得苹果的销量从8亿美元增加到80亿美元，1987年约翰·斯卡利曾以年薪220万美元被称为硅谷最高年薪经理人。

乔布斯的识人之术，可见一斑。（柯凌雁，2015）

如今，人员配置变得越来越难了。而难点不仅仅是如何招到合适的人，招到合适的人之后，如何管理员工，如何减少人才流失，也成了许多企业需要面对的问题。

导致人员配置越来越难的原因是多方面的。一方面，随着时代的发展，人的物质需求已经得到了极大满足，员工更多渴望追求心灵上的满足。如此一来，单纯的物质奖励，只能做到锦上添花，而无法做到雪中送炭。另一方面，国家越来越鼓励创业，创业企业如雨后春笋，员工的选择对象变得越来越多，加上自我意识得到觉醒，员工流动性也因此变得越来越高。总之，当前人才配置的矛盾，是社会进步与落后的管理体制之间的矛盾。总而言之，当前人力资源配置存在以下几个问题。

（一）人才比例失调

对于不同企业而言，人员配置比例要求不同。不合理的人力资源配置结构，不论员工冗余或不足，企业运行效率都可能降低。比如，国有企业中的科技人员地位普遍不高，受到的待遇并不合理，造成大量的科技人员流失，关键岗位人员空缺。而对于一般性的管理岗位以及辅助岗位，冗员较多、人浮于事的现象严重，这种人才比例失调在一定程度上制约了企业的进一步发展。

（二）员工的前期培训开发不足

员工的前期培训，是人力资源管理的重要内容。但是，这种培训开发容易流于形式，逐渐演化成一种走流程的"仪式"。高速发展中的企业对员工能力提出了更高的要求，如果对员工的前期培训开发不足，很容易使其对个人身份生出一种迷茫感，这对员工的职业生涯规划是非常不利的。对于企业而言，如果员工素质不能满足企业发展的需要，组织内各种规章制度及方案的落地实施都会受到影响，进而会限制企业的快速发展。

（三）缺乏科学的人才管理机制

受传统思想观念的影响，在很多私营企业中，员工大多是亲人或亲人推荐的熟人。这种"任人唯亲"的裙带关系不可避免会导致对员工的实际能力的忽视。不能客观地对员工进行评价，不能规范地执行企业的管理制度，都会让很多员工遭受不公平的待遇，从而大大挫伤员工的工作积极性，也因此会埋下人才流失的祸根。

（四）企业人才流失严重

人才流失是指在某一特定组织或群体内，具有重要积极作用或处于核心地位的拥有专业知识及技能的人才，非组织或群体意愿地流走，离开自己原来所服务或工作的组织或群体，加入到另一组织或群体（刘珊珊，2015）。人才流失不同于人才流动，人才流动包括合理与不合理流动，而人才流失则是一种不合理的、对于原企业损害巨大的人才流动。有关研究显示，比较合理、正常的企业的人才流动率应维持在15%左右，当人才流动率超过了这个比例时，我们一般可以将它定义为企业人才流失。人才流失对企业的损害巨大：一方面，企业招聘新人、培训新人需要耗费大量时间与金钱成本；另一方面，公司也可能因此面临着严峻的技术流失的风险。因此，留住人才就是为企业节约成本、创造价值和积累财富。

三、员工配置的原则

很多企业在对员工进行配置的时候，都会产生以下疑问：面对众口难调的部门需求以及个性化、多样化的员工特点，应该采取什么样的手段，才能真正有效发挥每个人的潜力，达到员工配置的最优化。对于这样的问题的处理，企业应该以以下几个原则为指导。

（一）人岗对应原则

人岗对应，简而言之就是把合适的人安排到合适的岗位上。然而，说起来越简单的事，具体实施起来就越复杂。比如在企业中往往会出现"萝卜岗"，这种现象对于企业发展会造成一定的负面影响。

因此，人岗对应宜以员工相关数据为指引方向，按照岗位特点选择合适的员工，而且要尽量避免以下两个方面：一是尽量避免员工因为能力不足无法满足岗位的要求；二是尽量避免大材小用，要采取提拔的方式，将那些高出工作岗位能力要求的人提拔到适合的岗位上。

（二）劳薪对应原则

薪酬是员工最关注的因素之一。设计薪酬激励政策，不仅要考虑外部一致性，同时也要保证内部一致性。薪酬不仅要体现员工所在岗位在企业中的重要性，还要能够突出员工的能力。

合理的员工配置，需要将员工的能力水平与岗位的需求水平进行对应，把最合适的人安排在最合适的位置，从而确保员工的能力、付出与其薪酬相匹配，以调动员工工作的积极性。

（三）员工合理流动原则

企业内部员工合理流动，是员工配置的有效措施，也是企业内部员工配置结构优化的有效途径。即便一个新员工过五关斩六将在简历筛选、笔试、面试等一系列环节后仍"幸存"下来，也并不意味着他/她就完全符合岗位需求——其中很可能出现大材小用或者用非其人等人力资源浪费的现象。因此，利用轮岗制度对员工配置结构进行优化，解决人员短缺和臃肿现象的问题，是很多企业都会选择的方式。

总的来说，员工在企业内部的合理流动，有以下几个优势：培养员工多方面综合能力、挖掘人才潜能、节约招聘成本、促进企业内部有效沟通、制约"站队"现象发生等。当然，事情总是物极必反的。为了让企业招聘到合适的员工，一方面要支持员工的合理流动，另一方面也要阻止员工无目的的流动和核心员工的流失。作为管理者，要把人才合理流动提升到战略的高度，构建科学合理的、有利于吸引和稳定人才的管理制度。

（四）诚信原则

在很多企业的价值观中，都可以看到"诚信"这个词，诚信的重要性可见一斑。职业道德的最基本要求就是诚信，它看不见摸不着，却是所有企业都在不懈追求的一种弥足珍贵的无形资产。人无信不立，企业要强调上层与下层之间、员工之间、领导与领导之间信任感的培养,做到用人不疑,疑人不用。

例证 8-3

阿里巴巴利用企业价值观建设员工考核机制

阿里巴巴把"80后""90后"喜欢的武侠文化和企业的价值观结合起来,制定了著名的"六脉神剑"和"九阳真经"。其中,"六脉神剑"包括客户第一、团队合作、拥抱变化、诚信、激情、敬业,主要用于考核员工。对干部和政委的考核,则在"六脉神剑"的基础上增加了"眼光、胸怀和超越伯乐"三条准则,称为"九阳真经"。

这九条准则成为阿里巴巴高管信守的核心价值观,并被纳入到360度考核中。在干部和政委的考核指标中,业务业绩仅占50%,而剩下的50%都与领导力、团队合作和个人成长相关。每个业务单元的主管负责业绩,政委负责价值观。到了考核期,主管和政委分别给员工打分,主管用数字打分,从3.25到4.0不等,政委用字母打分,从A到D不等。比如,"3.75A"被认定为一个比较完美的分数,除了公司对员工的极高认可,它还代表着丰厚的奖金和颇高的升职概率。为了防止价值观考核流于形式,阿里巴巴要求员工自评或主管评价下级时,打分过高或过低,都要给出事例说明。

在阿里巴巴价值观的引导下,在拿客户订单时,明明知道已经有同事和对方有联系,你却以更低的折扣争取,结局就是被开除。(何斌,2017)

可以肯定的是,员工的职业道德素质、专业技能与产品质量、业绩水平有着正相关的关系。经营状况稳步提升的企业,诚信度肯定也不会低,而那些经营每况愈下的企业,诚信往往也存在问题。

第二节 员工的时间配置

2015年,日本政府出台草案,规定每月的加班时间不得超过60小时,但仍然无法抑制日本国民的加班热情,这也导致了日本过劳死和自杀的人数居高不下。工作时间配置的合理与否会对员工的生产和生活产生或积极或消极的影响,从而影响员工的身心健康以及对压力的体验。因此,企业必须重视对员工的时间配置。

一、员工时间配置

（一）时间配置的定义

时间配置，即对时间的管理。"朝九晚五"是我们常听到的一种工作时间配置。对于员工来说，每天8小时的标准工作制，是为企业创造价值的主要时间。但是，根据企业性质和需求的不同，对于时间的配置也分很多种。如何平衡时间配置与员工需求之间的关系，是本节主要讨论的问题。

（二）员工时间配置的产生与发展

科学认识时间配置，必须联系以下四个问题进行深入分析：一是员工为什么需要对时间进行配置；二是员工具体对哪些时间进行配置；三是在不同阶段，员工进行时间配置的方式会有什么不同；四是员工时间配置想要达到什么样的目标。

1. 员工时间配置的原因

对于个人日常时间的活动属性分配，一般采用四分法，即工作时间（包括上班沿途往返）、生活必需时间、家务劳动时间和自由支配时间，这种分类方法在关于生活时间分配的统计调查中经常使用。但是，随着科技的发展，被媒介分割的碎片化时间越来越多地混杂进了以上四个方面。因此，将碎片化时间作为单独考虑的时间分配类型，四分法就变成五分法，如图8-1所示。

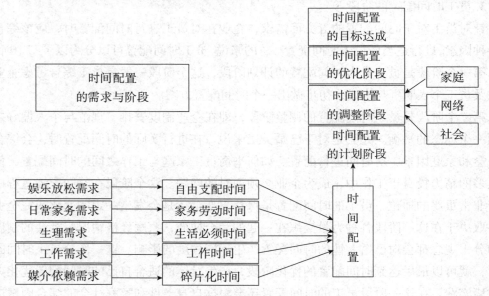

图8-1 时间配置的需求与阶段

由图 8-1，我们可以看出员工对时间分配的多样性。时间资源的稀缺性和员工需求的多样性是员工时间配置产生的根本动因。针对这种情况，根据企业性质采取不同的工时制度、尽最大可能满足员工的多样化需求、在员工角色的不同阶段采取灵活的时间配置手段、营造温馨的企业氛围成为对员工进行合理时间配置的手段。

2. 员工时间配置的内容

时间配置实质上是将时间作为一种有限的资源，在面对各种日常活动时进行适当取舍和有效管理。其中，工作时间是本节重点要讨论的方面，尤其是在社会不断发展的今天，工作需求已经从维系个人生存的需求逐渐上升为个体发展以及获得相应成就感这类更高层次的需求。个人生活必须时间包括睡眠时间、用餐时间和洗漱时间等。家庭的家务劳动时间包括洗衣做饭、照顾幼老和打扫卫生等时间，主要侧重于已婚人士。自由支配时间包括娱乐时间、体育锻炼和正常社交等主要用于享受生活的时间。而碎片化时间，则比较特殊，它指的是人们等电梯、乘坐交通工具和等人等一些分散性的时间。由于移动社交媒体的介入，碎片化时间浪费严重，相关调查结果显示，超过 98% 的大学生将碎片化时间花费在使用 QQ、微信和微博等社交媒体上（吴晓娜，2017 年）。作为一种有限的资源，碎片化的时间可以集腋成裘，因此，企业如何引导员工进行积极向上的碎片化时间管理，成为当今时代必须要认真对待的问题。

3. 员工时间配置的阶段

针对员工对于时间配置的五方面需求，企业在对员工进行时间配置时，应该综合考虑各种因素，进行适当的员工时间配置。总的来说，员工时间配置可以分为以下三个阶段。

第一个阶段是员工个人时间配置的计划阶段，这个阶段一般是员工综合考虑企业性质以及员工个人职责与构成，初步做出一个时间配置方案。

第二个阶段是员工时间配置的调整阶段，即在企业制度安排、规范与个人偏好之间找到一个动态的平衡。尤其是对于已婚员工来说，在进行实际的时间配置时，会综合考虑社会和家庭因素，对时间进行配置。如何平衡员工家庭与工作之间的时间配置，使其将更多的精力投身于工作中，成为企业必须面对的问题。这个阶段在时间配置过程中占据着非常重要的地位，员工的时间配置是保持不变，还是会发生一定的变化或完全变化主要取决于在这一阶段各种力量交织在一起的综合博弈，家庭经济情况、社会的制度安排和分工观念都会对已婚女性的时间配置产生不同程度的影响。这一部分员工时间配置好了，就可以最后达到时间配置的优化阶段，产生具体的适合自己的时间配置优化方案并付诸实践。在这一阶段员工的时间配置还会根据自身条件和家庭社会的综合因素进行或多或少的再调整，最终形成一个相对优化的方案。这一阶段调整的主要依据是个人、家庭和社会效用的综合。

例证 8-4

番茄工作法

番茄工作法是弗朗西斯科·西里洛于1992年创立的一种时间管理方法。在番茄工作法一个个短短的25分钟内，收获的不仅仅是效率，还会有意想不到的成就感。

番茄工作法的做法如下：①每天开始的时候规划今天要完成的几项任务，将任务逐项写在列表里（或记在软件的清单里）。②设定你的番茄钟（定时器、软件、闹钟等），时间是25分钟。③开始完成第一项任务，直到番茄钟响铃或提醒（25分钟到）。④停止工作，并在列表里该项任务后画个"×"。⑤休息3~5分钟。⑥开始下一个番茄钟，继续该任务。一直循环下去，直到完成该任务，并在列表里将该任务划掉。⑦每四个番茄钟后，休息25分钟。

这样的设定是考虑到对庞大任务的恐惧和抗拒是导致拖延的重要原因，把注意力集中在"当下"，能帮助人们更好地集中精力，摆脱过去失败的阴影和对"万一任务完不成"的焦虑。而"种番茄"期间的休息安排，这样的小小激励能使下一个30分钟更有动力。（吴美香，2016）

（三）员工时间配置制度

员工时间配置的选择有很多，比如个人、家庭和工作等时间的配置。而对于企业来说，能够直接掌控的，是对员工工作时间的配置，其表现形式为员工在供职的用人单位的指挥下进行时间维度上的劳动分工与协作，这也是企业需要重点管理、着重设计的内容。

我国现行的工时制度分为以下三种：标准工时制度、不定时工作制和综合计算工时工作制。其中，不定时工作制和综合计算工时工作制被称为"特殊工时制度"。标准工时制度是境内用人单位常用的工时制度，但是对于一些特殊行业，比如需要连续工作的行业、受季节和自然条件限制的行业、无法按标准工作时间计算工时的行业，则需要采取特殊工时制度。特殊工时制度的实行，需要用人单位先与相应劳动者协商，协商一致后，用人单位再向劳动行政部门申请对应的工时制度，审批通过后方可实行该工时制度。

1. 工时制度的不同分类

(1) 标准工时工作制。国家规定员工每日工作 8 小时，每周工作 40 小时的标准工时制度，我国大部分企业都采用这一制度。其计算公式如下：

标准时间 = 正常时间 + （正常时间 × 宽放百分数）= 正常时间 × （1+ 宽放率）

(2) 综合工时工作制。综合工时工作制是针对因工作性质特殊，需连续作业或受季节及自然条件限制的企业的部分员工，以周、月、季、年为周期进行计算工作时长的工作制。综合工时工作制周期内的平均工作时间要求与标准工作时间相同，也就是说，具体到某一日的工作时间虽然可以根据具体情况超过 8 小时，但是劳动者的周平均工时和月平均工时、季平均工时和年平均工时应不超过法定标准工作时间。该种工时制度主要适用于需要不停歇连续作业的员工，比如交通、铁路、医疗、水运、航空和渔业等企业，还有地质、石油及资源勘探、建筑、制盐、制糖、旅游等受季节和自然条件限制的企业中的部分员工，以及其他特殊生产经营情况的企业员工。

(3) 不定时工时制。不定时工作制是针对因生产特点、工作特殊需要或职责范围的关系，无法按标准工作时间衡量或需要机动作业的员工采取的一种弹性工时制度，其制定标准需参考工时制核定工作量但不必拘泥于此，用人单位应保证职工正当合法的休息休假权利。根据人力资源和社会保障部下发的相关文件，可以实行不定时工作制的员工主要有以下几种：企业中从事高级管理、推销、货运、装卸、长途运输驾驶、押运、非生产性值班和特殊工作形式的个体工作岗位的员工，出租车驾驶员等。

针对上述三种工时制，企业可以根据自身实际情况进行选择，若是想实行综合工时工作制或不定时工作制，必须上交主管部门进行审核，审核通过之后，方可实行。

2. 轮班制的概念与种类

轮班制指的是一种不同于单班制的工时制度，这种工时制度是出于发挥固定资产的效益最大化、增加就业机会或者特殊行业需要连续作业的目的，通过每天组织安排不同人员或工作小组进行两班或两班以上轮流生产的形式来完成每日的工作任务，体现了员工在时间配置上的分工与协作。

对于医疗、化工、发电等单位，其工作是连续性的，不能随意间断，为了满足生产经营的需要，必须实行轮班制。但轮班制意味着企业需要投入更多的人力、物力和财力，因此企业必须对轮班方案进行合理设计、加强管理，才能提高员工劳动积极性，增加企业效益。企业比较常用的工作轮班的组织形式包括两班制、三班制和四班制。

（1）两班制。两班制也称两班倒，一般将员工分为早、晚两班分别上班，并按规定倒班，也就是分为 8:00-16:00、16:00-24:00 两个时间段来划分，隔一周轮换倒班一次。这样做不仅有利于员工的身体健康，还有利于机器设备的维修保养和做好生产前的准备工作。两班制通常在规模大、连续营业时间长、顾客流量比较均衡的商店、银行、收费站、短途交通运输等行业采用。

（2）三班制。三班制即"24 小时除以 3 的 8 小时工作法"，每天分为早、中、夜三班组织生产，一般也称三班倒。一般三班的时间分别为：白班：8：00-16：00；中班：16：00-24：00；夜班：0：00-8：00。

（3）四班制。四班制主要是指每天组织 4 个工作班轮番进行生产的轮班制度。主要有四八交叉和四六工作制：①四八交叉。四八交叉也称四班交叉作业，是指在 24 小时内组织 4 个班生产，每班工作 8 小时，前后两班之间的工作时间相互交叉。交叉时间一般为 2 个小时，在交叉时间里，接班员工进行生产准备工作，了解和研究完成本班生产任务的一些关键性问题，并与上一班员工一起进行生产活动。这样可以加强各班之间的协作，缩短生产准备和交接班时间，以更充分地利用工时和设备工具。②四六工作制。四六工作制是每一个工作日由四班轮换生产，每班为 6 小时工作制。

（4）加班制。加班是用人单位由于生产经营需要安排劳动者在法定工作时间之外从事本职工作的行为，即延长工作时间的总称。延长工作时间可以细分为加点时间和加班时间。加点时间是指在一个工作日内超出标准工时从事工作的时间，加班时间是在休息日或节假日进行工作的时间。对于加班的工资薪酬，法律规定正常工作日要求员工加班，需支付不低于工资 1.5 倍的工资报酬，而节假日需支付不低于工资 2 倍的工资薪酬，对于法定节假日加班的，需支付不低于工资 3 倍的工资薪酬。

（四）员工时间配置优化的重要性

1. 时间配置与员工绩效

在工业文明时代，企业组织的立身之本就是工作绩效。而员工个人的工作绩效，是企业的绩效的直接来源，并且与组织绩效密切相关。因此，组织绩效目标的达成，必须依赖于员工绩效。研究表明，员工绩效的三个维度——工作奉献、任务绩效及人际关系促进，与时间配置的三个维度——目标制定、时间设置以及时间自控之间呈显著正相关，时间管理水平越强，员工的工作绩效也会随之提高（丁雪，2016）。

2.时间配置与员工工作懈怠

"人是自私的"是经济学中的一个基本假定,在高压力的工作要求面前,选择拖延是人的本能反应,尤其是在企业没有制定有效的监督管理机制的前提下。因此,对员工进行有效的时间管理与配置,增强企业对员工的工作控制力,成为企业发展的当务之急。

对员工进行时间管理行为的岗前培训,可以降低员工的懈怠感,提高员工的工作积极性,开发其潜能,最终促进企业发展与个人发展的良性循环。

二、员工时间配置的误区

1.太过精细的时间配置计划

对于时间配置计划的设计,真的越精细越好吗?答案是否定的。首先,你无法准确估计完成某项任务所需要的时间,其次,计划总是赶不上变化。一旦因为突发事件,导致某一时间段的工作无法正常进行的时候,就会打乱后续一系列的时间安排,从而增加员工的个人压力。而且,过度精细的时间安排,会耗费一定的时间。因此,员工个人的时间配置计划应该是动态的、粗略的,但是每日的计划总结可以做到详细,并要以总结指导规划,形成良性的循环。

2.过于依赖方法论

现代社会因为互联网的普及,人们时刻处在被信息洪流包裹的环境中,诱惑无处不在,随之而来的,是拖延症成为时代症候。刷微信、玩游戏与聊天带来的即时反馈性,使得员工的注意力被大大分散,工作效率持续低迷。面对越来越难以集中的注意力,员工会选择使用各种各样的时间管理方法来对自身行为进行约束,比如番茄工作法、时间管理四象限法以及GTD时间管理法,应运而生的,是各种各样的时间管理App(手机软件)。

但是,问题是工具只是工具,方法论只是方法论,只能起到辅助作用,不可能药到病除。进行时间管理最有效的方式,是增强自控力。换言之,时间管理的最终目的,是合理有效地管理自己的行为。对于企业而言,这类时间管理方法,重点在于让员工拥有时间配置管理的概念和意识,而不是重点管理时间。所以,一定要清楚这些方法论的定位,如果只注重形式的遵循,未免就本末倒置了。

3.管理时间的目的是充分利用精力

管理时间的最终目的,不是将时间划为时间段,规定每个时间段要做哪些事情,而是在有效时间内,充分利用自己有限的精力,释放最大的潜能。俗话说,磨刀不误砍柴工。而精力的获取，来源于他人的认可、充足的睡眠以及积极健康的情绪。这就体现出了企业文化的这类软实力的重要性。良好的企业氛围，可以缓解员工的不良情绪，具体方法有仪式化活动的举办、相应的加班补偿措施、人文关怀以及相对比较灵活的工作时间。当员工比较倦怠的时候，可以让他进行半小时的放松，或者允许提前打卡下班，但必须抽时间补上工时，以保证员工有充足的精力去完成工作。

三、员工时间配置效用的优化

效用是指对于消费者通过消费或者享受闲暇等使自己的需求、欲望等得到满足的一个度量（丹尼尔·伯努利，1738），效用是微观经济学中最常用的概念之一。时间是一种稀缺的资源，是作为消费者的员工消费的对象，那么，要达到员工时间配置效用的优化，就必须综合考虑个人效用、家庭效用和社会效用的综合优化，以达到员工最大程度的满足，使企业以尽量少的劳动耗费取得尽量多的经营成果，得到最大的经济效用。

1．对员工心理进行优化

心理健康的员工，能够对工作中面临的压力与各种突发性事件有比较好的判断与解决能力。需要注意的是，员工心理健康的恶化不是一蹴而就的，而是慢慢累积的。员工心理健康的恶化，会以低效率、旷工甚至离职的形式表现出来。心理健康状况的波动，会大大影响员工的工作效率，因此，企业必须重视员工心理的优化。

企业对于员工心理进行优化，最直接的方式就是增加心理健康方面的投入，其投入主要分为两部分，第一部分是员工福利的投入，包括员工的工作环境的优化、福利与保险的发放与缴纳以及员工在遇到生老病死等人生重大变故时给予额外假期与特别关注，如果有条件，还可以在企业内部设置健身房与餐厅，以生理健康促进心理健康。第二部分是精神层面的优化，包括员工综合能力的培训、组织结构优化以及员工的生涯规划。增强企业秩序感和管控力的同时，增强员工的归属感。

富士康跳楼事件

提起富士康，人们除了把它和苹果公司联系起来，还会联想到"跳楼事件"。自2010年1月23日富士康员工"第一跳"起至2010年11月5日，富士康接连发生了14

起跳楼事件，舆论一片哗然。一时间，大家都把矛头指向了富士康唯利是图、冷酷和缺乏人性化的管理模式。

在富士康，工人就像是一个被标准化了的零件，工人实行12小时两班倒制度，在12小时的工作时间里，除了吃饭、喝水、上厕所和短暂的休息外，工人长时间在高速运转的生产线上从事简单、重复性的工作，并且，无人顶替则不能离岗。为了提高生产效率，富士康还为工人提供免费吃住、包洗衣服等服务，工人每天接受同样的指令到固定的地点吃饭、上班、睡觉，员工缺乏应有的关爱和尊重以及对于人性的漠视，导致新一代打工者由于不堪承受高压管理而跳楼自杀案件的频频发生。（徐智华，2011）

2.对员工个人工作和家庭关系进行优化

和西方国家不同，中国几千年的封建制度，使得"男主外，女主内"以及"家庭养老"的观念深入人心，因此，中国人历来重视家庭。而工作所取得的劳动收入是一个家庭运转的主要来源。劳动与家庭自古以来就密不可分，所谓"修身齐家治国平天下"，家庭是一个员工能够集中更多精力投入工作的基础，因此，企业要充分考虑到员工的家庭因素对其进行合理的时间配置。

平衡员工个人工作与家庭之间的关系，在中国当前的环境下，是一个复杂的问题。一方面，其反映在传统的"男主外，女主内"的观念与新时期女性解放之间的矛盾；另一方面，独生子女政策下的"4-2-1"家庭模式使得人的压力越来越大，因赡养老人、照顾孩子的分歧所产生的家庭矛盾与冲突，不利于生活品质的提高，自然也会影响工作的成效。还有就是随着生活水平的提高，人们越来越注重个体的生活质量，参加工作的过程中，会更多地考虑自身的感受，比如能不能更好地照顾子女、有没有更多的假期，企业在以上问题上如果处理不好，很容易导致人才的外流。因此，企业在进行人力资源配置的时候，要综合考虑员工的年龄阶段、是否婚配、家庭情况、员工体质以及性别差异，针对不同的群体特点，以人性化为出发点，施以不同的时间配置方案。

3.对企业文化进行优化

企业文化是企业在长期的生存和发展中所形成的为企业多数成员所共同遵循的基本信念、价值标准和行为规范，其实质是企业的价值观。企业文化是一种潜在的、无形的、软性的管理模式，深入人心的企业文化可以弥补企业硬性规章制度上的不足。互联网经济时代，企业与企业的竞争是综合实力的竞争，良好的文化氛围可以为恰当的经营战略保驾护航，使企业在残酷的市场竞争中站稳脚跟。

对于企业来说，加班是在所难免的，尤其对于互联网企业，"996"已经变成了常态。

长期的加班会造成员工的懈怠心理，影响员工对企业的忠诚度，影响员工的工作效率，甚至造成人才的流失。而良好的企业文化，可以塑造一种积极向上的集体主义价值观，缓解员工加班时的不良情绪。比如，小米公司通过员工持股的物质激励方式和"用户参与赋予员工荣誉"的精神激励方式，使得员工能够保持较高的愉悦度，有力地缓解了员工加班时的不良情绪。

4.正视碎片化时代的特点并对其进行优化

"碎片化"的概念源自社会学，是指在社会转型期，传统完整的社会关系、市场结构和社会观念被瓦解，反之变成了人们对个性的差异化诉求和社会成分的碎片化分割。"三微一端"新兴媒介的兴起，加速了信息传播的碎片化、零散化，导致的结果就是信息、媒介和受众被细分。

对于员工来说，最直接的影响，就是对于媒体的选择越来越多，员工越来越有个性，员工的配置也越来越灵活。用公式来表示，在以前，劳动供给＝劳动者人数 × 劳动时间。而如今，劳动力供给＝（全职雇佣的劳动者＋非全职雇佣的劳动者）×（8小时工作时间＋加班＋碎片时间）（朱宁，2015）。如今，合同制取代编制是大势所趋，未来，交易成本更低的兼职、项目制等形式的"临时工"将越来越受到企业的青睐，一个员工可能同时为两家企业打工，也有可能身兼数职，时间配置越来越灵活，对于企业来说，在一定程度上降低了企业成本。因此，创新人力资源管理模式，成为当今时代人力资源们需要思考的话题。

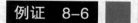

例证 8-6

零工经济

零工经济是指随着服务业和分享经济的不断发展，工作量不多的自由职业者利用互联网和移动技术快速匹配供需方的工作方式，工作形态包括传统型零工、技能型零工和分享型零工三种，工作者可能来自世界各地。零工经济已成为世界各国有志者自主创业的主基调，其本质是让大家利用自己的特长及资源，来实现自己的更高价值。据悉，2016年在美国有5 400万~6 800万的人从事过零工经济，约占全美国人口的17%，而根据阿里研究院的统计，2015年中国零工经济的人员约为1.1亿，占比约为7.8%，与美国还有较大的距离，同时其也预测，到2036年，中国零工经济的人员将达到4亿人。（中国新时代，2017）

第三节 员工空间配置

我们这里所说的空间配置,是指在部门、工种、岗位上配置人力资源,以及在工作地、劳动环境等空间层面上实行的劳动分工与协作,是人在社会化制度的环境中获得报酬的场所。其内容包括三部分:物理空间的配置、组织空间的配置以及虚拟网络空间的配置。这三者相辅相成,相互作用,从而使人力资源与物质条件之间的空间关系、人力资源之间的空间关系、人力资源与媒介沟通渠道之间的空间关系得到优化,达到人岗对应的目标,并以此为基础,营造出人与人之间和谐相处的人际关系环境,从而促进企业健康有序稳定的经济增长。

一、员工空间配置的基本形式

与员工空间配置联系最直接、最密切的,是员工与岗位之间的组织配置关系。人岗之间的相互匹配,是企业顺利实现战略目标的重要保障。不仅如此,人岗匹配可以促使员工素质得到提升,确保企业内部得以公平竞争,促进公司内部稳定和谐。但是,空间是不断变动和建构的,由于不同企业的人才需求不同与同一企业中岗位需求不同,员工与岗位之间的组织空间配置方式也不尽相同,因此,企业应该重视人力资源利用中的人岗匹配问题,结合企业特点,采取灵活的空间配置形式。

(一)因岗寻人

因岗寻人是根据企业的岗位职能特点以及工作流程需要,去寻找或者培训适合该岗位的员工。有一段时间,因岗寻人被称为最有效的人岗匹配方式,其优点有:从企业需求出发,避免企业结构过于臃肿;职工责权分明,避免了相互推诿;考核容易量化,有利于激励员工的工作积极性。但是,这种人岗分配模式也不是万能的,因为岗位需求过于刻板,跟不上时代的急剧发展,不仅使企业陷入"员工荒"的困境,而且使得综合能力强的员工无法发挥其全部潜力。并且,过于明确的职权划分,在大企业中容易造成低效的企业管理。因此,在进行因岗寻人的匹配方案时,应把握以下几个方面的要求。

1. 严把岗位标准

美国学者劳伦斯·彼得在总结了上百个组织内部员工晋升的现象之后,总结出了知名的彼得原理:在组织或企业的等级制度中,人会因其某种特质或特殊技能而获得擢升,其在新岗位上不能胜任时,反而会变成组织的障碍物(冗员)及负资产。不同级别的岗位有不同的能力要求。举个例子,一个优秀的体育运动员取得一定成绩之后升职为教练,在教练岗位上有可能碌碌无为，导致团队成绩不佳。这是因为不同职位对于不同能力的权重要求不同。因此，企业不仅要细化岗位标准，进行严格的晋升考核，而且还要综合考虑晋升者的实际情况，避免"彼得现象"的出现。

2. 重视员工考核

如何采取相对公平的方式考察员工表现？最简单的方式就是对员工进行综合全面的考核。在招聘期间，简历筛选、笔试、面试、终面和试用期的考核方式已经很成熟了，而对于员工的晋升，企业也要制定相应的考核标准。考核标准的制定，可以在企业内部创造竞争环境，有利于员工将压力变作动力，不断提升自身实力。

3. 重视员工培训

企业除了要提供各种各样的契机引导员工进行工作时间外的知识充能之外，还要结合员工每次的考核结果，为员工"量身制作"相关的培训计划，从而使员工能够更好地适应未来的升迁及转变。

（二）因人设岗

因人设岗是基于极具动荡、人才奇缺的现代人才环境，倡导以人为本的人力资源管理模式，以充分发挥员工潜力为目标，制订的一种人才匹配方案（陈胜军，2005）。从员工独特性和员工价值两个维度，将人力资源分为辅助性人才、通用型人才、独特人才和核心人才，如图8-2所示。对于不同类型的人才，应该施以不同类型的人岗匹配方案：通用型人才和辅助型适合因岗寻人，核心人才适合因人设岗（李青桃，2012）。

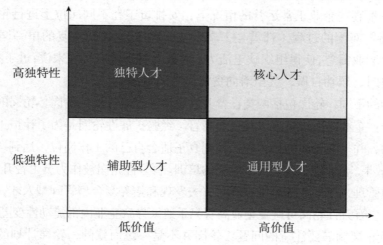

图8-2 人岗匹配图

综上所述，因岗寻人和因人设岗之间应该是一种互补的关系而非替代关系。对于一些技术含量比较低的常规部门，采取因岗寻人的方式可以有效地保证企业生产效率，调动员工的生产积极性。而对于一些技术含量比较高的知识类研发部门，因人设岗可以尽量避免大材小用和小材大用现象的出现。

例证 8-7

柳传志的"因人设岗"

联想前董事长柳传志在考虑接班人的时候，大费周折，当时柳传志有两个特别中意的接班人：杨元庆和郭为。柳传志曾经用孔雀和老虎来形容企业的领袖人物：孔雀善于展示自己的美貌，以此吸引别人心甘情愿地跟着它走；老虎依靠自己内在的力量，威风凛凛，震慑四方。他认为郭为是"孔雀"型的，杨元庆是典型的"老虎"型。柳传志有意让杨元庆接班，郭为做副手，但是"一山不容二虎"，为了防止二人恶性竞争，柳传志按照杨元庆和郭为的专业所长，将联想一分为二，杨元庆负责 PC（个人电脑）业务，即后来的联想集团；郭为负责渠道业务，即后来的神州数码，这样既发挥了已有人才的人才优势，又避免了恶性竞争导致的人才流失。（郭云贵，2015）

（三）轮岗配置

轮岗是在不影响企业正常运营的情况下，安排员工在不同岗位上进行轮换流动，以实现"人—岗"匹配的过程（韩雪亮，李宗波，2015）。长期重复的单一岗位工作，很容易让人产生职业懈怠，使得组织缺乏活力。尤其是对于政府机关来说，过于熟悉的环境，会让人故步自封、居功自傲，甚至滑向贪污腐败的深渊。

根据目的的不同，轮岗包括两类：晋升性轮岗和经验扩展性轮岗。轮岗的主体人群主要包括两部分：企业的新进员工以及企业高管。经验扩展性轮岗是为了让员工尽快熟悉公司的运营结构，并且在轮岗的过程中，找到真正适合自己的工作岗位，达到"先轮岗，后定岗"的良好效果。企业应当重视对于轮岗的培训。晋升性轮岗被作为员工晋升的重要渠道，以挖掘高潜质管理人才的业务思维和视野，去发现和培养复合型管理型人才，为企业的人才储备做准备。晋升性轮岗可避免企业高管只手遮天导致企业内部流动性变差的问题。

企业实行轮岗制需要注意的问题：轮岗并不是一蹴而就的，轮岗计划的确定，需要消耗大量的人力、物力、财力和时间。而且，轮岗制所获得的有效收益，在短时间内无法测量，还可能在轮岗的某一时期，因为角色转换问题无法充分发挥员工的个人才能，以致诱发个别员工的离职行为，给企业带来不必要的损失和负面影响（叶仁荪等，2012）。

因此，对于实施轮岗制的企业而言，首先，企业要对轮岗员工进行积极的心理辅导，帮助其克服对于陌生岗位的抵触心理，尽快投身于新岗位的工作中。其次，企业应该制订明确恰当的轮岗计划，尤其对于企业高管而言，是不是应该轮岗、怎么轮岗、轮哪些岗、轮岗多久，必须结合员工的性格特点加以综合考虑和评测，并制订相应的专属方案。最后，企业应该将轮岗行为当成一次情感事件全程进行跟踪处理，扮演好"救火队员"的角色，遇到苗头不对的情况，及时处理，使企业尽可能减少在员工轮岗过程中遭受的不必要的损失。

例证 8-8

阿里巴巴的另类轮岗制

在阿里巴巴（以下简称"阿里"），不能不谈轮岗制度。阿里管理层每年都有相应的调动。在阿里，管理层想要得到提升，必须具备两点：一是接班人计划完成得很好，二是有过轮岗经历。

这种轮岗文化是从阿里铁军开始建立的。曾任阿里B2B（企业对企业）公司COO（首席运营官）的李旭晖说："现在的大区经理都是从一线销售走过来的。岗位调动让他们重新归零，重新开发新市场，随时整装待发，一声令下就出发。从上海调广州，从厦门调青岛，从宁波调深圳，频繁调动，每次调动都牵涉到家属和人脉关系，每个人都是两三年调了五六个地方。调令来得很仓促，反应时间有限，这些区域经理听到调动，基本上一天之内搞定。他们接到调令的第一句话就是：'什么时候出发？'"

但是发展到2007年，高层轮岗被解读成了"杯酒释兵权"。

"杯酒释兵权"是宋太祖赵匡胤的"杰作"。身为宋朝开国元帅，赵匡胤夺取政权后却忧心忡忡，担心他的部下夺权，为了防止兵变就想出了一个招数：特意安排酒宴，招待石守信、王审琦、王彦超等重要将领，"怂恿"他们"多积金帛田宅以遗子孙，歌儿舞女以终天年"，从此解除了他们的兵权。

2007年年底，也是阿里巴巴B2B业务上市后不久的平安夜当天，马云向员工发了一封公开信，宣布旗下四大板块高层将进行轮岗：其中包括创始人之一、阿里巴巴执行副总裁、淘宝网总裁孙彤宇"离岗进修"，另一创始人、集团资深副总裁金建杭岗位调整，另外，李琪、吴炯、李旭晖、曾鸣、陆兆禧等多名高管的职位出现调整。

轮岗包括两部分，一部分是"干部轮休学习计划"，淘宝网总裁孙彤宇等4名高管进入"学习和休整期"。

另外一部分则是当时三大子公司——淘宝、中国雅虎、支付宝进行高层管理人员岗位轮换：原来中国雅虎总裁曾鸣调回集团，支付宝总裁陆兆禧去负责淘宝，淘宝副总裁邵晓峰调任支付宝总裁。

在2012年，阿里集团也宣布了一项管理层轮岗计划，22名中高层管理干部牵涉其中，调动跨越阿里巴巴集团旗下全部子公司。

这次轮岗调整中的大多数岗位还是"专业对口"的，比如淘宝商家事业部副总裁王文彬被调往天猫商家服务部，集团战略投资部资深副总裁张蔚则被调往集团参谋部等。

这次高层"地震"涉及阿里巴巴集团旗下四大板块。其中，阿里巴巴集团COO李琪、CTO（首席技术官）吴炯、孙彤宇及资深副总裁李旭晖"离开现任岗位"；集团执行副总裁、中国雅虎总裁曾鸣于第二年1月1日起调任集团参谋部参谋长；集团资深副总裁、支付宝公司总裁陆兆禧调任淘宝网总裁；金建杭调任中国雅虎总裁；集团副总裁、淘宝网副总裁邵晓锋调任支付宝公司执行总裁。

阿里内部人士表示，适时让"元老们"走出去，是阿里巴巴集团董事局主席马云一直以来的既定方针。阿里一直希望能打造高水平的管理层，如果在进修期间仍然要对原职位负责，那么便无法全心投入学习。为此，参与这次"进修"的高管们不保职位，不领取薪水。

也有人指出，轮岗大调整的背后是马云在强化最高管理层对全集团的掌控能力，以强力推进"大阿里"人员、资源整合。阿里推行轮岗制，表面上是为了培养复合型人才，实际上是为了防止出现"拥兵自重"现象。

资料来源：说说联想、阿里、京东、华为的轮岗制［EB/OL］.（2018-06-11）. https://www.huxiu.com/article/215119.html.

二、员工空间配置优化的难点

员工受到不公平待遇时，往往不会马上表现出来，但这种不满、怨愤情绪的积累，如果得不到一定程度的疏解，就会危及企业的稳定与长期发展。空间作为一种资源，如果不能得到恰当的分配，同样如此。员工空间配置的优化，说起来容易，但是实施中依旧存在着诸多难点。

（一）有限的空间资源

企业需求处于不断变动之中。企业在不同的发展阶段对人才的需求不同，其组织架构也有其不同的特点。然而，由于空间资源的有限性，不可能每个人都得到恰当的职位升迁、舒适的办公环境以及足够的资源，而对于企业而言，也不可能每一次需求变动，都拿出大量新的人力、物力和财力满足每个人的需求。要提高资源的使用效率，就必须要有壮士断腕的勇气，通过资源的合理流动，将效益低的部门的资源转移到效益高的部门，充分运用有限的资源，促进资源的合理流动。

（二）自主性提高的员工

市场机制下，尤其是在现代企业中，企业对员工的约束能力大大下降。"编制"终究会成为一个历史名词，合同工和零工经济将成为未来的主流。作为市场主体一方的劳动者，在面临职业选择或"跳槽"时，首先考虑的是个人利益，并且这种利益是他根据市场劳动力的价格及自身能力、特质交换而来的。他可以按照市场需求及自身特长、爱好来确定自己的择业方向。因此，不合理的升迁制度大大加剧了人才流失的风险。

（三）难以度量的空间资源

空间资源的含义很广泛，包括物理空间、组织空间和网络虚拟空间，而作为人类规定与构建的产物，企业中的空间资源的构建具有极强的主观性，而且，作为人们每天接触与工作的场所，相当一部分人难以觉察到抽象层面的"空间"的存在，而仅仅将其作为理所应当的一部分。如何将具体事物抽象出来，进行组织层面的合理分配，并从理论落到实践，进行合理的组织空间配置，给人力资源带来了诸多挑战。

三、员工空间配置的优化策略

在招聘中，人的知识、能力和健康等人力资本可以通过笔试、面试、体检和试用期等一系列方式进行检测，但是进入企业之后，如何保证员工利用自驱力持续成长，尽量少地出现职业倦怠、跳槽离职、技术脱节等问题，是人力资源们需要面对的问题。本节将从物理空间、组织空间和网络空间三部分，分别阐述员工空间配置的相关优化策略。

(一)物理空间的优化

对于员工空间配置的优化,首先考虑的是工作空间的优化。所谓工作空间,是人在制度化的社会环境中获得报酬的环境。作为员工每天都要接触到的活动空间,物理空间的优化,是要优化的重要内容。劳动环境中优化的要素,主要包括以下几种。

(1)视觉层面的优化。人们可以通过视觉感知外界物体的大小、明暗、颜色和动静,至少80%的外界信息,是通过视觉获得的,可以说,视觉是人和动物最重要的感觉。因此,视觉层面的优化的重要性不言而喻。企业在员工空间配置中,力所能及的视觉层面优化包括仪式化符号构建、色彩搭配以及灯光照明。

仪式化符号的构建是企业文化的重要内容之一。企业通过恰当配置一些企业LOGO(商标)、文化标语以及企业文化衫等,增加员工对企业文化的认同感与归属感,以达成塑造、保持或更新企业形象的目的。

合适的色彩搭配能够缓解人的疲劳,调动人的情绪。如果办公场所昏暗不堪,或者充斥着浓重的感官刺激,比如大量采用蓝色、紫色、红色等刺激性色彩,会造成人的视觉疲劳,打击工作积极性,因此,办公环境的色彩搭配应该尽量选择比较柔和的。办公区域的照明灯光应以自然光为主,人工灯光为辅。

(2)触觉层面的优化。实验测定,最宜人的室内温湿度是:冬天温度为18℃~25℃,湿度为30%~80%;夏天温度为23℃~28℃,湿度为30%~60%。在此范围内感到舒适的人占95%以上。如果考虑到温、湿度对人思维活动的影响,最适宜的室内温度应是18℃,湿度应是40%~60%,此时,人的精神状态好,思维最敏捷,工作效率高。因此,工作地点应该维持正常的湿度与温度。

(3)听觉层面的优化。噪音是指声波的频率、强弱变化无规律的声音。噪音会阻碍人正常的工作、休息与生活。减弱噪音的方式有三种:在声源处减弱噪音(调开施工时间与办公时间)、在传播途径中减弱噪音(使用隔音墙)、在人耳处减弱噪音(配置防噪耳塞)。

(二)组织空间的优化

1.组织的劳动分工与协作优化

劳动分工是指在科学分解生产过程的基础上,让拥有不同特长的劳动者从事有区别的但又相互联系的工作。劳动分工在促进工作简化和专业化的同时,有利于员工不断地积累经验,提高劳动生产率,为员工持续高效发挥自身技术特长提供了条件。组织分工有两种基本形式,一种是"有形的手",即通过企业内部管理来协调分工;一种是"无形的手",即通过市场交换,以市场反馈协调组织分工。常见的企业组织结构模式包括金字塔型和扁平型两种。

(1)"串联"的金字塔型。金字塔型组织管理结构(以下简称"金字塔结构")从上到下依次分为决策者、中层管理者和执行者,不同层级之中,根据部门和业务的不同,也会重叠不同的金字塔式层次结构,如图8-3所示。金字塔结构强调高度分工以及集中协调,部门分工明确,适用于稳定的市场结构。但是由于决策者拥有话语权,往往会出现"官大一级压死人"的情况。而且,随着企业规模的日益扩大,也会出现沟通成本上升、整体效益不佳以及无法对市场需求及时反应的问题,无法适应"互联网+"时代激烈的市场竞争以及快速的环境变化。

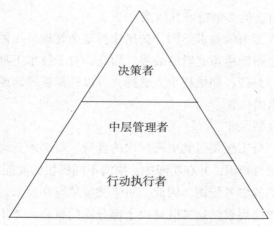

图8-3 金字塔型组织管理结构

(2)"并联"的扁平型。扁平式的管理结构是为了解决金字塔结构的弊端应运而生的一种管理结构。当企业规模越来越大的时候,部门层级也越来越多,随之带来的是管理幅度的减弱,严重影响了部门之间的沟通。为了破除自上而下的垂直管理结构,减少管理层级以及提升管理效率,使得组织越来越灵活、灵敏、保持创造性,扁平化管理就出现了。这一模式的基本特征是战略决策与经营决策的分离,大部分的大型科技公司会选择使用这种管理结构,比如苹果、联想以及IBM。

(三)员工晋升系统优化

"职位晋升、感情维系、提高待遇"是防止人才流失的重要手段,而在这三种方法中,最重要的是职位晋升。职位晋升是通过赋予员工更高级别的责、权、利,使得员工职位向更高一级升迁。对于企业来说，员工晋升可以留住人才，优化公司人才管理结构。对于员工来说，员工晋升是激励员工的重要手段，也是员工实现自我价值的重要途径。企业中，员工晋升的优化战略主要包括以下几种。

1. 制定人岗匹配的合理晋升策略

正常情况下，员工晋升有两条评判标准：资历和能力。不管是哪一种，最重要的是让员工感觉到公平和合理。要做到这一点，企业就不能以资历或年龄为主要的晋升标准，而是要对员工上一阶段的工作绩效以及综合素质进行综合考核，除此之外，还要考虑晋升职位的工作难度以及职位需求，保证员工有足够的能力承担晋升之后的职位，达到"人岗匹配"的良好效果。

2. 制定提供更多机会的多渠道晋升体系

不同职位对于个人能力的要求不同，如果让行政类管理员工做技术，让技术工种的员工去做管理，可能会得到南辕北辙的效果。因此，对于技术工种的人员，企业应该提供两种以上的晋升选择路径，如根据个人选择，可以选择管理岗或者升任至与管理岗相对应薪酬和地位的技术岗位置。

3. 轮岗制培养复合型人才

在一些大型企业，员工想要得到更高层次的晋升，就必须先经过轮岗，其目的是为了让员工掌握更多技能与知识，并在实践中，摸清不同模块的职能需求，为"一专多能"人才的培养提供有价值的参考依据。因此，对于关键领导岗位来说，企业应当明确规定在其他相关联岗位的轮岗要求。这样既解决了部分部门核心人才不足的情况，又能培养复合型人才。

（四）虚拟网络空间的优化

在科技浪潮的影响下，互联网已经渗透到人们生活的方方面面，"数字化生存"已经成了不可阻挡的潮流，与过去相比，互联网下的信息传播呈现去纸质化、即时性、互动性、参与性与个性化的特点，给人力资源管理带来了诸多新的机遇与挑战，传统的人力资源管理模式亟待变革。

1. "互联网+"视野下的员工配置

（1）内部信息沟通便捷化。如今，去纸质化办公已成为大势所趋，越来越多的通知、公示以及工作计划依靠微博、微信进行传达，大大加速了信息的流通速度。同时，员工培训也不再拘泥于面授，网络培训平台的构建，使得员工可以根据自身时间和需要安排培训课程，更倾向于自我学习、主动学习。除此之外，数据库的使用，可以使得人才招聘变得越来越简单，员工的绩效评定也更科学、合理以及易被量化，管理人员和员工之间的沟通变得更简单，使得企业可以及时发现问题并加以改进。

（2）人岗匹配高效化。企业招聘的过程对于求职者和企业来说，是一个双向选择的过程。然而，由于种种原因，招聘到的人才可能不能很好地胜任岗位，求职者也可能对企业认识存在偏差，造成人力资源成本的上升，究其根本，是由于信息不对称导致的认知偏差。互联网的使用，可以通过超链接的方式，让员工更好地了解企业的状况，企业也可以通过基本能力测试、性格测试、问卷调查等线上的方式，更深入了解人才的个人能力，为人才的选择提供更多的参考要素，从而减少人岗不匹配的风险。对于已经入职的员工，企业可以通过"两微一端"，更好地了解员工的心态变化与个人诉求，并据此制定相应策略，减少人岗匹配存在的风险。

（3）企业决策科学化。科学化决策是指企业在决策过程中结合内外部环境做出的主观和客观相统一的正确决定，其目的是降低企业运营风险（倪倩，2017）。互联网促进了中国民主化进程，在企业中，同样如此。企业在制定某项政策或者做人事任免决定的时候，可以通过调查问卷的形式，听取员工意见，进行民主决议。同时，企业通过开辟无记名性质的员工意见咨询，可以充分理清公司运转过程中的不足，提高决策的民主性和科学性。

2. 网络空间优化途径

（1）营造良好线上交流氛围。企业通过互联网了解员工，增加与员工之间的互动，可以全方面渗透到员工的日常生活与工作中，从而营造和谐开放的线上交流氛围。同时，公司相关制度、信息的网上公开，在提高企业曝光率的同时，也可以让员工体验到公司以人为本的理念。

（2）管理者积极参与线上互动。高层管理者使用新媒体参与到与员工的互动中，可以拉近与员工之间的关系，营造良好的亲民形象。同时，作为企业的代言人，管理者也可以展示出企业良好的形象。在面试招聘中，高层管理者的参与可以让求职者感受到招聘的重要性，提高对企业的忠诚度，减少人岗失配的风险。因此，高层应该充分利用互联网。

（3）媒介管理专业化。互联网媒介作为展示企业良好形象的重要窗口，企业必须对其给予足够的重视。因此，企业必须具备优秀的媒介素养，安排专人去维护互联网媒介，这样才能在发布招聘信息、与求职者互动、发现企业问题和绩效工资管理等方面及时反应,使信息得以畅快流通。

本章小结

1. 员工配置是为了创造组织效能的有利条件而从事的获取、运用和留任足够质量和数量劳动力队伍的过程。也就是说,员工配置的目的是通过一系列措施做到"人岗匹配"。
2. 员工配置包括员工招聘、员工晋升、员工淘汰、员工轮换和员工储备五大环节。
3. 员工配置包括员工的时间配置与空间配置两方面,二者相辅相成,共同促进。
4. 员工空间配置的基本方法包括因人设岗、因岗寻人以及轮岗制度。
5. "职位晋升、感情维系、提高待遇"是防止人才流失的重要手段。其中,最重要的是职位晋升。
6. 碎片化时代,我们应该更多关注网络虚拟空间的优化配置。

思考练习题 8-1：简答题

1. 什么是员工配置?
2. 简述员工时间配置与空间配置之间的区别与联系。

思考练习题 8-2：单项选择

1. 本章所说的空间配置,与物理上的空间定义相同。(　　)
   A. 是　　　B. 否
2. 时间配置的方法论具有两面性,我们需要把握好适度的原则。(　　)
   A. 是　　　B. 否

思考练习题 1-3：是非判断题

目的：本练习在于帮助学生利用员工配置知识促进对本章内容的理解。

指导语：阅读下面每句陈述,并根据学生的看法做出选择。全班讨论后,再由老师解释。

1. 是　　否　轮岗制度优于因人设岗与因岗寻人制度。
2. 是　　否　员工的配置方案在某种程度上也是企业政治权利斗争的体现。
3. 是　　否　员工出差的交通时间也应该算入正常工作时间之内。
4. 是　　否　员工配置的根本目的是提高企业利润、简化企业决策过程。

5. 是　否　工作懈怠是员工工作生涯中不可避免的。
6. 是　否　和从前相比,员工配置的时代环境发生了剧变。
7. 是　否　与男性员工相比,女性员工侧重家庭会更多一点。
8. 是　否　零工经济会成为未来的发展潮流。
9. 是　否　员工配置不合理,会影响企业目标的达成,给企业运营带来困扰。

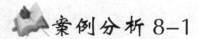 案例分析 8-1

阿里巴巴十八罗汉的"前世今生"

1999年2月20日,大年初五,在一个叫"湖畔花园"的小区的16栋3层,十八个人聚在一起开了一个动员会。屋里几乎家徒四壁,只有一个破沙发摆在一边,大部分人席地而坐。马云站在中间讲了整整两个小时。彭蕾说:"几乎都是他在讲,说我们要做一个中国人创办的世界上最伟大的互联网公司,张牙舞爪的,我们就坐在一边,偷偷翻白眼。"

公司的启动资金是50万元,是十八个人一起出钱凑的,马云并不是没有这笔钱,但是他希望公司是大家的,所以十八个人都出了钱,各自占了不同比例的股份,并用简短的英文记在了一张纸上。大家签上名字之后,马云让大家回去把这张纸藏好,从此不要再看一眼,"天天看着它做梦,我们就做不好事"。

在很长一段时间里,这些人每个月拿500元的工资,在湖畔花园附近举步可达的地方租房子住,有的两三人一起合租,有人索性住进了农民房,吃的基本就是3元的盒饭。戴珊很喜欢吃梅干菜,有一次吃着盒饭,她突然对大家说:"等我有钱了,我就去买一屋子的梅干菜!"

这些人创造了阿里巴巴,他们被称为十八罗汉,十年后,这家公司上市了,在上市当天成为一家市值超过200亿美元的中国互联网公司,而这十八个人都已经成为亿万富翁。当然,他们不是阿里巴巴IPO(首次公开募股)中唯一获利的团队,阿里巴巴中70%的员工(大约有4 900名)都成了不折不扣的富翁。在阿里巴巴十周年庆的晚上,这十八个创始人向马云辞去了创始人的身份,从零开始。用马云的话说,阿里巴巴进入了合伙人的时代。

资料来源:阿里巴巴十八罗汉的前世今生[EB/OL].(2013-11-29)http://www.360doc.com/conte

nt/13/1129/17/535749_333230833.shtml.

问题讨论:

1. 从阿里巴巴十八罗汉身上,你能得到什么启示?
2. 谈谈你对马云这个人的认识。
3. 你认为阿里巴巴为什么会成功?

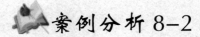
案例分析 8-2

腾讯人才管理"真经":人选对了,其他就几乎都对了

一、员工最宝贵

腾讯成立于1998年,伴随着业务的蓬勃发展,员工人数也快速增长。目前,腾讯拥有超过4万名员工,其中30%以上拥有硕士及以上学位,60%是技术人员,平均年龄约29岁,男女比例大约3:1。

腾讯人力资源的核心政策是"以人为本",以人为本也是人力资源所有工作的基础。对于腾讯而言,业务和资金都不是最重要的,业务可以拓展和更换,资金可以吸引和调配,唯有人才是不可轻易替代的,人才是腾讯最宝贵的财富。具体而言,普通员工是人力资源的大客户,人力资源既是员工的服务者又是专业支持者,帮助他们不断成长进步。

与传统企业相比,腾讯的业务特点有所不同。腾讯的产出相对无形,产品需要在使用过程中不断去体验,衡量的是有效性,体现的是一种用户体验。在这一过程中,人的作用最重要,这也是许多互联网公司的特点。因此,腾讯的人力资源政策与公司业务紧密结合,去中心化,扁平化管理,层层迭代,保证每位员工都能得到充分的尊重和授权,以保障信息流通的透明和畅通。在此基础之上,腾讯在选拔人、培养人、使用人、激励人等方面都有独特的做法。

在人才招募方面,腾讯的面试流程非常严谨和专业。当应聘者面试时,不仅直接领导、工作伙伴,甚至跨事业群合作的人员都会参与进来,大家相互评价,双向选择,目的是全面了解应聘者的知识结构、工作背景、思考能力、综合素质、文化适应度和潜力,以找到最合适的人选。

直到现在,腾讯所有中级干部及以上员工的面试,集团总裁刘炽平和高级人力资源副总裁奚丹都要亲自参加,这体现了一种对人才的尊重。腾讯的面试不是为了面试而面试,而是相互学习的过程,腾讯也会从业界优秀人才身上获取对腾讯有启发的洞见。

在毕业生招聘方面，腾讯的做法与众不同，目的是找到有思想、爱学习的实力派。2014年公司推出了招聘产品培训生项目。腾讯是以产品为主的公司，特别看重员工的产品思维能力、创新能力、策划能力、运营能力和客户意识等，所以腾讯在毕业生招聘这个阶段就注意挑选一些有潜力做产品经理的人才，并对其施以双导师计划和轮岗培训，让这些人尽快成长。

在员工培养方面，腾讯会根据阶段不同进行相应的重点培养。腾讯发现，有一个时期，新员工特别多，管理岗位大量空缺，于是在这个年度提出辅导年计划。这个计划倡导每位管理者对下属承担"知人善用、发展他人"的责任。公司会开发一些简易教材，从马化腾、刘炽平开始，每位管理者都要身体力行，培养新人。人力资源部门还会在半年考核时做员工满意度调查，以便检验计划的有效性。

对基层、中层和高层干部的后备培养，腾讯也有各自的计划。中层干部后备计划叫"飞龙计划"——包括视野开拓（组织他们走出去，向行业最优秀的企业学习）和岗位实践（将公司在战略、产品和管理方面最需要解决的课题交给他们）两方面，并为这些人配备优秀导师，要求他们定期汇报每个项目的完成情况，总裁参与旁听。基层干部后备计划叫"潜龙计划"，高层后备干部也有专门的培养计划。每到年底，公司会对全体干部进行盘点，并根据情况制订改进计划。2015年，腾讯推出了"新攀登计划"，该计划是针对专业技术人员晋升专家的后备培养计划，与管理人才培养形成双通道。

二、调动员工激情

一方面，腾讯是"老牌"互联网公司，另一方面，整个互联网行业的竞争异常激烈，新锐公司不断涌现。此时，让公司所有员工尤其是老员工保持工作激情不仅是腾讯人力资源考虑的问题，也是公司核心管理层考虑的重点。腾讯的做法是通过机制获得保证，具体有两点。

第一，创新组织架构，保证员工的战斗力。从游戏事业群（互动娱乐事业群）开始，公司采取游戏工作室的模式，事实证明这种模式对激发员工的创业热情行之有效。此种管理模式最大的特点是三个主要角色就能形成一个闭环，闭环保证了处事方式的敏捷，员工能够被授权、被激发。同时公司营造了一个创业环境，员工与其到外面创业，不如在工作室里创业。无论哪个工作室出成果，公司都会不断加以扶持，也允许试错。每个工作室都有用人权、考核权、财务权、激励权以及是否追求资源权，权限跟工作室成果和盈利状态正相关。工作室就像一个一个的小公司，这种模式令员工每天都饱含创业激情，有效解决了员工工作热情不足的问题。

第二，人才活水。这是腾讯在2012年年底推出的人力资源政策。当时公司发现，一些工作时间比较长的员工产生了职业倦怠，需要在公司内部创造一个优良的生态系统，因此就提出了"人才活水"概念。只要员工本人发起，又有单位接收，其所在单位必须在3个月之内无条件放人。微信事业群约60%的员工都是通过内部人才市场获得的，内部人才市场极大地支撑了这个事业群的快速发展。"人才活水"政策的最大特点是：在整个公司内盘活了人才，使人尽其才。（周强，2017）

问题：
1. 从腾讯的人才管理中，你能得到什么启示？
2. 试分析腾讯是从哪几个方面进行员工合理配置的。

参考文献

［1］赫伯特·赫尼曼. 组织人员配置［M］. 王重鸣，译. 北京：机械工业出版社，2005.

［2］潘嘉渝. 管培生能否成为管理者的起点［J］. 人力资源，2016（7）：42-43.

［3］施雯. 浅议知识经济下的企业人力资源配置［J］. 中国经贸，2011（4）：27-27.

［4］步丹璐，白晓丹. 员工薪酬、薪酬差距和员工离职［J］. 中国经济问题，2013（1）：100-108.

［5］李浩. 人力资源管理问题和对策［J］. 中国外资月刊，2011（14）：259-259.

［6］顾越英. 企业文化在现代企业发展中的作用［J］. 中国流通经济，2011（10）：73-76.

［7］何斌，王沁橙，李媛媛. 政委体系：让HR与业务无缝连接［J］. 企业管理，2017（8）：66-68.

［8］企业人力资源管理师项目编写组. 企业人力资源管理师（三级）［M］. 西安：西北大学出版社，2010.

［9］庄文静. "碎片化用工"时代，怎样管理员工？［J］. 中外管理，2015（7）：85-86.

［10］金圣荣. 彼得原理：为什么事情总是出错［M］. 北京：电子工业出版社，2011.

［11］刘青桃，石丹浙. 因岗设人还是因人设岗［J］. 企业管理，2012（4）：30-32.

［12］韩雪亮，李宗波．我是谁？新进员工在轮岗过程中身份的丢失与恢复［J］．中国人力资源开发，2015（13）：51-57．

［13］安鸿章．论企业人力资源的空间与时间配置［J］．首都经济贸易大学学报，2007，9（3）：72-78．

［14］倪倩．互联网媒介在企业人力资源管理中的应用［J］．管理观察，2017（19）：50-51．

［15］石红梅．已婚女性的时间配置研究［D］．厦门：厦门大学，2006．

［16］吴美香．跑赢时间的"番茄工作法"［J］．中国农村金融，2016（11）：102-103．

［17］汪巧清．企业党政干部应重视人力资源的时间管理［J］．现代企业，2017（2）：45-46．

［18］李海新，薛彦萍．论人力资源空间配置的优化［J］．沈阳工程学院学报（社会科学版），1999（4）：1-3．

［19］刘青桃，石丹淅．因岗设人还是因人设岗［J］．企业管理，2012（4）：30-32．

［20］荣洁．基于人岗匹配的企业员工岗位管理问题研究［D］．青岛：中国海洋大学，2012．

［21］王辉．企业员工招聘与配置研究［J］．商，2012（11）：33-34．

［22］西奥多·W．舒尔茨．论人力资本投资［M］．吴珠华，译．北京：北京经济学院出版社，1990．

［23］王健菊，陈维敏．企业战略变革中的员工配置问题研究［J］．经营管理者，2016（34）：185-186．

［24］武佩靖．对华为招聘与配置人力资源的研究［J］．中国国际财经（中英文），2017（8）：252-253．

［25］郭云贵．联想集团组织结构变革中的"因人设岗"及其启示［J］．北京市经济管理干部学院学报，2015（4）：50-54，80．

［26］周强．揭秘腾讯活水计划［J］．哈佛商业评论，2017．

第九章

招聘外包

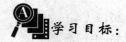学习目标：

学完本章后，你应该能够：
1. 掌握招聘外包的概念
2. 了解招聘外包的服务模式
3. 掌握招聘外包的服务内容
4. 了解招聘外包的优劣势
5. 掌握招聘外包的流程
6. 了解招聘外包的管理方式
7. 了解招聘外包质量管理和风险管理

引例

一汽轿车的招聘外包

至2010年上半年，一汽轿车的员工人数达 7 734 人。人力资源已经成为一汽轿车的第一资源，有效的校园招聘和社会招聘渠道是公司可持续发展的必要保证。

（1）校园招聘迈开巨大步伐，挑战招聘效率和准确度。因为公司的快速发展，一汽轿车在近几年的招聘中迫切需要产品、工艺方面的专业技术和研发人员。面对每年约1

万人的校园招聘应聘量，如何提高甄选准确度？如何提高面试效率？

（2）社会招聘岗位无法全方位考核个人素质。每年一汽轿车针对市场营销、客户服务等岗位，广泛面向社会公开招聘。如何有效考察应聘者的潜能及与公司文化密切相关的个性特征、动机、价值观等素质，成为社会招聘中最大的难题。

面对如此大的挑战，一汽轿车最终确定了北森作为招聘外包服务商，快速完成了员工招聘工作。

资料来源：http://www.5job.cc/home/archive-221-22.html

一汽轿车的案例反映了招聘外包能够有效地帮助企业解决用工问题。

我国现阶段的外包招聘还处于不规范、不专业的阶段，反应在：从业人员素质偏低，外包服务机构鱼龙混杂，服务水平参差不齐，服务流程简单随性。招聘外包岗位多是技能要求低、薪资待遇低、人数需求大、劳动强度大的"低端""难招"岗位。

本章主要由招聘外包的概述、招聘外包流程、招聘外包管理三部分内容构成。招聘外包概述主要明确招聘外包概念、外包模式和现状；招聘外包流程是了解熟悉规范的外包招聘是如何进行的，这部分是招聘外包管理的基础；而招聘外包管理讲述的是提如何高招聘外包服务质量和规避招聘外包服务风险。掌握招聘外包流程，了解招聘外包服务管理是本章的重点内容。

第一节 招聘外包概述

企业进入扩张时期，需要短时间内招聘到大量员工，该怎么办？外资企业进入中国，人生地不熟，该如何招聘第一批员工？招聘外包是人力资源管理外包下的一个分支职能。我们先来了解一下什么叫招聘外包。

一、招聘外包的概念

人力资源管理至少包括六大模块的职能活动，招聘是其中一个比较重要和常规的内容。随着市场竞争越来越激烈，企业为了降低成本，提高市场竞争力，开始关注企业内部管理方式的变革，将人才招聘职能活动外包给专业机构。在界定招聘外包概念之前，先来看一下外包的概念。

（一）外包的概念

1990年，加里哈默尔（Gary Hamel）和普拉哈拉德（K. Praharad）在《哈佛商业评论》发表了《企业的核心竞争力》一文，首次提出"外包（Outsourcing）"这一概念。学术界更多地将外包看作一种经营战略，是企业为了获得更大的竞争优势所采取的措施。外包是企业在内部核心资源有限的情况下，为取得更大的竞争优势，利用外部资源来承担企业部分职能，达到降低成本、提高效率、提升企业竞争力的一种管理模式。简言之，外包就是"从外部寻求资源"。

（二）招聘外包的概念

外包最早应用于制造业，但随着互联网技术的快速发展，沟通联系的成本得以降低，外包的经营成本下降，其他行业的企业也逐渐接受了外包这种模式，以便用更低的成本获取服务，同时，企业自身能够集中精力经营其核心业务。外包在人力资源行业的使用尤为广泛。

人力资源外包是指企业根据需要将内部人力资源的相关事务外包给专业的第三方人才服务机构打理，主要包括劳务派遣、人事外包和人力资源管理职能外包等。招聘外包是人力资源管理职能外包下的一项分支外包服务（胡志林，2004）。

招聘外包是指让第三方服务商连续提供过去由企业内部人力资源部门进行的一系列招聘活动，以使企业人力资源部门专注于自身的核心职能，用更多的时间和精力参与企业整体战略规划。即用人单位将全部或部分人才招募与甄选工作委托给专业的第三方人力资源服务机构，而专业的人力资源服务机构凭借自己在人才评价、评价工具和流程管理方面的优势来完成招聘工作的一种方式（方慧，2009）。

二、招聘外包模式

从招聘外包的概念中了解到招聘外包有以下两种分类：①按照与企业之间的合作方式可以分为长期外包（又称非项目外包）和项目外包；②按外包环节可以分为全流程外包和部分外包。

（一）合作方式

1. 长期外包

长期外包是外包商与企业签订长期合作协议，为企业提供协议期内的招聘服务，以及时解决企业人才需求。一个企业如果选择长期外包方式招聘，一般会选择固定的一个或几个外包商来承包企业的招聘外包工作。长期外包一般多发生在酒店、流水线工厂等劳动密集型行业。

2. 项目外包

企业需要在短时间内招聘大量人才（如遇到临时性的项目），而人力资源部门因为资源和时间有限，不能按时完成招聘任务，就会将整个招聘项目外包；或是企业缺乏专业的招聘团队和技术，也会将招聘整体外包，并以项目形式运作，而平时的日常招聘仍由企业内部的招聘人员完成。基于这种合作模式的企业通常将一些职位打包给外包商，或者在招聘高峰期利用外包商的人才库资源和顾问团队帮助自己在短期内完成紧急招聘任务。应届生校园招聘外包就是比较常见的项目外包。

（二）外包环节

招聘外包根据外包环节来划分，可以分为全流程外包和部分外包。其中，部分外包方式的企业占所有实施外包企业总数的90%。

1. 全流程外包

通俗地讲，全流程外包就是企业将整个招聘环节交给外包商，从最初的发布招聘信息到最终的员工入职管理，全盘交给外包商负责。企业仅需要将具体的招聘需求详细地告知给外包商。目前，采用这种外包模式的企业较少，不足三分之一，大多数企业对全流程外包的市场信息没有全面的了解，这表明全流程外包在中国的市场普及率尚低。

例证 9—1

广交会工作人员的招聘外包

中国进出口商品交易会（以下简称"广交会"）创办于1957年，至今已有60多年的历史，每年分为春、秋两季在广州举办，是中国目前历史最长、层次最高、规模最大、商品种类最齐全、到会客商最多和成交效果最好的综合性国际贸易盛会。每届广交会的参展商都来自国内、国外各省市、各地区，参展时长从2天到15天不等。很多参展商在展会期间人手严重不足，但由于自身企业在省外甚至国外，不便于支援，于是专门服务于广交会的招聘外包商应运而生。参展商通常短缺的是促销、宣传、礼仪、模特和翻译等岗位的人员，一般在展会开始的前一星期，外包商就在线上各个渠道招聘合适的人员,外包商完成招募、筛选、简单面试、简单培训、薪资谈判在内的所有招聘环节的工作,目的是让招聘来的人迅速上岗协助参展商,而参展商只需"等着用人"。(兼职猫,2017)

2. 部分外包

部分外包是相对于全流程外包而言的,是指企业将招聘的部分环节外包给第三方机构,如将人才寻访、简历筛选、人才测评、背景调查、面试、录用、薪酬协商和入职管理等环节部分交由外包商管理操作。实践表明,企业通常倾向于将招聘流程中靠近前端的部分环节外包,也就是人才寻访、简历筛选、人才测评和背景调查这四个环节由外包商负责,而企业的内部招聘人员负责对候选人进行面试、录用、薪酬协商和入职管理。根据人力资源智享会发布的《2013年中国招聘流程外包(RPO)调研报告》,采用部分外包方式的企业较多,占总数的90%左右。

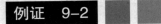
例证 9-2

移动客服外包招聘

中国移动10086客服的工作压力大,薪资待遇低,还经常轮夜班,是一个人员流动性较大的岗位,超过一年的客服员工都算得上是"老员工"。鉴于客服难招且人员流动性大,中国移动将招聘工作外包了出去,由外包公司负责招人、谈薪水,移动公司负责办理员工入职、岗位培训和员工管理。这样一种招聘部分外包的方式将移动招聘人员从琐碎且意义不大的工作中解放了出来,专注于员工绩效管理、员工激励和人力资源战略规划等更重要的工作,既节约了招聘成本,又保证了客服人员的服务水准。(智联招聘,2017)

三、招聘外包在中国的发展

招聘外包是人力资源外包的一个下属分支。人力资源外包在中国可以追溯到改革开放初期,1980年国务院出台了《中华人民共和国国务院关于管理外国企业常驻代表机构的暂行规定》,强制性地规定了外国企业常驻代表机构应当委托政府制定的外事服务单位进行中方工作人员的聘用,虽然这项被称为"向外国企业常驻代表机构提供中方雇员"的服务是强制性政策催生出来的,并且当时它离实际的人力资源外包服务相差甚远,但我们从中可以多多少少看到人力资源外包的影子。

从 20 世纪 80 年代初期到 20 世纪 80 年代末的大约十年间，是中国人力资源外包行业的萌芽期。1979 年 11 月，北京成立了中国人力资源外包行业的第一家企业——FESCO，即现在的北京外企人力资源服务有限公司。从此以后，人力资源外包在中国以人力资源派遣方式"提供中方雇员"，为后来人力资源外包行业的起步和发展奠定了人才基础。现如今中国人力资源外包服务领域的行业巨子 FESCO 和上海市对外服务有限公司便是起步于此阶段的外事服务单位。

从 20 世纪 90 年代初到 20 世纪 90 年代末的又一个十年，是中国人力资源外包行业的起步期。在此阶段，"提供中方雇员"继续着它的发展。除此之外，改革开放后，民营企业和外资企业相继出现，人才也开始小范围流动，各地人才交流中心和职业介绍中心开始为民营企业和外资企业提供基于人事档案的劳动用工手续的服务，人事事务外包终于揭开了它的面纱。此外，由于外资企业的进入和西方先进人力资源管理理念的引进，我国部分企业从人事管理概念转入人力资源管理的概念，特别是一些发展较快的高科技企业投入了大量资金和精力打造自己的人力资源管理体系，这个过程造就了一批人力资源管理实践的专家，这些人利用自己的专业知识和实践经验纷纷成立了人力资源管理顾问公司，开始推动中国人力资源管理职能外包市场的发展。

从 21 世纪起，中国人力资源外包行业进入了发展期。人力资源管理职能外包先行一步，不但向规范化、专业化发展，还出现了市场细分，例如招聘外包、薪酬咨询和人才测评等。由于众多跨国企业在华业务的迅速发展，分支机构和人数逐渐增多，其在华总部牵头将人事事务统一外包了出去，例如，IBM（国际商业机器公司）、微软、GE（美国通用电气公司）、西门子和西安杨森等。人力资源外包在这期间完成了初步探索，各个专业人力资源外包机构"小荷才露尖尖角"，官方和民间开始有组织地对人力资源外包进行经验总结和理论研究，各个地方相继出台了一些相关法律法规，行业协会的成立也开始提上日程。

总结人力资源外包在中国 30 多年的发展历程，可以看到其异常清晰地符合中国国情的如下三个特征：第一，人力资源派遣的政策性"催生"（早期国务院出台"向外国企业常驻代表机构提供中方雇员"政策）和"喂养"（后来出于下岗职工就业的需要，国有企事业单位用工编制的限制）。第二，人力资源管理职能外包的市场化发展。第三，人事事务外包"傍洋大款"（跨国外资企业在华业务发展带动了人事事务外包的发展）。

人力资源外包或成为未来招聘手段的发展方向，在未来的一段时间内将会呈现以下三种发展态势。

（1）人才服务需求日趋多样化，人才外包服务供应商将细分服务项目，满足日益多样的市场需求；

（2）人才外包服务供应商数量增多，价格竞争激烈，供应商将集中精力提高服务质量和服务水平；

（3）人才外包服务市场竞争日趋激烈，服务供应商将更加注重自身品牌的建设和塑造（陈国海，2016）。

如今"80后""90后"已成为职场主力军，他们每天花大量时间在微博、微信和网络社交平台上。为了迎合现代人的需要，App招聘、微信群招聘、微博招聘等新产品、新渠道层出不穷，招聘官们为了迎合年轻人的喜好已经开始用各种手段来物色自己的"千里马"。

四、招聘外包的优劣势

通过人力资源招聘外包能够为企业带来更多收益，但在实践中，招聘外包活动的开展也存在不少难题。

（一）招聘外包的竞争优势

招聘外包的竞争优势有降低企业的招聘成本、缓解招聘人员压力、提高企业招聘效率、优化企业招聘流程和增强企业招聘专业性。

1. 降低企业的招聘成本

第三方人力资源服务机构利用其专业的资源、熟练的技术同时为多家企业提供相同类型的外包服务，可以充分发挥规模经济的优势，从而降低平均服务成本。对企业而言，从专业服务机构获取人才管理的信息和高质量服务，远远比依靠自身人力资源部门招聘更加能够节约成本。此外，人才外包服务还有利于企业引进先进的人才管理经验、管理理念、管理技术和管理方法。

2. 缓解招聘人员压力

任何一家企业都不可避免地会产生员工流动，尤其是中低层职位的员工，在人员流动频繁时期，为了保证企业的正常运转，招聘人员的招聘压力剧增，这种情况在一些欠发达地区更为严重。而第三方招聘外包利用自身丰富的人才储备库可以快速而精准地为企业招聘到合适的人才，缓解招聘人员的工作压力。

3. 提高企业招聘效率

第三方人力资源服务机构依靠海量的人才储备、多年积累的招聘渠道、优秀的寻访能力、专业的甄选方法和经验，能够有效地缩短企业招聘周期，提高招聘效率。

4. 优化企业招聘流程

第三方人力资源服务机构拥有专业的人才招聘团队、充足而准确的人才信息库、丰富而老道的招聘经验，从而能够最大限度地满足企业的人才招聘需求。同时，它还可以凭借专业而丰富的招聘经验针对企业人力资源部门提出流程优化建议，进而提高招聘效率，优化招聘流程，节省招聘费用。利用没有人缘关系的第三方机构招聘人才，还可以减少企业内部权利滥用和腐败，达到任人唯贤不唯亲的效果。

5. 增强企业招聘专业性

招聘外包商往往多年专攻于一个或几个行业，并且在相应领域积累了丰富的经验和渠道，它们的招聘工作会更加成熟和专业。同时外包商凭借招聘经验可对企业人力资源部门提出流程优化建议，优化招聘流程，增强企业招聘的专业性。

例证 9-3

玫琳凯的资源整合之道

玫琳凯公司（以下简称"玫琳凯"）80%以上的职位都是通过RPO进行招聘，主要集中于经理以下级别的职位。对于经理级别以上的职位，会由各业务单元的HRBP与猎头合作进行招聘。RPO的合作模式是全流程外包，即由供应商完全担任招聘人员的角色，负责从岗位需求沟通、职位信息发布、人才寻访，到最后的录用通知发放等整个流程中的全部工作。供应商也同时承担各种招聘渠道的管理工作。对于RPO供应商不能招聘到的职位，供应商会通过猎头公司来完成。公司目前与两家RPO供应商合作，他们按照职能部门来分工，不存在职位上的交叉。

RPO并不是把公司人力资源部门的任务交给供应商去做，而是利用供应商专业度和平台资源来更高效地满足公司的需求。玫琳凯与RPO的合作其实是两个公司资源的整合。玫琳凯公司管理层认为，未来公司与公司之间的竞争是供应链与供应链之间的竞争。通过与供应商的资源整合，企业可以拥有更大的竞争优势。

资料来源：招聘流程外包典型案例［EB/OL］.（2016-01-06）.http://www.chinajxhr.com/cases/zhaopin/814.html.

(二)招聘外包的劣势

招聘外包的劣势有安全性风险、信息不对称、员工利益冲突、跨文化沟通的风险和企业形象受损的风险。

1. 安全性风险

招聘外包的安全性涉及商机机密、互联网和内部网运行的可靠性问题,其突出表现在:第一,在长期的合作中,外包机构掌握了企业大量的信息和机密,加上没有完善的法律法规去规范外包行业的运作,很可能使企业机密外泄,造成不必要的损失;第二,外包商从业人员素质和专业化程度参差不齐,一些非法经营的中介机构违规经营,使外包商的诚信度大打折扣;第三,我国外包服务市场发育尚不成熟,外包管理使企业面临较大的安全风险。

2. 信息不对称

在外包过程中,由于企业不可能完全清楚外包服务商实际的工作能力、执行受托工作的尽力程度和外包商还有可能隐瞒部分信息,而这些信息不对称对企业是不利的。此外,外包商在有契约保障的情况下,可能采取一些不利于企业的行为,如外包业务不及时、外包质量降低或者潜在费用增加等,从而损害企业的利益。

3. 员工利益冲突

招聘外包会使企业原先的管理流程、职责分配等发生不同程度的改变,员工由此产生的各种顾虑和猜疑会直接或间接地影响他们的工作情绪,导致新一轮矛盾的加剧和内部冲突,不利于企业各部门开展业务,使得企业的经营效率下降。另外,企业内部员工和外部人才的平衡问题也值得考虑。由于企业招聘外包是利用外部人才来承担企业人力资源的部分职能,在外包的同时,如果忽视了内部员工的作用,则会挫伤他们的工作热情,进而影响企业的经营绩效。

4. 跨文化沟通的风险

企业文化的形成是一个长期发展的过程,但是一旦形成就很难改变。招聘外包在一定程度上更是企业与外包商之间的一种合作行为,合作过程中必然存在不同企业文化的融合问题,包括各自的企业理念、员工价值观和行为规范等。如果外包商在提供服务时不能很好地适应客户企业的文化,不能为客户企业量身打造管理服务,则会造成服务质量与效率的下降,引起企业员工的不满(梦洁,2015)。

5. 企业形象受损的风险

由于外包商从业人员素质和专业化程度参差不齐,且不便于企业直接管理,工作人员在招聘过程中难免会出现不规范、不专业的行为，从而给应聘者留下不良的企业形象，进而给企业造成损失。同时，招聘也是企业形象和企业文化的一次展示，企业将招聘外包给第三方，则失去了一次展示企业形象的机会。

例证 9-4

企业文化的碰撞与摩擦

在互联网三大企业中，百度的核心价值观是简单可依赖，腾讯则是正直、进取、合作和创新，阿里的核心价值观有六点，分别是客户第一、团队合作、拥抱变化、诚信、激情和敬业，更不用说在不同领域的企业文化了。而企业将招聘进行外包，实际上就是将企业的人力资源与外包商的人力资源进行融合，这就涉及双方不同企业文化的整合，不同价值观之间的碰撞和摩擦的问题。在外包商进行招聘的过程中往往是以自身多年的成功经验为主，也就是倾向于外包商的企业文化，而忽略了用人单位的企业文化，可能会因此引起一系列的风险与损失。（车诗蔓，2018）

第二节 招聘外包的流程

本节讲述的是招聘全流程外包（RPO），它属于人力资源外包（HRO）的一种方式。在这种服务中，企业外包的是内部招聘的整个流程，所谓整个流程是指从确定职位描述、分析用人理念和职位需求、与用人部门主管和企业内部人力资源沟通、筛选简历、人才测评、面试到通知录用、候选人报到的所有招聘环节。也就是说，RPO可以提供的是"起点到终点（End to End）"的一站式服务，涉及招聘录取工作的方方面面，是一个集成化的过程。当然，在实际人力资源外包服务中，很少有企业将人员招聘外包服务工作全部交付给第三方外包商，但是为了知识的完整性和系统性，本节选择全流程外包服务（RPO）来讲述。

一、前期准备

前期准备阶段工作是指在实施招聘之前的工作，主要包括了解企业需求以及签署招聘外包服务协议。前期准备阶段工作是后续工作的基础和前提。

（一）了解企业需求

客户需求沟通是招聘外包的基础性工作。在这个过程中，企业首先应明确用人理念和人才梯队计划方案，然后收集各部门对人员需求数量、职能和素质的要求，并与部门业务主管进行彻底的沟通，结合企业人力资源战略规划，对招聘需求进行科学、专业和系统的分析，定位人才职业素养、个性特征、行为风格、家庭背景、专业技能和工作履历等方面的要求，最后企业就人才需求情况与外包商沟通，外包商结合自身的招聘经验可适当给企业人力资源战略提供建议，双方协商完毕后外包商拟出招聘计划，制订详细的招聘方案。

例证 9-5

先正达的紧急招聘

先正达是世界领先的农业科技公司，是全球500强企业之一，公司业务遍及全球90多个国家和地区，拥有员工20 000余人。先正达致力于通过提供创新的科研技术为可持续农业发展做出贡献，在中国的总投资达1.5亿美元，拥有450余名员工，建有3家合资企业，2家独资公司和多个代表处。2013年，为实现农药、种子系列产品达到总部预期的销售目标，先正达在河南108个县扶持经销商经营，在春播秋种时节，人员需求与日俱增。在三年良好合作的基础上，先正达再次委托博思负责这次招聘项目。

这次招聘项目的工作区域分布广泛，新乡、开封、商丘、洛阳、平顶山、信阳和焦作等不同区域都有招聘需求，且所招聘职位的大行业要求是农学、林学相关专业。然而由于父母辈对于农业的传统认知导致报考农业类院校的学生逐年减少。同时，由于工作地点在乡镇，对于刚毕业怀揣城市生活梦想的大学生来讲，心理落差较大。再加上这次招聘时间短，岗位需求多，招聘难度很大。

博思拿到项目后，与先正达人力资源做了充分沟通，以了解不同岗位的需求紧急程度，并制订了阶段性计划，按岗位需求紧急程度分步实施招聘。同时，依靠多年招聘外包行业的积累，博思充分利用各种招聘渠道，广泛发布招聘信息，对人才进行地毯式搜寻。在这个过程中，博思也未因需求急迫而放松对人才的要求，在初试的时候，博思严把人才质量关，面试通过后，针对岗位技能要求，对入职员工做了充分的岗前培训，以保证入职员工能够胜任工作。

资料来源：http://rpo.bosshr.com/newsDetail.php?id=39310

（二）签署招聘外包协议

企业在认可了外包商各个招聘指标和制订的方案后，应与外包商签订详细的招聘代理合同。人力资源外包业务在中国刚刚起步，各方面规章制度还不完善，存在许多漏洞。为了防范外包过程中的风险，双方应制定详细、完善的合同，合同中必须明确双方权利、义务，分清彼此的法律责任和义务。外包合同是一个能约束合作双方行为的具有法律效应的文件，签订一份详细、完善的合同是对双方利益的一个保证。部分企业在合同谈判过程中主要聚焦于价格条款，对于外包服务质量保证条款不够重视，这就为以后合同的执行留下了隐患。例如，在合同中应明确规定保守企业秘密、几年内不得挖企业的员工和违反合同条款的责任等事项。如有需要，还应请专业的法律人员对合同内容进行仔细审阅以避免可能出现的法律纠纷（韩志新，2010）。

例证 9-6

招聘外包协议样书

招聘外包协议

甲方：
乙方：

甲方因工作需要，与乙方本着平等自愿、协商一致的原则，就甲方委托乙方代为招聘人员等事宜签订本协议，具体内容如下。

一、提供资料

甲方向乙方提供企业营业执照副本复印件、公司简介、招聘岗位描述及薪资待遇等有效材料，填写附件1《委托招聘单位登记表》。

二、招聘期限

本协议招聘期限_____年_____月_____日至_____年_____月_____日终止。

三、招聘岗位

招聘岗位详见附件2（酒店简介、招聘岗位要求及待遇福利标准等文件）。

四、费用及支付方式

1. 招聘外包采取"先收费，后服务"的方式。

2. 本次全年委托招聘岗位共_____个，人数_____人，按照《企业委托招聘收费标准》，费用总计：_____元，为使招聘工作顺利开展，甲方向乙方支付全部费用的50%，即_____元作为预付款，其余费用在_____年_____月_____日前支付，计：_____元。

3. 乙方推荐至甲方的正式录用员工的路费，若员工有报销要求则由甲方承担（只限火车和汽车），反之不报销。

4. 乙方收到甲方所支付的招聘预付费后，按照甲方提供的附件2：《委托招聘岗位说明书》，为甲方寻访所需人才，经乙方初步筛选后推荐给甲方，甲乙双方共同进行面试，甲方在2日内做出面试反馈意见。

5. 甲方在两日内将乙方推荐的合格候选人的《入职通知书》反馈至乙方。

6. 若委托招聘岗位员工离职，甲方必须提前30日告知乙方，乙方负责在30日内补充人员。

……

八、保证条款

1. 甲方保证乙方推荐候选人的待遇和福利水平不得低于本地区同行业平均薪酬，并不断提高其管理水平和建立良好企业文化，以吸引和留住人才。

2. 根据本地区人才市场行情和员工工作表现等情况，给予适当的工资调整。

3. 乙方保证按照国家有关法律法规开展招聘工作，甲方亦保证按照协议条款进行履约。

4. 本协议签订生效后，若甲方提出终止协议，已收预付费用不予退还；若乙方提出解除协议，扣除前期相关服务费后退还余款。

九、其他

1. 本协议中的附件1和附件2经双方盖章后与本协议具有同等法律效力。

2. 甲乙双方如遇企业经营情况发生重大变化，需终止协议时，应提前60天以书面形式告知对方。

3. 本协议中未尽事宜和发生与本协议有关的争议，甲乙双方友好协商解决。

4. 本协议一式两份，双方各执一份，甲乙双方盖章生效。

附件1.《委托招聘单位登记表》
附件2. 酒店简介、招聘岗位要求及待遇福利标准等文件

甲　方:（盖章）　　　　　　　　　乙　方:（盖章）
委托代理人：　　　　　　　　　　　委托代理人：
联系电话：　　　　　　　　　　　　联系电话：
日　期：____年____月____日　　　日　期：____年____月____日

（三）制订招聘计划

招聘计划是招聘的主要依据。招聘工作直接影响到企业人力资源开发和管理的其他步骤，招聘工作一旦失误，后续工作难以展开。招聘计划是根据企业发展需要和人力资源规划的人力净需求，对招聘岗位、人员数量、时间限制等因素做出详细的计划。招聘计划具体包括招聘岗位和每个岗位的具体要求、招聘时间、招聘预算、招聘人员估计和搜寻人才渠道等（靳娟，2007）。

二、人才搜寻

人才搜寻阶段所做的工作是搜寻人才和筛选人才。

（一）发布招聘信息

外包商通过各种渠道发布岗位空缺信息，收集应聘者简历。对于外包商而言，人才搜寻渠道主要有熟人推荐、其他外包商资源互换、网络招聘、广告、校园招聘和储备人才库等。每一种招聘渠道都有其优缺点，具体使用哪种招聘方式，需结合企业实际情况综合考虑。

（二）收集与筛选简历

收集、筛选简历时，招聘人员须严格按招聘标准和要求进行，筛选应聘者资料时应从文化程度、工作经历、工作技能、容貌气质、年龄性别、行为个性和户籍等各个方面进行综合比较，筛选出符合要求的应聘者，并通知其参加下一环节笔试，同时将不符合要求的应聘者信息放入人才储备库。

三、人才选拔

当外包商获得了足够的应聘者资料后，接下来需要做的事就是利用各种工具和方法对应聘者的性格、素质、知识和能力等进行综合考虑，从中选拔合适的人才。人员招聘是招聘工作中关键的一步，也是招聘工作中技术性最强的一步。

（一）笔试

由简历筛选出的候选人参加拟定的素质测试，主要根据职位说明书来考察候选人的专业素质、工作技能、学习能力、归纳总结能力、逻辑推理能力、思维能力、空间想象能力和观察力等，以判断候选人的资格。笔试结束后相关招聘人员评定笔试成绩并就笔试成绩筛选出符合要求者进入面试阶段。

（二）面试

面试的方式主要有非结构化面试、结构化面试、压力面试、行为描述面试、情景面试和小组面试等。面试环节主要是面试官当面了解候选人的容貌气质、言谈举止、求职动机、家庭背景、学历背景、工作经历等信息。面试结束后面试官出具通过者的面试报告，如候选人技能评估报告、候选人个性评测报告和候选人岗位匹配度报告等。

四、后期服务

后期服务是指与通过笔试、面试后的候选人谈判薪酬，做入职体检以及背景调查。

（一）薪酬谈判

薪酬包括直接以现金形式支付的工资（如基本工资、绩效工资、激励工资）和间接地通过福利（如五险一金、过节费、公司期权）以及服务（带薪休假）支付的薪酬。在薪酬谈判过程中，外包商的上限是企业所能接受的该岗位薪酬宽带的最高值，下限是不失去该优秀人才；而应聘者的上限是不失去该就业机会，下限是原从事工作岗位的薪酬标准。合理的薪酬标准是实现应聘者与企业的"双赢"。作为第三方外包机构，外包商薪资谈判水平直接影响企业对外包工作的满意度。

（二）入职体检

体检的目的是保证候选人不会因为健康原因而影响入职和工作。在实际工作中，这部分工作也可能由企业自身负责，并不委托给外包商。常见的入职体检项目为血糖、血脂、血离子、肝功、肾功、血常规、胸部透视、头部CT以及乙肝病毒等。

（三）背景调查

背景调查是指通过求职者提供的以前单位证明人或直接前往前工作单位搜集资料，来求证求职者的背景信息。这是一种直接验证求职者背景的有效方法，背景调查既可以在面试之前也可以在面试之后进行，一般适用于薪酬较高、掌管公司重要职能的中层、高层管理人员。背景调查可为企业规避用人风险，减少企业培训费用。现阶段我国大部分招聘外包对象是低端操作岗位，针对他们的背景调查较为简单，一般为"没有犯罪记录"。

五、反馈与评估

反馈与评估是对外包商招聘工作的评价，这一过程能够帮助外包商发现招聘过程中存在的问题，以便提出优化方案，提高以后的工作效果。一般来说，招聘评估包括招聘成本评估、录用人员评估两个方面。这两项评估可以从数量、质量、效率方面对招聘工作进行评价。当然，不同的招聘渠道和招聘方法产生的招聘效果是截然不同的。

（一）项目反馈

招聘外包是一个复杂且包含许多不确定因素在内的过程，外包商在招聘过程中，需要及时将招聘进程告知企业，以保证企业对外包过程的异常情况做出快速反应和正确抉择，企业也可根据招聘进程调整自身岗位需求。在敲定面试合格者，完成招聘要求后，外包商将其个人资料、评估报告交与企业，由企业评定最终入职者，并对入职者的岗位匹配度予以反馈，如有不胜任者外包商还将继续进行二次招聘，直到企业确认合适入职者或中断岗位需求。

拜耳（中国）严格的外包过程控制

拜耳（中国）公司计划在2011年上半年扩招一千名销售代表。当时拜耳医药保健人力资源部没有专门的招聘团队，招聘工作由HRBP兼任。综合考虑后，公司选择和外包商合作一起完成招聘目标。在这个RPO项目中，外包商负责人才寻访、简历筛选和电话面试，之后在这几个环节脱颖而出的候选人会经历拜耳公司内部的三轮面试，分别是HR面试、一线经理面试和二线经理面试。通过实施RPO项目，公司可以利用外包商丰富的数据库资源和后台呼叫中心，实现短期内大量的覆盖。这个项目的合作模式是off-site（现场外）的外包。外包商的招聘团队仍然以外部顾问而不是拜耳HR的身份去接触候选人。

为了管理好整个RPO项目，负责这个外包项目的侯女士决定对各个关键节点实施控制。在项目实施前期，侯女士和外包商一起根据最终招聘结果对每周推荐量进行估算。如外包商承诺的推荐成功率是 5∶1，那么假设企业在一个月内需要招聘到 50 个人，倒推回推荐人数就是 250 个人。把这 250 个人平摊到 21 个工作日，外包商每天需要推荐大约 12 个人来公司面试。如果外包商每天推荐的候选人数量不均衡或达不到要求，就会给企业内部资源分配带来困难，并会使企业无法控制最终的项目结果。

另外，过程监控还意味着项目经理必须要关注项目实施过程中的数据，如初试通过率、复试通过率等。当发现数据和预期不匹配时，要积极协调内部资源。众所周知，面试时间的延迟会导致候选人的流失，项目经理每周的职责之一就是审度候选人的面试情况，了解供应商推荐的候选人在规定期限内有没有被安排面试，又有多少候选人最终拿到了 offer（录用通知），这些 offer 又是在几天之内被签发出去的。如发现有候选人在规定的期限内没有被安排面试，必须了解原因，并及时跟进。在一个组织进行扩张的时候，经常会遇到一个空缺职位的直线经理位置也是空缺的，这时就需要项目经理做好内部协调工作，以灵活地应对问题，比如邀请邻近区域的业务经理做候选人面试。

在项目进行中遇到的一个挑战是 1 月底进行项目阶段审核时发现供应商的每日推荐量没有达到要求，且由于供应商对候选人的把握不到位，候选人的推荐成功率并没有达到 5∶1，而是 7∶1。双方经过沟通，立刻制订了解决方案，包括增加呼叫中心人员和电话面试的顾问数量，提高寻访的覆盖面和面试标准，并以 7∶1 的成功率重新计算面试量。这些手段最终有效地确保了项目的成功。

资料来源：《2013 年中国人力资源招聘外包（RPO）调研报告》

（二）项目评估

整个招聘工作完成后，企业可根据外包商报告的正确性、及时性、真实性来对外包商的服务质量进行评估，也可根据预先设定的评价指标，如招聘的人数、时间和费用等来衡量招聘外包是否成功。外包商则可根据企业对招聘工作的满意度自行总结和自我评估，将成功的经验用于下次招聘，对不足的地方进行优化。随着我国人力资源外包相关法律法规的完善和互联网技术的提高，引入外包商信用体制来评价和制约外包商也是一个良好的办法。

第三节 招聘外包管理

招聘外包管理部分分为外包服务质量管理和外包服务风险管理。在外包服务进行过程中对外包商进行监督和管理，控制外包服务关键节点，外包服务结束后对其进行评估，规避外包风险，能够最大限度地保证招聘外包质量。

一、招聘外包服务质量管理

对外包服务质量进行管理，其中质量通常是指服务的质量，广义上还包括工作的质量。由于招聘外包活动是一种特殊的服务，它所服务的组织的流动性、综合性、劳动密集性及协作关系的复杂性均增加了外包质量保证的难度。外包质量管理主要是为了确保项目按照企业规定的要求进行，它包括了使整个项目所有的功能活动按照质量要求和目标实施，质量管理主要是依赖于质量计划、质量控制、质量保证及质量改进所形成的质量保障系统来实现的。

（一）招聘外包项目评估

招聘外包项目评估是对外包商招聘工作的评价。主要来源于企业评估、外包商自身评估、社会舆论评估、同行评估、应聘者评估和信用评估等。实地调查一个外包商，听取周边群众对外包商的评价对于企业来说不失为一个可靠的方法。同行业的竞争者对于对手的业务能力和水平是非常熟悉和了解的，但同行评估难免有失公允。应聘者是亲身感受过外包商服务的群体，他们对外包商的评估比较真实和中肯。

（二）优质外包商具备的素质

1. 与企业良好的沟通能力

招聘外包的实施会涉及企业与外包商的资源整合问题，对于成熟期的企业而言，企业内部文化自成体系，外包商作为一个外来机构，需要充分了解企业文化背景、价值观、行为方式和用人理念。只有在相互尊重、充分沟通的基础上，二者才能实现一致性的目标和相互认可的行事方式。具体而言，外包企业可以在每次招聘前对具体工作人员进行一段时间的"入职培训"，像对待新员工一样，带领他们亲自参观企业，让他们全面地了解企业的发展历史、组织架构、企业文化、员工工作内容和方式。对企业的深入了解和相互的文化认同能够最大限度地保证项目的成功。

例证 9-8

拜耳（中国）的外包商培训

拜耳（中国）公司（以下简称"拜耳"）在选择外包商时首先考虑的是外包商的行业背景。拜耳是医药行业的公司，所以要求供应商必须做过医药行业的项目。但这并不意味着供应商对医药行业一定有非常深入的了解。在项目实施的最初，负责外包事宜的侯女士给供应商做了一个培训，介绍了拜耳大致的发展历程、产品、企业文化和价值观。培训内容类似于公司对新员工的入职培训，以使供应商对拜耳有一个深入的认识。另外，她还就公司的招聘标准对供应商的实施团队进行了培训，并邀请供应商的项目团队旁听人力资源的面试，使他们了解面试时需要问的问题和公司选才的标准。有时外包商可能会为了达到招聘指标而降低候选人的推荐标准，但企业内部的招聘人员在任何时候都会把人才质量和价值观的匹配放在最重要的位置上。所以，除了公司基本情况介绍，侯女士还为供应商提供选才标准的培训。

资料来源：《2013年中国人力资源招聘外包（RPO）调研报告》

2. 高素质的项目管理者

外包企业与一般企业的组织架构不同，每一次人力资源外包活动都会有一个负责团队和负责人，负责人的能力水平直接关系到项目的实施成效。在实际招聘外包操作过程中会出现很多问题，如员工理解不足、人力资源外包前的可行性分析不足、具体操作效果不好和经费预算不足等，这都是因为缺乏专业和富有经验的人才以及家长制的企业管理模式造成的。一个高水平的项目管理者必定是一个持续学习的管理者，只有管理者自身技能素质提高了，具体的业务才能更高效地执行，外包企业才会更优质。

3. 制订出完善的招聘方案

制订一个完善的招聘方案是外包商工作能力的直接体现，也是企业评价外包商的重要指标。招聘方案是根据企业发展需要和人力资源规划的人力净需求，对招聘岗位、人员数量和时间限制等因素做出详细的计划。招聘方案具体包括招聘岗位和每个岗位的具体要求、招聘时间、招聘预算、招聘人员估计和搜寻人才渠道等。

4. "终生"学习能力

国内从事人力资源外包服务的人数极为可观，但整体质量却不高。人力资源服务产业要发展，首先要重视本产业人才的培养和利用。人力资源服务商要创建一个素质过硬、协作能力强、服务周到的团队,以保证员工自身素质的高度专业性和提供服务产品的高度专业性。具体而言,就是外包商的领导层要注重员工培训,让企业成为一个"终生"学习的企业。学习的内容不仅仅包括外部课程,也包括外包商在实践中探索出来的经验,而往往这些经验会在具体实践中更实用。

5. 拥有自身人才储备库

外包商的人才储备库是外包商通过各种渠道得到的人才联系信息,常见的渠道包括自身积累、资源互换和信息购买等,它能够极大地提高外包商的招聘效率,快速地补充企业流失人员,以及让企业在特殊时段及时补充人手。人才储备库是外包商在市场上的核心竞争力,也是外包商招揽业务、与同行进行竞争的法宝。

例证 9-9

急聘配送员

2015年7月,科衡人力资源外包公司(以下简称"科衡人力")签约了一个水果O2O(线上到线下)项目。这家O2O公司融了一大笔资金,为了市场推广和增加客户量,计划在北京、上海、广州和深圳推出促销活动,其中重要的一环就是从水果配送点把客户预定的果汁和水果配送到客户手中。其中,这家公司面临的问题之一就是半个月内要招到400个配送员。该问题仅仅依靠公司自身很难完成,经过多方面的比较,这家公司选择了科衡人力。

科衡人力通过多年积累的招聘渠道,同步启动北京、上海、广州和深圳的招聘工作,分兼职和全职两种渠道及时为客户招聘到了300多个配送员。然而,这些员工的不稳定性又成了另一个难题,因为这个项目招聘了很多兼职人员,兼职人员不稳定,很多人当天说定,第二天又不干了,科衡人力就不得不临时动用人才储备库随时进行补员。在合作过程中,科衡人力每天都会对员工考勤进行统计,多预备一些兼职员工,以备能够及时补员,以满足客户的需求,一些招聘顾问往往晚上10点了还在联系第二天的入职员工。

资料来源:科衡-陈小虎. 外包系列:业务外包的几个案例[EB/OL].(2016-06-01).http://blog.sina.com.cn/s/blog_48b3e8f90102ww79.html.

二、招聘外包服务风险管理

招聘外包虽然能为企业减轻工作压力、节约运营成本和优化工作流程,但由于我国人力资源外包相关的法律法规并不健全，在实施中不可避免地会出现一些需要规避的风险。

（一）经营管理风险

如果一个企业过分依赖于外包商提供的服务，自身就会趋向于失去相应领域内提供服务的能力。所以，如果外包工作处理不当，招聘外包会对企业自身能力的培育产生一定的制约。对此，企业要搞清楚真正适合外包的职能部分。另一方面，招聘外包后人力资源部门员工的心理情绪是必须要考虑的问题。公司在决定招聘外包时，始终要关心自身员工的工作满意度、忠诚度，及时做好沟通工作。

（二）商业机密泄露风险

外包企业向外包服务商提供的信息中，有相当一部分属于本公司的商业机密，一旦信息被第三方知晓，将有可能造成商业机密的泄露。这就要求企业在招聘外包的各个环节中要进行风险管理，及时监控管理风险，防止意外发生，将风险降至最低。

（三）文化差异风险

每个企业在经营过程中都会形成彰显特色的企业文化，大型企业尤其如此，这就意味着外包商不可能像本企业人力资源部门那样了解企业管理的实际情况。对于这种情况，外包商应当在招聘工作进行之前，亲自前往企业了解实际情况，充分听取公司员工和管理层的意见，以招到适合企业文化特征的人才。

（四）外包商行为监控风险

由于人力资源招聘活动具体操作的复杂性和工作质量检验的滞后性，公司与外包商签订的合作协议很难全面顾及，这就导致了外包商违规行为发生的可能。对此，要尽可能对外包事务进行细分，及时监控外包商的进展。另一方面，也要设定外包退出机制，在招聘效果不理想时，启动外包退出机制（忻洪波，2012）。

（五）虚假招聘的风险

招聘外包在我国尚属于探索阶段，相关的法律法规不健全，外包公司鱼龙混杂，业务水平参差不齐。外包企业在选择外包商时要细心查看外包商的营业资格，必要时可实地考察其以往的业务对象，向其营业场所周边的群众询问，在签署外包合同前，建议请专业法律人士细心研读。求职者在面试时，若是遇到面试地点与招聘单位地址不相符的，要谨慎面试；若是遇到面试官是外包公司的人员，建议查看外包商与目标企业的委托合同，避免"挂羊头卖狗肉"的行为；在签署劳动合同时，要仔细研读合同内容，工作岗位、工作内容、薪资水平、薪资发放机构、工资发放日期、公司是否代交五险一金等方面都是不良外包商设合同陷阱的频发处；另外，若是遇到合同签署机构非工作企业而是外包商，要警惕是否遇到不良派遣公司。

例证 9-10

虚假外包招聘——金宝岛大酒店

济南市民王先生刚参加完高考的儿子在离家不远的金宝岛大酒店找了一个兼职服务员的工作，金宝岛大酒店是济南有名的大酒店。7月16日，王先生的儿子在众多面试者中"脱颖而出"，面试结束后被告知要求交100元培训费，"说是第二天上午就进行培训"，7月17日，他来到金宝岛大酒店地下一层参加培训，结果被告知下午再来。待下午按约再去时，他又被告知不需培训晚上直接上岗。但当天晚上他前去上班时，又被告知店内招聘已满，可将他安排到其他店去。

王先生听清原委后感觉儿子上当了，他再次给该地下一层的酒店负责人打电话"应聘"，结果又被痛快答应并被告知"每天工资二百至三百"。随后，王先生将这一新闻告诉了记者。记者致电金宝岛大酒店，工作人员表示近期并没有进行招聘，而且其地下一层是一家夜总会，与酒店无关，且"夜总会没有标注名字"。

资料来源：金宝岛大酒店被"借壳"虚假招聘[N].济南日报，2012-07-20.

本章小结

1. 招聘外包是指让第三方服务商连续提供过去由企业内部人力资源部门进行的一系列招聘活动，以使企业人力资源部门专注于自身的核心职能，用更多的时间和精力参与企业整体战略规划。

2. 招聘外包按照与企业之间的合作方式可以分为长期外包（又称非项目外包）和项目外包；按外包环节可以分为全流程外包和部分外包。

3. 部分外包是相对于全流程外包而言的，是指企业将招聘的部分环节外包给第三方机构，如将人才寻访、简历筛选、人才测评、背景调查、面试、录用、薪酬协商和入职管理等环节部分交由外包商管理操作。企业通常倾向于将招聘流程中靠近前端的部分环节外包，也就是人才寻访、简历筛选、人才测评和背景调查这四个环节由外包商负责，而企业的内部招聘人员负责对候选人进行面试、录用、薪酬协商和入职管理。

4. 外包招聘的优势在于：降低企业招聘成本、缓解企业招聘人员压力、提高企业招聘效率、优化企业招聘流程、增强企业招聘的专业性。

5. 外包招聘的劣势在于：安全性问题、信息不对称问题、员工利益冲突、跨文化沟通风险、企业形象受损风险。

6. 优质招聘外包商具备的素质：与企业良好的沟通能力、高素质的项目管理者、制订完善的招聘方案、"终生"学习能力、拥有自身人才储备库。

7. 招聘外包服务风险包括：经营管理风险、商业机密泄露风险、文化差异风险、外包商行为监控风险。

推荐网站

1. 中国人力资源外包网：http://www.hro.cn/
2. 国家服务外包人力资源研究院：http://www.niso.edu.cn/
3. 上海人事外包网：http://www.021rswb.com/
4. CareerBuilder（凯业必达招聘网）：https://www.careerbuilder.com/
5. 中国国际劳务网：http://www.zggjlw.com/

复习思考题

1. 招聘外包的概念是什么？它与人力资源外包有什么关系？
2. 招聘外包有哪些优势和劣势？
3. 如果你是一家大型酒店的人力资源总监，你会建议将哪些岗位的招聘流程外包出去？为什么？

管理游戏

你会如何做

游戏目的：模拟招聘反馈

游戏内容：假设你是人力资源外包公司的一名职员，在一次招聘项目中招聘进度过慢，预计无法在计划时间内完成招聘，你将如何与企业人力资源沟通并做出补救方案？与小伙伴一起模拟练习。

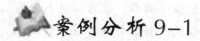
案例分析 9-1

福禄（苏州）新型材料有限公司人力资源业务流程外包

上海才烁人才信息咨询有限公司（CDP）凭借世界级的云平台技术、全球人力资源最佳实践及标准化的人力资源流程，成为亚太地区领先的"一站式"服务供应商。CDP通过灵活的人力资源外包服务、共享服务及按需服务模式，帮助企业优化人力资源管理，取得人力资源最佳业绩，从而助力企业人力资源成功转型。CDP具有丰富的本地实践与全球服务经验。CDP提供的全方位人力资源管理解决方案包括员工数据管理（EDM）、定制化薪酬服务、员工福利管理（EBM）、在线请假管理、外籍员工服务及人事派遣等。CDP作为企业的业务合作伙伴，帮助企业降低成本并提升生产效率，让企业更专注于战略管理。

福禄（苏州）新型材料有限公司（Ferro）位于苏州工业园区内，是美国Ferro集团在中国的全资子公司。随着Ferro在中国业务的重点发展，人力资源管理的业务压力越来越大，原有的表单手工处理方式已经无法满足其数据正确性、流程规范性和信息安全性的要求。为了更好地专注于自身的核心业务，持续降低成本，提高人力资源运作的效率和效果，增加员工的满意度，Ferro一直期望能在中国找到一个解决方案，将人力资源管理者从烦琐的事务性、行政性的工作中解脱出来，以便从事更有价值的人力资源管理及战略性工作。

CDP集团中国公司和福禄（苏州）新型材料有限公司签订了为期4年的合同。合同约定，CDP为Ferro提供包括薪酬、福利、时间管理等在内的全面的人力资源业务流程外包服务。根据Ferro的特殊现状和业务需求，CDP设计的一站式服务除了建立和维护基于SAP（企业管理解决方案）的远程人力资源管理信息平台，实施相关的组织管理、人事管理、薪资管理等功能之外，还设计和培训人力资源外包的信息交流与服务流程，以及考勤机的软硬件实施和数据集成。

在项目初始的专业服务阶段，CDP的BPO（商务流程外包）方案中心遵循SAP实施方法论和CDP外包服务质量控制标准，为Ferro分析需求并设计全新的基于SAP平台的人力资源流程，构建SAP人力资源外包平台，替代客户原有的手工作业。整个CDP的外包方案包括服务流程、外包系统架构、系统托管方案、人力资源功能设置及当地人事与福利代理工作指引等。

在持续的外包服务中，Ferro 的人力资源只需按照外包服务流程，就可以将人事薪资事务交由 CDP 处理。通过标准化、自动化的数据提交方式，BPO 作业员遵照作业流程和安全保密规范，维护 Ferro 的人力资源信息，运行薪资运算和报表，并由专门的客户服务人员定期上门，收取人事办理所需的材料，提交工资单和公积金缴纳凭证。通过业务流程外包，Ferro 明显节省了人才管理成本，将有限的资源集中于核心业务上，提高了公司的核心竞争力。

资料来源：福禄人力资源管理/薪酬外包案例分析［EB/OL］.（2006-05-17）.http://it.sohu.com/20060517/n243271782.shtml.

问题讨论：

1. Ferro 的骨干员工能否采取招聘外包的形式？为什么？
2. Ferro 中基层员工招聘能否采用招聘外包的形式？如果能，采取全流程外包还是部分外包？为什么？

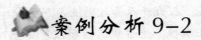

案例分析 9-2

京东方的财务招聘

京东方科技集团股份有限公司（以下简称"京东方"）是一家物联网技术、产品与服务提供商，核心事业为显示器件、智慧系统和健康服务。旗下产品广泛应用于手机、平板电脑、笔记本电脑、显示器、电视、车载、数字信息显示、健康医疗、金融应用和可穿戴设备等领域。

由于公司规模的不断扩张，2016 年 12 月京东方急需 15 位财务人员，且招聘的时间只有 5 天，基于以前的良好合作关系，京东方将这一招聘项目外包给了智乐聘。智乐聘在签署项目协议后，立马发布了招聘信息。在接收并面试了第一批应聘人员后，京东方反馈说很多候选人不合适，为了不影响招聘进度，智乐聘快速调整做单模式，由招聘顾问直接对接企业，准确传递企业招聘要点。京东方 RPO 职位大多只要求 2 年左右工作经验，但要求是"一本"以上学历，职位全部是定岗定薪，薪资涨幅小。鉴于这种情况，智乐聘大胆挖出了企业的隐形福利，如提供住宿、班车、三餐制工作餐、3~6 个月薪资的年终奖，另外还有购房补贴。为了以最快的速度完成招聘，京东方将招聘程序全权交给智乐聘负责。

在经过一周的招聘后，智乐聘接收了 30 份简历，给予了 26 次面试机会，最终成功招聘了8名财务人员。

资料来源：智乐聘官方网站

问题讨论：

1. 智乐聘的紧急招聘体现了优质外包商的哪些职业素质？
2. 京东方公司的RPO体现了招聘外包的哪些优势？

参考文献

［1］PRAHALAD C.K, HAMEL G. The Core Competence of the Corporation［J］. Harvard Business Review, 1990, 68（3）: 79-91.

［2］GILLEY K M, GREER C R, RASHEED A A. Human Resource Outsourcing and Organizational Performance in Manufacturing Firms［J］. Journal of Business Research, 2004, 57（3）: 232-240.

［3］方慧. 招聘外包研究述评［J］. 商场现代化, 2009（5）: 311-313.

［4］中国招聘流程外包案例分享（独家）［EB/OL］.（2015-06-28）. http://www.360doc.cn/article/16921388_481243630.html.

［5］韩志新. 招聘外包：一种新兴的招聘形式［J］. 经济与社会发展, 2010（7）: 12-13.

［6］靳娟. 人力资源管理概论［M］. 北京：机械工业出版社, 2007.

［7］忻洪波. 员工招聘外包问题研究［J］. 中小企业管理与科技（上旬刊）, 2012（1）: 286.

［8］胡志林. 人力资源外包决策模型［D］. 武汉：武汉大学, 2004.

［9］戴孝悌, 陈红英. 企业人力资源管理外包项目案例分析［J］. 黑龙江对外经贸, 2009（11）: 118-119, 143.

［10］赵航. 企业人力资源外包的风险及其防范［J］. 企业经济, 2011, 30（7）: 83-85.

［11］陈涛. 论人力资源外包风险及其规避［J］. 攀登, 2007（6）: 120-122.

［12］戚燕. 基于中外比较的我国人力资源外包研究［D］. 杭州：浙江大学, 2007.

［13］孙星. 人力资源外包在中国企业中的应用研究［D］. 成都：西南财经大学, 2013.

［14］黄宏副. 企业实施人力资源外包策略探析［D］. 武汉：华中师范大学，2013.

［15］王京雷. 企业校园招聘外包风险及其防范研究［D］. 重庆：重庆大学，2013.

［16］张永生，杜丽红，王娜. 招聘外包及其在农民工招聘中的应用［J］. 安徽农业科学，2006，34（22）：6065-6067.

［17］郑楠. 招聘外包问题的可行性分析［J］. 现代企业教育，2007（12）：31-32.

［18］苏晓丽. 关于中小企业人才招聘外包的探讨［J］. 内蒙古科技与经济，2013（8）：33-34.

［19］沈威，秦宾，石秀祥，周玉琴. 以招聘外包解决中小企业招聘难题的可行性研究［J］. 企业导报，2016（9）：140-141.

［20］陈国海，马海刚. 人才服务学［M］. 北京：清华大学出版社，2016.

［21］人力资源智享会. http://www.hrecchina.org/

［22］车诗蔓. 浅析企业招聘外包风险与防范策略［J］. 市场周刊，2018（2）：154-155.

［23］博思猎头. http://www.bosshr.com/

［24］陈小虎. 外包系列：业务外包的几个案例［EB/OL］.（2016-06-01）. http://blog.sina.com.cn/s/blog_48b3e8f90102ww79.html.

［25］智乐聘. https://www.zhilepin.com/

［26］齐鲁网. http://www.iqilu.com/

第十章

猎头服务

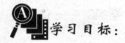学习目标:

学完本章后,你应该能够:
1. 了解猎头服务的概念
2. 了解猎头服务的发展历程
3. 掌握猎头服务的业务模式
4. 了解猎头服务的特点与价值
5. 掌握猎头服务流程
6. 了解猎头服务管理内容
7. 了解猎头职业指导内容

李开复跳槽 Google 据传猎头挣了 1.3 亿美元

李开复生于台湾,曾就读于美国卡内基梅隆大学,获计算机学博士学位。后担任副教授,因开创性地运用统计学原理开发出世界上第一个"非特定人连续语音识别系统",确立了他在信息技术研究领域的地位。李开复同时还是美国电气电子工程协会的院士,曾是苹果公司举足轻重的技术专家,后任微软全球副总裁。

2005年7月份，北京猎头界盛传：Google为"挖"李开复，光给猎头公司的业务费就高达1.3亿美元，刷新了该行业的又一纪录。众所周知，为客户保密，是猎头界的首要游戏规则，这一数字的真伪，恐怕只有当事人知道了。

但几位和李开复熟悉的业内人士不约而同地告诉记者，他们不认为李开复选择Google是为追求更多的经济利益；身处微软全球副总裁的位子，李开复已经功成名就，下半辈子完全可以靠微软养活。

2005年7月20日，Google突然对外宣布，李开复博士将出任其全球副总裁与中国区总裁一职，并于三天后就职。随即，微软以李开复违反了与其在2000年签订的竞业禁止协议为由，将李开复和Google告上美国法庭。

资料来源：郑江. 李开复跳槽Google 据传猎头挣了1.3亿美元[EB/OL]. http://tech.sina.com.cn/i/2005-07-25/0708671660.shtml.

作为一名全球知名华人，李开复跳槽的消息一经传出便获得了国内外的广泛关注。除了此事件当中李开复与微软的法律纠纷引人注目外，跳槽背后的"推手"——猎头公司也进入了人们的视野。

人们对于猎头似是认识，却又陌生。简单来说，猎头公司作为推进高级人才[①]与用人企业匹配的咨询服务机构，在人力资源招聘与配置市场的作用越来越重要。相比于职业介绍所等劳务中介机构，猎头公司的专业性水平、服务层级更高，与我们普通大众的距离显得更为遥远。因而，本章节主要介绍猎头服务相关的知识，试图为读者褪去猎头身上的神秘外衣。

第一节 猎头服务概述

猎头服务是企业招聘高级人才的一个重要途径，是顺利实现企业管理结构调整与核心团队扩张的一个重要的方式。对于企业而言，高级人才的选拔主要有两种方式：其一是通过企业内部培养，主要借助于公司员工的培训晋升渠道来实现，通常所耗费的时间会比较长，而且投入的培训费用价格不菲；其二是通过外部招聘的方式得以实现，借助专业水平、服务质量高的猎头公司为组织搜寻合适的人选，顺利实现人员的招聘配置。那么，何为猎头？何为猎头服务？

---

① 文中的高级人才是具有较高的知识水平和专业技术水平的管理人员与技术人员的统称。

一、猎头服务的概念

（一）猎头

猎头（Headhunting），又称"猎首"，在中国古籍中作"馘首"，是将人杀死后砍下头颅并收集的一种习俗。许多古代文明都曾流行过猎首的做法，有史籍记载的包括：古中国人、古印度的阿萨姆人及亚马逊平原与美国大平原地区的印第安人、欧洲的凯尔特人和斯基泰人等。猎首的做法直到第二次世界大战期间还在太平洋战场上出现过，但今天在全世界范围内已经基本绝迹了。

如今猎头的含义早已脱离了原始野蛮色彩，被重新赋予了新的含义。"猎"，意为物色、搜寻并捕获，是帮助优秀的企业等用人单位搜寻并招募人才；"头"通常暗指智慧、才能集中之所在。因此"猎头"指猎夺人才，即发现、追踪、评价、甄选和招募高级人才的行为。在国外，这是一种十分流行的人才招聘方式。

现在我们通常讲的猎头应该包括两个概念。第一是猎头行业，猎头行业也叫高级人才寻访行业，国家已将猎头行业归属在现代高端服务业，是一个提供高级人才招聘顾问服务的第三方专业咨询机构，猎头行业的产品是提供专业的咨询意见或咨询建议，并基于咨询意见或咨询建议的咨询结果。所谓咨询结果就是一定要为企业找对合适的人在企业合适的岗位上产生企业想要的结果。第二是猎头顾问这个职业。猎头顾问就是在合适的时间把合适的人才推荐给合适的企业放在合适的岗位去干合适的事情，在我国目前没有纳入专业的职业类别，但已在实践中形成了这个职业的定位。所以，从午马猎头的管理实践来看，把猎头顾问的职业定位为"三师"，即企业核心团队建设咨询师、人才测评师和职业规划师（伍江平，2009）。

（二）猎头服务

人们通常所说的猎头只是对人才搜寻机构的一个形象的非正式称呼。猎头作为一个独立的行业，其正式的名称为"人才寻访产业"，属于人力资源管理咨询行业，相应的服务机构为猎头公司。猎头服务（Headhunting Services）不仅包括了猎头公司的主营业务，即为企业搜寻高端人才外，还涵盖了当前猎头公司开展的包括公司薪酬顾问、个人职业生涯规划、雇员背景调查、人才研究及信息服务在内的人力资源服务工作。

(三)猎头服务原则

每一个行业都有其必须遵循的运作规则,猎头服务行业也不例外。对于猎头服务而言,它必须遵循一般服务行业的运作规则,但也会因其服务对象的特殊性而产生本行业独具特色的原则。对于猎头服务来说,必须服从以下五个原则。

1. 合法原则

合法原则是企业经营管理的首要原则,猎头公司也不例外,即猎头公司在开展相关工作时必须遵守国家的法律法规,依法开展猎头服务业务。一些国家和政府针对猎头行业有特殊规定,如对于承担国家、省、市重点工程或科研项目的人员,不经原单位同意不得猎取,对于涉及国家安全或机密工作的人员也不得猎取等(宋斌,2012)。

2. 真实原则

真实是建立在猎头行业最核心的价值观基础之上的。首先挖掘企业职位核心需求一定得客观真实,企业方发展的阶段性实际情况一定要客观真实,企业方和人选合作的条件一定得客观真实,总结和提炼企业方吸引人选的优势一定得客观真实,不但要捕捉准这些信息的真实性,同时向人选传递和沟通这些信息时更要客观,尊重事实,不能弄虚作假。其次在寻访人选和推荐人选时,对人选的简历和推荐的意见报告一定要客观、专业,体现出专业和真实的职业素养,既不能包装人选、修改简历,又要客观真实地体现人选和企业的匹配性(伍江平,2009)。

3. 保密原则

保密原则是猎头服务最基本的行业准则,也是猎头最基本的职业道德。猎头的保密原则是指对服务的客户的信息及推荐人的个人信息等内容的保密。在猎头服务的过程中,客户通常需要提供本公司的经营状况、岗位信息及未来的发展战略等信息。因此,猎头公司一旦与客户签订了委托合同,猎头公司及猎头顾问就要承担起为客户保守秘密的义务。对于高级人才而言,他们往往就职于业内知名企业,拥有过人的能力,十分注重个人信息的隐秘性。为了抬升身价及维护个人信誉,他们往往倾向于他人"上门求贤"。为了满足其心理需要,猎头公司往往通过隐秘的方式接洽、服务他们,严守秘密的规则就成为猎头业务的第一项行业规则。做好保密工作要求制定保密制度,设计保密程序,猎头服务的保密工作要求做到:①严守猎头公司、客户和候选人的秘密,不能随意告诉他人任何情况;②对于书面材料中涉及机密事件的,全部采用代号形式;③人才信息库需要加密处理,不能随意进入。

例证 10-1

遵守猎头服务原则方能顺利开展业务

面对2008年金融危机的冲击,苏州的某家民营猎头公司为了拓宽业务渠道,增加业务量,犯下了一个极为低级的错误:在没有与客户公司缔结正式合同的情况下,替吴江一家用人单位提供猎头服务。在找到合适的候选人后,没有进行任何形式的保密,就将候选人信息向客户公司"和盘托出"。客户公司对猎头推荐的人才非常看重,也有聘用的意向。按照正常程序,此时应该由客户公司与候选人商谈工作合同,然后猎头从中抽取费用。但是,由于客户公司已获取候选人的信息,便甩开猎头公司独自行动将候选人招入麾下。由于公司与客户之间缺乏有效的合同约束,也没有做好后期的保密工作,猎头公司徒劳无功,此次活动以失败告终。(纪顺俊,2009)

4. 适配原则

适配原则是猎头服务的基本准则,猎头公司向企业推荐的人才不一定是最优秀的人才,但是一定是最适合该企业岗位的人才,这关系到猎头公司所提供的服务的成败。因此,在客户表明用人意向之后,猎头公司首要的一个工作环节是对企业的发展概况、岗位职责以及公司未来的发展经营战略等情况进行深入的调查,根据调查结果与客户协调确定猎聘的人选应需满足的条件。此外,在候选人通过客户面试后,猎头公司还要对候选人的背景进行彻底的调查,以保证所推荐的人才确实符合用人单位的要求。

5. 专卖原则

日常生活中,一般的人才招聘市场的求职者通常会同时将自己推荐给多个用人单位,以增加应聘的成功率。在猎头服务中则不然,猎头公司只能把候选人推荐给一个客户,不能同时把候选人推荐给多家单位,更不能在候选人成功入职之后,挖先前客户的"墙角",这就是猎头服务所谓的"专卖原则"。猎头服务的专卖原则体现了对客户的尊重与负责,目的是为了保障客户的利益。早在美国主管招募顾问协会(AERC)成立之初,就规定一家猎头公司替客户完成招募工作的两年之内,不能再接受其他客户的委托,重新去猎取同一个人(宋斌,2012)。

6. 替换原则

替换原则是猎头后续服务的一个重要的工作原则,是指推荐人才正式和客户签订劳动合同后,在猎头服务承诺的保鲜期内(通常为6个月),推荐人由于种种原因被辞退或者自动离职的，猎头公司将免费为客户推荐合适的候选人，如若在规定的时间内找不到合适候选人的，猎头公司退还相关费用。替换原则有效地避免了猎头和推荐人串谋骗取客户佣金的行为，进而保障了客户的利益。

7. 禁猎原则

猎头机构和企业合作后，不得自行把合作过的企业的人才反猎到其他的企业。只要和企业发生寻访人才的合作关系，就绝对不可以把企业的人才猎到别的企业，这是违背行业道德的，也是不诚信的一个关键佐证。但在实践中，出现过企业主动和猎头沟通，把不利于企业发展的人才通过猎头的方式猎出去，以清除企业发展障碍的现象。猎头这种行为的前提是必须接受企业的主动委托，才可以实施过时人才清障猎头服务（伍江平，2009）。

二、猎头行业的发展历程

任何行业的兴衰都与经济发展的状况紧密相关。对于猎头行业而言，其诞生发展的背景与高级人力资源的稀缺性及全球高级人才争夺的日益白热化紧密相关。

（一）猎头行业的起源

1926年，美国克·迪兰人才搜索公司的诞生标志着第一家现代猎头企业的诞生。它只收取客户企业的委托佣金，专门搜索并提供高级候选人名单，是世界上最早为工商企业服务的猎头公司。"二战"之后，作为战胜国的美国除了在战败国大肆搜罗武器、机器等硬件设施，还派出"阿尔索斯突击队"到战败国不遗余力地挖掘那些掌握先进科学技术的人才，以提升美国的科技实力。"阿尔索斯突击队"可以被称为世界上最早为政府服务的猎头公司了。

（二）国外猎头行业的演变历程

1. 猎头行业崛起阶段（"二战"后至20世纪80年代初）

"二战"后，随着经济的复兴以及欧美各国对于高级管理人才及专业技术工作者需求的增加，为了能在最短的时间内招聘到这些人才，部分企业不惜花重金购买目标人才所在的企业。在这种情况下，专门为这些大企业物色人才的中介咨询公司便应运而生。

美国本土率先产生了以寻访人才为主业的猎头公司（如司凯龙、宝鼎公司），它们通过垂直经营和人脉扩展，开始转型为新兴的人力资源服务专业机构，这些机构的出现标志着现代猎头公司的诞生（陈国海，2016）。此后，随着全球经济的全面复兴，猎头公司开始由欧美地区发展至亚洲等发达地区，在20世纪60年代末进入日本，20世纪70年代初转入我国台湾地区（饶琛丽，2013）。然而，猎头行业诞生后到20世纪80年代初经历了比较缓慢的发展阶段，2013年全球化智库对外发布的《国际猎头顾问协会年度报告》的数据显示，直至1978年全球的猎头行业的年收入额仅为7.5亿美元。1978—2012年猎头行业的年收入状况如图10-1所示。

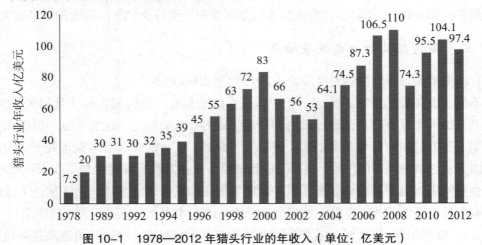

图10-1　1978—2012年猎头行业的年收入（单位：亿美元）

数据来源：《国际猎头顾问协会年度报告（2013）》

2. 猎头行业扩张发展阶段（20世纪80年代初至2000年）

20世纪80年代，随着经济全球化进程的加快发展，跨国公司开始在全球范围内进行新一轮的并购扩张。为了收罗顶尖人才，完成公司的战略部署，各大公司不惜花重金聘请猎头公司为它们物色人才，推动了20世纪90年代猎头行业的快速发展。在这一时期，猎头公司不断扩张业务规模，猎头行业呈现出集中化、规模化发展势头，并诞生了科恩/费里（光辉）国际有限公司、海德斯哲国际公司等国际知名大型猎头公司。与此同时，1993年克林顿当选美国总统后，美国政府鼓励创新，扶持高科技产业发展势头，加大对高科技产业的倾斜政策，大力倡导"信息高速公路"等高科技产业，推动了互联网产业的快速发展。伴随着美国互联网经济的蓬勃发展，全球对高科技人才的需求剧增，推动了猎头行业的进一步发展，整个猎头行业的年收入规模在2000年左右创下了83亿美元的峰值。

3. 猎头行业稳健发展阶段（2000年至今）

2000年美国互联网泡沫破灭，导致全球猎头行业发展受阻，行业开始陷入低谷。2003年后，随着美国经济逐渐复苏以及我国大陆猎头服务业的快速发展，全球猎头行业开始强势反弹，虽然因受经济危机的影响，2008年国际猎头行业的收入出现了下滑，但第二年行业的收入迅速回升到95.5亿美元。考虑到同一时期全球经济的低迷和贸易量的不断走低，国际猎头行业的发展也算是呈现出了稳健的发展态势。特别是近几年来，随着全球经济的复苏及生物科学技术、新能源、新兴产业的兴起，越来越多公司愿意重金雇用猎头公司礼聘"千里马"，全球猎头行业在管理咨询行业中所占的比重越来越大。

（三）国内猎头行业的发展概况

1. 国内猎头行业的摸索发展阶段（1992年至2000年）

不同于欧美发达国家，我国自新中国成立以来很长一段时间内处于计划经济时代，计划经济的一个显著特点是通过政府的行政手段对社会资源进行配置。这一时期国有企业基本上是通过国家行政命令的形式进行人才配置，人才的市场流通渠道处于关闭的状态。由于缺乏市场经济的土壤，这一阶段我国猎头企业并没有发展起来。改革开放之后，外资企业的进入需要聘用大量高素质并通晓我国国情的人才。然而，由于缺乏人才的招聘渠道以及对国情的认识有限，外资企业需要借助人才中介机构进行人才的聘用。

直至20世纪90年代初，随着我国市场经济的不断完善，跨国公司越来越多地进入我国市场，人才流动需求日渐高涨，国外猎头公司敏锐地嗅到大陆人才市场的潜在商机，于是不断涌入。巨大的人才市场空间、境外猎头公司抢滩中国人才资源配置市场的举动，打破了人才资源由政府机构统一调配的单一格局。外国洋猎头获得的丰厚利润以及国内人才流动的现实需求和改革日益深入的大环境，催生了中国的第一批猎头公司。1992年，沈阳"维用"成为中国首家猎头公司，将猎头的实际运作带进中国（程巍等，2004）。此后，国外猎头公司（如雷文管理顾问香港分公司、雷伯逊咨询顾问公司、史宾沙管理顾问咨询公司等）相继在北京、上海、深圳设立代表处、办事处等，涉足中国人才中介服务市场。但是由于政策原因，这些公司都不能直接开展猎头业务，即使那些采取合作方式成立的猎头公司，其业务范围和业务量也不大（于瀛，2005）。

由于我国猎头企业起步较晚，中国的猎头行业处于发展初期，企业对猎头服务处于认识阶段，职业经理人和猎头机构本身也都处在成长期，市场不规范现象时有发生，因而在1994、1995年国家着力整顿人才市场、人才中介行业。受宏观政策的影响，1994、

1995年绝大多数猎头公司损失惨重,整个行业一度徘徊不前。

1996年后,基于政策方面的宽松环境,猎头行业迎来了一轮新的发展高潮,全国范围内涌现出了300多家猎头公司。然而,随后的1997年发生了"亚洲金融危机",暂时压制了国内猎头行业的发展势头。回顾这一时期,作为一个新生行业,国内猎头行业的发展过程波动曲折,在摸索中不断前进。

例证 10-2

第一家外资猎头公司登陆中国大陆

1993年5月份,英国雷文管理顾问公司(以下简称"雷文公司")捷足先登,闯入了中国的人才市场,开辟了第一家外资猎头公司办事处,并选择了实力雄厚的中信公司下属的中国国际经济咨询公司作为中方的合作伙伴。雷文公司作为英国著名的猎头公司,已积累了十余年的挖人经验,掌握了"猎头"的运作技巧,而中方咨询公司在了解中国市场方面占有优势。两者合作意在取长补短,开拓中国的巨大人才市场。但两家并不满意于初始阶段为在华企业提供人才,而是要逐步过渡到能向境外企业提供人才,使公司真正实现国际化。(陈贝蒂,2000)

2. 国内猎头行业的整合发展阶段(2001年至2005年)

2001年,我国正式加入世界贸易组织(WTO),国内人才市场逐渐对外开放。与此同时我国政府相继出台了一系列法律法规,加大了国内人才中介市场的整顿力度。经过国家的整顿及市场对猎头公司的认可,猎头行业的发展呈现出快速发展态势,国内各大城市的猎头公司层出不穷,势力不断从一线城市北上广深扩张至其他地区。

2003年,国家人事部、商务部、工商行政管理总局联合发布了《中外合资人才中介机构管理暂行规定》,明确规定符合条件的外资人才中介机构可与中方人才中介机构依法成立中外合资人才中介机构,开展人才中介服务。这意味着中国人才中介市场正式向"洋猎头"公司开放。此后,外国猎头公司敏锐地嗅到了大陆地区人才市场的广阔发展空间,以"合资"形式迅速进入我国。经过多年的摸索,国内猎头公司不断整合自身的资源或者与国外猎头强强联合抢夺人才市场,整个行业呈现出欣欣向荣的发展态势。

3. 国内猎头行业扩张发展阶段(2006至今)

随着我国市场经济的不断完善发展,企业的经营管理理念及个人职业理念都发生了比较大的转变，为猎头行业的进一步扩张发展提供了深厚的"土壤"。与此同时，新能源、生命科学、通信、航天等领域新技术的不断涌现及产业的不断融合，企业对于高端人才、跨界人才的需求大幅增长。此外，企业对于猎头公司的服务需求不仅仅只局限于高级人才的搜寻，还逐渐扩展到了薪酬设计、雇员背景调查等方面，猎头行业迎来了新的发展契机，猎头企业数量、业务范围及覆盖地域扩张迅速，猎头行业进入了扩张发展阶段。在这个时期，我国政府相继出台了《就业服务与就业管理规定》及《高级人才寻访服务规范》，对职业介绍所及对高端猎头服务资质、服务条件、服务流程和服务要求做了规定，整个行业进入有序快速扩张的阶段。根据艾瑞咨询公司2017年发布的研究报告，近10年来我国高端猎头行业的市场规模逐年稳健增长，年均增长率高达20%。2009—2016年我国高端猎头行业市场规模增长状况如图10-2所示。

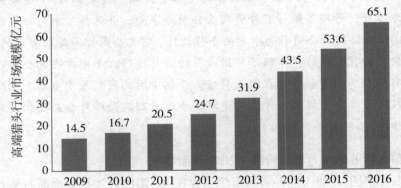

图10-2　2009—2016年我国高端猎头行业市场规模（单位：亿美元）

数据来源：艾瑞咨询《2016年中国高端猎头行业研究报告》

（四）猎头行业的发展趋势

随着我国供给侧结构性改革的推进，我国经济呈现"缓中趋稳，稳中向好"的发展态势。在国内宏观经济稳定增长、创新经济迅速发展、国内企业成长迅速的背景下，对于高端人才的需求也将随之上升，国内企业对于人才的需求将成为未来猎头服务行业增长的新引擎。

经过二十多年的发展，国内客户对猎头服务的认知也不断提高，猎头服务的内涵正不断朝着人力资源管理的周边做深层次扩展，我国猎头服务的发展呈现出猎头服务专业化、猎头公司业务多元化及业务布局全球化、互联网与猎头行业深度融合等特点。

1. 猎头服务的专业化

随着现代知识经济社会的深入发展，企业不仅需要具备管理能力的职业经理人，而且对于掌握高新专业技术人才的需求也越来越多。现代社会的分工不断细化，知识的更新速度日趋加快，客观上要求猎头公司的业务不断往专业化、精细化的方向发展。所谓猎头公司的专业化是指猎头公司针对客户（包括人才个人）的不同类型，进行专业化的分工。但是猎头服务的专业化并不局限于整个猎头行业，在一些大型的猎头公司内部也有专业的分工，甚至是按专业划分的部门从事着猎头业务。当前猎头行业已经产生了专门对口某种专业人员或某种专业公司的猎头公司，比如有专门对口 IT 行业的，对口生物、化工类的，对口进出口贸易类的，对口房地产业的。这种专业性极强的猎头公司的能力和作用是不言而喻的，他们熟悉并掌握着某些专业的丰富资源，因此寻觅的成功率也较高。

2. 猎头公司业务多元化发展

猎头行业的兴起之初，很大一部分人对猎头的印象停留在"猎头就是人才中介"的阶段。但经过二十多年的发展，人们已经意识到了猎头绝不仅仅是人才中介这么简单，猎头服务不是简单的招聘，而是包含高级人才搜寻在内的整个人力资源管理咨询业务。猎头公司除了其主营业务，即为企业寻觅管理精英之外，业务模式也快速地扩展到了人事代理、人才租赁、劳务承包、管理咨询、策划服务、托管经营和咨询培训等方面。

3. 猎头公司加速全球化布局

新常态下，国际市场日益复苏，国内市场的产能过剩及"一带一路"倡议将推动越来越多的国内企业走出国门。然而，企业海外扩张成功的关键在于管理层的管理决策是否切合当地的实际情况。因此，使用当地人才、尊重当地人才是迅速融入当地文化的一个重要举措。可以预见，未来我国猎头公司将积极顺应国内企业海外扩张的发展势头，加速全球化布局，满足国内企业对于跨国高级人才的需求。

4. 互联网与猎头行业深度融合

随着信息技术的快速发展，物联网、云计算和大数据等新一代信息技术的深入应用，未来将是一个高度信息化的社会。近年来，部分猎头公司积极顺应时代的发展，将网络建设作为核心目标和主要方向，依托新兴网络技术建立起了庞大的人才数据库，借助搜索引擎快速筛选人才，有效地降低了业务成本。作为一个信息搜寻分析中介机构，猎头公司顺应信息技术的发展趋势，加大猎头服务业务与互联网的融合发展，将是发展的必然选择。

三、猎头服务模式

猎头服务作为对接人才与企业的人才中介机构，其服务模式可以按照猎头公司的服务对象分为 KA（服务客户模式）与 MPC（服务候选人模式）。对于许多猎头公司而言，在开展业务的过程中并不局限于使用一种服务模式，更多是根据业务的实际情况进行选择，将 MPC 模式与 KA 模式结合起来使用。

（一）KA 模式

KA（Key Account）模式，是指猎头公司以服务客户为核心，按照客户（企业）的要求搜寻合适的候选人。在中国，大部分猎头公司主要是采取 KA 模式。采取 KA 模式的猎头公司非常注重与企业客户的关系，力争与客户建立伙伴级合作关系。当客户有招聘需求，无论所需的职位为何，猎头公司都会提供相应的服务。KA 模式是传统猎头公司的业务模式，它的优势在于与客户的联系密切，对服务客户企业的文化及经营状况了解较深，能够根据企业的实际情况推荐合适的人选。缺点在于，猎头公司的业务开展受制于合作企业的人才需求情况。

（二）MPC 模式

MPC（Most Placeable Candidate）模式，本意指在某个行业市场上较为稀缺、热门的候选人，近年来主要是指一种全新的猎头操作模式。在这种模式下，猎头公司会积累一些在市场上较为稀缺、热门的候选人，根据对行业及候选人的了解，猎头公司会主动联系候选人或者在候选人向猎头表明跳槽意愿时，按照候选人的职业能力、个人爱好以及职业发展规划等信息将其推荐给合适的用人单位。在 MPC 模式下，也许这些企业还并未与猎头签约，但是如果候选人适合并有意向加入，那么猎头就会帮助客户与候选人建立联系。MPC 模式最初兴起于欧美猎头公司，近年来国内较为专业的猎头公司开始引进这种模式，并取得了不错的效果。

MPC 模式最主要的特点在于将候选人推荐前置，而传统的猎头操作模式是在客户提出要求后猎头公司才去搜寻候选人。MPC 模式之下，在客户提出职位空缺之前，猎头公司已经将优质的候选人提供给了客户，作为人才库备选。如果 MPC 模式运用得好，非常利于猎头公司业务的拓展。当然，MPC 也有其缺陷，主要表现在 MPC 服务的候选人都是高端的白领人士，需要高端的顾问服务，因而对从业人员的素质要求非常高，相应地推高了猎头公司开展业务的成本。

四、猎头服务的特点

猎头服务是一项面向高端人才的招聘服务工作,不同于企业一般的招聘活动。从猎头行业的性质来看,其实质为人才中介服务活动。猎头公司在工作的具体实施过程中,对猎头的专业知识水平要求非常高,招聘过程往往具有隐秘性等特点。具体而言,猎头服务主要有以下三个特点。

(一)推荐人才素质高

为企业推荐高级人才,是猎头服务的主要内容。对于企业而言,高级人才素质的高低直接影响到公司经营的成败。特别对于公司的管理层来说,他们是企业品牌的一面镜子,他们的素质直接影响到企业在大众面前的形象。因而,对于管理层人才,企业除了考核他们的业务能力外,还需要深入了解其道德品行。然而,由于市场的信息不对称,在企业直接招聘的过程中仅仅通过与候选人的两三次面谈就能深入了解一个人的德行几乎是不可能的。另一方面,通过企业内部去核实候选人的履历似乎也不现实。然而,猎头公司可以凭借其内部完善的人才信息系统,通过猎头专员的专业技术,在较短的时间,花费较低的成本就能甄别出候选人的能力与德行。此外,推荐的候选人的素质关系到猎头企业的声誉,因而猎头对候选人的背景调查更为彻底。有些人才猎头顾问甚至会跟踪一两年以上,几乎掌握了他们的全部资料及发展动向。

(二)服务费用高

在接到客户委托后,猎头顾问会通过专业的寻访途径获取人才信息,并运用专业的测评技术和人才评价技术对候选人进行鉴定,有时甚至会通过实地的探访手段对候选人的信息进行核实,之后才将候选人推荐给企业。在推荐候选人通过目标企业的面试、录用后,猎头还会继续追踪一段时间,确保推荐人满足用人单位的要求。在这一系列繁杂的过程中,猎头公司投入了大量的时间、人力与物力,因而所收取的费用相对而言会比较高。按照行业惯例,猎头公司的服务费用可高达推荐人年薪的 1/3。

例证 10-3

惠普高价委托猎头寻找 CEO

2005 年 2 月,惠普董事会宣布,聘请总部位于纽约的人力资源公司,也就是俗称的猎头雷诺仕公司(Russell Reynolds Associates)参与惠普新一任首席执行官的寻找工作。

惠普公司将为此支付400万美元的佣金。

资料来源：杜爽．中国猎头：为何低价也换不来好主顾［EB/OL］．（2005-02-26）．http://tech.163.com/05/0226/11/1DH1AFGU000915BD.html.

（三）成功率高

企业人才招聘成功的标准在于所招聘的人才能够胜任企业的岗位要求，并且能够较快地融合到企业的文化当中。虽然说企业的内部岗位竞聘能够较好地达到上述的两个要求，但是通过企业组织内部对人才培养所花费的时间和费用远远大于外部人才引进方式。此外，企业通过一般途径对人才进行招聘，可能要花费几个月甚至更久的时间才能招聘到所需的人才。如前文所述，企业在候选人的背景调查等方面明显感觉到力不从心，无法有效核实所招聘到的人才履历是否造假，以及招到的人才是否是该岗位上最合适的人选。而这些不足反过来正是猎头公司的优势，猎头公司拥有专业的人才搜寻测评技术，保证了候选人与招聘岗位具有较高的匹配成功率。当前，欧美发达国家近90%的高级管理人员是通过猎头公司寻猎成功的，进一步说明了猎头公司在高端人才招聘配置方面的高成功率。

五、猎头服务存在的价值

在市场经济当中，信息的不对称性及交易成本的存在是导致资源配置效率达不到最优化的重要原因。在人力资本市场当中，人力资本在不同的环境下体现出来的差异巨大、高级人力资本稀缺性和垄断性增加了信息的获取难度。单凭企业的人事部门往往难以在短时间内获取所需的信息，这催生出了专门的信息获取部门——人才中介机构。对于人力资源招聘配置来说，猎头服务产生的一个重要原因就是为雇主与求职者搭建一个桥梁，降低二者之间信息的搜寻成本，他的存在对个人、企业乃至整个社会都产生了巨大的影响。

（一）对个人的价值

从个人的角度看，猎头公司的存在可以为个人的职业转换提供一个便捷的通道。对于高级人才来说，若直接上门向企业自我推介，难免有"王婆卖瓜"之嫌，极易招致反感和猜忌。而猎头公司作为第三方，在企业与人才间斡旋，避免了双方直接面对的唐突和尴尬（蒋欣华，2014）。在生活当中，高级人才的跳槽往往倾向于通过朋友推荐等方式向目标公司表达自己的意愿，以获得薪酬谈判的缓冲期。同时，通过第三方来接洽企业可以避免自己亲自接洽被所在单位察觉时的尴尬。猎头公司作为一种专门的高端人才招聘咨询服务公司，其掌握的信息相对推荐人亲友而言更为广泛，能够迅速地实现高级人才的职位的变更。

此外，猎头公司在推荐人才时，还会对企业的各方面状况进行调查并为个人未来的职业发展路径做出初步的规划，有利于个人的职业发展。

（二）对企业的价值

对企业来说，猎头公司的存在为企业员工招聘提供了一种新的选择。公司的高级人才是企业的掌舵者，关系到一个项目甚至公司未来的命运。公司的人力资源在短时间内找到适合的人选难度极大，而猎头公司拥有资源丰富的人才库、专业的咨询顾问及高端人才搜寻评测系统，可以高效地为企业招到合适的人选。需要指出的是，猎头公司与企业不仅仅只是在表面上进行简单的信息交流，而是深层次上的相互沟通。在企业提出自己的用人要求后，猎头公司会给予企业反馈。这些意见包含了现阶段本行业相关职位的薪酬福利情况、人才供求信息等，而这些信息有助于企业进一步完善自身的人力资源管理系统。

（三）对社会的价值

人才中介机构通过向不同的市场主体发布人才供求信息，将不同的市场主体联系起来，使市场活动有序地开展，实现了人力资源配置的市场调节（纪顺俊，2009）。猎头服务的存在主要是为了弥补人才中介市场中高级人才招聘服务方面的不足，与致力于低端人才服务的职业介绍所等构成了人力资源市场配置的信息交流平台。在人才市场上，抢手的高级人才通常是不主动寻找工作的，而主动前来的人才大多数是企业最需要的，猎头公司的专业作用可以规避高级人才市场上的"逆向选择风险"（William&James，2002）。猎头服务还有利于提高高级人才在整个人力资源配置市场当中的流动性，有助于将高级人才分配到适合的岗位上，进而有利于发挥高级人才的智慧，为社会贡献出他们的价值，提高整个社会的人力资源利用效率。

第二节 猎头服务流程

对猎头公司来说，猎头服务项目的实施是按照公司规定的服务流程逐步开展的，不同的公司由于内部管理方式上的差别，其服务流程在具体的实施阶段会有所不同。但是，对于大部分的猎头公司而言，一个完整的猎头服务流程大体上会经历前期调查、项目确立、项目实施、项目后续及项目反馈与评估五大阶段。

一、前期调查

猎头服务的前期调查主要是指猎头公司在人才招聘市场上主动寻找合作契机，通过新闻资讯、公司调查等渠道获取潜在客户的人才招聘需求，进而通过电话联系或者邀约客户面谈的方式了解客户的需求，再将获取的信息进行分析整理，为下一步接洽客户做好准备。可以说，前期调查是猎头公司开展业务的基础，前期调查的质量关系到猎头服务项目后续流程的顺利进行。

（一）客户调查

在生活实践当中，客户调查阶段主要是指猎头公司主动利用各种方式全面收集目标客户的相关信息，积极开拓业务。客户调查的内容主要是调查企业的发展状况、职位需求、管理风格以及行业的发展概况等方面，进而对企业的用人需求情况做出初步的判断。

（二）沟通需求

当客户向猎头公司表明招聘意愿之后，猎头公司根据调查所获取的信息、客户的用人要求与客户共同对空缺职位进行分析，在此基础上，对该职位的职责、经验、待遇和人选类型等方面达成共识。在此阶段，猎头公司往往会向客户初步介绍猎头公司服务的基本情况、收费标准、服务流程和业务优势。

（三）工作分析

与客户沟通需求之后，猎头公司接下来工作的重点便是针对用人单位提出的人才需求情况如岗位核心能力及企业经营概况、本行业人才的分布情况进行分析。在此基础上结合猎头公司的实际情况，判断本公司能否胜任人才搜寻、推荐等工作，并给客户以明确的答复。

二、项目确定

前期调查各项工作完成之后，猎头公司与用人单位便要对项目的具体内容进行谈判、拟定项目建议书的相关条款，双方确认无误后进行项目建议书签约，项目建议书的签约是双方进行正式合作的第一步。

（一）谈判

明确客户用人需求之后，猎头公司和客户根据双方的意向，就项目的具体内容、要求和细则等相互磋商，交换意见，寻求解决的途径，力争达成一致意见。在谈判过程阶段，猎头公司需要学会站在客户的角度思考问题，发现客户的真实需求，提高后期人才匹配的成功率。

（二）项目建议书

猎头公司根据双方谈判达成的意向，编制猎头项目建议书。其主要内容如下。

（1）职位分析。根据客户的调查信息及客户的真实需求对岗位进行分析，具体包括岗位职责描述、岗位任职要求、岗位薪资福利等方面。

（2）招聘工作组人员。根据前期调查信息及谈判结果，确定执行本项目的猎头经理、专业猎头顾问及其他工作人员。

（3）搜寻人才方式。根据客户岗位分析，确定所需人才的素质、能力等各项指标，拟定大致的人才访寻区域、访寻途径、人才筛选方式等项目。

（4）项目工作时间安排。主要是项目各项工作的时间进度安排情况。

（三）签约

在双方谈判达成一致、对项目建议书无异议的基础上，猎头公司拟订业务合同（项目协议书）并送客户审阅，客户复核认可后可择期签约。业务合同（项目协议书）中将明确双方的责任与义务，自签订之日起业务合同（项目协议书）生效，双方按协议条款实施。

三、项目实施

业务合同签订之后，猎头公司的下一步工作就是按照相关的规定逐步实施项目方案。一般而言，猎头项目的实施阶段主要包括以下四个步骤。

（一）市场搜寻

市场搜寻是猎头公司开展业务的关键一步，也是最能表现猎头公司业务实力的一个方面。按照项目建议书提出的人才要求及搜寻方式，猎头公司可以通过自身的人才数据库进行选拔，或者有针对性地去实地探访和挖掘。

（二）甄别游说

通过市场搜寻之后，猎头可能获得几个甚至更多的候选人才，这些人才的基本条件都符合目标企业岗位的要求。这时候猎头公司便运用各种人才测评技术对候选人进行全方位的考评，在这些精英当中挑选出三四个与该岗位最匹配的人选以供客户选择。这个时候如果推荐人才拒绝猎头公司的推荐，猎头们还需要进一步游说人才加入目标公司。需要指出的是，在甄别游说人才时，猎头行业有一个不成文的规则，就是两种人不能挖：对企业忠心耿耿的人不能挖；对频繁跳槽者不能挖（张凯集，2008）。

（三）推荐面试

对通过了猎头公司面试与测评的候选人，猎头公司将推荐人的信息发给客户的人力资源部门。客户在进一步确认面试人选之后，猎头公司将根据双方合适的时间安排候选人进行面试。在各轮面试的过程中，猎头公司也会安排顾问进行跟踪，保证候选人与客户沟通的顺畅。

（四）背景调查

在客户对候选人表示满意后，猎头公司将对候选人进行背景调查，主要是通过各种途径了解候选人过往的工作情况、家庭情况以及个人品格等信息，核实候选人履历，为客户选人用人提供参考。

四、项目后续

猎头公司成功地为客户推选人才之后，并不意味着猎头服务项目的结束。作为一个专业的猎头公司，在成功地为客户猎取合适的人才之后，还会提供一系列的后续服务，以保证候选人迅速融入企业，适应新的岗位。一般而言，猎头公司的后续服务主要有两个方面，即协助候选人入职和试用期服务。

（一）协助入职

在客户与推选人才基本达成共识的情况下，猎头公司从中斡旋，就双方的入职合同的条款进行商谈，主要是确认双方的基本权利与义务，如候选人的薪酬待遇、住房及医疗保障、奖励方案和候选人的业绩目标、违约赔偿等条款。此外，若候选人尚未与原单位解除劳动合同，猎头公司还应协助候选人办理离职手续。

（二）试用期服务

在候选人正式入职之后，当候选人在新岗位上遇到困难时，猎头公司有义务帮助候选人与企业之间进行沟通、协调，帮助候选人尽快融入新的环境中。此外，若候选人在试用期内，因种种原因辞职或者被企业辞退时，作为猎头公司要继续为企业再次猎取人选，提供相同级别职位的人才搜寻服务。

五、项目反馈与评估

对于客户而言，一项完整的猎头服务经历过前面四个阶段之后已基本完成。但是对于猎头公司来说，他们的工作并没有结束。由于竞争的加剧，猎头服务的客户导向性也不断强化，一些优秀猎头公司（Korn Ferry er al.）在其服务中设置了专门的"追踪"和"售后服务"功能，即候选人进入客户组织工作后，猎头仍然要对双方的融合情况进行跟踪考察，并提供相关的反馈和建议（周禹等，2008）。

（一）项目反馈

项目反馈，主要是指在项目运行结束后相关当事人对项目运行当中出现的问题发表自己的意见与看法，项目反馈旨在提升项目服务的水平。猎头服务项目中主要涉及客户与候选人两个当事人，因此主要是收集他们对本次项目的反馈意见。当然，猎头服务项目组工作人员的反馈意见也囊括在内。

1. 客户反馈

客户的反馈意见有助于提高猎头服务质量，进一步优化客户服务体验。在收集客户反馈意见时，猎头应重点关注所推荐的候选人是否满足客户的需求、客户对后续服务跟进是否满意、服务中有待于改善的地方等方面。

2. 候选人反馈

对于候选人而言，猎头公司推荐的职位是否符合预期、在新岗位上的体验两个方面的反馈意见尤为重要。通过候选人的反馈意见，一方面猎头公司可以感知自身的服务水平，有助于提高猎头公司的服务质量；另一方面，候选人对客户企业文化、经营状况、人事关系的意见反馈，有助于猎头公司对客户企业岗位进一步深入了解，进而完善猎头公司客户信息数据库。

（二）项目评价

项目评价应从正反两个方面进行，力求客观、准确地将与项目执行相关的技术、运行流程、实施结果等方面进行分析、汇总，形成一个完整的书面报告，其目的在于提升项目的服务水平。猎头服务是一种无形的商品服务活动，其服务价值衡量的标准来自于客户的体验与评价。猎头服务质量关系到猎头公司的长远发展。因此，项目结束后进行评价对于每一家猎头公司而言都是不可或缺的。

1. 项目综合评价

猎头服务项目的综合评价是在项目实施的基础之上，结合项目客户及推荐人的反馈信息，从项目立项到项目结束期间，对猎头顾问的工作效率、人才信息库数据、人才搜寻方法、人才甄选游说等进行客观、全面的评价，并提出工作改进的意见。

2. 持续跟踪评价

对于猎头公司而言，维护老客户和挖掘新客户一样重要。对老客户进行持续追踪，获取客户的真实评价，有助于提高服务水平、树立良好的服务品牌。深入挖掘老客户的潜在需求，提供优质的增值服务，有助于培养客户的忠诚度，以建立长期的合作关系。

例证 10-4

猎头公司助力某投资公司投融资总经理入职成功

（一）项目信息

客户：北京某大型地产集团旗下投资公司；

职位：投融资总经理；

行业：投资；

负责人：原埃摩森北京第一办公室项目组，现埃摩森猎头机构石家庄办公室项目组；

分享：Angel；

周期：40天。

（二）项目过程

1. 分析岗位职责

（1）对公司融资项目的运营方式做好渠道分析，编制可行性融资方案；

（2）负责寻找融资资本，全面规划融资项目；

（3）负责融资渠道的发掘、维护，投资项目的前期规划；
（4）对融资项目进行策划，负责与金融机构进行洽谈和磋商；
（5）草拟项目融资的相关文件，完成各类融资业务会计处理手续；
（6）依据可行的融资方案组织实施，确保公司所需资源的及时匹配。

2. 抓住岗位要点

需要具有主导完成 2 个 30 亿元规模以上项目的经验，熟悉地产行业融资，有丰富的资源和渠道。

3. 人才寻访

首先在网上了解房地产行业信息，搜索国内排名前十的地产公司，基本了解该行业目前的发展现状及未来的发展趋势，开始进行寻访工作。首先在简历库中进行定位，对完成过 30 亿规模项目的人选进行筛选，总结人选工作经验、资源背景、薪资范围，对岗位层次做到心中有数。人才寻访难点也在项目规模上，具有 30 亿元以上体量融资额度的人选非常稀少，通过沟通几位人选得知，大部分投融资高端人才会通过朋友介绍看机会。

4. 抓住重点沟通对象

寻访过程中发现 A 女士和企业要求非常符合，但是人选想通过朋友介绍，并不想通过猎头看机会，而且目前有几个 offer 在谈。马上明确下一步工作，加人选微信持续跟进，一步一步深入介绍企业，在被拒绝 4 次后，终于赢得了 A 女士的同意进行初步尝试。

5. 完善推荐报告，突出亮点

A 女士为北京本地人；与当地银行、开发商、政府等多元角色有很好的 PPP 项目合作经验，且项目融资额度非常大，20 亿～50 亿元居多，甚至可以在某政府网站上查到 A 女士的项目情况和个人参与情况。

6. 面试邀约和态度反转

企业对 A 女士的背景非常认可，马上进行初次面试，但面试后 A 女士明确拒绝这次机会，也通过多方渠道打听了企业的一些情况，并不认可企业的未来发展。但是企业对 A 女士非常看好，尝试以合作的形式邀请 A 女士加入，但是都被拒绝了。经不懈协调，在通过两次企业主动电话沟通后，A 女士同意和副总裁进行复试。复试反馈非常出其不意，A 女士对企业有了更立体的认识后，态度有了大反转，同意合作甚至可以考虑入职。

7. 顺利上岗

A 女士最终拒绝了其他几家 offer，接受了企业的 offer 并如约按时上岗，A 女士表示双方的这份坚持不懈最终打动了她，也对自己的未来充满希望！

（三）猎头经验

（1）对行业和职位进行深入分析，缩小寻访范围；

（2）锁定目前人选，逐步深入沟通，持续跟进；

（3）想尽一切办法促成人选和企业见面，使人选看到一个360度的企业。

资料来源：http://www.aimsen.com/case/jr/sjz/c-23122

第三节　猎头服务管理

猎头服务对提高全社会人力资源分配效率的作用是毫无疑问的，但是我国猎头服务自诞生至今才经历了20多年的发展。为了引导猎头服务行业从最初的"野蛮生长"阶段过渡到"专业化"发展阶段，加强猎头服务管理迫在眉睫。从国家的层面看，进一步规范猎头服务行业的发展，加强猎头服务的管理是有效发挥猎头服务在高端人才资源流动和合理配置作用的前提。从企业的角度看，猎头服务管理质量关系到猎头企业的生死存亡。对猎头顾问而言，正确认知猎头服务、掌握猎头服务技巧是顺利开展猎头服务工作的前提。因而，如何加强猎头服务管理值得我们深入思考。

一、猎头行业规范

正所谓"不以规矩，不能成方圆"，社会中的各行各业为了保证业务能公平、合理、有序地进行都有自己的规则，无论是明文颁布的法律法规，还是不成文的潜规则。猎头服务行业也不例外。

（一）猎头行业性质

猎头服务行业属于人力资本市场的一个部分，因而具有人力资本市场的特征。此外，猎头行业也具有不同于一般人力资本市场的特点，主要体现在交易对象的特殊性、交易过程的复杂性以及交易信息的隐秘性三个方面。

1. 交易对象的特殊性

显而易见，人力资本市场交易的对象是劳动者的人力资本。但是，猎头服务过程并不直接拥有或获取人力资本，它只是充当了人力资本交易过程中信息流通的中介桥梁。因而，其提供的交易对象只是人力资本信息。

2. 交易过程的复杂性

企业的直接人才招聘过程更为简单，通常是企业人力资源部门直接在人才市场上发布招聘信息，组织应聘者与管理人员直接进行面试筛选。而在猎头服务当中，交易参与者涉及三个当事者，分别为人力资本提供者（高级人才）、招聘机构（猎头公司）及人力资本需求者（企业等用人机构），交易过程更为复杂（程贤文，2006）。而且猎头服务交易的最终目的在于搜寻合适的高级人才并将其人力资本的使用权转移至企业等用人单位手中，最终促使二者签订人力资本使用契约。

3. 交易信息的隐秘性

一般的实物商品的质量、使用期限等信息都有明文说明。然而，人力资本的无形性导致了其质量等信息无法通过具体的工具进行度量，而且人力资本的所有者（人才）往往也倾向于抬高个人能力，因此企业要想获取人力资本信息，往往需要耗费巨大的成本。此外，为了方便猎头公司开展业务，客户（企业等用人单位）往往需要将它的商业信息提供给猎头公司，这些信息通常是企业的商业机密，因此在猎头服务过程中需要时刻防止信息外露，因而外界通常无法知晓猎头服务的具体运作过程。

（二）猎头行业监管体系

自20世纪90年代初诞生以来，猎头行业在我国人力招聘市场中占有举足轻重的地位，在满足企业高级人才搜寻需求、优化社会人才流动机制等方面发挥了积极作用。但由于我国人才市场中介机构业务的监管规则和标准的缺失，存在部分企业业务不规范、行业发展混乱等问题。为此，根据猎头市场的不同发展阶段，我国政府相关机构适时推出了一系列的监管规则，其中涵盖了人才中介机构的设立、人才市场的管理及高级人才的搜寻服务规定等方面，逐步建立起了完善的行业监管体系，主要的监管法律法规的出台顺序如表10-1所示。

表10-1 中国猎头行业相关监管法律法规

名　称	颁布时间/年	内容
《人才市场管理规定》	2001	人才中介服务机构的设立条件及业务范围等
《中外合资中外合作职业介绍机构设立管理暂行规定》	2001	有条件地允许外资从事职业介绍服务业务
《中外合资人才中介机构管理暂行规定》	2003	对外资进入我国人才市场开展人才中介服务进行了规定
《高级人才寻访服务规范》	2010	对高级人才寻访业务的服务资质、服务条件、服务流程和服务要求，以及对服务质量的控制等进行了明确的规定

（三）猎头行业收费规则

人才中介服务机构的运作模式是撮合企业和个人达成双方各自内在的需求，因此一般的人才中介机构对企业和个人双方都会收取费用。但是，不同于中介机构，猎头公司主要针对实力雄厚、职业道德要求符合规范且用人的标准比较高的企业提供人才搜寻服务，通常是企业等用人单位负担相关的费用。当前猎头公司采用比较多的收费方式主要有以下三种。

1. 按结果收费

按结果收费模式是当前国内猎头公司普遍采用的模式。在该模式中猎头公司采用预付订金、尾款后付的方式收取相关的费用。一般而言，在猎头公司接受客户委托时，客户需要支付寻访订金，金额为合同价款的20%~30%。推荐人通过客户的面试后，在上岗一周之内，客户再支付剩余的费用。在1~3个月的试用期，倘若推荐人才离职或达不到客户要求而被辞退时，猎头公司将无条件地为客户猎取下一个目标。如在规定期限，猎头公司无法推荐合适的人选，猎头公司无须归还客户支付的订金但需将合同价款的70%~80%的金额退还给客户。对于按照结果的"订金+尾款"的支付模式，猎头公司初始收取的订金越高，对于猎头公司更为有利。

2. 按过程收费

国际知名的猎头公司为大型跨国公司搜寻人才时，通常采用按过程收费的方式。在双方议定合同价款时，猎头公司便与客户约定好分步骤、按阶段收取相关的费用。猎头业务的顺利开展通常需要耗费大量的人力和时间，因而按阶段付费的模式可以保证业务的有效进行。

3. 按照招聘流程外包方式打包收费

招聘流程外包（RPO）服务属于人力资源外包（HRO）的一种方式，它通常根据客户在较长的招聘周期内大规模的同类职位招聘需求而设立一个招聘方案。RPO模式旨在为客户提供大范围的招聘解决方案，通常包含从职位描述，到用人需求、简历筛选等一个完整的招聘流程。对于小猎头公司而言，它的业务范围通常是面向一般企业的中低管理、技术人员的招聘工作。这些人才的需求往往呈现出批量需求的特征，此时猎头公司往往不是按照推荐人才的年薪定价，而是按照订单的规模、业务执行的难易度等进行综合考虑后收取一个打包价格。

值得我们注意的是，不同的猎头公司所采用的收费标准并不一致，每家公司并不局限于采用某一种收费方法。猎头公司会根据客户需求的具体情况，进而决定对应的收费模式。

例证 10-5

瀚德中高端人才寻访业务收费模式

1. 标准猎头服务

（1）委托寻访费：服务费总额的 1/3，单个职位上限不超过 RMB（人民币）9 万元。

（2）总服务费：年薪的 25%~35%，具体费率根据职位级别、猎聘难度和运作成本核算得出。

（3）年薪＝月薪×12 个月＋绩效奖；月薪包括正式录用后的税前基本工资＋固定奖金＋补贴等。

2. 长期猎头服务

（1）委托寻访费：RMB 5 万~20 万元。

（2）总服务费：年薪的 23%，年薪计算同标准猎头服务。

（3）乙方免费为企业提供高质量中层人才资料 3 份。

（4）乙方免费为甲方提供人才测评 3 人次/年。

（5）乙方提前为甲方做人才战略储备。

（6）甲方可以免费参加乙方举办的行业沙龙。

（7）优惠参加瀚德中国会员服务中的各项增值服务。

3. 定向猎头服务

（1）由客户指定具体人选，由瀚德中国的猎头顾问采用专业的手段，为客户将合适的人选纳为己用。无试用保证期（因为候选人是客户自己选定的）。

（2）收费标准：委托寻访费 RMB 5 万元（外地的增加一倍或对发生费用实报实销），成功后支付年薪的 25%（包含已经支付的寻访费，特殊项目另议）。

（3）优势分析：避免客户与竞争企业直接进行摩擦，也可避免熟人之间难以谈判待遇，以瀚德中国猎头的良好声誉和说服技巧提高挖角的成功率。

（4）适用企业：管理规范、有良好前景、有明确人选目标又不方便直接挖人的企业。

资料来源：http://www.hunter-chn.com/headhunting.html

二、猎头公司管理

猎头公司的行业规范针对的是整个猎头服务业，每家猎头公司在开展业务之时必须遵从政府监管机构的相应规定。除此之外，不同的猎头公司还会根据自身的市场定位、企业文化、公司业务能力等情况制定相应的管理规章制度。总体上看，猎头公司的管理可以分成三个方面，分别为公司品牌管理、公司业务管理及公司员工管理。

（一）猎头公司品牌管理

对于品牌，大家普遍公认的定义是：品牌是一种名称、标记、符号或特殊设计，或是它们的某种组合，其目的是借以辨认某个生产经营者或某群生产经营者的产品或服务，并使之与竞争者的产品或服务区别开来（宋永高，2003）。品牌管理是管理者为了实现企业的战略目标，针对企业产品与服务而综合运用企业资源，有计划地组织实施的一系列管理过程。猎头公司所提供的服务内容大同小异，如何在差异化程度极低的猎头服务市场中占有一席之地，树立良好的企业形象，进行有效的品牌管理显得尤为重要。

品牌管理的关键在于构建一套完整的企业文化，凝聚企业员工的向心力，树立独特的经营服务理念，达到"听其名，知其能"的效果。例如，科锐国际人力资源有限公司（Career International，以下简称"科锐国际"）以"搭建客户和候选人之间的桥梁，让选才、用才更轻松"为企业使命，构建了"以客户为中心、核心的企业文化""客户第一、锐意进取、诚信守诺、团队协作"企业价值观，全面诠释了公司的品牌内涵。此外，在构筑整个集团形象的同时，科锐国际还根据业务的产品线构建了一系列子品牌，通过这些品牌的构建，打造出了科锐国际在猎头服务市场的行业领先地位。

例证 10-6

科锐国际人力资源有限公司业务品牌

作为领先的整体人才解决方案服务商，中国首家登陆A股的人力资源服务企业——北京科锐国际人力资源股份有限公司（股票代码：300662）在中国、印度、新加坡、马来西亚、美国等全球市场拥有79家分支机构，1 500余名专业招聘顾问，在超过18个行业及领域为客户提供中高端人才访寻、招聘流程外包、灵活用工、招聘培训等解决方案。从2005年成立至今，科锐公司根据业务的不断发展，打造出了具有本公司特色的品牌业务。比如，有专注于中高端人才寻访业务的服务品牌"科锐咨询"、招聘流程外包服务模式的联聘科技等17个业务服务品牌，涵盖了公司所有的业务范围。

资料来源：http://www.careerintlinc.com

（二）猎头公司业务管理

猎头公司品牌管理是企业文化建设的一个重要内容，标志着企业的能力与信誉。对于猎头公司而言，业务管理是企业系统运行的中心环节，是企业创造利润的源泉。一般而言，猎头公司在公司章程制定时都已明确公司的运营管理方式，对于每一项业务都制定了服务流程与标准。因此，公司业务管理的目标在于保证公司提供的各项服务按照规章制度有序地进行，并考核服务的完成质量。那么如何提高猎头公司的业务管理水平呢？猎头公司可以从下面三个方面入手。

1. 明确市场定位

市场定位是猎头公司在开展业务之前面临的一个重大问题。猎头公司主要依据人才市场的供求情况，结合自己的业务优势，通过判断未来市场需求变化来确定本公司的业务开展方向。对于人才需求市场而言，根据国别地区分成国内市场与国外市场；根据企业类型及需求情况划分成大型跨国公司、大中型公司、小型公司等；根据行业分类，划分成金融产业、房地产业及制造业等类型。每家猎头公司都有其内在的业务优势，识别并发挥出这些优势的关键就是找准市场定位。

2. 对客户进行分层管理

对客户进行分层管理的目的在于深入了解客户的需求，进而有针对性地提供服务，以更好地满足客户的需求。客户的分层管理主要是按照客户的消费能力、价格敏感度等方面将客户依次分成优质客户、重要客户及一般客户等层次。根据不同的客户群体设计服务标准，实施差别化服务，围绕客户的需求提供"协议外的服务"，让客户享受超值服务体验。

3. 提高服务质量

猎头公司业务的基本内容是提供人力资源咨询管理服务，对它的管理内涵主要是提高服务的质量，最大限度地满足客户需求。提高服务质量的前提是有效地衡量服务的质量，服务质量是客户感知的对象，发生于服务的生产与交易的过程中，对服务质量的衡量更多依靠客户的主观感受，这主要通过服务进行中或结束后客户的反馈意见来辨别。此外，还可以用企业内部的服务质量管理系统以客观的方式对服务质量进行评定，主要考察项目完成耗费的时间、推荐的候选人是否与客户需求吻合、承诺提供的服务是否实施等方面。换个角度来说，服务质量的提高就是使猎头公司所提供的服务达到上述质量评定标准。

例证 10-7

午马猎头提供专业服务的标准流程

专业服务分三个阶段（伍江平，2009）。

第一个阶段：职位需求专业分析

（1）合作需求沟通；

（2）职位专业沟通；

（3）商务条款沟通；

（4）协议书签订；

（5）出具《项目顾问计划书》；

（6）《项目顾问计划书》沟通并回签。

第二个阶段：项目专业操作阶段

（1）候选人专业寻访和沟通；

（2）候选人专业测评（七个维度一百个指标点，附加姓名数理五格和属相生克结果）；

（3）候选人专业背景调查（既往工作经历的三个点，既往学习经历的两个点，家庭情况的五个点，八小时之外的两个点）；

（4）候选人专业职业规划；

（5）出具绝对匹配的候选人《匹配性意见书》；

（6）出具候选人真实简历；

（7）协调并全程配合候选人和企业见面沟通（附送专业主导面试）；

（8）协调并配合企业方就候选人的合作条件进行沟通并达成；

（9）协调并配合确定录用的候选人离职及入职的办理。

第三个阶段：候选人融入企业阶段

（1）配合企业专业出具对候选人的考核及管理方案；

（2）专业完成对候选人的"两快"辅导；

（3）专业完成候选人六个月常态稳定性心理辅导。

（三）猎头公司员工管理

在企业的经营中，员工的积极性是保证企业持续运转的基础（吴芳芳，2012）。作为一种高端人力资源招聘服务业，猎头公司从业人员需要具备较高的素质及较高的业务能力。在集合凝聚如此之多的优秀人才的企业中，如何有效地管理并调动他们的积极性是猎头公司面临的一个重要问题。猎头公司员工管理的核心内容主要包括员工职业素养的培养与员工激励方案。前者关于开展业务的必备技能的掌握，后者使员工有效地发挥技能。

在服务行业中，服务人员应该具有端正的品行、熟练的专业知识和热情的服务态度。此外，猎头顾问在搜寻人才及开展业务时，通常会接触到候选人个人隐私及企业的商业秘密，这就要求猎头公司需要建立和完善客户、候选人信息保密制度，培养员工的保密意识。

美国企业家艾柯卡说："企业管理无非就是调动员工积极性。"而调动员工积极性正是管理激励的主要功能（王冶琦，2010）。猎头公司员工激励内容主要包括货币激励方式及非货币激励方式，在货币激励当中主要包括员工的基本薪酬、绩效奖金等方面；非货币激励方式主要包括职务的升迁、休闲休假、职业技能培训等方面。员工的管理激励，从完整意义上说，还包括激发和约束两层含义。因此，大多数猎头公司在实施激励措施激发员工的积极性之时，还对员工的怠工、失误进行惩处，以规范员工的行为，维护企业形象。

三、猎头职业指导

从猎头行业诞生到猎头行业的成熟发展，伴随着社会人力资源配置需求结构的变化，国家的行业整顿及市场的优胜劣汰发展规律推动了猎头服务业从"野蛮化生长"到"规范化发展"的转变。如今，猎头已经逐渐褪下了神秘的面纱，得到了社会大众的认可，并呈现出欣欣向荣的发展趋势。然而，人们对猎头职业的认识及猎头从业人员对本职位的认知有待于进一步提高。因此，加强猎头的职业指导显得尤为重要，下面从职业定位、职业技能及职业生涯规划等方面对猎头职业做进一步的解读。

（一）职业定位

职业定位是通过对行业的充分了解，根据自身能力及个性等方面的因素，对照有关职业的特点及择业条件，在职业规划和选择中对自己的职业趋向及范围进行综合考虑与定位（徐振轩，2008）。换言之，职业定位就是在清晰认识自我的基础上明确一个人在职业上的发展方向，是一个人职业生涯发展过程中面临的首要问题。猎头职位的定位包含了两个方面的内容：一方面是对猎头职业的认知，包括猎头职业和行业的发展趋势、猎头公司的经营业务范围和猎头公司的岗位设置及工作职责等内容；另一方面则是对自我的认知，即清楚自己的职业倾向、职业兴趣、职业价值观及职业能力等方面的内容。

（二）职业技能提升

猎头服务是面向精英人才的搜寻推荐活动，包含了市场信息分析、人才甄别推荐等一整套专业的服务流程。猎头服务的业务性质决定了它的从业人员需要掌握专业的服务技能，具备较高的道德素质。此外，当今的世界瞬息万变，各行各业都处于巨大的变革之中，这就需要猎头公司不断加强公司员工的专业技能培训，不断提升他们的职业服务水平。对于猎头公司的猎头顾问来说，他们的职业定位是核心团队建设咨询师、人才测评师、职业规划师，基于这样的定位，他们需要具备以下四个方面的技能。

1. 敏锐的洞察力和判断力

对于猎头而言，他们每天会接触到形形色色的人才，这些人才不仅智商高、能力强，而且往往具有领导管理能力。此外，每个人都有不同的性格特点，但是有一点是相同的，那就是初次接触猎头时，他们往往会隐藏自己的真实意图。因此，与他们沟通交流时如何从谈话的内容中获取他们的需求是每一个猎头必须具备的能力，这就需要猎头顾问拥有敏锐的洞察力和判断力。

2. 渊博的知识

猎头公司的业务范围往往不局限于一个行业，客户招聘的职位也不仅仅只限定于某一个岗位，而且推荐的人才都是业内的精英，他们拥有超高的专业素质，学科跨越文、理、工等，并且具有多年的工作经验。对于猎头们而言，能够与这些客户、候选人在同一个知识层面上进行沟通是开展业务的基础。这就要求猎头们拥有比较广博的知识，不仅具备人力资源的专业知识，还要广泛涉猎市场营销、财务管理、心理学等多方面的知识。同时，对于客户所在的行业发展现状、未来发展趋势及人才的分布情况、薪酬水平等也都要有比较深入的了解。

例证 10-8

优秀的猎头顾问和人选沟通的关键思考

午马猎头公司的专业猎头顾问和候选人沟通时有很多非常特别的地方，因为他们的"特别"，所以每次沟通的效果好得出奇：候选人的匹配性非常清晰；候选人的背景状况非常清楚；候选人的专业知识和优秀的理念及方法得到了补充；候选人还和猎头顾问交上了朋友，成为猎头顾问的"硬资源"。

用心和真诚对待候选人是他们能达到这个效果的关键因素外，在和候选人的沟通时他们还特别关注了这样几个方面：

午马猎头顾问在和候选人沟通时从不说"面试"的字眼。他们发自内心地尊重候选人的专业素养，他们对自身角色的定位准确。他们一般都说，"您好！我们今天就某企业委托的某个职位的匹配性做一个专业的沟通。"或者说"做一专业的探讨"。这样的沟通语境，会让候选人感觉倍受尊敬，拉近了双方的距离。

午马猎头顾问在和候选人沟通时从不会先入为主。在对每一个委托的职位展开沟通时，午马猎头顾问从不受候选人简历或者推荐人的身份影响，候选人曾经在他的行业中的什么企业做过多高的职位、多好的业绩等，并不会让午马猎头顾问放弃对候选人过往经历和专业程度的沟通了解。匹配性永远是午马猎头顾问和候选人展开沟通的主题。

午马猎头顾问在和候选人沟通时始终保持清醒的头脑，从不会对候选人的要求"理想化"和"个人嗜好化"。不以优秀与否定结果，始终以合适与否定结果。"适者为上"是午马所有猎头顾问在向企业委托方推荐候选人的唯一理由。所以，在和候选人沟通时，午马猎头顾问会客观、专业地评估候选人，也不会因为个人情感的取向、价值的取向而影响对候选人的判定。他们一切的标准都是在用他们的专业测评能力站在委托方匹配的角度去评估候选人的合适性。（伍江平，2009）

3. 良好的沟通技巧

沟通技巧不仅仅限于人与人的口头交流，还包括谈判协调能力，这种能力不是与生俱来的，而是通过后天培养而获取的。对于猎头服务而言，沟通贯穿于整个服务的过程当中，从接到客户的委托开始，到合同的签订、推荐人才的游说，直至项目信息的反馈都需要猎头顾问充分地倾听客户要求并进行沟通协调。因此，对猎头来说，与人沟通协调的能力就显得尤为重要。

4. 良好的招聘管理能力

招聘管理能力的培养并非朝夕可达，需要经过较长时间的职业沉淀。此外，还可以通过内部培训的方式，在较短的时间内掌握招聘运作的管理经验。在客户提出用人要求之后，猎头顾问需要在短时间内进行分析、判断，结合客户信息及行业的发展情况，拟定项目建议书，执行人才搜寻计划。

例如，在猎头顾问职业的专业训练和提升上，午马猎头提出了猎头顾问的七大专业能力、三个基因和六个职业素养的职业模型（伍江平，2009）。

（1）猎头顾问应该具备的三个基因。
- 心地善良，诚实而正直，把成就别人当作自己快乐的源泉；
- 人生的目的坚定而且富有意义，渴望在成就别人的过程中赢得尊重；
- 学习是与生俱来的兴趣，不仅仅是工具，享受在学习中不断成长。

（2）猎头顾问应该具备的七大专业能力。
- 对所服务的客户所处行业的分析能力；
- 对职位的引导需求的专业分析能力；
- 线上线下积累沉淀人选资源和快速精准寻访人选的能力；
- 对人选展开专业测评和分析评估的专业能力；
- 对人选展开360度背景调查的专业能力；
- 对合适的人选展开职业规划的专业能力；
- 以结果为导向让对方感觉舒服的专业沟通能力。

（3）猎头顾问应该具备的六个职业素养。
- 诚实（诚在心，实在行）；
- 负责（敢于负责，勇于负责，关键在善于负责）；
- 优雅（猝然临之而不惊、无故加之而不怒的从容，泰山崩于眼前而色不变的淡定，胜不骄败不馁的气度）；
- 干练（做事干脆利落，及时交付结果）；
- 圆融（不是圆滑，圆滑是投机取巧，圆融是随机应变。让对方不反感，不会令人感觉做事呆板不懂变通，不会让人感觉说话让人难堪下不了台）；
- 坚韧（执着于结果，调整过程和方法。执着于过程和方法叫固执，不是坚韧）。

（三）职业生涯规划

职业生涯规划是对个人职业选择的诸多因素进行分析，确立个人事业的奋斗目标，选择实现这一目标的职业，编制与之相适应的职业发展和培训计划，对实现目标做出合理的安排（张凯集，2008）。每个人既可以根据个人的情况制定自己的职业规划，也可以为他人制定职业规划。对于猎头公司的工作人员而言，为他人制定职业规划是自己的一项工作内容，在多数情况下人们对猎头职业规划的认识也局限于此。但是，文中猎头职业生涯规划的内涵仅仅限定于猎头公司员工的职业规划。与一般职业规划类似，猎头职业生涯规划的内容也包括了个人职业目标的确定、当前职业阶段的认识、不同人生阶段的职业规划目标及实现阶段职业目标的方案等内容。一般而言，一家猎头公司的职业设定由低到高依次为调研员、猎头顾问助理、猎头顾问、顾问团队经理和总监等。不同的职位对员工的能力具有不同的要求，猎头公司员工职业生涯规划的确定有助于帮助员工确立个人职业发展方向，进而提升个人的业务能力，为客户提供良好的服务。

本章小结

1. 猎头服务（Headhunting Services）不仅包括了猎头公司的主营业务，即为企业搜寻高端人才外，还涵盖了当前猎头公司开展的包括公司薪酬顾问、职业生涯设计、个人背景调查、人才研究及信息服务在内的人力资源管理工作。

2. 猎头服务的原则有合法原则、真实原则、适配原则、保密原则、专卖原则、替换原则和禁猎原则。

3. 猎头服务的模式可分为 KA 模式和 MPC 模式。

4. 猎头服务具有推荐人才素质高、成功率高和费用高的特点。

5. 猎头公司一个完整的猎头服务流程大体上会经历前期调查、项目确立、项目实施、项目后续及项目反馈与评估五大阶段。

6. 猎头行业的性质具有交易对象特殊性、交易过程复杂性及交易信息隐秘性的特点。

7. 猎头公司主要为实力雄厚、职业道德要求符合规范且用人的标准比较高的企业提供人才搜寻服务，通常是企业等用人单位担负相关的费用。当前采用比较多的收费方式主要有三种：按结果收费、按过程收费与按照 RPO 方式打包收费。

8. 猎头从业人员需具备的技能有敏锐的洞察力和判断力、渊博的知识、良好的沟通技巧和良好的招聘管理能力。

推荐网站

1. 科瑞国际咨询有限公司：http://www.careerintlinc.com
2. 锐仕方达猎头公司：http://www.risfond.com
3. 猎聘网：https://www.liepin.com
4. 瀚德猎头公司：http://www.hunter-chn.com
5. 午马猎头：http://www.whuma.com

复习思考题

1. 简述猎头服务在社会经济发展中的作用。
2. 假如你是一家猎头公司顾问，在接到客户委托意向后如何开展后续人才搜寻业务？
3. 谈谈你对猎头服务行业未来的发展趋势的认识。

管理游戏

猎 人

游戏目的：根据农场主的需求，选出合适的人选。

游戏规则：有一个农场主经营了一家很大的农场，有一天捕鼠科科长花猫突然离职了，于是农场主委托猎头大猩猩招聘一名捕鼠科科长。大猩猩经过初步的筛选，认为猴子、狗和猫头鹰与职位较为符合，但不知该选谁。如果是你，你选谁？理由是什么？

1. 猴子：硕士学历，毕业于全国知名大学的捕鼠专业，曾出版过捕鼠方面的著作，现为森林大学教师。
2. 狗：本科学历，有一颗持之以恒的心和敏锐的嗅觉，曾任职于森林警察局，擅长于缉拿盗贼。
3. 猫头鹰：中专毕业，虽有捕鼠能力，但性情散漫，工作不积极。

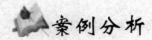

案例分析

猎头公司独具慧眼助 IBM 起死回生

1993 年，郭士纳接任 IBM（国际商业机器公司）的 CEO 时，这个庞大的公司犹如一头步履维艰的大象，年亏损高达 160 亿美元，正面临着被拆分的危险，媒体将其描述为"一只脚已经迈进了坟墓"。郭士纳临危不惧，展现出了卓越的创新才能，带领这一巨象型企业成功转型，2002 年销售额达 900 亿美元，年利润 230 亿美元。这位让大笨象翩翩起舞的神奇指挥家，曾被比喻为"空降兵"。其实，他并非从天而降，而是由一家著名猎头公司花了 4 个月时间"挖"出来的。

20 世纪 90 年代初期，"蓝色巨人"IBM 身陷亏损的泥潭无法自拔，董事会意识到需要借助外力来进行一场革命。1993 年 1 月 26 日，前任董事长兼 CEO 宣布退休，一个以专门寻找公司内外新任 CEO 候选人为重任的机构——搜猎委员会成立了，该委员会的负责人是吉姆·伯克。在这场被认为是一项"头号交易"的"搜猎"行动中，为了提高效率，搜猎委员会专门聘请了两家猎头公司，以便获得这两个主要招聘公司的负责人的帮助，他们分别是内华达斯潘塞·斯图尔特管理咨询公司的汤姆·内夫和海德思哲国际有限公司的格里·罗奇。搜猎委员会和猎头公司于是开始在美国展开一场相当公开的高级CEO搜猎行动，诸如GE（美国通用电气）公司的杰克·韦尔奇以及微软公司的比尔·盖茨等人，都在他们的搜猎名单之内。当然，他们的搜猎名单也包括IBM公司内部的高级经理。

正是在海德思哲顾问的强烈推荐下，IBM起用了没有丝毫IT背景的郭士纳担任公司CEO。当初搜猎委员会的首选就是郭士纳，但郭士纳的第一反应很坚决："我不能胜任，因为我没有相应的技术背景。"在1993年2月的那次会晤中，郭士纳再次告诉吉姆·伯克和他的同事，他真的不认为自己是一个合格的IBM的CEO候选人，而且他也的确不希望再掺和到他们的CEO搜猎过程中去，于是他们之间的谈论友好地结束了。但当IBM声势浩大地在全世界范围内对包括杰克·韦尔奇、比尔·盖茨在内的125名高级CEO细细筛选过却仍然一无所获之后，IBM的目光又重新移回到了郭士纳身上。在当时IBM的搜猎标准上，共有15个条件，其中虽然列有"最好是有信息和高科技行业的工作经验"，但IBM明智地意识到：真正杰出的商业领导人并不受此条件的限制，最重要的是，这个人必须经实践证明是一个通才和能驾驭变革的人。除了行业背景外，郭士纳符合所有其他14个条件。吉姆·伯克在新闻发布会上说："世界上只有很少几个人能胜任这个职位，我想告诉你们的是，郭士纳就是这极少数人中的一个。"

与比尔·盖茨拒绝IBM时预言的"IBM将在几年内倒闭"一样，当郭士纳看到IBM的财政和预算资料时，也悲观地认定IBM获救的可能性不超过20%。直到IBM声称要端出总统克林顿这台"大轿"来恭请时，一切才发生了戏剧性的转机。郭士纳何以被追捧至此？履历是最有说服力的：来自美国纽约州的郭士纳是那种有着正统教育背景的青年，1963年获达特茅斯学院工程学学士学位，1965年获哈佛商学院的MBA（工商管理硕士）学位，随即加入麦肯锡。另外，他还是美国国家工程学院成员及美国艺术和科学研究院会员。尽管他对很多行业并不熟悉，但他能迅速吸收大量信息，并立即归纳出问题之所在。郭士纳在28岁时成为麦肯锡最年轻的合伙人，33岁时成为麦肯锡最年轻的总监。13年的顾问生涯，使他在分析一家大公司的市场定位、竞争态势以及战略方向等方面驾轻就熟。

1978年，开始想"拿主意"的郭士纳不再甘心扮演一个智囊的角色，于是进入美国运通公司担任执行副总裁。其后，他全然无视公司的晋升规则和层级制度，积极引进"外人"担任高职。在此期间，他还培养了一种信息技术战略价值观。同时，由于美国运通公司当时是IBM的最大客户，也为郭士纳"空降"IBM后，能以客户的心态制定公司的战略并修正IBM文化中的不良基因埋下了伏笔。

1989年，郭士纳被猎头公司猎到了纳贝斯克公司，担任这家负债累累的公司的CEO。其后的4年时间，郭士纳都用在了对非常复杂和负担过重的资产负债表的管理上，从中他最大的感悟是：自由现金流量是衡量一家公司是否健康发展的一个最重要指标。或许，正是这种背景使郭士纳能够对公司这种组织形式产生透彻的理解，并凭借足够的魄力和耐性，创造出了引人瞩目的成就——拯救"蓝色巨人"IBM。

在郭士纳为IBM掌舵的9年时间里，公司一举甩掉了过去的沉重包袱，持续赢利，股价上涨了10倍，成为全球最赚钱的公司之一，保持了IBM这头企业巨象的完整，并成功地使IBM从一个硬件制造商转为服务提供商，成为世界上最大的不制造计算机的计算机公司。而郭士纳则当之无愧地成为在位时间最长、最成功的"空降"CEO，当然，应该加上"迄今为止"四字。谁能设想：假如没有海德思哲的力排众议、大胆举荐，IBM将会怎样？

当年，该公司让郭士纳从美国最大的食品企业纳贝斯克"空降"到IBM任董事长兼CEO，并引领IBM开创了电子商务时代。由于该公司为企业成功物色最有影响力的首席执行官的数量超过世界上其他猎头公司，因而在同行业中享有"工作于最高层次"的美誉。服务时代即将到来，在信息产业，像IBM这样面向服务的战略转型震动业界，人们都把目光集中到带来这些变化的郭士纳身上，却丝毫没有注意到，海德思哲猎头公司在其中的作用功不可没，而猎头恰恰本身也是信息产业里的一种典型服务。海德思哲国际猎头公司将伯乐和千里马的故事演绎得淋漓尽致，并成为其他猎头公司在宣扬猎头行业形象时争相传颂的一个经典案例。（纪顺俊，2009）

问题讨论：

1. 结合案例，谈谈一个成功的猎头应具备哪方面的技能？
2. 如果你是海德思哲的猎头，当IBM不认同你推荐的人选时，你该如何与他们沟通？

参考文献

［1］宋斌. 猎头行业"七原则"［J］. 国际人才交流，2012（1）：54-55.

［2］纪顺俊. 人才中介理论与实务［M］. 苏州：苏州大学出版社，2009.

［3］上海厂长经理人才公司. 猎头管理与运作［M］. 上海：学林出版社，2005：13.

[4] 陈国海, 马海刚. 人才服务学 [M]. 北京: 清华大学出版社, 2016.

[5] 饶琛丽. 中国猎头行业的发展研究 [D]. 南昌: 南昌大学, 2013.

[6] 程巍, 杨晓坤. 国内猎头公司与国外猎头公司的比较分析 [J]. 辽宁经济职业技术学院学报, 2004 (1): 43-44.

[7] 于瀛. 中国猎头市场发展现况分析 [N]. 深圳商报, 2005-07-04.

[8] 陈贝蒂. "猎头"出击: 疯狂的人才争霸 [M]. 北京: 中华工商联合出版社, 2008.

[9] 何山秀. 我国猎头行业的发展状况 [J]. 中国人才, 2010 (19): 62-64.

[10] 蒋欣华. 猎头服务为何难以替代 [J]. 人力资源, 2014 (9): 71-73.

[11] Finlay w, Coverdill JE. Headhunters: Matchmaking in the Labor Market [J]. Journal of Economic Literature, 2004, 42 (3): 208-209.

[12] 张凯集. 解读猎头 [M]. 2版. 北京: 中国经济出版社, 2008.

[13] 周禹, 曾湘泉. 基于企业和经理人视角的猎头运营实践有效性研究 [J]. 管理世界, 2008 (1): 96-105.

[14] 程贤文. 中国猎头产业的现状、规制与引导 [D]. 武汉: 中南财经政法大学, 2006.

[15] 宋永高. 品牌战略与管理 [M]. 杭州: 浙江大学出版社, 2003.

[16] 吴芳芳. 论企业员工管理 [J]. 中国管理信息化, 2012 (1): 57-58.

[17] 王冶琦, 邹颖, 殷志勇. 美日企业员工激励机制及借鉴 [J]. 黑龙江对外经贸, 2010 (11): 136-137.

[18] 徐振轩. 职业规划与就业指导 [M]. 重庆: 西南师范大学出版社, 2008: 60.

[19] 徐艳秋. 创业维艰: 猎头求索之路 [J]. 人力资源, 2016 (12): 82-83.

第十一章

招聘与配置评估

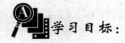学习目标：

学完本章后，你应该能够：
1. 掌握招聘与配置评估的概念
2. 了解招聘成本类型
3. 掌握成本效用评估方法
4. 了解招聘数量评估与招聘质量评估的重要性
5. 了解招聘数量评估与招聘质量评估的指标
6. 了解招聘收益成本比
7. 掌握招聘方法的信度与效度评估方法

引例

Z石油集团的招聘与配置评估

随着石油行业的不断发展，各个岗位对人才的要求逐渐升高，招聘有效性就显得尤为重要。2000—2010年是石油企业的黄金发展期。员工入职后，职业发展路径通畅，晋升机会特别多，形成了"人人成才"的局面，但这也留下了石油企业人力资源部门对招聘工作把关较为宽松的隐患。随后，受国内石油行业经济下滑影响，国内外各石油企业投资减少，工作任务急剧压缩，人员需求骤减，招聘数量大幅度下降。在这种行业背景下，企业愈发需要在招聘中提高甄选水平，以保障在有限的数量名额内筛选出匹配的人员。再者从企业员工发展情况来看，石油行业经济不景气，造成企业扩张范围狭小，员工在岗位上的晋升同样受到制约，在员工个人晋升或薪酬需要难以得到满足时，员工匹配度的高低、工作兴趣和求职动机往往就成为员工是否对企业有归属感和产生高绩效工作的关键，所以通过提高招聘质量来甄选和评估员工的素质能力就显得非常必要。石油企业具有高风险、高成本、工作环境相对恶劣的特点，自然对企业人员的风险控制能力、团队协作能力、情绪管理能力、执行能力有严格的要求，因此企业在员工录用之前需要运用科学的招聘方法全面了解员工的心理健康情况和身体健康情况。从2009年开始，Z石油集团公司的招聘表现出新员工素质参差不齐的现象，一部分员工进入单位后出现一定程度的绩效表现低、人员和岗位不匹配及人员流失率高的情况。连年的低水平招聘致使人力资源投资受到严重损失，更制约了业务发展速度。

Z石油集团人力资源部门通过构建招聘评价指标体系对过去几年的招聘效果从四个维度进行分析，结果表明企业招聘体系存在招聘数量制定不合理、招聘质量逐年下降、招聘渠道和招聘方法单一以及招聘支持工作落后等弊端。建议企业在提高招聘效率方面采取相应的改进举措，以业务导向确定招聘数量；建立大学生培养项目等人才培养跟踪机制，切实提高招聘质量；搭建石油行业招聘平台，拓宽招聘渠道和方法；培训招聘人员专业技能等，对招聘体系进行了优化。（梁泫洁，2014）

引例中，Z石油集团通过有效的招聘与配置评估，进而发现了其招聘体系中所存在的弊端并采取了相应的改进举措来提高招聘效率。招聘与配置评估作为招聘过程必不可少的环节，能够提高招聘活动的有效性，同时也为下一次的招聘提供有效的经验和积极的借鉴。科学的招聘与配置评估需要包括三个方面的内容：招聘成本评估、录用人员评估以及招聘过程评估。

第一节 招聘成本评估

人员招聘与选拔工作是企业人力资源管理活动的重要组成部分，也是企业人力资本积累的重要渠道之一。企业为满足自身的人员需求并且实现效益的最大化，往往会在具体的人员招聘过程中进行招募、甄选、培训、聘用等一系列活动，从而产生了相应的招聘成本。在实施人员招聘选拔工作的同时实现招聘成本的合理控制，是企业人力资源管理有效性的具体体现。

一、招聘成本评估及其作用

（一）招聘成本评估

招聘成本是伴随企业招募、甄选、录用和安置等活动的展开而发生的各种费用支出。而招聘成本评估则是指对招聘中的费用进行调查、核实，并对照预算进行评价的过程，是鉴定招聘效率的一个重要指标。进行招聘成本评估的首要工作是界定清楚招聘成本的类型。招聘成本一般分为招聘总成本与招聘单位成本两种。

1. 招聘总成本

招聘总成本即人力资源的获取成本，又包括直接成本和间接成本两个部分。

（1）直接成本。指可以直接计算和记账的成本，也就是直接以钱的形式花费的成本，包括招募费用、选拔费用、录用员工的家庭安置费用和工作安置费用及其他费用（如招聘人员差旅费、应聘人员招待费等）。

（2）间接成本。指不能直接计入账务的，通常以时间等形式表现的成本，包括企业内部招聘专员工资、福利、其他参与招聘的工作人员的时间花费和其他管理费用。直接成本核算相对简单，间接成本需要通过招聘工作参与者所花费的时间成本来反映。

招聘费用是评估招聘效果的一个重要指标。依照费用评估是指对招聘工作中的费用进行调查、核实，并对照预算进行评价，找出其中科学的部分和不合理的部分，并分析原因，便于以后制定更加合理的费用预算。招聘费用评估的项目主要包括以下五种。

①招募成本。如招募时的直接劳务费、直接业务费、间接管理费、各类预付费用。

②选拔成本。选拔成本是指对应聘人员进行鉴别选择，以做出决定录用或不录用所支付的费用。主要包括选拔谈判的时间费用、汇总申请资料费用、考试费用和体检费。

③录用成本。录用成本是指从对应聘人员进行面试到通知被录用人员到岗这一阶段所支付的费用，主要包括入职手续费、安家费、各种补贴等。其核算公式为

$$录用成本 = 入职手续费 + 安家费 + 调动补偿费 + 旅途补助费$$

④适应性成本。如新员工培训期间的机会成本、培训者培训期间的机会成本、教育管理费、资料费、培训设备折旧费等。

⑤安置成本。安置成本是指企业录用的员工到达工作岗位时所需要的费用，主要指为安排新员工所发生的行政管理费用、办公设备费用等。安置成本的核算公式为

安置成本 = 各种安置行政管理费 + 必要的设备安装费 + 安置人员时间损失成本

例证 11-1

某家电制造企业整体招聘工作费用

某家电制造企业计划招聘储备干部人员 30 名、技术人员 10 名。现企业整体招聘工作费用支出如下。

1. 招聘准备阶段

招聘工作准备阶段企业的费用支出如表 11-1 所示。

表 11-1　企业招聘准备费用表

工作内容	成本/元	计算公式	时间
会议讨论	800	讨论成本 = 参与讨论人员的小时工资率 × 讨论时间	
材料制作	1 200		
广告费	500		
校园宣讲	1 800		11月20日—11月21日
参加招聘会	1 500	招聘会费用 = 工作人员的劳务费 + 参观费	11月21日—11月22日
办公费用(主要指水电费等)	200		
合计	6 000		

2. 招聘实施阶段

该阶段涉及的费用内容如表 11-2 所示。

表 11-2 招聘实施费用表

实施环节	参与人员	工作时间/小时	小时工资/元	小计/元
简历筛选，确定面试人选	招聘专员 1 名	3	10	30
	招聘主管 1 名	1	25	25
面试准备	人事助理 1 名	1.5	10	15
	招聘经理 1 名	2	20	40
通知面试	人事助理	5	10	50
参加笔试	招聘专员 1 名	4	10	40
评卷	人力资源工作人员	7	10	70
第一轮面试	招聘专员	60	10	600
	人事经理	60	20	1 200
第二轮面试	人事经理	45	20	900
	部门经理	45	30	1 350
第三轮面试	部门经理	7.5	30	225
做出录用决策并下发通知	人事助理	6	10	60
合计	4 605 元			

（1）录用成本。企业为校园招聘的 30 名储备管理人员支付面试旅途补助费 300 元。

（2）安置成本。企业为新员工配置的办公设备 1 000 元，入职培训费用 1 500 元，行政管理费用 2 000 元，安置成本费用共计 4 500 元。

（3）机会成本。

①人事部经理跟辞职人员面谈了半小时，然后工作人员的工资标准为 10 元/小时，所以

面谈者时间费用 =0.5×10=5（元）

②离职人员工资标准是 120 元每天，每天工作 8 小时，花了 2 个小时办理离职手续和半小时面谈，一共耗费时间 2.5 小时，所以

$$\text{离职者时间费用} = (2.5/8) \times 120 = 37.5(元)$$

$$\text{离职面谈费用} = \text{面谈者时间费用} + \text{离职者时间费用} = 5 + 37.5 = 42.5(元)$$

$$\text{离职产生的管理费用} = 2 \times 10 = 20(元)$$

$$\text{离职成本共计} \; 42.5 + 20 = 62.5(元)$$

另外,还有重置成本,重置成本通常包括新员工招聘费用、培训费用、岗位空缺带来的损失,以及企业支付给离职员工的报酬,等等。招聘总成本等于以上这些项目的总和。(唐镬,2010)

2. 招聘单位成本

(1)招聘单位成本概念。招聘单位成本是招聘总成本与实际录用人数之比。如果招聘实际费用少,录用人数多,意味着单位招聘成本低;反之,则意味着招聘单位成本高。值得注意的是,不同招聘渠道的招聘成本构成不同,会导致不同的单位招聘成本。因此,单位招聘成本必须在选择合适的招聘渠道的情况下才具有可比性,这一点正好为招聘渠道的合理选择提供了依据。另外,不同类别和层级的岗位空缺,招聘单位成本也不相同,即使职位类别和层次一样,因招聘的地理位置或工作类型不同,人力资源供求状况不同,其成本自然也不相同。因此,单位招聘成本不能在不同级别之间进行比较,而应综合考虑多种因素。可见,由于招聘对象和招聘工具的多样性,单位招聘成本也呈现出多元化特征,所以很难归纳出一个统一的单位招聘成本计算公式。只能根据历史数据对每个职位的单位招聘成本进行统计,并将各职位的平均单位招聘成本作为核算标准。

(2)招聘单位成本概念的拓展。美国人力资源管理协会在其1997年年会时介绍了一种"标准驱动招聘模式"。该模式提出一种构想,认为招聘流程应该由一套标准所驱动,而不该是随意的、不计代价的。任何职位的人力资源购置成本都应该由这套标准控制。这套标准模式不仅可以用来评价招聘的投入产出比,还能为招聘决策提供支持。比如,企业内部招聘要比对外公开招聘节省成本,并且接受率较高。如果单位招聘成本计算模式中考虑进了这两部分因素,反映在计算公式中,可以表现为赋予内部招聘成本较小的系数,如100%的外部招聘成本+25%的内部招聘成本。该计算模式明确地提示招聘专员优先采用内部招聘,可使单位招聘成本降低。该模式将有助于招聘专员合理分配招聘资金、控制招聘支出、优化招聘渠道组合;为招聘经理的资金预算提供参考,并使招聘绩效的评估工作有章可循。单位招聘成本核算模式的建立,不仅对人力资源招聘工作量化评估及决策提出了新的研究方向,而且该思路将引发人力资源其他工作绩效评估模式的陆续建立，这种扩展与延伸最终将实现整个人力资源工作体系的量化和价值化。一旦完成了量化（数字化）分析，我们就可以借助计算机进行现实模拟，为决策提供理性支持；一旦形成了价值化体系，就可以使人力资源会计融进企业会计核算，使人才这一宝贵"资产"拥有实际根基（赫伯特·G.赫尼曼，2005）。

（二）招聘成本评估的作用

招聘成本评估作为招聘中的一个重要组成部分，是通过对招聘流程的成本进行核算，进而了解在招聘过程中相应的费用支出，并且可以有针对性地确定应支出项目和不应支出项目。通过这种方式的审核，管理者可以相应地控制支出的成本。招聘成本评估是鉴定招聘效率的一个重要指标：如果成本低，录用人员质量高，就意味着招聘效率高；反之，则意味着招聘效率低。另外，成本低，录用人数多，就意味着招聘成本低；反之，则意味着招聘成本高。总体而言，招聘成本评估的作用具体体现在以下两个方面。

1. 有利于降低招聘费用，提高招聘工作质量

通过招聘成本评估，能够使招聘人员清楚费用支出情况，对于其中非应支项目，在之后的招聘中加以去除，因而有利于节约将来招聘支出，优化招聘过程，提高招聘工作质量。

2. 有利于评价招聘人员的工作业绩，调动其积极性

通过招聘成本评估，了解招聘活动的策划与统筹、各项费用的使用情况，并根据评估结果，对招聘人员进行针对性的培训和奖惩，进而调动其积极性。

二、招聘成本效用评估

招聘成本效用评估是对招聘成本所产生的效果进行分析，主要包括招聘总成本效用分析、招募成本效用分析、人员选拔成本效用分析和人员录用成本效用分析等。

1. 招聘总成本效用分析

招聘总成本效用是录用人数除以招聘总成本的结果，代表的是单位录用人数占用招聘总成本的比例。总成本效用的大小体现着招聘过程中单位录用人数占用成本资源的多少，是成本效用评估的重要参考指标。

2. 招募成本效用分析

$$招募成本效用 = 应聘人数 / 招募期间的费用（招募成本）$$

招募成本是为吸引和确定企业所需要的人力资源而发生的费用，主要包括招聘人员的直接劳务费用、直接业务费用及其他相关费用等。

3. 人员选拔成本效用分析

企业在招聘实施过程中，人员选拔环节也涉及一定的成本。选拔成本是指对应聘人员进行甄选、考核，最终做出录用决策的过程中所支付的费用。它主要包括选拔面谈的时间费用、资料费用、考试费用等。核算公式为

选拔成本 = 选拔面谈时间费用 + 资料费 + 考试费用 + 测试评审费用

选拔面谈时间费用 =（每人面谈前准备时间 + 每人面谈花费时间）× 选拔者工资率 × 候选人数

资料费 =（平均每人的材料费 + 平均每人的评分成本）× 参加笔试的人数 × 考试次数

测试评审费 = 测试所需时间 ×（人力资源部人员的工资率 + 各部门代表的工资率）× 次数

选拔成本效用 = 被选中人数 / 选拔期间的费用（选拔成本）

选拔成本效用是被选中人数除以选拔期间的费用（即选拔成本）的结果，当选拔成本为固定值时，被选中人数越多，选拔成本效用越高。

4. 人员录用成本效用分析

人员录用效用是正式录用的人数除以录用期间的费用（即录用成本）的结果，人员录用效用是考察企业招聘质量与招聘效率的重要指标之一。

例证 11-2

某三甲医院招聘成本效用分析

某三甲医院普通员工招聘包括对应届毕业生招聘和社会招聘两类。该医院2011年招聘人员情况为：应届毕业生46人、社会招聘18人，共计64人。其相应的招聘成本如下。

成本项	招募成本	选拔成本	录用成本	岗前培训成本	公共成本	招聘总成本
金额（元）	22 392	48 914	499	40 644	41 340	153 790
比率（%）	14.56	31.18	0.32	26.43	26.88	100

招聘总成本效用 = 录用人数 / 招聘总成本（万元）= 4.16

选拔成本效用 = 被选中人数 / 选拔成本（万元）= 13.09

人员录用效用 = 正式录用的人数 / 录用成本 =0.1283

（朱俊利，毛晓旻，2012）

第二节 录用人员评估

  录用人员评估就是指在招聘工作结束后，根据组织招聘计划和招聘岗位的职位说明书，对所录用人员的质量、数量和结构进行评价的过程（李旭旦，2014）。一般可以从以下几个方面来评估录用人员的数量和质量。

一、招聘数量评估

（一）招聘数量评估的重要性

  对企业而言，人力资源的数量一般来说就是其员工的数量，其单位是"个"或者"人"。人力资源质量是指企业的劳动力素质的综合反映，它是企业人力资源所具有的智力、体质、知识、技能和劳动意愿，一般体现在企业员工的体质水平、文化水平、专业技术水平和劳动的积极性上。在编制人力资源配置计划时，需要对人与事的总量配置、人与事的质量配置进行分析（盛艳，2014）。

  人与事的总量配置涉及人与事的数量关系是否对应，即企业中有多少事情要用多少人去做。目前很多企业一方面存在普通员工过剩的情况，另一方面表现为经营者、高级技工等严重短缺的现象，导致人与事总量配置不合理。

  在对人员过剩或人员不足的情况进行分析后，应更加关注对人力资源供给与需求的合理配置。一般而言，在人员短缺时，应首先考虑能否实现单位内部人员的调剂，这种方法不仅风险小、成本低，还能给员工一定的发展空间。其次，需要考虑招聘、借调、任务转包等措施。在人员过剩时，应考虑利用多种渠道对人员进行妥善安置，如组织专业训练、缩短工作时间、不再续签合同等措施。

  招聘数量作为招聘活动一个量化考核结果，是衡量其有效性的程度的显性依据。通过数量评估，就能以果寻因，改进招聘工作，同时通过对应聘数据、录用人员数据与计划招聘数据的对比，有利于找出招聘活动的不足之处，为人力资源规划的修订提供依据。对录用员工数量的评估是对招聘工作成果与方法的有效性检验的一个重要方面。通过数量评估，分析数量上满足或不满足需求的原因，有利于改进招聘工作（王辉，2015）。

通过录用员工数量的评估，可以分析招聘数量是否满足原定的招聘要求，及时总结经验并找出原因，从而有利于改进今后的招聘工作和为人力资源规划修订提供依据。通过对录用员工质量的评估，可以了解员工的工作绩效、行为、实际能力、工作潜力与招聘岗位要求的符合程度，从而为改进招聘方法、实施员工培训和为绩效评估提供必要和有效的信息。

（二）招聘数量评估的指标

对录用员工数量的评估是检验招聘工作有效性的一个重要方面。通过数量评估，分析在数量上满足或不满足需求的原因，有利于找到各招聘环节上的薄弱之处，以改进招聘工作；同时，通过人员录用数量与计划招聘数量的比较，可以为企业人力资源规划的修订提供依据。录用人员的数量评估主要从应聘比、录用比和招聘完成比三个方面进行。

1. 应聘比

根据招聘计划对录用人员的数量和质量进行评价是招聘评估的一个角度，应聘比是衡量招聘数量与质量的一个重要指标。应聘比说明招募的效果，应聘比越大，说明发布招聘信息的效果越好，吸引了更多的应聘者前来应聘，为企业招聘到更为合适的员工提供了更好的保障，反之则说明应聘人数较少，企业对应聘人员的选择范围不大。录用比越低越好，而当招聘完成比大于100%时，则说明在数量上全面完成或超额完成了招聘任务，但在实际工作中超额完成的情况很少发生，因为一般都会根据招聘计划中确定的人员需求数量招人，除非遇到了很优秀的候选人而临时决定增加招聘指标，将其作为人力资源储备，或者用于替换一些业绩相对较差的员工。其计算公式为

$$应聘比 = 应聘人数 / 计划招聘人数 \times 100\%$$

2. 录用比

录用比是指企业通过面试筛选实际录用的人数占参加企业应聘的总人数的比重，录用比越小，说明招聘活动的考察越严格，录用者的素质越高；反之，则说明考察较松，录用者的素质较低。录用比还包括录用成功比，录用成功比是指企业实际录用到岗的人数与企业实际通知录用的人数的比率。该指标越大，说明招聘的成功率越高。其计算公式为

$$录用比 = 录用人数 / 应聘人数 \times 100\%$$

3. 招聘完成比

如果招聘完成比等于或大于100%，则说明在数量上全面或超额完成了招聘计划；反

之，则说明招聘活动没有完成原定的招聘任务，存在岗位人员空缺问题。其计算公式为

$$招聘完成比 = 录用人数 / 计划招聘人数 \times 100\%$$

在上述三个公式中，无疑应聘比显得尤为重要，因为这一数据直接影响着后面的录用人数和招聘完成情况。因此，如果应聘比相对比较低的话，就需要冷静分析原因，在招聘渠道、招聘方式、消息发布等方面进行改进，以提升企业对人才的吸引力。

二、招聘质量评估

除了通过以上各个指标来评估录用人员的数量外，也可以根据招聘的要求或所招聘岗位的职位说明书对录用人员进行等级排列，根据录用人员的能力与潜质来确定其质量，即招聘质量评估。

（一）招聘质量评估的重要性

招聘质量评估是对所录用的员工入职后的工作绩效行为、实际能力、工作潜力的评估，它是对招聘的工作成果与方法的有效性检验的另一个重要方面。招聘质量评估实际上是在人员选拔过程中对录用人员能力、潜力、素质等进行的各种测试与考核的延续，一般是根据招聘的要求或从工作分析中得出的结论，对录用人员进行等级排列来确定其质量，其方法与绩效考核方法相似。

现代企业竞争是人才的竞争，只有拥有了高素质的人才，才能在激烈的市场竞争中占据主动。而招聘工作是企业吸纳和选拔人才的重要环节。招聘质量的高低直接关系到员工整体素质的高低，决定企业人才的状况，影响企业的生存和发展。很多企业普遍存在招聘质量低的现象，要么是招聘到了不合格的员工，无法胜任岗位工作，影响企业运作效率；要么是招来了远高于岗位要求的员工，难以长期留任，加大了企业的用人风险；甚至有的企业招到品德很差的管理人员或技术人员，给企业带来了难以弥补的损失。因此，招聘质量评估是企业招聘活动中一个必不可少的环节。

（二）招聘质量评估的指标

招聘质量评估包含以下几个方面的内容：招聘的成本、招聘完成的效果、人员留存率、新聘员工与岗位的匹配程度等，涉及以下几个数据。

（1）招聘完成情况比例。招聘完成情况比例主要是考核各个岗位招聘的完成情况，

其公式为

$$招聘完成情况比例 = 录用人数 / 计划招聘人数 \times 100\%$$

招聘完成情况比例越高，说明招聘在数量上完成的情况越好。一般情况下公司对于招聘完成比例的考核指标在 90%~100%。

（2）招聘完成时间。招聘完成时间主要是指从职位空缺出现到完成填补空缺所用的时间，通常认为招聘完成的时间越短越好。根据招聘岗位的要求、性质和层次不同，招聘完成时间也会有所区分。一般操作岗位的人员，招聘完成时间是 7~10 天；基层管理人员和各职能部门员工，招聘完成时间是 15~20 天；公司中高层管理人员或特殊专业技术岗位的人员，招聘完成时间通常是 2~3 月。

（3）录用合格比例。录用合格比例主要反映在员工入职后，录用人员能够胜任工作的人数和实际录用人数的比值。公式为

$$录用合格比例 = 录用人员胜任工作人数 / 实际录用人数$$

录用合格比例可以让我们看到当前招聘是否有效，该比例越大，说明公司胜任工作的新员工越多，体现出招聘质量比较高。在实际操作过程中，不能单独为了提高该比值，而降低对录用人员胜任工作的要求。

（4）招聘成本分析。招聘总成本包含招聘成本、面试成本、录用成本、人员流失成本，其公式为

$$招聘总成本 = 招聘成本 + 面试成本 + 录用成本 + 人员流失成本$$

$$招聘单位成本 = 招聘总成本 / 录用人数$$

（5）新员工 1 年留存率。为了考察人力资源部招聘人员的年度工作效率，或者作为年终奖金发放的标准之一，将会针对新员工 1 年留存率进行考察。公式为

$$新员工 1 年留存率 = 1 年在册的新员工 / 当时的录用人员总数 \times 100\%$$

招聘质量评估除了从录用合格比等数量上进行考量外，还得从员工与企业、与工作岗位的匹配度及工作的稳定性情况进行综合考察。招聘是企业在适量时间范围内采取适宜的方式实现员工、职位、企业三者的最佳匹配，达到因事任人，人尽其才，才尽其用，最终的目标是为企业所设的工作岗位找到最合适的人选。可见，员工与企业的匹配程度是招聘质量有效性评估的核心指标。

例证 11-3

招聘结果——招聘评估的王道

2011 年 7 月,一家 IT 公司人力资源部进行了用人部门人才需求调查,共得到 35 个岗位需求,公司通过中华英才网和当地报纸发布了招聘信息,共收到简历 520 份。通过简历筛选,公司按照 6∶1 的比例选定了 210 个求职者进行笔试,按照 3∶1 的比例选定了 105 个求职者进行面试和心理测试,历时 25 天共录取了 29 名合格的求职者,但最终只有 24 名求职者来公司报到并签订了劳动合同。这 24 名新员工在 2011 年年底的绩效考评中 23 名为优秀,1 名为良好。

招聘完成比:招聘完成比 = 录用人数 / 计划招聘人数 ×100%=29/35×100%=82.86%

招聘完成时间:25 天

应聘比:应聘比 = 应聘人数 / 计划招聘人数 ×100%=520/35×100%=1485.71%

录用比:录用比 = 录用人数 / 应聘人数 ×100%=29/520×100%=5.58%

录用合格比 = 录用人员胜任工作人数 / 实际录用人数 =24/24×100%=100%。(葛玉辉,2011)

(三)试用考核评估

员工面试通过开始入职试用后,企业应及时安排相应的试用考核评估。试用考核评估也是对招聘工作完成质量的一个衡量角度。

1. 考核评估目的

通过对试用员工的考核评估可以实现以下目的。

(1)分析招聘测评方法的有效性。在招聘面试人员选拔环节,企业通常会采用一定的测评工具或方法,根据测评结果决定人员的选择,通过试用期考核结果与选拔测评结果的比较可以发现所使用测评工具的有效性。

(2)衡量招聘工作的完成质量。试用考核通过率高,或者试用者考核得分高,则说明招聘工作完成得质量好。

(3)及时发现试用期出现的问题并纠正。人力资源部通过对新员工试用及不断的监督、指导,发现新员工在试用过程中出现的问题,给予及时纠正,帮助其顺利度过试用期;与此同时,也能帮助人力资源部及时了解新员工的试用期表现。

2.考核评估内容

对试用期员工的考核评估应从公司和部门两个层面来进行，无论哪个层面的考核评估都需要关注以下五个问题：一是考核前应将考核内容告诉被考核者；二是必须事先明确考核标准和考核方法；三是考核内容应全面而翔实；四是将考核结果反馈给被考核者；五是将部门考核结果作为录用决策的主要参考。

（1）公司层面的考核评估。公司层面的考核主要从员工融入公司的情况进行考核，以促进员工发展和企业人力资源规划战略目标相一致，引导员工尽快融入企业文化。

考核主题及考核依据——人力资源部负责公司层面的员工考核，其考核依据主要是新员工试用期间的表现记录和调查结果。

考核内容及评价标准——考核内容通常包括员工出勤率、个人仪表、品德言行，还有公司制度、组织活动、公司培训等，根据相关项目将可能出现的几种情况划分为不同的档次或级别，并分别进行界定，再根据员工各项目实际表现，对号入座，确定员工的实际得分。

（2）部门层面的考核。部门层面的考核是人力资源部针对员工在工作中的各项表现进行的评定，以帮助新员工明确自身的优点，审视自身的不足，及时淘汰不合格的员工。

考核主题范围——部门层面的试用期员工考核主体主要有新员工试用期指导人、新员工部门负责人等。

部门层面考核内容——部门层面的考核内容主要包括员工工作态度、工作能力、工作业绩表现等方面，以便及时检验和反馈员工的表现，留下适合企业发展需要的员工。

3.考核评估结果评定

考核评估结果评定要结合公司考核结果和部门考核结果，由人力资源部确定新员工的最终成绩，进而确定其取舍。

（1）考核结果的类型。考核结果通常包括四种类型，即表现优秀提前转正、按时正常转正、继续试用、解除劳动合同。

（2）考核结果评定方法。对新员工的试用期考核评定方法通常有三种，即笔试、实操测评和指导人评价。

（3）考核结果应用。新员工试用考核结果出来后要以一定的表单形式展现，通常有试用期转正申请表、月度考核评估报告、新员工考核面谈表等。在考核结果确定后，根据企业的相关规定给新员工下达相应的通知。

第三节　招聘过程评估

对招聘过程进行评估，能够发现和总结招聘活动实施过程中存在的问题，从而为进一步改进招聘工作提供借鉴经验。根据招聘工作的前后顺序，可将招聘过程评估划分为招聘前期评估、招聘中期评估和招聘后期评估。

一、招聘前期评估

1. 招聘规划

依照计划评估主要是参考事先制定的招聘计划评估各项工作的完成情况，这是最直接最基础的招聘评估维度。评估招聘规划是否科学、合理和全面，一方面要考察现阶段是否有人才浪费和人才不足的现象，另一方面要考察制定的招聘规划是否考虑到了组织未来的发展。依照计划进行评估的核心内容主要包括以下四个方面：实际招聘人数与质量和计划预期的比较、各招聘渠道获得的候选人数量与质量和计划预期的比较、招聘实施程序与计划的比较、各项招聘工作指标完成情况与计划预期的比较。

2. 招聘广告

招聘广告效果如何？主要通过应聘比、录用比和招聘完成比进行衡量。

3. 人员甄选工具评估

人员甄选工具的正确率评估主要是看测试方法的有效性，企业在每次招聘甄选结束之后，要对所选用的甄选测试方法及工具进行评估，并对信度与效度不高的方法在以后的招聘工作中加以改进或淘汰。甄选工具评估可以分为内部招聘工具评估与外部招聘工具评估两类，有以下四个指标：内部招聘录用人数/内部招聘报名人数、内部招聘转正人数/内部招聘报名人数、外部招聘录用人数/外部招聘报名人数、外部招聘录用转正人数/外部招聘报名人数，在进行以上四项指标的评估时，既要进行不同甄选工具之间的横向比较，也要进行前后年度的纵向比较（孟文娟，2014）。

二、招聘中期评估

企业在制定完招聘规划后，便开始正式展开人员招聘活动。这一环节是整个员工招聘过程中最主要的部分。因此，该环节也是人力资源管理者在进行招聘过程评估时的关注重点。所谓的招聘中期评估，就是评估招聘活动中所涉及的人员、渠道、流程以及策略的科学性和专业性。一般来说，招聘中期评估包括五个方面的内容：招聘人员评估、招聘渠道评估、招聘程序评估、招聘策略评估以及员工试用评估。

1. 招聘人员评估

招聘人员评估针对招聘人员的表现是否良好。招聘人员在招聘期间的言行表现和专业素养既影响招聘质量，也影响求职者的求职意愿和公司形象，因此必须予以考察，包括是否愿意和用人部门一起探讨并明确招聘需求在内。

2. 招聘渠道评估

招聘渠道评估针对招聘渠道的选择是否有效。很多企业一开始就没有具体分析各招聘渠道之间的差别，盲目地投放招聘信息，产生大量无效的信息接受者，影响了整个招聘进程。因此，企业应考察不同招聘渠道的效果，根据所招聘职位的性质和企业自身的发展状况找出最有效的招聘渠道。

企业对人力资源招聘渠道进行评估，可以首先从数量上评价招聘工作的成功与否。例如，在一定的时间内主动询问的求职者人数、主动填写并递交求职登记表的求职者人数、通过审查求职材料初步合格的求职者人数。除此之外，对招聘工作的评估还应该考察不同招聘方法的效果，针对不同类型的求职者提出最有效的招聘渠道和方式，招聘渠道评估的工具设计如表11-3所示。

表11-3 招聘渠道评估表

部门				职位空缺		
招聘渠道	成本费用	一定时间内主动询问的人数	收到的求职申请	每份申请的成本	通过审核初步合适的人数	每一名合适的申请人的成本
填表人				签名		
职务				日期		

3. 招聘程序评估

招聘程序评估针对招聘程序是否严格按照招聘规程和规范来执行。企业对于招聘程序的评估，可以通过回收招聘工作反馈调查表，汇总统计、分析数据的方式来进行。招聘程序评估实际上是从总体上对整个招聘流程进行的评估，评估内容包括以下三点。

（1）评估招聘工作是否具有效率。即招聘过程的每一步是否在预定时间内完成。如果超出了预定的时间，就要考虑由此造成的后果，包括时间成本和资金成本两个方面。

（2）评估年度招聘计划是否科学、合理和全面。如果一个招聘年度内出现的临时补充招聘计划超出了合理的范围，则说明年度招聘计划还有待改进的地方；除此之外还要评估是否有人才浪费和不足的现象。如果事后被证明可以用临时工或兼职来完成的工作而实际上招了正式职员，则加重了企业的人工成本。另一方面，制订招聘计划时也要考虑组织未来发展的需要。

4. 招聘策略评估

招聘策略要从企业发展战略的角度出发，结合具体的招聘计划进行制定。它包括招聘要求、人员数量、招聘渠道与手段、甄选模式、福利体系与培养方案等多项内容。招聘策略的制定决定了企业能否快速识别与吸引人才。

5. 员工试用评估

员工试用评估是指根据录用人员在试用期的实际表现对招聘工作做出评价。员工试用评估考虑的因素主要包括三个方面：一是录用人员离职情况。比如入职较短时间就离职，则说明员工与企业或部门文化不匹配。二是录用人员试用考核情况。试用期考核也是转正的依据，同样也能说明招聘的效果。三是录用人员满意状况。录用人员试用期间，不仅企业会评价试用期员工的表现，员工也会对企业进行评价，新员工对企业、招聘工作，对岗位工作的满意程度是招聘效果的重要表现。

三、招聘后期评估

招聘后期评估是招聘过程评估工作的最后环节，一般是在招聘工作完成一段时间后再进行。招聘后期评估的指标主要包括招聘收益成本比、录用决策速度与对待被拒候选人态度、新员工的满意度、新员工业绩评估、新员工近期离职率、招聘时限评估、升迁评估等。

1. 收益成本比

招聘收益成本比是指所有新招聘到岗的员工为企业带来的总价值与招聘总成本之间的比，通常用于衡量招聘的质量效果。招聘收益成本比的公式为

招聘收益成本比 = 所有新员工为组织创造的总价值 / 招聘总成本

招聘收益成本比既是一项经济评价指标，也是考察招聘工作有效性的一项指标。招

聘收益成本越高，则说明招聘工作越有效。值得注意的是，这里的总价值实际操作时很难确定，因此，该指标到目前为止很少真正在实际中使用，但确实值得去关注和思考。

2．录用决策速度和对待被拒候选人的态度

录用决策速度的快慢作为企业效率的一种体现，也是评估的一项重要内容。另外，对待被拒候选人的态度也是不可忽视的方面。

3．新员工的满意度

新员工的满意度包括对招聘人员工作、所任职位和企业的满意度。对招聘人员招聘工作的满意度体现了对招聘人员招聘工作的感性认识，对所任职位的满意度能够反映人岗匹配度的高低，而对企业的总体满意度则反映了员工对企业的认同度。所有这些对改善招聘工作都有好处。

4．新员工业绩评估

新员工业绩评估是根据录用人员在岗位中的实际工作业绩表现所进行的招聘效果评价，即对招聘质量方面的评估。录用人员的学历、专业技能、工作经验、个人能力等是招聘质量评估的基础方面，最能说明招聘质量高低的是招聘人员的岗位工作表现。

5．新员工近期离职率

离职不仅是企业和员工双向选择的结果，同时也是衡量招聘效果的重要指标。离职评估涉及的指标通常包括离职人数、离职时间、离职人员在岗时间比和离职平均时间比，另外还可以根据离职成本等进行评估。离职直接成本包括额外支出、付给员工的离职费用、再次招聘费用、离职面谈成本、临时性加班费等。离职间接成本包括员工离职前工作效率下降、新员工入职后低效成本、顾客或企业交易的损失、留下来的员工工作效率下降、资产的潜在损失、员工士气下降等。值得注意的是，实践中有许多企业用员工流失率来检验招聘工作的有效性，这种做法非常牵强。因为员工流失率受到众多因素的影响，包括企业整体薪酬水平的高低、员工和直接上司关系的质量、企业发展的前景和行业的景气指数等，所有这些都不是人力资源部门能控制的，更不是招聘工作能控制的，但试用期新员工流失率这个指标则是比较合适的。另外，招聘评估应该由人力资源部经理、招聘工作人员及用人部门的负责人组成的评估小组负责进行。尤其要重视用人部门的意见，因为从营销角度看，招聘工作是为用人部门服务的，用人部门对招聘工作的满意度应该是衡量招聘工作有效性的重要指标。

6．招聘时限评估

招聘时限评估主要是对招聘及时性进行的评估，包括整个招聘时限评估与各招聘工作环节时间评估。通常情况下，招聘岗位空缺时间越短，说明招聘的效果越好。

（1）整个招聘时限评估。企业对空缺岗位通常都有到岗时间要求，企业通常以平均职位空缺时间为招聘时限的评估标准，反映平均每个职位空缺多长时间后新员工才能补缺到位，其计算公式为

平均职位空缺时间 = 职位空缺时间 / 补充职位数 ×100%

但不同招聘岗位的情况可能不同，企业应结合实际情况和以往不同职位的实际招聘时间为企业不同层级、不同类别的岗位设定合理的职位平均空缺时间。

（2）各招聘工作环节时间评估。招聘人员事先对招聘各环节工作时间进行分配，根据分配时限进行评估。首先看招聘工作是否在规定的时间内完成；其次分析各个环节的实现情况，对于超出时限或者提前完成的原因要做详细分析，以使得以后招聘工作的时间计划更合理。

7．升迁评估

升迁评估就是按照人员的职位升迁速度和职位等级进行招聘效果评估。升迁意味着人员能够胜任较高层级的岗位要求，也就是间接说明企业招聘效果良好。升迁评估涉及的两个指标是升迁人数与录用人数之比和录用人员升迁速度。

企业要做好招聘工作，必须认真抓好招聘前、中、后的每一环节，尤其是不能忽视对招聘工作的评估。企业对招聘活动的经验和存在的问题应不断总结，不断改进、提高，竭尽全力，以最小的投入争取到最大的回报，拓宽人才引进渠道，提高人才引进效率。

例证 11-4

宁夏坤辉气化分公司运用能岗匹配原理

宁夏坤辉气化分公司针对每个岗位的员工设置了绩效考核标准，通过对员工岗位工作的完成情况、工作完成的时效性、团队的配合程度、工作业绩和贡献大小以及出勤率、提出的合理化建议等多项内容进行打分评议，在综合分析的基础上可以判断员工能力与岗位要求的匹配程度。

在能岗匹配原理的指导下，当个人能力大于岗位的要求时，根据规划岗位的晋升渠道，给予职位晋升、职称晋升或是对应工资晋级；当个人能力小于岗位的要求时，首先进行专业知识和技能的培训学习，并在实际工作中予以指导和帮助。

员工配置不是一成不变的，并随着公司的不断发展和进步，岗位会对员工提出更高

的要求，同时员工也会在工作中得到提升和进步。在评估员工配置的有效性时，要紧密结合企业发展的步伐，不断改进思路，调整策略，通过员工配置为企业带来更大的经济效益。（孟文娟，2015）

第四节 应聘评估

前面三节主要从企业的角度来评估整个招聘活动。而在本节内容中，我们将会站在应聘者的角度来评估应聘者的应聘行为。根据应聘者的应聘过程，可以将应聘评估分为应聘前期评估、应聘中期评估和应聘后期评估。

一、应聘前期评估

每一个应聘者在正式开始求职之前都需要做好相应的准备工作。而应聘前期评估就是评估应聘者的求职准备工作是否全面合理，评估内容一般包括三个方面：职业生涯规划、企业与应聘岗位的信息以及应聘者简历。

1. 职业生涯规划

职业生涯规划又称职业生涯设计，是指个人与组织相结合，在对一个人职业生涯的主客观条件进行测定、分析、总结的基础上，对自己的兴趣、爱好、能力、特点进行综合分析与权衡，结合时代特点，根据自己的职业倾向，确定最佳的职业奋斗目标，并为实现这一目标做出行之有效的安排（刘琼芳，2018）。

科学的职业生涯规划能够让应聘者找准个人定位，根据自身优势与实际能力，充分发挥个人潜力，从而帮助应聘者在海量招聘信息中迅速筛选出目标岗位。职业生涯规划是否合理，一方面要考察职业生涯规划是否立足于本人实际（主要从兴趣、性格、能力、就业价值观和学习能力等方面进行分析与权衡），另一方面要考察职业生涯规划是否具有可行性，是否符合客观环境条件。依照职业生涯规划进行评估的主要内容包括实际应聘岗位与职业生涯规划预期岗位的比较、实际应聘岗位晋升路径与职业生涯预期晋升路径的比较、实际应聘岗位与职业生涯个人定位的匹配程度。

例证 11-5

霍兰德职业类型论

霍兰德认为从事相同或相似职业的人有相似的人格和处理问题的方式，因此塑造出特有的人际环境。每个人都在追求与自己的能力、态度与价值观相符的工作环境。因此，霍兰德根据实际观察研究，将社会中的职业分为六大类型，相应地也有六种类型的人从事相应的工作，如表11-4所示。

表11-4 霍兰德职业类型

类型	职业环境的特点	该类型的人的特点	典型职业
现实型	较多需要用手进行实际操作，并且运用某些技术，如修理汽车。在该环境里，需要直接处理技术性、与物接触的事情	喜欢具体明确、需要动手操作的工作环境，通常情绪稳定、诚实、谦和、脚踏实地	司机、运动员、技工
研究型	常要求采用数学和科学的知识，用复杂抽象的思维，找到问题答案。该环境不太需要处理复杂的人际关系，而是独立解决工作上的问题	擅长应用心智能力去观察、分析、推理，个性独立、温和、谨慎、思考理性、有逻辑	计算机程序设计师、数学家、生物学家
艺术型	这个类型的职业鼓励创造、新意、才能展现，提供了工作的自由空间，鼓励感性与情绪的充分表达，不要求逻辑形式	个性活泼奔放，有充沛的创意能力，享受独自创作而不愿意被他人左右，对美有异乎寻常的追求	作曲家、小说家、画家
社会型	这个类型的职业鼓励人与人之间的互帮互助，彼此友好对待，重视友善、和谐	个性温暖，喜欢帮助别人，愿意倾听别人的心声，关心和理解他人，能细致捕捉别人的感受，乐于与人合作，不爱竞争	护士、教师、志愿者
企业型	工作场所中充满权利、金融和经济的议题，经常管理与鼓舞组织中的人，努力让大家实现组织目标或满足个人目标，鼓励成员培养说服力与推销、社交能力，喜欢自信的人，工作成果将升迁、成果与影响他人关联在一起	通常野心勃勃，愿意与人竞争，喜爱冒险，积极上进，喜欢生活紧凑，社交能力强，追求权利，渴望受人注意并成为领导者，愿意领导别人达成目标	房地产销售、营销经理、公关经理
传统型	大多数传统型的工作场所包括了办公室的基本工作，注重组织与规划，此外也需要运用到数字与人事行政的能力	通常比较保守、负责、谨慎，是个细节控，做事按章程办事，不喜欢改变、创新和冒险，喜欢在别人的领导下工作，乐于配合和服从	人事经理、会计、秘书

（刘丹，2017）

2. 企业与应聘岗位的信息

应聘者求职的过程，实际上就是一个与企业进行博弈，相互了解的过程。应聘者想要赢得这场"博弈战"，首要的工作就是了解"敌人"，知己知彼方能百战百胜。在这一部分，主要是评估应聘者对企业及应聘岗位的信息了解程度，内容包括是否了解企业在行业的规模和地位、企业的业务类型、应聘岗位的晋升通道、薪酬水平以及任职资格等。

3. 应聘者简历

简历是应聘者在求职过程中的一张"名片"，直接决定着企业对求职者是否感兴趣。毫不夸张地说，一份好的简历能让应聘者在众多竞争者中脱颖而出。相反地，一份差的简历可能让求职者如同这份简历一样被人丢弃。因此，每一位应聘者都不能小觑即将投递出去的简历。应聘者对其简历的自我评估一般可以从三个角度考虑：一是内容的真实性。简历内容必须保证真实可信，切勿夸大其词。二是言简意赅。简历内容必须精练，简历内容不在乎多，而在乎精，可有可无的内容坚决不要填充进去。三是重点突出。结合应聘岗位的任职资格，在简历中重点突出想要传递给招聘人员的信息。例如，应聘管理岗位，应聘者就可以在简历中重点突出自身的管理能力。通过对简历的评估，应聘者能够不断地对自身的简历进行改进，以提高简历筛选的通过率。

二、应聘中期评估

应聘者做好必要的求职准备工作后，便开始正式展开应聘过程。应聘中期评估即是对应聘者在应聘过程中所涉及的选择、成本以及行为进行评估。一般包括以下三个方面：求职渠道、求职成本和求职礼仪。

1. 求职渠道

求职渠道是应聘者获得应聘机会和信息的具体方式和途径。求职渠道又分为正式渠道和非正式渠道。正式渠道一般是指通过招聘广告、职业介绍机构、人才市场、招聘会等方式来获得相关的应聘机会与信息；而非正式渠道主要指通过各种社会关系获得就业机会与信息。很多应聘者在求职过程中没有选择一个有效的求职渠道，导致投递出去的简历往往是"石沉大海"。因此，应聘者需要对不同的求职渠道进行评估，根据目标岗位的特点与性质以及自身的实际情况找出最有效的求职渠道。应聘者对求职渠道的评估，首先可以评估不同求职渠道回复应聘者的时间长短。一般而言，回复时间越短，表明该求职渠道越容易得到企业的答复；此外，也可以从使用该求职渠道的应聘者数量来评估该求职渠道的有效性。

例证 11-6

求职九大渠道

1. 招聘会

优势：有机会和用人单位人力资源面对面沟通，更容易增进对公司的了解和彼此的认识。

劣势：人山人海，排队浪费时间，环境嘈杂导致无法专注沟通，有的时候应聘的人太多，企业的人力资源也会挑花眼。

2. 分类信息网站

优势：免费投放招聘需求的模式受到很多中小企业的热烈欢迎，应聘者可以查找到大量工作机会。

劣势：管理服务参差不齐，招聘信息真真假假难以辨别，导致一些不法分子从中牟利。应聘者需要仔细甄别。

3. 企业官方网站

优势：一般大型正规企业都会在官方网页上发布招聘信息，信息真实可靠，而且通过官网访问，有助于加深应聘者对行业的了解。

劣势：因为技术和内部的原因，有一部分会依赖外部招聘渠道，而忽略自己官网的招聘功能，发布的职位有时很久都不会更新，通过官网投递的简历回复也略慢。

4. 学校就业办/老师

优势：通过学校就业办或老师的推荐介绍，更容易获得面试和录用机会。

劣势：有些学校的就业办和老师的官僚气息严重。

5. 实习单位

优势：如果你在一家单位实习了较长时间，对于该公司的一些流程都已经非常熟悉，那么有些企业就可能会考虑在毕业后直接录用你，以便省去新招员工要重新指导培训的麻烦过程。

劣势：很多公司往往就是因为编制不够或者节约成本的问题而招募实习生做一些基础性的琐碎工作。有些无良老板会口头承诺毕业后留用但是之后又翻脸不认人。

6. 中高端招聘网站

优势：中高端招聘网站如猎聘网以及一些大猎头公司的官网总是会有一些针对有丰富工作经验人士的招聘，特别是现在猎聘网也开展了中低端职位招聘的业务，所以机会比较多。

劣势：应届生的工作经验较短，而通过中高端招聘网站招聘的企业往往是需要有丰富经验的候选人,因此应届生在这里的竞争力会相对较弱。

7. 传统招聘网站

优势:诸如智联招聘、前程无忧等使用范围广,影响面大,招聘方使用最多,可以比较容易打造属于个人的简历模板,投递方便。

劣势:因为用的人多,投的人也多,人力资源筛选的时候命中率会降低。

8. 专业行业网站/学校招聘网站

优势:某些特定的行业(主要是工科和财务方向)会有属于自己的交流网站,学校也会有自己的职业推荐网站。相关职位对于同一专业类别的同学针对性较强。

劣势:对于那些非工科和财务方向的同学而言,这类网站可能机会有限。

9. 在校生招聘社交网站

优势:包括"快搜搜应届生求职网""大街网"在内的诸多主要针对在校生的招聘社交网站,本身的设计就是专门帮助在校生寻找实习和全职机会的。

劣势:社交功能比较复杂,发布职位的企业大多集中在北上广等一线大城市,二、三线城市影响较弱。(李旺,2015)

2. 求职成本

求职成本是指应聘者为求职成功而承担的所有成本的总和。求职成本一般包括货币成本和非货币成本两部分。

(1)货币成本。求职的货币成本主要指求职过程中的货币支出,一般包括简历制作的费用、形象包装费用、住宿费、交通费、通信及信息费、可能的毁约成本以及所放弃的机会成本。可能的毁约成本是指有些应聘者与企业签约后,一旦找到更好的工作就会有"跳槽"的打算,但是因为已经和企业签订了劳动合同,因此不得不毁约,从而需要给企业支付一定的违约金。而这里的机会成本主要是指应聘者在求职的这段时间内,放弃原有工作或者已获得录用的工作的收入。

例证 11-7

违约需谨慎

在应届生求职过程中,求职者获得企业的录用资格后一般需要跟企业签订一份《普通高等学校毕业生、毕业研究生就业协议书》(即第三方协议)。一般而言,企业与求职者通过协商后会在第三方协议中约定相应的条款。例如:美的集团在与求职者的三方协议中就要求注明：①若乙方因考取研究生继续升学，乙方支付甲方违约金额5 000元；②若乙方因改变就业单位，考取公务员或出国等，乙方支付甲方违约金额5 000元；③乙方同意以上两项条款（甲方为美的公司，乙方为求职者）。

资料来源：http://bbs.yingjiesheng.com/thread-1250276-1-1.html

（2）非货币成本。应聘者除了需要支出一定的货币成本外，还需要承担其他非货币成本。应聘者在求职过程中承受的非货币成本主要包括时间成本和心理成本。应聘者参加招聘会、等待通知、参加面试等都需要花费时间。此外，随着近几年来国内高校扩招，高校应届毕业生人数逐年上升，应聘者在求职过程中面临的竞争越来越激烈，使得应聘者承受的心理成本增加。

3. 求职礼仪

在招聘过程中，招聘人员往往会凭借对应聘者的第一印象来评价应聘者。因此，应聘者要进行适当的"自我包装"。对求职礼仪的评估主要考虑如下几个方面：是否守时；对待考官的态度是否不卑不亢；举止是否得体；见面时是否主动问好致意；仪容仪表是否整洁大方；着装是否得体等。

三、应聘后期评估

应聘后期评估是指应聘者在获得岗位录用资格后，再一次对应聘岗位进行评估。主要指标包括实际与预期薪酬、个体与企业的匹配性以及家庭认可与支持。

1. 实际与预期薪酬

应聘岗位的薪酬水平是应聘者最关注的部分。一般而言，当应聘者获得企业的岗位录用资格后，企业才会与应聘者进行薪酬面谈。而每一个应聘者都有一个预期薪酬，如果企业给定的实际薪酬与应聘者的预期薪酬差距过大，那么应聘者需要结合其他因素综合考虑是否接受该应聘岗位的录用资格。

2. 个体与企业的匹配性

获得录用资格后，应聘者得以跟应聘企业进行更深一步的接触。在接触过程，应聘者会逐渐接触到企业的实际工作环境以及工作关系，能够更切身地感受企业的组织文化。从而，应聘者可以对自身与企业的匹配性进行一个大致的评估。

3. 家庭认可与支持

研究表明，家庭因素对应聘者求职决策有显著作用（黄华，2007）。一般来说，家庭的经济水平、对应聘岗位的认可度、岗位的薪酬水平、工作稳定程度以及工作距离等都会影响家庭对应聘者求职的认可与支持程度。例如，在传统的家庭观念中，教师、医生、公务员等职业一般都具有较高的家庭认可与支持。因此，应聘者需要综合诸多家庭因素，评估应聘的岗位在家庭中的认可与支持程度。

本章小结

1．招聘与配置评估作为招聘过程必不可少的环节，不仅能够提高招聘活动的有效性，同时也为下一次招聘活动提供借鉴。

2．科学的招聘与配置评估包括三个方面：招聘成本评估、录用人员评估以及招聘过程评估。

3．招聘成本评估是指对招聘中的费用进行调查、核实，并对照预算进行评价的过程，是鉴定招聘效率的一个重要指标。而招聘成本一般分为招聘总成本与招聘单位成本，招聘总成本即人力资源的获取成本，又包括直接成本和间接成本两个部分；招聘单位成本则是招聘总成本与实际录用人数之比。

4．招聘成本效用评估是对招聘成本所产生的效果进行分析，主要包括招聘总成本效用分析、招募成本效用分析、人员选拔成本效用分析和人员录用成本效用分析等。

5．录用人员评估就是指在招聘工作结束后，根据组织招聘计划和招聘岗位的职位说明书，对所录用人员的质量、数量和结构进行评价的过程。

6．招聘过程评估能够发现和总结招聘活动实施过程中存在的问题，从而为进一步改进招聘工作提供借鉴。根据招聘工作的前后顺序，可将招聘过程评估划分为招聘前期评估、招聘中期评估和招聘后期评估。

7．应聘评估是从应聘者的角度来评估应聘者在参加招聘活动过程中存在的问题，根据应聘流程，可以将应聘评估划分为应聘前期评估、应聘中期评估和应聘后期评估。

推荐网站

1. 中国人力资源网：http://www.hr.com.cn
2. HR Bar 实战人力资源工具分享学习社区：http://www.hrbar.com
3. 郎识职业测评：http://www.lstest.com

复习思考题

1．简述招聘成本评估的概念。
2．分析招聘数量评估和招聘质量评估的评估方法。

案例分析 11-1

超额的招聘成本

东方公司是浙江省电子行业的名牌企业。2012年，公司为了拓展全国市场和海外市场，向各研究和技术开发部门下达了五年的战略规划目标，经过各部门经理的反馈及讨论，最后决定招聘一批高素质、潜力大的年轻专业人才，并且将目标对象锁定在刚毕业的研究生或者有3~5年行业经验、本科学历的社会人士。公司也因此计划通过校园招聘方式招入120名研究生，同时通过社会招聘的方法招募80名年轻有为的人才。

根据以往的情况，每年的年底都会在高校举行校园招聘会。因此，2012年11月，人力资源部就开始筹备校园招聘工作，招募工作计划持续了一个月，具体工作包括召开招聘工作会议，拟订具体招募工作方案，制定并发布招募广告。同年12月，公司派3人参加浙江大学举办的为期两天的研究生专场招聘会，其间进行了宣传演讲。当时现场反应非常强烈，不少研究生争相投简历，两天内共收集到2 000多份简历。在这次招聘中，公司为租场地支付费用3 000元，支付专家演讲费用4 000元，支付相关广告费用5 000元，支付招募与甄选工作人员的工资、奖金、福利等费用共计15 000元。

在此期间，公司通过企业网站及报纸广告发布信息，招聘有行业经验的社会人士，为此支付费用5 000元，支付招募与甄选工作人员的工资、奖金福利等费用共计8 000元。至2013年2月，人力资源部从收到的400多份简历中甄选出符合要求的80份简历，计划将这些人士与研究生同时进行面试选拔，以期在2万元甄选成本之内完成选拔。

从2012年12月底开始，人力资源部门对2 000多份研究生简历进行了1个多月的甄选，选出了符合公司要求的500多份简历。自2013年2月初起，人力资源部对那些甄选出的研究生及社会人士进行电话预约，准备对他们进行初次面试考察，确定二次面试的人选，进而在二次面试的人选中最终确定欲招募的出色的人员。但是让人力资源部非常吃惊的是，有近60%的候选研究生在电话中告知已经找到了工作单位或由于其他原因不能来公司面试。为了让40%左右愿意来公司面试的研究生如期参加面试，人力资源部采取了非常措施，为来参加面试的研究生报销往返车费，为此支出了5 000元交通费。

2013年3月，公司招入120名研究生和80名社会人员的计划招募人数均未达到，最后仅录用130人，但招聘经费的预算却超支了。（李旭旦，2014）

问题讨论：

根据本案例所描述的情况，结合本章所学内容，请你对这次招聘工作进行评估，分析为什么该公司没有完成招聘人数这项指标？

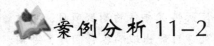
案例分析 11-2

SGM 在招聘过程中的评估方法

上海通用汽车有限公司（SGM）是上海汽车工业（集团）总公司和美国通用汽车公司合资建立的轿车生产企业，是迄今为止我国最大的中美合资企业之一。

SGM 的目标是成为国内领先、国际上具有竞争力的汽车公司。一流的企业，需要一流的员工队伍。因此，如何建设一支高素质的员工队伍，是中美合作双方都十分关心的首要问题。同时 SGM 的发展远景和目标定位也注定其对员工素质的高要求：不仅具备优良的技能和管理能力，而且还要具备出众的自我激励、自我学习能力，适应能力，沟通能力和团队合作精神。要在一个很短的时间里，客观公正地招聘选拔到高素质的员工来配置到各个岗位，对 SGM 来说无疑是一个重大的挑战。

在 SGM 的招聘程序中，严格规范的评估录用程序值得业内人士借鉴：曾经参加过 SGM 的招聘专场的人士都感慨上海通用招聘人才的门槛真高。凡是进入会场的应聘者必须在大厅接受 12 名评估员岗位最低要求的应聘资格初筛，合格者才能进入二楼的面试台，由用人部门同应聘者进行初次双向见面，若有意向，再由人力资源部安排专门的评估时间。在进入科学会堂的 2 800 人中，经初步面试合格后进入评估的仅有百余人，最后正式录用的只有几十人。

首先，录用人员必须经过评估。这是 SGM 招聘工作流程中最重要的一个环节，也是 SGM 招聘选择员工所使用的方式的一大特点。公司为了确保自己能招聘选拔到适应一流企业、一流产品需要的高素质员工，借鉴通用公司位于东德和美国一些工厂采用人员评估中心来招聘员工的经验，结合中国的文化和人事政策，建立了专门的人员评估中心，作为人力资源部的重要组织机构之一。整个评估中心设有接待室、面试室、情景模拟室、信息处理室，中心人员也都接受过专门培训，评估中心的建立确保了录用工作的客观公正性。

其次，标准化、程序化的评估模式。SGM 的整个评估活动完全按标准化、程序化的模式进行。凡被录用者，须经填表、筛选、笔试、目标面试、情景模拟、专业面试、体检、背景调查和审批录用九个程序和环节。每个程序和环节都有标准化的运作规范和科学化的选拔方法，其中笔试主要测试应聘者的专业知识、相关知识、特殊能力和倾向；目标面试则由受过国际专业咨询机构培训的评估人员与应聘者进行面对面的问答式讨论，验证其登记表中已有的信息，并进一步获取信息，其中专业面试则由用人部门完成；情景模拟是根据应聘者可能担任的职务，编制一套与该职务实际情况相仿的测试项目，将被测试者安排在模拟的、逼真的工作环境中，要求被试者处理可能出现的各种问题，并用多种方法来测试其心理素质、潜在能力的一系列方法。如通过无领导的两小组合作完成练习，观察应聘管理岗位的应聘者的领导能力、领导欲望、组织能力、主动性、说服能力、口头表达能力、自信程度、沟通能力、人际交往能力等。SGM还把情景模拟推广到了对技术工人的选拔上，如通过齿轮的装配练习，来评估应聘者的动作灵巧性、质量意识、操作的条理性及行为习惯。在实际操作过程中，观察应聘者的各种行为能力，孰优孰劣，泾渭分明。

再次，两个关系的权衡。SGM的人员甄选模式，特别是其理论依据与一般的面试以及包括智商、能力、人格、性格在内的心理测验相比，更注重以下两个关系的比较与权衡。

1. 个性品质与工作技能的关系

公司认为：高素质的员工必须具备优秀的个性品质与良好的工作技能。前者是经过长期教育、环境熏陶和遗传因素影响的结果，它包含了一个人的学习能力、行为习惯、适应性、工作主动性等。后者通过职业培训、经验积累而获得，如专项工作技能、管理能力、沟通能力等，两者互为因果。但相对而言，工作能力较容易培训，而个性品质则难以培训。因此，在甄选录用员工时，既要看其工作能力，更要关注其个性品质。

2. 过去经历与将来发展的关系

无数事实证明：一个人在以往经历中，如何对待成功与失败的态度和行为，对其将来的成就具有或正或负的影响。因此，分析其过去经历中所表现出的行为，能够预测和判断其未来的发展。

SGM正是依据上述两个简明实用的理论、经验和岗位要求，来选择科学的评估方法，确定评估的主要行为指标，来取舍应聘者的。如在一次员工招聘中，有一位应聘者已进入第八道程序，经背景调查却发现其隐瞒了过去曾在学校因打架而受处分的事，当对其进行再次询问时，他仍对此事加以隐瞒。对此公司认为，虽然人的一生难免有过失，但隐瞒过错却属于个人品质问题，个人品质问题会影响其今后的发展，最后经大家共同讨论一致决定对其不予录用。

最后，坚持"宁缺毋滥"的原则。为了招聘一个段长，人力资源部的招聘人员在查阅了上海市人才服务中心的所有人才信息后，发现符合该职位要求的具有初步资格者只有6人，但经评估，遗憾的是结果一个人都不合格。对此，中外双方部门经理肯定地说："对这一岗位决不放宽录用要求，宁可暂时空缺，也不要让不合适的人占据。"评估中心曾对1997年10月—1998年4月这段时间内录用的200名员工随机抽样调查了其中的75名员工，将其招聘评估的结果与半年的绩效评估结果做了一个比较分析，发现当时的评估结果与现实考核结果基本一致，两次结果基本一致的占84%左右。这证明人员评估中心的评估有着较高的信度和效度。

资料来源：SGM在招聘过程中的评估方法［EB/OL］.（2005-11-21）［2018-03-05］.http：//www.hroot.com/d-18560.hr.

问题：

1. SGM在招聘过程中评估方法的特点是什么？
2. 为什么说该人员评估中心的评估有着较高的信度和效度？如何评价信度与效度？

参考文献

［1］李旺. 应届生求职九大渠道助你成功［J］. 中国大学生就业，2015（15）：19-21.

［2］李旭旦. 员工招聘与甄选［M］. 上海：华东理工大学出版社，2014.

［3］刘敏. 不可忽视的单位招聘成本［J］. 党建与人才，2014（2）：9.

［4］盛艳. 浅谈对企业招聘工作的评估［J］. 中国人力资源开发，2014（12）：31-48.

［5］葛玉辉. 招聘与录用管理实务［M］. 北京：清华大学出版社，2011.

［6］唐镔. 企业招聘效果评估研究［J］. 现代企业文化，2010（8）：115-128.

［7］李旭旦. 员工招聘与甄选［M］. 上海：华东理工大学出版社，2014.

［8］张萌. 人力资源评估与企业发展［J］. 现代企业文化，2012（5）：155-168.

［9］王辉. 企业员工招聘与配置研究、实践与前沿［M］. 北京：中国人民大学出版社，2015.

［10］刘琼芳. 职业生涯规划课与大学生自主创业之间的关系探讨［J］. 当代教育实践与教学研究，2018（1）：134-135.

［11］梁洨洁. 石油企业招聘效果评估与优化：以Z石油集团公司为例［J］. 华北电力大学学报（社会科学版），2016（2）：9.

［12］王健菊．企业战略变革中的员工配置问题研究［D］．贵阳：贵州财经大学，2015．

［13］朱俊利，毛晓旻．某三甲医院人力资源招聘成本测算与分析［J］．中国医院，2012（12）：63-65．

［14］晓雁．企业人力资源管理成本控制研究［D］．青岛：青岛科技大学，2013．

［15］刘丹．浅析霍兰德职业类型论的内容及应用［J］．人才资源开发，2017（22）：133-134．

［16］罗远航．J公司人力资源获取与准备对策研究［J］．商场现代化，2015（32）：120-135．

［17］黄华．论家庭因素对高职学生求职意向的影响［J］．无锡职业技术学院学报，2007（3）：15-17．